KODALY TODAY

U0588894

今日的柯达伊
——小学音乐教育的教学方法

〔美〕米侯·胡拉汉 (Micheál Houlahan)
〔美〕菲利普·塔卡 (Philip Tacka) 著

潘洵 译

中央音乐学院出版社
CENTRAL CONSERVATORY OF MUSIC PRESS

·北京·

图书在版编目（CIP）数据

当今的柯达伊：小学音乐教育的教学方法／（美）胡拉汉，（美）塔卡著；潘洵译. —北京：中央音乐学院出版社，2015.12（2025.3重印）

ISBN 978－7－81096－708－2

Ⅰ.①当…　Ⅱ.①胡…②塔…③潘…　Ⅲ.①小学教育—音乐教育—教学法　Ⅳ.①G623.712

中国版本图书馆 CIP 数据核字（2015）第 170090 号

本书中文版由牛津大学出版社授权出版

北京市版权局著作权合同登记号　图字：01－2011－7627 号

DĀNGJĪN DE KĒDÁYĪ

〔美〕米侯·胡拉汉　著
〔美〕菲利晋·塔卡　著

当今的柯达伊 ——小学音乐教育的教学方法　　潘　　洵译

出版发行：中央音乐学院出版社

经　　销：新华书店

开　　本：787×1092 毫米　16 开　　印张：35.75

印　　刷：三河市金兆印刷装订有限公司

版　　次：2015 年 12 月第 1 版　　印次：2025 年 3 月第 2 次印刷

书　　号：ISBN 978－7－81096－708－2

定　　价：198.00 元

中央音乐学院出版社　　北京市西城区鲍家街 43 号　　邮编：100031

发行部：（010）66418248　　66415711（传真）

我们是音乐的创造者，
我们是做梦的梦想家，
徜徉在孤独的海浪旁，
停坐于荒凉的溪流边；
置身世外，恍如隔世，
惨淡的月色照在身上：
然而，我们永远都是
惊天动地的人们。

《颂歌》（第一节）——阿瑟·奥肖内西

作 者 鸣 谢

我们非常感谢柯达伊夫人对本书的支持并允许我们引用佐尔坦·柯达伊"文选"中的原文。我们二人都曾有幸在匈牙利的李斯特音乐学院、柯达伊教学法研究所和美国的柯达伊中心与世界著名的柯达伊专家学习，其中很多人是柯达伊的学生和同事，在多年中将他们的知识传授给我们。他们是伊莎白·海吉、伊迪克·赫伯利－寇萨尔、丽拉·加博、卡塔琳·寇姆罗斯、卡塔琳·夫拉伊、米哈伊·伊特栽、克拉拉·寇卡斯、克拉拉·聂梅斯、伊娃·文德莱、海尔格·萨博、拉兹洛·伊欧茨、彼得·艾尔代和卡塔琳·齐思。特别要感谢的是弗吉尼亚·沃马克－波米尔对本书中引用的原稿所做的精心校阅及关于如何指导和学习这些原稿的有见地的建议。

在写作《当今的柯达伊》的时候许多老师和学生对我们的帮助让我们受益匪浅。我们要特别感谢宾夕法尼亚米勒斯维尔大学对本书的鼎力支持。学校的图书馆对我们提供的各种协助，包括技术上行政上、财务上、及整体上对这个项目的鼓励让我们能够完成此书的创作。

很多人在学术和细节上为我们提供了宝贵的意见和协助。我们要感谢奥斯汀独立学区的艺术总监约翰·梅博士和休斯敦独立学区的艺术总监加里·帕特森博士，两位专家都让我们与他们的音乐老师一起工作来实地测试本书中提出的观点。

要特别感谢帕蒂·莫雷诺，德克萨斯州圣马科斯市德克萨斯州立大学的柯达伊证书中心总监，对本书的支持及持续的鼓励。我们还要感谢赫利·柯福德、薇薇安·菲奇尔、西西莉亚·佩纳、凯西·亨特、南希·卡文迪什、凯利·劳斯、简·皮帕尔特－布朗以及丽莎·罗巴克对本书仔细的阅读和有建设性的建议，他们为我们完成本书提供了巨大的帮助。我们还要感谢美国柯达伊研究所的玛达琳娜·费特西门子老师对《当今的柯达伊》的严格检审。

许多在德克萨斯州立大学柯达伊证书中心、田纳西州纳什维尔市贝尔蒙特大学、纽约州罗切斯特市伊斯曼音乐学院的学生们都在塑造教学和学习的方法及呈现上给我们提供了帮助。我们多年在一起的工作结果不仅仅是他们给我们提供了信息的来源，而且还为我们提供了在整个教学法工作中持续的灵感来源。在具体工作上，我们想要感谢我们米勒斯维尔大学的学生帮助我们完成最初的手稿及对手稿的测试。特别感谢保罗·加里洛、阿碧盖尔·科兹洛夫斯基、雷切尔·丹尼森、艾米莉·莫菲、和奈特·舍艾弗。

感谢英国伯明翰市蓝衣学校的校长亚纶·布朗宁先生对我们的鼓励与支持，让我们有机会在他的学校和老师们及学生们一起实践与完善这种教学的理论。蓝衣学校的学生们高水平完成了此书的学习也证明了布朗宁先生对音乐的承诺。

如果没有英国伯明翰市蓝衣学校和伯明翰音乐学院的柯达伊教师布蕾昕·伯恩斯的仔细编辑及建议，这本书便不会在教学法和教育学以及教育内容的步骤上如此完善。她为《当今的柯达伊》的最初构想及对很多教学策略的实地测试提供了无价的帮助。感谢理查德·舍尔亥斯先生对这份手稿的写作所给予的耐心、理解、鼓励和建议。

写作本书得到了宾夕法尼亚州立高等教育系统的米勒斯维尔大学的赞助资金的支持。我们想要表达我们对柯达伊项目的主任桑德拉·马蒂亚斯博士的感激之情。她准许我们引用《我们唱歌！唱、读及游戏——230 首给以西班牙语为母语的人的民歌》和《我歌唱的小鸟，第 2 卷，150 首以盎格鲁美国人、非裔美国人、英格兰、苏格兰和爱尔兰传统的美国民歌》（两本书都由首都大学的柯达伊研究所于 2006 年出版）中的歌曲。所有从《我们唱歌！》中选择的歌曲的原西班牙文都经过准许重新打印。

我们要感谢牛津大学出版社的资深编辑苏珊·莱恩女士给予的鼓励与建议。感谢牛津大学出版社的助理编辑诺尔姆·赫尔奇先生及资深项目编辑鲍伯·米尧克斯先生对本书的支持。

我们希望《当今的柯达伊》这本书带给大家足够的信息和实用价值。如果你们有任何的问题。请随时发邮件到 michealhoulahan@aol.com 或 philiptacka@aol.com 和我们联系。

译　者　序

当刚刚接到牛津大学出版社电话请我翻译《当今的柯达伊》的时候，我犹豫了很久。自从博士毕业后，已经很久没有秉烛夜读及伏案疾书了，几乎所有的时间都是花在钢琴上；而演奏与教学的工作量已经使我觉得一天24小时都不够用了；加上自己的理论功底不好；所以能否很好地完成这个工作困扰了我很久。直到阅读了本书之后，深深被此吸引，也才下定决心开始这项工作。

柯达伊学说是当今世界上最重要的音乐教学法之一，且已经被推广至越来越多的国家和地区，而不管它推展至任何国家或地区仍坚持保有各地的民族特色，提倡以当地民谣作为教学的素材。柯达伊学说在20世纪70年代末被引进美国，经过近40年的发展及完善，它不仅已经成为本科生和研究生音乐教育的基本理论课程，并且还成为了中小学合唱课程中的教育体系。在这个音乐课程的体系中对柯达伊理念和教学的塑造首先是培养孩子们在歌唱时如何将唱法、音乐表现、节奏创作、用歌声作为伴奏及敏感的听力训练等有效地结合在一起；其次，柯达伊方法为开发孩子们在音乐文学及修养上提供了丰富的概念和教学工具；第三，柯达伊教学专家们在教学课程中一直走在发展世界各地民族音乐运动的前列；第四，柯达伊学说在音乐教育中提供了出色的"解决音乐中的问题"和"减少音乐中的问题"的方法；第五，所有学习以柯达伊学说为音乐教学基础的孩子们所学到的音乐技巧及出色的音乐听力都能够使他们终生受益；第六，学习柯达伊学说不仅促进到学生们在课堂中的学习，还广泛地影响到他们在学校外的行为。

本书所针对的读者群是音乐机构的主管、大学或音乐学院的音乐教授、大学或音乐学院研究柯达伊学科的教授、大学或音乐学院研究视唱练耳学科的教授、大学或音乐学院研究音乐教育学的教授、中小学的音乐老师、幼儿园的音乐老师、所有成人学生以及所有大、中、小学的学生。《当今的柯达伊》是音乐基础教育领域中的百科大全，是一本对对所有在职音乐教育工作者、音乐机构主管和学生们来说都极有价值的工具书。

本书的作者米侯·胡拉汉博士和菲利普·塔卡博士是全球知名的柯达伊学说专

家，为美国柯达伊学说的发展与完善做出了突出的贡献。他们每年都会造访包括匈牙利在内的许多国家和地区，阐述并教授他们对柯达伊学说的认知。本书已经被美国的多所大学定为教科书。除了中文，本书也正在被翻译成匈牙利文、西班牙文和德文。

非常感谢刘蓁蓁女士对本书翻译中的中文措词及文学加工所给予的润色及修改。感谢我的家人及朋友们给予的无私支持与帮助。

中国近20年来已有不少的研究柯达伊学说的文章及书籍，希望本书可以为柯达伊学说在中国的推广起到推波助澜的作用。

潘 洵

2015 年 1 月 1 日于美国

前　言

柯达伊的新式音乐理念：小学音乐教育的教学方法

……我学会了，啧啧称奇，有多少东西是一个游吟诗人所知道的，超出了他的音乐之外；我开始认识到在竖琴演奏者们的手中的权力，这个权利超出一个国王所能达到的能力，超出一个人的死亡日，可以到达明天的世界。像所有的奥秘一样，除了和同行们随便聊聊，人们无法描述它，因为它有很多我们无法知道的东西，因此也不该被妄论。像所有的奥秘一样，其核心是在人类的真实，和他们所能知道的与世界的关系，及与超出世界的宇宙的关系。它的最高水平涉及到和声、小节和节奏及其从节奏中横生出来的所有的东西，并且要自觉或不自觉地管理好它们。这是保持我们在混乱中暂时安全的生命线和让生命不朽的重要绳索。①

本书的目的是为音乐教师提供一个在小学教授柯达伊基础音乐教程的指导，这是与各州和国家接轨的标准化音乐教育。就像科幻丛书《彭德拉根》（*The Pendragon*）的诗人一样，音乐教师给予的"严格细致的训练"，将允许学生们有效地控制他们自己的声音，使他们可以"真实地歌唱"，"并让听众感受到他们（歌唱的）的灵魂。"② 这不是个简单的任务。"音乐素养或教育素养不足的教师很容易产生理想与实际之间关系上的误解。因而很多学校的合唱团与乐团的训练都忽略了用音乐教育学生的时机，因为教师并不关心原汁原味的音乐表演，也不认真倾听真正艺术性的音乐，而只知道简单地'制造声音'。"③ "想有效地教授音乐，我们必须知道我们的主题——音乐。我们必须不断体现音乐的素养。这就是如何提高孩子们的音乐

---

① Catherine Christian, *The Pendragon*, (New York, Warner Books, 1980). 298—299.

② Ibid. , 298—299.

③ David J. Elliot. *Music Matters*: *A New Philosophy of Music Education*,. (New York: Oxford University Press, 1995). 271.

1

素养的办法：通过学习、交流，并和优秀的音乐教师互动。"① 我们希望《当今的柯达伊》可以帮助音乐导师们启发孩子进入音乐的许多方面，包括表演、分析、听力、创造力，并成为其文化和音乐遗产的守护人。

自从 70 年代早期被介绍到美国以来，柯达伊音乐教育理论在大学和研究生的音乐理论课程，以及小学、初中和高中的合唱课程中都体现了巨大价值，获得了重大成功。柯达伊教学理念在美国所产生的不断的新发展的原因是多方面的。

第一，按照柯达伊理念创建的课堂形成并由优秀的音乐教师指导后，孩子们便积极参与到创作音乐、歌唱、即兴节奏与歌曲的声乐伴奏以及训练听力等等的各种活动的组合中。第二，柯达伊理论为培养音乐素养提供了丰富的工具和概念。第三，柯达伊的专家已经站在了包括在学校课程中推广世界民间音乐等活动的前列。第四，柯达伊的教学技巧提供了在音乐教育中如艾略特所说的"解决音乐中的问题"和"减少音乐中的问题"的优秀方法。第五，学习柯达伊基础音乐理论的学生易于发展受益终身的技巧和优秀的音乐听力。②

柯达伊音乐教学所产生的另一个重要作用是影响了学生们在课堂外的行为。这种类型的教与学的影响被布朗大学的人类发展研究中心的马丁·加德纳博士记录下来。他写道：

这种学习上共通的特殊艺术培训方法就是柯达伊音乐训练法。柯达伊训练法是一种通过特定的音乐技巧的独唱和合唱的训练，给孩子一个机会可以去练习集中注意力、学习建立团队感以及和同伴共同工作的方法。我们相信这种已经由教师们所记录下来（加德纳等人，1996 年）的学习态度和行为，可以使学生们在课堂上的学习态度和行为得到更普遍的改善；更与阅读上的改善有着极其密切的关联。教师们的报告中充分证明了这一观点。最新的数据显示：在课堂教学中得到更大进步的学生都接受过更多的

----

① David J. Elliot, ed. *Praxial Music Education：Reflections and Dialogues.* （New York：Oxford University Press，2005）. 12.

② Lori - Anne Dolloff. Elementary Music Education. Building Cultures and Practices. *Praxial Music Education. Reflections and Dialogues.* Ed. David，J. Elliot. （New York：Oxford University Press，2005）. 283.

柯达伊培训（加德纳，1998）。——选自 1999 年 1 月《教学交流》杂志中的《艺术教育培训》一文。①

　　这本书是我们为那些想要以柯达伊音乐教育理念帮助学生提高音乐素养的幼儿园教师、小学及中学音乐教师、大学的音乐理论教师所写的最基础的介绍；我们尝试着提供给教师们一些受柯达伊教育理念启发的教学方法的信息和资料。在不久的将来我们将出版另一本书来介绍幼儿的初级音乐教育。

　　我们进行了许多关于教师们如何学习和理解教学上的需要以及专家意见的讨论和调查活动。教师们提出了许多他们特别关注的有关柯达伊音乐教学理念的问题。这些特别关注的问题是：

- 如何为课堂挑选传统的听、唱、写的曲目；
- 如何去分析这些挑选出来的传统的听、唱、写的曲目；
- 如何不断培养音乐听力的技巧；
- 如何通过节奏与旋律的唱名音节来教授传统记谱法；
- 如何将小学、初中和高中的音乐教师的工作相结合，通过柯达伊理论来教授音乐理论；
- 如何理解不同的节奏音节系统在当代的使用；
- 如何教授复拍号；
- 如何向年长的初学者教授音乐；
- 如何设计发展批评性分析思维技能的教学计划；
- 如何发展音乐技能的策略并能在一整年的学习过程中保持这些音乐技能；
- 如何在小学的音乐课堂里发展和声听觉；
- 如何教授即兴创作和作曲；
- 如何发展在课堂上使用的评估与评价工具。

　　此书提供了对实地工作的教师所关注的问题的可行性解答。这本书中所有的观点和课程计划都是经过了音乐教师们超过 6 年实践的结果。音乐教师与研究人员合作设计的这本著作，其内容是具有开拓性的。

---

① See also Martin Gardiner and Alan Fox . Letter to the Editor" *Nature* Vol. 381 （May 23, 1996）.284.

在这本书中,我们清楚地说明了相当详细的教学程序和备课的例子。我们所有的建议的使用都应该适合每个教师自身教学的创造力和个性而不只是照抄。我们希望教师在采纳这些建议时,考虑自身的需要、背景和他们自己的学生们的兴趣等等。笔者最希望看到的是,教师们能够发展自己的音乐教学理念、自己的歌曲曲目,他们必须考虑到音乐课堂教学的频率、班级的大小、上课时间的长短和学生目前的能力等等。

通过与这些教师们一起实地工作的经验,我们制定和修改了由柯达伊思想发展而来的理念,而这些理念是与国家和各个州的标准一致的。有些读者可能认为我们已经偏离了他们眼中的柯达伊音乐教育的内容,但我们相信,我们在本书中的调查结果与章程是与柯达伊的理念紧密结合的。柯达伊说过:

> 它具有科学的命运,每个持续的时代都会产生新的结果。通常是修改或完全否定前面的时代所取得的成果。[1]

柯达伊在演讲《古代的传统到今天的音乐生活》中声明:

> 但是,这就是科学发展不可缺少的组成部分。科学在不断地变化和发展,可能只有存在数字中的那些几千年的时间才能证明这个真理。[2]

在 20 世纪 70 年代早期,克拉拉·寇卡斯博士——一位曾毕业于布达佩斯李斯特音乐学院的心理学家——和一个柯达伊的学生便开始研究柯达伊理论。她早已适应了对柯达伊理论的继承和修改,柯达伊理论也早已被她当作研究和发展自己教学方法的“音乐罗盘”。寇卡斯博士是另一个通过柯达伊理论建立自己教学方法的突出实例。她在自己教学经验的基础上阐述了为什么需要对柯达伊理论进行继承和发扬光大的深刻见解。

> 在匈牙利,柯达伊原则的应用和发展是在传统框架内的统一教育。由中央控制的教育部及其较低的管理机关所制定的统一的形式和教学水平的

---

[1] Zoltán Kodály, "Bartók The Folklorist," in Ferenc Bónis, ed. *The Selected Writings of Zoltán Kodály*. trans. Halápy and Macnicol (Budapest: Zenemlkiadó Vállalat, 1964; London: Boosey & Hawkes, 1974), 107.

[2] Zoltán Kodály. "Ancient Traditions – Today's Musical Life." *The Selected Writings*, 175.

评估使教师主动发挥的余地很有限。我们的个人思维是建立在马克思列宁主义的哲学和美学之上的，这种美学被执行在国家教育的每一级中。因此，这些思维框架在幼儿园甚至许多的学校教育中被严格执行。在特定的政治框架中，柯达伊思想的进一步完善和发展的空间不大。①

《当今的柯达伊》的目的是提供给音乐教师们一个基于柯达伊理论之上的实用指导。

概　述

《当今的柯达伊——小学音乐教育的教学方法》共分为十一章。每章都以需要讨论的"关键问题"作为开始。每章也都以"讨论问题"和"持续进行的作业"作为结尾，来让读者可以练习与复习此章节中的建议。

第一章"构建教学资源组合"为各年级介绍了一些一般性的构建教学资源组合的概念。这个组合包括了以指导课堂上的教学实践为基础的教学理念、曲目列表、教授音乐文学素养的教学体系、教学概念的策略计划、教案、发展音乐技能的活动、听力练习的例子、评价和评估的形式等。在这本书后面的章节中，将进一步讨论这个组合中的所有方面。

第二章"柯达伊的音乐教育理念"提供了一个柯达伊理念的简要介绍，让教师了解一个课程可以怎样利用柯达伊的教育理念发展。本书的附录一，包括了一年级到五年级的课程样本。本章讨论了如何通过柯达伊理念来制定音乐课程的设计。

第三章"儿童作为文化和音乐遗产的守护人：课堂音乐曲目的选择"涉及如何选择和分析歌曲曲目。该章节提供了为教学选择音乐曲目的基本原理。本书的附录二，是一个按字母顺序排列的歌曲曲目表，包括了曲名及来源。本章讨论了音乐曲目的选择和分析会怎样影响备课。

第四章"儿童作为演唱（奏）家：小学音乐课堂中的歌唱、动作表演和乐器演奏"阐述了在小学的音乐课里包括了独唱及合唱、动作表演、乐器演奏等教学表演技能的各个组成部分。本章讨论了教学演唱（奏）技巧，例如歌唱、动作表演和乐器演奏是如何对备课产生影响的。

第五章"儿童作为有判断力的分析家：发展音乐的读写能力"讨论了如何教授

---

① Kokas Klára, *Joy Through the Magic of Music*. （Budapest, Hungary：Akkord Zenei Kiadó）. 1999.

一系列关于节奏元素和旋律元素的问题来培养学生们的音乐读写技能。本章讨论的是各种不同类型的节奏音节系统。本章注重展示传统记谱法教学对学生的重要性，及如何使用节奏音节和旋律音节作为一种工具来完成这种教学。同时，这个章节讨论了教授音乐文学素养是如何对备课产生影响的。本书的附录三包括了教授具体音乐概念的曲目建议。

第六章"从声音到符号：一种新的学习理论的模式"给我们展示了音乐的学习和教学的模式。这个模式是建立在当今对音乐的感知和认知的研究领域，以及用柯达伊理念教学的教师在课堂上使用的标准技巧的领域之上的。

第七章"开发音乐素养技能"描述如何开发各种音乐技巧。本书的附录四，包括了一到五年级的月计划。这些月计划提供了每个年级所应该发展的音乐技巧。

第八章"关于节奏和旋律等音乐元素的教学策略"表述了教授基本节奏和旋律元素的教学策略，而这些教学策略是基于第六章所提出的学习模式发展而来的。

第九章"课程计划的安排"继续明确地阐述不同类型的教案结构，展示了如何将第七章中描述的教学策略转化为教案。本章还包括了我们所建议的教案样本。

第十章"如何将音乐素养技能传授给年长初学者"介绍了如何向从来没有接触过柯达伊教学法的成年学生实施教学。本章还讨论了如何来为年长的学生发展他们的嗓音及帮他们挑选曲目。

第十一章"评价与评估"描述了如何评估和评价学生的学习和教师的教学表现，并且讨论了对教案的设计和实施的评价。

杰出特征

·《当今的柯达伊》是以教师和学生为中心的出版物。本卷中所述的程序和建议是通过无数次与音乐教师、观察家和作者的研究以及在经历了各个年级的教学讨论后发展成型的。作为训练有素的优秀音乐家的教师们，将使用这本书的建议和资料作为一个跳板来发展音乐的课程，以达到让孩子们成长为演奏家、有分析判断力的思想家、听众、发明家和他们的文化及音乐遗产的守护人的目的。

·本书提供了一个全面的音乐教学的方法，其中包括了音乐演唱（奏）、动作表演、与年龄相适应的曲目、乐器、音乐文学素养技能、音乐的创造力和以音乐教育为基础的音乐听力等方面的信息。

·《当今的柯达伊》展示了一个全方位的培养孩子们音乐文学素养的方法，其中包括歌唱、动作表演、乐器演奏、即兴创作、作曲、合唱（合奏）、内心听觉、曲式及分析、记忆、听力及和声听觉等。作者热衷于教授与其他音乐风格共通的所有音乐概念与元素。虽然已经有众多的书籍和文章在介绍柯达伊的基础技巧和课程，但其中很少能如此详细且循序渐进地说明如何教授音乐的概念和元素以及发展音乐技巧的教学程序。在本书中定义的教学思想可能已经被众多使用柯达伊教学启蒙的教育工作者所熟知，然而，作者将这些思想与当前对音乐的感知和认知领域的研究结果相结合，发展出了一个新的音乐教学和学习的典范，而这个典范为教师们提供了如何教授学生们理解音乐的途径。

·我们在本书中划定了两道程序：（1）根据柯达伊理论的课程教案的发展程序；（2）根据柯达伊理论的音乐教学的程序。同样的，虽然一些音乐书籍描述了教学技巧，并为教学曲目提供了排序资料，但是却很少有人提出体现柯达伊音乐概念的详细教学程序。《当今的柯达伊》呈现了一个如何在音乐课程的教学和学习过程中手把手地教授学生的清晰图像。

·本书呈现了一个学习音乐理论的模式。该模式是建立在音乐元素的教学过程上的：其中包括准备、学习、巩固和评估。虽然研究人员已经完全采用了这些学习的阶段，然而每个阶段都需要划分更细的阶段来教授音乐元素、发展音乐技巧以及完善评估手段。这种学习理论的模式来源于当前对音乐感知和认知领域的研究。

·每个章节都包括一个总的参考书目，很多章节还包括了基于柯达伊概念并和此章节有密切关系的特别参考书目。

·每一章节都包括讨论问题和持续进行的作业，以让学生充分吸收每章的内容。

目　　录

第一章　构建教学资源组合

·教学资源组合的主要组成部分

本章介绍和讨论音乐教师在音乐教学中所运用的资源，并针对每个教学阶段分别介绍这些配置资源的组合方式。在这个章节中我们将列举各种各样的教学档案的各个部分。每个部分都将在接下来的各个章节里作详细讨论。因此，本章也是这本书的概论。

什么是教学资源组合

教学资源组合包括了教师在音乐教学中所运用的所有实际的资源。组合里每个部分包含的信息都将在教师今后的职业生涯中持续更新。这个更新的过程将使教师在教学进程中不断地完善这些信息。

教学资源组合在每个阶段的重要组成部分包括：

1. 教学理念的陈述和反思性实践
2. 课程目标
3. 曲目
4. 表演
5. 批判性思维、解决问题的能力和音乐读写的能力
6. 音乐的即兴表演与创作
7. 听力
8. 评价
9. 班级档案
10. 资料来源

表 1.1

教学资源组合的组成部分	相关章节
教学理念的陈述和反思性实践	第二章
课程目标	附录一
曲目	第三章及附录二
表演	第四章
批判性思维、解决问题的能力和音乐读写的能力	第五、六、七、九章
音乐的即兴表演和创作	第七章
听力	第七章
评估	第十一章
班级档案	第十一章
资料来源	第九章

教学理念的陈述和反思性实践

教学资源组合的第一个组成部分是关于音乐教学理念的课程设计的陈述。这个陈述为课程中的音乐对象提供逻辑依据，并且要与学校的梦想、要务以及教学理念相联系。这个教学理念为教师发展实际课程的目标和计划提供了根据。我们在第二章中将对佐尔坦·柯达伊的音乐教育理念做一个简单的总结，希望它能为发展你的个人音乐教育理念提供一个模式。

课程目标

课程目标是以实用的指南引导教师为学生创造有序的、结构化的音乐教育。课程必须符合地方、州和国家的标准，并且必须体现出对音乐教学法各个领域的认识中得到的研究成果。一个音乐课程能否成功将受到许多因素的影响，其中包括音乐教师的音乐修养、音乐教师的教学法背景、学生的歌唱能力、每周的音乐课程数量以及每节课的长度等等。

一旦确定了教学理念，你将更容易确定你的课程目标。一个课程目标总体上来说是很广泛的，因而需要与你的教学理念在表达方式上保持一致。例如，音乐教学的目标可能包括：

1. 适合发展声乐、器乐表演和动作的曲目
2. 适合发展声乐、合唱、动作和乐器演奏的表演目标
3. 音乐读写的目标

4. 包含即兴创作和作曲技能的创新目标
5. 听觉目标
6. 与发展其他技巧所相关的课程

曲 目

在教学资源组合的这个部分保留一份适合每个年级发展声乐、动作和器乐技能的曲目。在挑选曲目的时候你可能会问自己：

需要多少多元文化的曲目？

需要多少包含着特定节日、季节性歌曲、纪念日和有爱国意义的曲目？

哪些歌曲是要通过听唱法教学或是音符教学的？

第三章提供了一些关于每个年级曲目选择的想法。同时也包括了一些从音乐理论和教学法的角度来分析这些曲目的程序和指导方针。

表 演

这个部分的教学资源组合包括发展声乐、合唱、动作以及器乐表演技能的教学策略。大家可以在第四章中找到我们为发展歌唱的声音、动作顺序以及给学生的乐器介绍次序上提供的一些建议，并且在这个章节中还包含了一些教授这些歌曲的策略和方法。

批判性思维、解决问题的能力和音乐读写的能力

这个部分的教学资源组合包括了一系列通过音乐的概念和元素排列的，用于培养学生音乐读写技能的教学曲目。第五、六、七、八、九章里提供了一些有助于发展学生音乐读写和批判性分析思维技能的信息。

附录三中包含了每个年级需要教授的，包括节奏及旋律元素的曲目。第八章包含了教学中的音乐概念和原理。课程计划将在第九章里作详细介绍。第七章将讨论诸如读、写、记忆、内在听觉、结构、合奏等用来发展音乐技能的方法。

音乐的即兴表演与创作

这个部分的教学资源组合是列举了一些合适的策略、活动和工作表，用来发展每一个年级的即兴表演和创作技能。在第九章里将介绍一些发展即兴表演和创作技

能的手段。

听 觉

教学资源组合的这个部分是为教师在课堂上或给学生的作业中作一系列音乐听力活动所需要的听力练习曲目以及信息做准备。第七章讨论了什么才是恰当的曲目和音乐听力活动。

评 估

评估的目的是为了提高教学。评估是教学和学习中不可或缺的组成部分。教师需要决定如何来评定一整年的音乐成果，并且为衡量学生的音乐发展设计一个评量表。在教学资源组合中，教师要将学生评估活动和评分规则包含在内。第十一章中我们将提供一些适合每个年级的评估活动和评分规则的例子。

班级档案

这个部分创建了一个年度的班级和学生进步的档案。在每个学年的最初几周，教师都需要对学生的学习知识进行非正式或正式的评定，并以这个信息为基础建立班级和个人的档案，档案随着学年的进展不断更新。第十一章中我们将提供一些学生和班级档案的例子。

资 源

这个部分的教学资源组合包括课堂计划、网络资源、购买乐器的来源、书本和录制品的来源以及加强课程中其他领域的录像的样本。第九章中我们提供了不同种类的课程样本。

·讨论问题

1. 教学资源组合应该包括哪些组成部分？

2. 回顾你所在国家的音乐教育的国家或政府标准。讨论这些标准是如何影响音乐课程的？

3. 采访你所在社区的优秀音乐教师，并发现他们在音乐教学中所用的长期或短期计划。

4. 找出对音乐教师有用的网络资源。

·持续进行的作业

设想明年 9 月你已经被一个学校聘请去教授一年级至五年级的音乐课。请为每个年级创建一个教学资源组合。要为每个年级创建一个活页夹，并且根据十个教学资源组合的组成部分来分类贴上标签。这是一个需要持续进行的任务。随着这本书的每个章节的进展你也将增加你的资源组合。

本章参考书目

Choksy, Lois., Robert M. Abramson, Avon E. Gillespie, David Woods and Frank York. *Teaching Music in the Twenty – first Century.* 2nd Edition. (Upper Saddle River, NJ: Prentice – Hall. 2000).

Drake, Susan. M. *Planning the Integrated Curriculum: The Call to Adventure.* (Alexandria, VA: Association for Supervision and Curriculum Development, 1993).

第二章 柯达伊的音乐教育理念

"音乐属于每一个人。" (**"*Legyen A Zene Mindenkié*"**)

哲学将含蓄转为明晰，以丰富理解和感知为其最终意图。在哲学这个庞大的系统中，最重要的是要保持一颗好奇心。而它的敌人便是那些习以为常的、一成不变的、未经检验的、不加批评的"常识性"的假设和断言。哲学的观点需要用钻研的眼光接受挑战，探索公认的教义，拒绝教条式的安逸和舒适，揭示矛盾、权衡以及评价各种选择。哲学就是探索、发现并质疑，而不是理所当然地接受所有的观点。①

关键问题

· 柯达伊的音乐教育理念最重要的宗旨有哪些？

· 柯达伊的音乐教育理念以何种方式提供给每个人一个发展音乐教育理念的模式？

· 培养音乐素养的教学的多元化体现在哪里？

· 培养音乐素养的教学的多元化与柯达伊的音乐教育理念有何联系？

· 我们应该如何在柯达伊音乐教育理念的前提下发展出一个音乐课程？

· 我们应该如何在柯达伊音乐教育理念的基础上创建一个音乐课程的计划框架？

· 柯达伊理念与一个国家的音乐教育水平标准有何联系？

一个音乐老师必须拥有卓越的音乐才能以及用音乐术语交流的能力，才有可能在课堂上取得成功。一个音乐老师如何进行音乐教学，在很大程度上取决于他个人的音乐教育理念。一个受柯达伊理念启发的音乐课程能够为一堂成功的音乐课打下坚固的基础。本章节的目标是简要介绍柯达伊的音乐教育理念，以便为识别一个成功的音乐课程的各个组成部分提供前提。为了让大家更好的了解柯达伊理念，我们提供了这位伟大作曲家传记的简要轮廓。附录一提供了小学一年级到五年级的课程

---

① Wayne Bowman, "Philosophy, Criticism, and Music Education: Some Tentative Steps Down a Less Traveled Road," *Bulletin of the Council for Research in Music Education*, no. 114 (Fall 1992): 4.

样本。本章还将讨论采用柯达伊理念对课程设计的影响。本章所包含的信息将会有助于陈述你个人关于音乐教育的理念，并作为你教学课程的首章内容，将你的理念陈述在经过适当修改后适用于各个年级。

佐尔坦·柯达伊：一份传记略图①

早期时代：1882—1905

佐尔坦·柯达伊（1882—1967）是一位匈牙利作曲家、世界音乐学家、音乐教育家。他和巴托克被公认建立了基于匈牙利民间音乐传统之上的匈牙利音乐艺术新风格。柯达伊努力通过音乐教育培养广泛深入的、在音乐上有教养的匈牙利民族。他在音乐理念和教学法上的贡献已经是众所周知，并被广泛应用于世界各处，称作"柯达伊理念"或"柯达伊音乐教学法"。

柯达伊早期所得到的音乐熏陶和教育为他发展成为一个艺术家及学者奠定了坚实的基础。他的父亲是个业余的小提琴家，他的母亲则是个业余钢琴家及歌手，这使得欧洲风格的音乐始终飘荡在柯达伊家的每个角落。他在匈牙利布达佩斯的罗兰大学学习语言和文学，并在李斯特音乐学院学习作曲。他分别在 1904 年和 1905 年获得作曲学位和教育学位。1906 年 4 月，他以《匈牙利民歌诗节的结构》一文获得博士学位。编译研究现存的匈牙利民歌素材，收藏贝拉·维卡的单声道留声机唱片，以及收集在他的音乐曲集《葛兰塔》（Galánta）中的音乐，都充分表现出柯达伊在音乐和语言等跨学科领域中表现出的极大热情和学问。在获得博士学位后，柯达伊定居于布达城（位于现在匈牙利首都布达佩斯的老布达区，后来布达城和佩斯城合并成为现在的布达佩斯市），开始深入研究匈牙利的传统民间音乐。

创作初期：1905—1922

1906 年，柯达伊参加了一个柏林和巴黎的游学之旅，并紧接着在布达佩斯的李斯特音乐学院作为一个音乐理论教授，开始了他的教师生涯。同时，柯达伊继续民歌的收集、编写，并针对各种音乐类别和演奏发表文章。他陆续收集了共 3000 多首民歌。他的作品包括钢琴曲、室内乐和合唱。柯达伊的乐评文章不断出现在（音

---

① See Micheál Houlahan and Philip Tacka. *Zoltán Kodály*：*A Guide to Research*. New York，London：Garland Publishing，1998

乐）文学杂志和报刊上。

1910 年，柯达伊与巴托克联合举办了一场他们自己作品的音乐会。但他们的作品并不符合那个时期评论家的口味。柯达伊坚持采用传统民歌的曲调加上新奇的和声，这使他得到一个"深思熟虑的异教徒"的名声。他被指"使思想和旋律双重蒙羞"。这种毁损柯达伊名誉的情况持续了近 10 年才得以改变。评论家贝拉·瑞恩慈高呼柯达伊的创作风格"……在未来……他的名字将被列入支持弘扬我国文化的杰出名人的名单中……"

创作高峰期：1923—1939

无论是以作曲家身份，还是以作家身份而言，1923 年至 1939 年之间，都是柯达伊的创作高峰期。他在这个时期的大部分最杰出的音乐作品都是为歌剧和合唱所作的。其中，为合唱和交响乐而作的《匈牙利诗篇》是柯达伊的重要作品之一，此曲是为了纪念布达佩斯市成立 50 周年而作。在这个时期，先在匈牙利，然后到海外演出的首次公演的作品还有歌剧《哈里·亚诺什》、《加兰塔舞曲》和《协奏曲》。柯达伊还于 1927 年在阿姆斯特丹与荷兰皇家大会堂管弦乐团合作，首次登台指挥。

在这个时期他的学术著作及一些文章中，柯达伊都试图定义匈牙利民间音乐的本质。柯达伊为《音乐词典》（*Zenei lexicon*）撰写了匈牙利民间音乐的历史调查。接着，他发表了他在这个方面的独立著作《论匈牙利民间音乐》。

柯达伊说，在 1925 那一年他就开始把注意力转移到小孩子的音乐教育上。从 1927 年开始，柯达伊一些以前的学生开办了匈牙利青少年合唱队。他们中比较出名的有：杰诺·亚当、拉舟斯·巴尔多斯、乔治·科任尼、佐尔坦·瓦萨尔贺立、恩德烈·伯鲁斯和阿德莲·斯托亚诺维茨。柯达伊的第一本合唱集《儿童合唱小曲》在 1928 年出版，由乔治·科任尼编辑。在 1929 年，柯达伊意识到音乐教育必须系统化，指出只有最高质量的音乐素材才应该被编入课程中。此外，他认为歌唱才是让每个儿童都能接受到音乐教育的唯一方式。1937 年，他在《匈牙利双声部曲集》（*Bicinia Hungarica*）的第一卷中谈到了使用首调唱名法的好处。[①] 在 1938 年，一本包含民间音乐素材并在匈牙利第一次真正运用首调唱名法的音乐教科书《歌唱的 ABC》，由乔治·科任尼和本杰明·拉杰斯基编写并由布达佩斯的玛雅·寇鲁斯出版

---

① Zoltán Kodály, ［Bicinia Hungarica—Foreword］. *in* Ferenc Bónis, ed. *The Selected Writings of Zoltán Kodály*. trans. Halápy and Macnicol（Budapest：Zenem? kiadó Vállalat, 1964；London：Boosey & Hawkes, 1974），215.

社出版。这本书包含有运用首调唱名法的约 300 首民歌、古典音乐和基础音乐乐理知识。两年后，一本教师手册《歌唱的学校》，在 1940 年由厄玛·伯尔斯和乔治·古亚斯出版社出版发行。

教育年代：1940—1967

在他的晚年时期，柯达伊以更大的热情追求提高匈牙利学校的音乐教育水平。他编辑了众多专门针对孩子的歌曲集，并在其著作如《幼儿园中的音乐》等中，为儿童的早期音乐教育制定了准则。在 1943 年到 1944 年间，玛亚·柯鲁斯出版社出版了柯达伊和科伦伊两位作曲家的两册曲集《为学校所作的歌曲集》（上、下册）。这是一个收集了 630 首包括匈牙利和欧洲的民歌及卡农旋律，并且按照教学法的系统化顺序来编辑的曲集。1943 年，柯达伊的《333 首阅读练习曲集》出版，① 与叶诺·亚当合著的《唆咪（Szó–mi）》丛书一至八册于 1944 年和 1946 年出版。这是为学校一年级到八年级选取的教材。在所有以上提到的这些书里，柯达伊开始了小三度音程的旋律练习。1945 年和 1947 年柯达伊发行了《五声调式音乐》。②

1945 年 11 月 19 日，柯达伊在佩奇发表了题为《匈牙利的音乐教育》的演讲。在演讲中他强调了关于匈牙利音乐教育应当建立在匈牙利民间音乐基础上的重要性，并回应称外界指责他教授匈牙利音乐优于教授其他国家音乐是对他的教学宗旨的扭曲。他还指出了歌唱教学应先于乐器教学的必要性。③

1946 年，一所旨在依照柯达伊教学方针的专业化小学成立了。同年，他的文章《100 年计划》在布达佩斯的重要音乐杂志《依奈克佐》上发表。柯达伊的这个计划旨在通过将学生学习识读和写作音乐作为匈牙利学校体制中的一个部分，来逐渐还原匈牙利的音乐文化。这个计划用柯达伊自己的话来概括再恰当不过了。"目标：匈牙利音乐文化。其意义在于：使识读和写作音乐普及于学校教育中，同时唤醒匈牙利大众的音乐品味，并积极争取使匈牙利音乐变得更好、更匈牙利化。要创作出众多的优秀作品并且把这些作品传播给世界上各种不同的人们。"匈牙利的教育部长也认识到柯达伊的成就，于 1948 年将共和国大十字勋章颁发给他。之后柯达伊还成为匈牙利科学院的院士和院长（1946—1949 年），在此期间他还建立了民间音乐

---

① Zoltán Kodály，333 *olvasógyakorlat*［333 Elementary Exercises in Sight Singing］. 1943. *The Selected Writings of Zoltán Kodály.*

② Zoltán Kodály，"Hungarian Music Education." *The Selected Writings of Zoltán Kodály.* 152—155.

③ Zoltán Kodály. "On the Anniversary of Beethoven's Death." *The Selected Writings of Zoltán Kodály.* 77.

研究机构。

　　柯达伊为了提升学校的音乐教育水平不断游说匈牙利领导人，并终于在 1950 年于凯奇凯梅特建立了第一所专业音乐小学，由马特·奈美斯基担任校长。在给依尔赛贝·佐恩伊的《音乐的读与作》一书的序言中，柯达伊简要概述了德国模式的音乐教育现况，并指出巴黎音乐学院课程中的不足。他称赞了《音乐识读与写作》提供了音乐教育的大纲，但真正引人注目的是指出了音乐实例应该由教师向学生提供，而不仅仅依靠教材。在 1964 年出版的《让我们正确地歌唱》一书中，柯达伊解释到歌唱中的音高应该是与听觉而不是与平均音程相匹配，声乐教师或合唱指挥不能只依靠钢琴来调整音高。他还阐述了正确使用分声部歌唱和首调视唱的方法能够对发展音高的准确性产生出积极的效果。同时，他还呈现并分析了音乐实例。

　　1964 年在布达佩斯举行的以音乐教育为主题的国际研讨会引发了国际社会对匈牙利音乐教育中一个奇特音乐现象的强烈关注，这个奇特现象被称为"柯达伊模式"。至此，柯达伊被公认为 20 世纪音乐教育史上的杰出人物。

　　柯达伊更多的荣誉是在他生命的最后几年被授予的。在那几年里，柯达伊先后被赐予三次柯苏奖以及牛津大学、洪堡大学、多伦多大学的荣誉学位。他变成了一位世界公民。他被邀请到英国、苏联和美国指挥。他被推举出来主持由国际民间音乐协会和国际音乐教育协会举办的各种会议。鉴于对匈牙利民族的突出贡献，柯达伊被匈牙利共和国授予"功勋艺术家"称号。

佐尔坦·柯达伊音乐教育理念的简要介绍

　　如果想要理解柯达伊音乐教育理念，最好的方法是学习他的音乐作品、著作和演讲。他最著名的文章中，都包含了他关于学校课程应该包括音乐教育的重要性、需要训练有素的优秀音乐教师，以及他关于音乐教育在学生的学习过程中是如何重要的观点。大多数关于这些论点的原著都是匈牙利语，之后被翻译成英语。我们没有试图去校正这些文章在语法上或是英文翻译上的错误。所有的引用句都是当初被翻译时的原稿。虽然一些句子有语病，但柯达伊的思想本质却是清晰可见的。

　　我们引用的柯达依思想的著作中所包括的见解如下：（1）学校课程应该包括音乐教育的重要性；（2）训练有素的优秀音乐教师的重要性；（3）培养音乐修养的多重方面的重要性。这些方面包括演奏、文化修养、批判性思维、创造力和听力。

学校课程中应该包括音乐教育的重要性

柯达伊认为音乐应该属于每个人，而不是只属于少数的音乐精英。他说："能被教授基本的音乐元素是每个公民的权利，也就是要把进入锁住的音乐世界的钥匙交给他们。能打开千百万个耳朵和心灵并使他们能够享受古典音乐是一件多么伟大的事。"①

他相信，"经过几年的技巧训练，孩子们所能达到的结果可以用最苛求的完美艺术标准来衡量。"②"因为音乐，让一个人整个未来的生活明亮了起来。它是生命中的宝藏，可以帮助我们克服许多麻烦和困难。音乐是养分、是一剂安慰人的仙丹，并能够扩充生命中一切的美好与价值。"③

分开来说，同样的，所有的音乐元素都是教育中的宝贵工具。节奏可以开发注意力、专心、决断力以及控制力；而旋律则为我们打开了情感世界的视野；强弱对比和音色使我们的听觉更敏捷；最后是歌唱，这是一个多方位的肢体活动，如果教育的精髓对某些人而言并没有任何意义的话，那么起码它在体能教学中的作用是不可估量的。歌唱对身体的益处是很显著的，有关这方面的书籍已有很多出版。④

看到这个数字会让我们感到害怕：在每20个人当中，只有一个人能够正确地使用他的言语和呼吸器官。这也正是我们必须从歌唱的课程中学习的。严格的节奏，加上喉咙及肺部的训练让我们能够正确地歌唱。这些训练和食物一样，都是每天需要获取的。⑤

英国学校的课程和教学（我们应该这样定义它们）定位音乐在教育中的角色：到目前为止，学校生活里所体现出的音乐价值已经被很好地认同，无需过多强调。⑥

在这个时代，科技的高速发展让人类正慢慢走向一条使自己变为机器的道路，而只有音乐的灵魂可以拯救我们逃离这样的命运。⑦

---

① Ibid. , 122.

② Zoltán Kodály. " Inauguration of the New Building of the Kecskemét Music Primary School" *Bulletin of the International Kodály Society*, 1985（1），9.

③ Zoltán Kodály. " Music in the Kindergarten" *The Selected Writings of Zoltán Kodály*. 130.

④ Zoltán Kodály. "Children's Choirs. " *The Selected Writings of Zoltán Kodály*. 121.

⑤ Zoltán Kodály "Music in the Kindergarten." *The Selected Writings of Zoltán Kodály*. 130.

⑥ Zoltán Kodály, "Music in the Kindergarten. " *The Selected Writings of Zoltán Kodály*. 130.

⑦ Zoltán Kodály. Fifty – Five Two Part Exercises cited from *The Selected Writings of Zoltán Kodály*. . 225.

培养训练有素的优秀音乐教师的重要性

我们相信，学生们必须按教导学徒的模式来被教授音乐，这样密切的教学模式是被许多杰出的音乐教师所使用的。简单地说，学生们学习音乐的手艺是来自于那些本身已是很出色的音乐家。"我们需要更好的音乐家，而只有那些每天勤于练习的人才会成为一个优秀的音乐家。越好的音乐家越容易吸引人进入到他快乐又有魔力的音乐圈子里。他们服务音乐事业的目的就是让音乐能够属于每一个人。"①

以下引言验证了柯达伊理念的信条：只有训练有素的优秀音乐教师才应该被允许去教授音乐。

比起一家大歌剧院的指挥，一个小镇的歌唱教师可能显得更重要。因为一个可怜的指挥有可能只是遭受到失败（即使是优秀的指挥也有可能遭受失败），但是一个不称职的教师有可能在30年间扼杀掉30个班级的学生对音乐的热爱。②

在学校教授音乐和歌唱的方式不应该是给学生一种折磨，而应该是一种欢乐；是灌输学生对更好的音乐的一种渴望，一种会让他持续一辈子的渴望。音乐不应该是以知性的、理性的方式，也不应该像代数符号般地作为一个系统来传达给孩子们，或是像一种秘密撰写的语言，没有头绪可连结；而应该是以直接的、直觉的方式来铺设。如果一个孩子在他对音乐最敏感的6岁到16岁的阶段里，不曾至少有一次被所谓生命的音乐溪流充满过，那么音乐在他往后的岁月里将再难以发挥任何作用。通常对音乐的一个单一体验就将打开年轻的心灵并终其一辈子；然而这样的体验不能只是靠运气，而是学校职责所应该提供的。③

音乐教师需要培养学生们的内在音乐能力，在教室里藉由表演、创造、聆听、分析和培养音乐素养技巧，使学生们能够成为音乐和文化遗产的守护者。音乐教育的目标是在音乐教室里创建一个学习环境，在那里可以去体验、去探索音乐的不同面向，并一起分享这些所学的知识来共同为这个环境服务。

---

① Zoltán Kodály. "Children's Choirs." *The Selected Writings of Zoltán Kodály.* 124.

② Ibid., 120.

③ Zoltán Kodály "On the Anniversary of Beethoven's Death." *The Selected Writings of Zoltán Kodály.* 76.

但是目前的专业音乐教育还没有充分地被某种思想启发，这种思想就是音乐创作并不是终极目的，专业音乐教育应该立足于对全民服务之上。

将天赋发挥到最大极限并尽可能地将此用在他们的同伴身上，乃是有天赋的人所义不容辞的责任。因为每个人的价值都是通过他是如何帮助他的同伴以及服务他的国家来衡量的。真正的艺术是人类兴起的一个最强有力的力量，并且服务于全人类。①

音乐素养的多重方面

除了在学校课程中谈论到过的音乐价值，柯达伊还谈到了音乐素养中多重方面的培养。这些方面包括表演、音乐文献、分析思考能力、创造力、听力以及音乐和文化遗产的守护力。所以很明显地，当在发展孩子的音乐造诣技能时，我们需要强调作为一个音乐人的不同层面。如果我们要培养孩子的自我意识、认知和情感，我们需要教育他们成为：

1. 演唱（奏）家（指的是在公众场合表演音乐的人）
2. 音乐和文化遗产的守护人
3. 有判断力的分析家
4. 富有创造性的人类
5. 听众

儿童作为演唱（奏）家：歌唱、器乐和动作表演

音乐演唱（奏）是所有音乐活动的核心。在表演过程中，学生们会歌唱、做动作表演、演奏乐器和指挥。

歌 唱

柯达伊确信歌唱是音乐教育中最直接的方法。歌唱所要求的声音在身体内部快速的变化使歌者有着即刻参与的音乐体验。柯达伊的意图是为了引导学生充分深入地享受到音乐艺术的美妙。因为人声是世界上所有乐器中与人类最亲密的一种，而内在听力也是最容易通过人声来被发掘的。声音是最合乎逻辑的起始点。

---

① Zoltán Kodály. "Introduction to *Music Education in Hungary*." *The Selected Writings of Zoltán Kodály*. 206.

如果你试图只用一个字来表示这种教育的本质，那这个字只能是"唱"。托斯卡尼尼（著名指挥家）在排练交响乐团时，最常出现唇边的字是"唱！"，而就是这一个"唱"字便能表达出超过一千零一种的意义。①

最幸运的孩子莫过于能够把他自己的声音和谱面上的音符结合在一起。如果他一开始的歌唱是建立在声乐技术概念基础上的话，那么我们想要使歌唱和听觉成为首要概念的努力是很难成功的。如果他不会歌唱，那么他将几乎永远也不可能在任何一种乐器上"歌唱"。即便是最有才华的艺术家也不能克服教育中没有歌唱所带来的种种不利因素。②

彪罗斯有个著名的说法：不会歌唱的人，无论他的声音是好是坏，都不应该弹钢琴。彪罗斯是在指什么？他并不是说贝多芬奏鸣曲的每个乐章里的每一个声部都应该先唱了再弹。但是，若无法去感受、理解旋律的本质，姑且不论他唱的声音如何，他都不能弹好，不能给这个曲子带来生命力。③

大多数的声乐教师和合唱团指挥都依靠钢琴的音高来控制音准。但歌唱是取决于声学中的正确"自然"音程，而不是取决于平均律系统。即便是一个音调得非常完美的钢琴都永远不应该成为歌唱的音高标准，更不用说那些在中小学校或是琴房里使用的走调钢琴了。然而，我却经常发现合唱团指挥试图借助于走调的钢琴来修复他们合唱中摇摇欲坠的音！④

器 乐

柯达伊认为器乐教学也应该学习如何使用歌唱。

一旦明白了所有的这一切，就知道：我们整个演奏音乐的心理过程是不正确的，它必须被改正回来。现在的情况是，手指跑在了最前头，而头脑和心却在后方疲惫地跟随着。真正音乐家的做法正好相反：他用头脑和心带头来引导手指、喉头或任何一件乐器。因为如果钢琴家们没有按照这种方法，他们的演奏将会是机械化的。你看到某人在 20 或 30 岁时，声称自己完全没有音乐天赋，但如果他在 6 岁时曾用

---

① Zoltán Kodály, "Introduction to *Musical Reading and Writing* by Erzsébet Szonyi." *The Selected Writings of Zoltán Kodály.* 204.

② Zoltán Kodály. "Who is a Good Musician." *The Selected Writings of Zoltán Kodály.* 193.

③ Zoltán Kodály. "Let us Sing Correctly." *The Selected Writings of Zoltán Kodály.* 216.

④ Zoltán Kodály. "After the First Solfege Competition." *The Selected Writings of Zoltán Kodály.* 163.

他的声音来表现音乐，他现在就可能更靠近音乐的灵魂，他的钢琴演奏也会更具有音乐性。①

一个人在他能够正确识读和歌唱之前，我们甚至不应该允许他去靠近任何一种乐器。这是我们唯一的希望，就是有一天我们的音乐家们都能够在他们的乐器上"歌唱"。②

如果在教孩子们一种乐器之前不先给孩子预备训练，也不开发孩子们的歌唱、识读和听写能力到可能达到的最高层次，那就像是在沙子上建造楼房一样。③

我听到的世界上最优秀的歌唱是来自世界上有最糟声音的托斯卡尼尼所唱出的——在排练时，他用他率直沙哑的声音来唱每一个乐句给他的队员和歌手们听。这也是为什么在他的指挥棒下，他们能歌唱得那么美妙。托斯卡尼尼对管弦乐队最常说的话是"歌唱吧！歌唱吧！"④

柯达伊对课堂上用乐器为歌曲配的既适当且雅致的伴奏是相当认可的。"但是，如果孩子们能用乐器为自己伴奏，那将是一种更大的快乐和享受。……木琴便是个不错的选择。我永远也不会忘记1942年在纳基瓦勒，40个孩子在木琴上同时进行演奏与歌唱的声音和情景。"⑤ 柯达伊认为学生们应该学会在乐器上演奏简单的旋律。"然而，这些作品可以在任何其他的乐器上演奏，或以无伴奏形式唱出来，它们既可以不带歌词也可以加上恰当的歌词。"⑥

动作表演

柯达伊认为歌唱游戏和民间舞蹈中的动作表演对于孩子们的音乐发展很重要。

孩子们的歌唱游戏有着更深奥的内涵并可一直追溯到民间音乐的初期年代。将歌唱与动作相连结是一种更为古老，同时也比只是简单唱一首歌曲要更加复杂的现象。迄今，比起其他民间音乐的分支，歌唱游戏为各种科学调查提供了许多尚未被

---

① Zoltán Kodály. "Fifty – Five Two – Part Exercises." *The Selected Writings of Zoltán Kodály.* 224.

② Zoltán Kodály. "Who is a Good Musician." *The Selected Writings of Zoltán Kodály.* 196.

③ Zoltán Kodály. "Who is a Good Musician cited from *The Selected Writings of Zoltán Kodály.* 193.

④ Zoltán Kodály. "Music in the Kindergarten." *The Selected Writings of Zoltán Kodály.* 151.

⑤ Zoltán Kodály. "Pentatonic Music." *The Selected Writings of Zoltán Kodály.* 221.

⑥ Zoltán Kodály. "Children's Games." *The Selected Writings of Zoltán Kodály.* p 46.

触碰过的素材，因此对它的彻底研究也将放射出新的光芒。①

我们必须期待歌唱让世界上的所有人团结一致，共同和谐的那一刻。②

为了培养孩子们的音乐素养并使他们成为演唱（奏）家，我们需要多培养他们的歌唱技巧、合唱能力、乐器演奏和动作表演。动作表演也可以包含简单的指挥图形。

儿童作为文化遗产的守护人：音乐曲目

尽管有些音乐教育工作者认为，孩子们的音乐教育比传播音乐和文化遗产更重要，但柯达伊并不这样认为。

就算是最优秀的创作也无法替代传统音乐。写作一首民歌好比写作一个谚语一样地超乎其难。正如谚语凝聚了几个世纪优秀的智慧和观察结果。在传统歌曲中，几个世纪的情感被以一种尽善尽美的形式化为不朽。没有任何杰作可以取代传统作品。③

柯达伊声称如果艺术是以这样的一种形式出现，对学生们而言它不是种折磨而是种快乐，那么它将灌输给孩子们一种对优秀音乐的渴望，并影响他们持续一生的品味。他相信适合年轻一代生理、发展和心理需求的材料，在民歌中最容易被找到。柯达伊认为民歌淳朴、优美，更是种遗产，但他更强调使用原始的民歌，并将之与其他民族的民间音乐、完美的艺术歌曲、古典乐曲，以及新创作的音乐作品相结合的重要性。

通过学校中民歌和歌唱游戏的使用，教师可以提供给孩子们那些适合的并已成为孩子们生活的一部分的文化素材。露丝·克劳福德·西格（1901—1953，美国作曲家和民族音乐学家）也认为"教育的目标之一是引导孩子们进入他们生活的文化中。我们不应该常把旧的音乐、语言和意识形态挂在嘴边，这不仅已经过时，而且它反过来还会影响着我们的文化，占领着一块它曾生活过但早已不存在的孩子们日常生活中所熟悉的领域周遭。"

---

① Zoltán Kodály. "Bicinia Hungarica." Preface to the Hungarian edition. *The Selected Writings of Zoltán Kodály.* 215.

② Ibid. , 120.

③ Zoltán Kodály. "The Role of the Folksong in Russian and Hungarian Music." *The Selected Writings of Zoltán Kodály.* 36.

在每个音乐历史纪元中，传统的民歌、古典乐曲及新创作音乐之间的紧密关系是显而易见的。在这个意义上，合乎逻辑的做法是只使用最好的素材，同时要满足孩子们的发展需求。因此，"教最好的民歌和创作出最好的乐曲给孩子们"成为音乐教师的目标之一，这样孩子们才能成为他们社会群体中的文化守护人。

柯达伊相信劣质音乐的传播大大地抑制了音乐理解能力的增长。因此，他坚持认为，素材类型的使用以及呈现的方式，对孩子的音乐品味发展有着持久的影响。当学生们的技能提高之后，其他文化的民歌、伟大作曲家的古典乐曲、当代创作的作品便可以一起介绍给他们。

严格意义上说只有两种音乐：好的和不好的。不好的外国音乐及不好的本土音乐具有同样的破坏性，就像瘟疫。[①]

不好的品味总是传播得很快。在艺术上，这可不是件无所谓的事，比如说像衣服，有人穿着品味不好的衣服并不危及到他的健康，但艺术中不好的品味却是一种名副其实的灵魂疾病。它封锁住了灵魂对伟大作品的接触和从伟大作品身上汲取生活养分的可能，灵魂因此日益衰弱进而发育不良，而整个人的性格便被标上了一个异常的记号。[②]

孩子纯净的灵魂必须被视为很神圣的东西，我们所灌输给他们的东西必须经受得住每一个考验，如果我们种植某些不好的东西，那么我们就是在毒害他们生命中的灵魂。[③]

做作的或没有内涵的音乐是不适合用来教学的。

让我们阻止教师们迷信于用一些没有内涵的音乐替代品来当作合适的教学曲目。孩子对纯艺术是最容易受影响的，也是最热情的听众；对每个伟大的艺术家而言，孩子是最有生气的，所有的年轻人都一样。所以，具有内在价值的艺术才是最适合孩子的！除此之外都是有害的。总之，给婴儿挑选食物需要比给成年人挑选食物要更仔细。音乐的营养就像是丰富的维生素，这对孩子们来说是很重要的。[④]

---

①　Ibid. ，120.

②　Zoltán Kodály. "Music in the Kindergarten." *The Selected Writings of Zoltán Kodály*. 141.

③　Zoltán Kodály. "Children's Choirs." *The Selected Writings of Zoltán Kodály*. 122.

④　Zoltán Kodály. "The National Importance of the Workers'Chorus." *The Selected Writings of Zoltán Kodály*. 156.

给每个年级有质量的音乐文学学习将扩展学生们对民歌、古典乐曲以及新创作作品的知识。教师们需要决定课程中要包括多少首歌曲以及这些歌曲的历史渊源是什么。之后，教师们才能够决定使用什么样的教学素材，是通过音乐读谱还是模仿记忆的方式来学习。

儿童作为有判断力的分析家：音乐文学

柯达伊认为所有的学生都应该变得精通音乐知识，也就是说，他们要能够轻松地识读和写作音乐，就如同他们可以用自己的语言轻松地阅读和写作一样。

> 我总是为一个知识分子愿意毫无反抗地像被鹦鹉般的对待而感到诧异。一个合唱团如果能在读谱上多下点功夫，那么在相同的时间里面他们将可以多学 10 倍以上的作品，而他们的水平也将比鹦鹉学舌般的歌唱提高 10 倍。[1]

柯达伊启发了许多音乐家和教师去充分使用民间音乐的素材，并从音乐学和教育学的角度来分析这些素材。经过仔细的分析，一个给学生们的按照教学法顺序的教学大纲产生了。这个大纲包含了最基本的音程、节奏、节拍和匈牙利音乐中最常见的曲式。这个大纲不同于过去学习音乐的逻辑思考方法，即只依据教学的内容逻辑而不考虑儿童的学习情况。例如，过去我们学习节奏时通常开始于一个全音符，然后将全音符划分为二分音符、再到四分音符等等。柯达伊理念倡导儿童的节奏学习是以他们的歌唱游戏和歌谣中最常见的节奏模式为起点。因此，四分音符和八分音符等节奏模式最先在音乐学习中被教授，因为孩子们在很多地方已经接触过它们。

随着柯达伊理念不断地发展，匈牙利教师开始使用各种教学技巧，这些技巧逐渐被世人认为这就是所谓的"柯达伊教学法"。这些技巧包括了使用唱名法中的可移动"Do"体系、使用手势语来呈现音阶中的音符，以及来源于唱名和节奏系统的音乐速记法。这些手段经过柯达伊同行的改造，被发现对儿童音乐教学十分有益。然而，他们其实并没有追溯到柯达伊的教学根源。

可移动"Do"体系和主音唱名体系可以追溯到 11 世纪，由圭多·迪阿雷佐用于音乐教学。1862 年，英国人约翰·卡文发明了用于呈现音阶中的音符的手势语。手势语为音乐加强了除声音外的肢体和视觉上的印象。音乐速记法或符干记谱法，是在匈牙利产生的一种不使用五线谱的简单而又快速的写作音乐的方法。

---

① Zoltán Kodály. "Bartók the Folklorist." *The Selected Writings of Zoltán Kodály*. 106

在以孩子为中心的课程里，使用这些结合了民歌和古典艺术乐曲的教学技术，可以帮助孩子们开发他们通过发现式的学习方法所得到的判断性的分析思维能力。这便是柯达伊音乐教育概念的独特之处。

科学和艺术的根源都是一样的。每一个都用它独特的方式来反映世界。其基本条件是：敏锐的观察力，精确表达对生命的观察并提升它到一个更高的综合体。而科学和艺术最基本的伟大之处也是相同的：就是人类，就是我们。①

在此基础上所说过的，一个优秀的音乐家的特质可以被概括如下：一个训练有素的听力、一个训练有素的智力、一颗训练有素的心和一双训练有素的手。所有这四个条件必须在平衡中共同发展。当其中的一个条件落后或超前时，那就说明一定有什么地方出问题了。②

通过对熟悉的音乐作品的分析，孩子们将能够开发他们判断性的分析思维能力。音乐的工具（就像搭积木要用的工具一样），诸如节奏音节和唱名音节应该被用来识别具体的节奏和旋律模式，会被经常使用。掌握音乐作品中基本要素的知识可以帮助学生们发展他们的演奏、听力、作曲和即兴等技巧。比如一个爵士音乐的学生在懂得了一个特定音乐作品的基本构造后，他便能够将这些构造加以变化使其变成其它的音乐作品。

儿童作为富有创造力的人类：音乐写作和即兴创作

音乐即兴、现场创作艺术、作曲、写作音乐的系统化艺术，都是音乐教育中不可缺少的组成部分。柯达伊认为学生们应该具备一个训练有素的听力来从事音乐的创作。

学作曲的学生在没有一个训练有素的听力的情况下写出来的作品和他们脑子里所想像的是有很大差别的——这样的情形会经常发生吗？我们已太常看到那些从小没有好好练习音乐的识读与写作的学生在学习作曲，甚至只是在写些简单的和声的过程中是多么的困难。③

---

① Zoltán Kodály. "Who is a Good Musician." *The Selected Writings of Zoltán Kodály*. 197.

② Zoltán Kodály. "Who is a Good Musician." *The Selected Writings of Zoltán Kodály*. 196.

③ Zoltán Kodály., "The Role of Authentic Folksong in Music Education." [Lecture presented by at Interlochen, 1966]. *Bulletin of the International Kodály Society*, 1985 (1): 15.

在音乐教室里使用的，通常有两种类型的即兴创作和作曲练习：一种是让学生们不考虑音高或声音来即兴创作一个节奏或旋律；另一种是让学生们有意识地去使用特定的节奏或旋律元素来创作。受柯达伊概念所启发的音乐教师是利用即兴创作和作曲的练习，让学生们发展既能够理解音乐创作的过程又了解一个作品的音乐风格元素的技能。我们发现，在一种特定的音乐风格中，能够以特定的曲式、旋律及节奏模式为基础来即兴创作和作曲的学生们，可以对此种音乐风格有更多、更大的感受和理解。即兴创作及作曲应该和有意识、无意识的节奏及旋律元素的知识紧密结合在一起。

儿童作为听众

聆听音乐是柯达伊概念里的重要组成部分。不管在音乐教室内的音乐活动是什么，孩子们须不断地被教导如何在演出、创作和发展他们的判断性分析思维能力时去聆听。当然音乐教师也需要给学生们提供具体的听力活动，好让他们能够将所唱的歌曲和古典艺术作品连接起来。

柯达伊认为民间音乐和古典艺术音乐之间有一种连接。

例如，我们先从海顿说起，他的作品与民间音乐显然有着紧密的联系；进而，莫扎特的许多作品也让我们能轻易辨认出被升华过的奥地利民间音乐；贝多芬的许多主题也是很民歌式的。[1]

柯达伊坚信听力对于音乐学生而言是至关重要的。

对于伟大的作品，只飞快地听一次是不够的，听者必须提前做好准备，听前听后都要认真学习所有谱子上的音符，只有这样才能将它们完全地植入脑海之中。[2]

同时拥有丰富的音乐经验和音乐记忆才能造就出成功的音乐家。独自的歌唱练习加上聆听练习（包括主动的和被动的练习经验）可以发展学生达到耳朵听着音乐就能在脑子里形成清晰的好像正看着的乐谱的程度；而且如果必要且又有时间的话，应该让学生把这个乐谱默写下来。这至少也是我们在学习语言时对学生的期待，而音乐也是一种语言，是人类表达灵魂的语言表现。它的伟大在于它能够传达出人类

---

[1] Zoltán Kodály. "Who is a Good Musician." *The Selected Writings of Zoltán Kodály*. 198.

[2] Zoltán Kodály. "Preface to *Musical Reading and Writing*." *The Selected Writings of Zoltán Kodály*. 204.

语言中所无法表达的意义。如果我们不希望音乐只是死亡的遗产，我们就必须尽全力让尽可能多的人去了解音乐的秘密。①

培养学生听力技巧的活动应被列入课程中，这些活动应当密切地与节奏和旋律元素的知识相连接，并被用在练习节奏和旋律的元素上。听力活动应包括在学校的教师和其他音乐学生演唱的歌曲，以及专业音乐家为学生们演出的曲目。将具体的曲目列入课程中，而且应包括那些能加强所教的音乐元素和观念的作品。

将柯达伊理念、音乐文化素养技能的多重尺度与国家音乐教育内容的标准相联系

一个以柯达伊音乐教育理念为基础的教学课程应该符合国家音乐教育的标准。②以下是如何将音乐课程建立在柯达伊的理念之上并体现出国家标准的一个简介，而每一个标准都以一个简短的概论来谈论它如何与柯达伊的课程相关联。

标准一：歌唱；独唱或合唱；一个多样的音乐曲目。

在柯达伊教学课堂里，歌唱提供了所有学习的基础。通过歌唱，学生们被引导去发现并随之消化各种音乐元素。学生们通过歌唱来学习各种各样的多元文化的音乐曲目、古典音乐和新近创作的音乐。这种课程使学生参与到小组或个人的歌唱、问答歌唱、固定低音旋律、循环歌唱、卡农、合作歌曲和古典艺术音乐当中。

标准二：演奏乐器；独奏或合奏；一个多样的音乐曲目。

柯达伊教师使用各种节奏型的乐器来加强学生们的节拍和节奏概念；使用旋律乐器，诸如木琴类的乐器或音阶铃铛等被用来表演五度音程和固定低音，以及练习旋律概念。一旦学生的水平趋于成熟到能够学习演奏其他乐器时，竖笛、吉他或竖琴便也可以被介绍到课堂教学活动中来。遵照柯达伊原理，学生们应该能够先唱出在乐器上所演奏的音乐。

---

① Zoltán Kodály. "Preface to *Musical Reading and Writing.*" *The Selected Writings of Zoltán Kodály*. 204.

② Consortium of National Arts Education Associations, *National Standards for Arts Education*. (Reston, VA. Music Educators National Conference. 1994).

标准三：即兴创作旋律、变奏及伴奏。

学生们利用他们对节奏及旋律元素的知识及对民歌音乐风格的知识，来作为课堂里即兴创作和作曲的基础。教师让学生们参与很多的即兴创作活动，像是即兴创作节奏或旋律的问答、用规定的曲式即兴创作或写作旋律或节奏的固定低音。这些活动也同时提供了对学生们是否理解音乐的元素、音乐的风格以及他们的表演技巧的评估。

标准四：按照规定准则下的作曲与编曲。

柯达伊课堂里的学生们，在用电脑或者乐器弹出他们要写作的曲子之前，先学习内在聆听音乐（用脑子思考音乐）的技能。这些学习活动包括学习为一个熟悉的作品创作固定低音、学习用规定的歌词来创作旋律、学习给一首民歌创作两个声部、学习在既定的作曲条件下写作一首新的歌曲。

标准五：识读和写作音乐。

柯达伊课堂的学生们用符干记谱法和五线谱、唱名和节奏音节以及手势语来学习读写音乐。初阶的读写练习例子包括简单的五声调式、任何五音音阶或六音音阶的旋律、以至发展到大小调式和教会调式以及二声部和三声部的创作。

标准六：倾听、分析和描述音乐。

受柯达伊理念训练的学生们被引导用他们所知的音乐元素知识去倾听、分析和描述音乐。年轻的学生们被教导如何（从听力练习中）去聆听一个音乐作品里的元素，以及如何去描述这些元素。当发现他们在练习其他视唱的乐曲里也包括了相同的元素时，教师应该把重点放在分析这些听力练习上。节奏和旋律的听写要领里都包含了辨明音乐谱例中的曲式和创作元素。

标准七：评价音乐和表演。

因为唱歌和表演是柯达伊课堂的核心，教师和学生们须不断地评估他们的表现。音乐元素的知识促进了曲目学习中风格知识的学习。教师们可建立一个表演的评估专栏来为学生的评估而用。

标准八：理解音乐与其他种类的艺术及艺术以外的学科之间的关系。

受柯达伊启发的音乐教育发展了学生们在音乐教室里的动觉能力，以及空间、数学和阅读等能力；这些能力是可以很容易地转移到课程中的其他领域的。

标准九：理解音乐与历史和文化之间的关系。

柯达伊课堂的学生们学习不同文化和时期的民间音乐和古典艺术音乐。孩子们用他们的母语来学习民歌歌词，这样就让音乐教师和班级教师能够多讨论其中的历史背景，并将其与其他有关的学科和艺术形式联系起来。而古典艺术音乐的学习则包括了对历史和常见于其他艺术形式中的，比如像是视觉艺术、建筑和舞蹈等，在不同时代的风格的理解。

建构一个基于柯达伊音乐素养技巧的概念和国家音乐教育的标准之上的课程框架

在附录一中，我们提供了一个从一年级到五年级的音乐课程样本。课程的每个部分在以后的章节中都会以更具体的形式来被讨论。当然，我们只提供了一个音乐课程的架构，因为音乐教师的教学在不同的校区之间是大不相同的。提供这个课程样本的目标是为教师建立自己的课程提供一个模型。我们有意识地没有去强调课程和教学计划中的各个教学情境，因为当你能够理解柯达伊的哲学理念及教学方法后，你就可以调整计划以适用于自己的教学情境。

以下是为一年级设计的，采用了柯达伊哲学理念的一个音乐课程的框架。具体的音乐技巧需要针对每个星期的课时进行修改。

1. 曲目：儿童作为文化和音乐遗产的守护人

扩充歌曲的曲目量，以增加学生们对儿歌、歌唱游戏、儿童民歌、古典艺术作品和新创作的作品的了解。

2. 表演：儿童作为演唱（奏）家

扩大表演技巧，其中包括：

① 唱歌

a. 熟知约 30 首包括民歌、歌唱游戏、古典音乐和新作品的曲目。

b. 记忆能够用唱名音节和节奏音节演唱的 10 至 15 首歌曲。

c. 用准确的音准、清晰的发音、饱满的音头、优美的句子和呼吸、正确的强弱对比和速度来演唱以上的所有歌曲。

② 分声部合唱

a. 轮流歌唱。

b. 练习音程的同时加上手势语。

c. 用四分音符、八分音符和四分休止符为一首歌曲创作一个节奏低音的伴奏。

d. 用 la、sol 或 mi 为一首歌曲创作一个旋律低音的伴奏。

e. 歌唱从熟悉的歌曲中所获取的节奏或旋律卡农。

f. 演唱取自于已知歌曲中的节奏动机的两声部节奏练习。

③ 动作表演

a. 表演带有追逐的歌唱游戏。

b. 表演带有绕圈的歌唱游戏。

c. 表演带有直线排排站的歌唱游戏。

d. 表演带有圆圈的歌唱游戏。

e. 用已知歌曲即兴创作歌词和动作。

④ 乐器演奏

a. 学生用教室里的乐器尝试演奏一年级学到的旋律和节奏概念。

b. 学生用教室里的乐器尝试为班级的歌唱伴奏。

c. 学生尝试指挥两拍子的节拍。

3. 音乐的读写：儿童作为有判断力的分析家和问题解决者

① 节奏元素

a. 能够认出和写出四分音符、八分音符、四分休止符、带重音的拍子和小节线。用 $\frac{2}{4}$ 拍子来指挥。

b. 有意识地使用四分音符和八分音符来演奏固定音型。

c. 演奏两个声部的节奏练习和卡农。

d. 使用四分音符、八分音符及四分休止符来即兴创作短小的动机。

e. 从拍打节奏的模式中辨识歌曲曲调。

f. 辨识一首跳跃的歌曲和进行曲的不同。

② 旋律元素

a. 能够用首调唱名和手势语来演唱儿歌范例（五声音阶二音音列与三音音列）：用 sol、mi、la 来构成音程

（$sol-mi$、$mi-sol$、$sol-la$、$la-sol$、$mi-la$、$la-mi$）。

b．用节奏记谱法和五线谱记谱法来识读用 $sol-mi-la$ 写出的旋律范例。

③ 识读和写作

a．用手势语、传统节奏记谱法和五线谱记谱法，来识读和写出学生歌曲曲目中常见的节奏或旋律模式。

b．写下背过的或教师听写的节奏模式。

c．用符干记谱法或五线谱记谱法写下背过的或教师听写的重点歌曲里的旋律模式。

④ 内心听觉

a．跟着老师的手势，静静地在内心唱。

b．跟着旋律音节，静静地唱出已知的歌曲。

c．静静地读出在符干谱或五线谱上的全部或部分的旋律及节奏。

d．用歌词、节奏音节或唱名音节唱出记忆里短小的旋律或节奏动机。

⑤ 曲式

a．从听觉上或视觉上辨认一首歌里同样的、相似的或不同的乐句。

b．用字母来描述一种曲式：ＡＡＢＡ。

c．在识读和写作时，正确地使用反复记号。

⑥ 音乐记忆

a．重复由教师拍打的四拍和八拍的节奏模式。

b．通过手势语来记忆短小的旋律。

c．用符干谱或五线谱，来记忆已知歌曲中四到八拍子的乐句。

d．用正确的节奏音节来重复老师拍打的节奏模式。

e．记忆用符干谱读出的节奏模式。

4．即兴创作/作曲：儿童作为创造性的人类

① 使用节奏型乐器，即兴创作四或八拍的节奏模式。

② 使用拍打和说出节奏音节的形式即兴创作四或八拍的节奏模式。

③ 使用手势、手指谱或身体语言，即兴创作短小的音乐动机（$la-sol-mi$）。

④ 用声乐或打击乐器（木琴）即兴创作一个简单的四拍或八拍节奏的二音或三音和弦（$sol-mi-la$）的五声音阶旋律。

⑤ 用一首大家熟知的歌曲中的一个或多个小节来即兴创作一个新的节奏和旋律。

⑥ 利用熟知的节奏和旋律模式，来即兴创作问答动机。

5. 聆听：儿童作为听众

① 扩大听力曲目的范围并重温幼儿园时学的音乐概念。

a. 辨明课堂上的歌曲曲目、民歌和古典名曲中的各种音乐特色。

b. 辨明课堂上的歌曲曲目、民歌和古典名曲中的各种节奏特色，包括四分音符、八分音符和四分休止符。

c. 努力拓展自己表现音乐的控制力，比如强弱对比、速度、音色和不同历史时期的名曲中的不同性格。

d. 辨明课堂上的歌曲曲目、民歌和古典名曲中的各种（相同与不同的）句子形式。

以一个被柯达伊音乐教育理论启发的音乐课程为基础，来发展一个教学计划的框架。

在本书每一章的最后，我们都将提供你如何发展音乐教学的具体计划的信息。本章的目的是给一个通用的教案格式，来体现柯达伊音乐教育理论和国家音乐教育标准的要件。贯穿全书，我们将通过对从这个基本的教案设计作一些改变来配合及反映出每章所谈到的知识。

以下是一个概括的教案，它可以被修改以适用于所有的学习目标，包括发展孩子们成为演唱（奏）家、有判断力的分析思考者、即兴创作者、作曲家、听众和文化及音乐遗产的守护人。教案中有三个主要组成部分，包括介绍、核心活动和结束语。

表2. 1

重点	活动、步骤和评价
介绍 表演和示范已知音乐的概念和元素	学生们表演他们之前所学过的曲目和音乐元素的知识，包括音乐课的开嗓练习。
核心活动 曲目的获取 新概念或元素的表演及准备 动作的发展 演奏和音乐技巧的发展	教唱一首新歌以扩大学生的曲目范围，并准备好学习节奏或旋律的概念或元素。 学习活动：透过已知的歌曲，让学生学习去发现一种新的音乐概念或元素的特性。 用歌曲和民歌游戏，注重发展一系列与年龄相适应的动作技巧。 学生加强之前学过的音乐概念和元素的知识，用已知歌曲练习曲式、记忆、内在听觉、合唱、即兴创作和作曲、听力等技术领域。
结束语 回顾和总结	回顾与评估所学过的课程内容，教师可以演奏（唱）下次要教的新曲目。

教案框架的说明

以下是对上述教案结构图表的一种说明。记住，要安排好整堂课中学生们注意力集中和放松的时间间隔。

第一部分：介绍

对已知曲目及概念或元素的表演和示范

课程中介绍部分的目的之一，是让孩子们学习如何美妙地歌唱；而另一个目的则是显示他们所知的音乐曲目的知识。在这个部分，孩子们能通过表演显示他们既是文化遗产的守护者又是演奏者。这个部分还有一个目标是让孩子们通过表演显示已知的节奏或旋律的音乐元素，其中包括用节奏音节和唱名音节来唱歌。在这部分的教学中我们让学生通过学习呼吸练习和声音的开嗓练习来发展优美的歌唱。

第二部分：核心活动

这是课堂中第一个集中注意力的部分，包括了曲目的获取及新的概念或元素的演奏。

曲目的获取：教唱一首新歌。

教师向学生们教授新的曲目时有各种各样的理由，有时是为了培养学生的歌唱能力，而有时则是为了未来的音乐教学概念所做的准备。当教一首新歌时，尝试做一些让新歌和课堂的介绍部分有关的连接活动，比如说使用相同的调、相同的节奏或旋律动机、相同的节拍、相同的个性或只是相同的速度等等。

新概念或元素的演奏和准备

在这个阶段，老师会准备和呈现一些在音乐课程中"孩子们是有判断力的分析家"的内容下的概念。学生们通过学习音乐文学素养的知识发展他们的有判断力的分析思维技能。在不断的学习中逐渐发现孩子们发展他们音乐文学素养的能力。

在第一个集中注意力阶段后的是一个放松阶段。

动作表演的发展

在课堂中的这个阶段，老师会用特定的歌唱游戏来准备和呈现一些在音乐课程中"孩子们是演唱（奏）家"的内容下的动作概念。在这部分中，教师以与歌曲素材相关的游戏活动为基础,来发展学生们的动作技能。在第四章中,我们将介绍一系列发展与年龄相适应的动作技能的方法。

这个放松阶段结束后是第二个集中注意力的阶段。

演奏和音乐技能的发展

在这个阶段,老师带领学生练习一些在音乐课程中"孩子们是有判断力的分析家"的内容下的概念。课堂的这个部分用来加强熟悉已学过的音乐元素知识,并同时着重练习某个特定的音乐技能,例如识读、写作、即兴创作或作曲。

第三部分:结束语

这是一个放松的阶段。

演奏和课程的复习

复习新学的歌曲。学生们可以复习已知歌曲或玩一个游戏。教师也可以表演下一堂课将要教的新歌。

·讨论问题

1. 说明音乐教育的价值和音乐在学校课程中的地位。

2. 作为一名教师,使用一个音乐教育的概念对你的教学有什么帮助?

3. 你会如何描述柯达伊音乐教育概念?

4. 比较和对比柯达伊音乐教育概念与其他音乐教学方法的不同。

5. 收集四篇有关音乐对学生认知发展影响的研究文章,与你的同学讨论你的结果。

6. 一个训练有素的音乐教师有哪些特征?

7. 培养音乐素养中的多元化是指什么?

8. 柯达伊音乐素养培养的概念如何与国家音乐教育的标准相融合?

9. 上网找出三个不同的学区,指出他们的音乐教学理念,并为每个学区写出一个总结报告。

·持续进行的作业

1. 写一个你个人音乐教育理念的陈述。你的理念陈述又将如何随着你教授不同年级的课程而有所改变?

2．复习附录一中从一年级到五年级的课程目标，并与另一个音乐老师一起讨论比较这些课程目标。为你的课程档案中每个年级的第二个部分添加你的课程目标。

3．使用这一章中的教案格式，为一年级和三年级确定每个部分的教学活动。你需要使用适合这个年龄层的曲目。

本章参考书目

Philip Alperson, "What Should One Expect from a Philosophy of Music Education," *Journal of Aesthetic Education* 25, no. 3, 215—229.

Philip Alperson, "Music as Philosophy" in *What is Music? An Introduction to the Philosophy of Music* (University Park: Pennsylvania State University Press, 1994).

Philip Alperson, ed., *What is Music? An Introduction to the Philosophy of Music* (New York: Haven, 1987).

Philip Alperson, "What should One Expect from a Philosophy of Music Education?" *Journal of Aesthetic Education* 25 (1991), 215—242.

W. Bowman, "Philosophy, Criticism, and Music Education: Some Tentative Steps Down a Less - Traveled Road," *Bulletin of the Council for Research in Music Education* 114 (1992), 1—19.

Lois Choksy, *The Kodaly Method*, 2nd ed. (Upper Saddle River, NJ: Prentice - Hall, 1999).

E. Eisner, "Educating the Whole Person: Arts in the Curriculum," *Music Educators Journal* 73, no. 2 (1987), 41—97.

Howard Gardner, *Frames of Mind: The Theory of Multiple Intelligences* (New York: Basic Books, 1983).

Betty Hanley and Janet Montgomery, "Contemporary Curriculum Practices and their Theoretical Bases" in *The New Handbook of Research on Music Teaching and Learning* (New York: Oxford University Press, 2002).

Zoltan Kodaly, *The Selected Writings of Zoltan Kodaly*, ed. F. Bonis, trans. L. Halapy and F. Macnicol (London, England: Boosey & Hawkes, 1974).

Samuel Hope, "Why Study Music?" in *Vision* 2020 (Reston, VA: Music Educators National Conference, 2000).

Estelle Jorgensen, *In Search of Music Education* (Urbana, IL: University of Illinois Press, 1997).

Estelle Jorgensen, "On Philosophical Method" in *Handbook of Research on Music Teaching and Learning*, ed. Richard Colwell (New York: Schirmer Books, 1992), 91—101.

Music Educators National Conference, *What Every Young American should Know and be Able to do in the Arts: National Standards for Arts Education.* (Reston, VA: Music Educators National Conference, 1994).

Patricia Shehan Campbell, *Songs in their Heads: Music and its Meaning in Children's Lives* (New York: Oxford University Press, 1998).

Christopher Small, *Musicking* (Hanover, NH: Wesleyan University Press, 1998).

Ludwig Wittgenstein, *Philosophical Investigations* Oxford: Blackwell, 1953).

Wayne Bowman, "Philosophy, Criticism, and Music Education: Some Tentative Steps Down a Less Traveled Road," *Bulletin of the Council for Research in Music Education* 114 (Fall 1992), 1—19.

第三章　儿童作为文化和音乐遗产的守护人

课堂音乐曲目的选择

孩子们不仅仅因为天生就拥有音乐细胞而理所当然地成为音乐家，他们还拥有一个属于自己的音乐文化、音乐准则和社会规则，以及具有个性整合和种族表达的能力。①

在正式的音乐教育环境中给予孩子们自己音乐文化的地位，并使用他们自发性的音乐创造来作为成人指导学习规划的一个跳板，这样我们才能够提供给孩子们一个所谓安全与尊重的环境。②

通过他们的本土音乐文化，孩子们接受到有关他们自己民族的故事。这些故事一部分由祖先代代相传，其他则是反映新风俗习惯的当代故事。民间音乐是收集孩子们的价值观、信仰、文化、知识、游戏和故事的宝库。孩子们自身文化的音乐必须在课堂上给予尊重和地位，间接地让孩子们察觉到自身的价值和地位。对其他文化音乐的接受性也可以从这个参照点来考虑，从而培养文化意识、宽容和尊重。③

通过构建年轻一代的多元化音乐文化经验，我们正在培育孩子们所熟悉的文化，并从文化的内和外来促进他们的音乐发展。孩子们目前所经历的音乐经验，正是他们用来创造音乐未来的经验。④

关键问题

· 我们在进行音乐教学时应选择哪些歌曲？

· 我们选择教学歌曲的标准是什么？

---

① Bruno Nettle, Forward, in Patricia Shehan Campbell, *Songs in their Heads：Music and its Meaning in Children's Lives* （New York：Oxford University Press, 1998）.

② David J. Elliot. *Praxial Music Education：Reflections and Dialogues.* （New York：Oxford University Press, 2005）. 255.

③ Ibid. , 258.

④ David J. Elliot. *Praxial Music Education.* 258.

· 为什么五声调式的歌曲在教学中很重要？

· 我们要如何建立每个年级的歌曲曲目列表？

· 我们要如何分析教学中的曲目？

· 教学过程中所用歌曲的来源是什么？

· 如何增加一个准备及练习音乐概念及元素的课程来改进我们原有的教学大纲？

· 如何增加一个展示音乐概念及元素的课程来改进我们原有的教学大纲？

在第二章里我们提供了柯达伊理念关于音乐教育的简要调查，以及这种理念是如何用来建造音乐课程的基本框架和基本课程计划的。柯达伊理念的主要组成部分是他对于选择有质量的教学曲目的坚持。本章将提供如何选择和分析教学曲目。附录二包括了一个适合一年级到五年级的、以字母顺序排列的歌曲列表。这些歌曲主要选自于四个出版物：

《150 首美国民歌》（作者彼得·厄戴和卡特琳·寇姆洛斯，纽约布希和豪克斯出版社，1985 年。Peter Erdei and Katalin Komlós. 150 *American Folk Songs to Sing*, *Read and Play*. ed. Peter Erdei and the staff of the Kodály Musical Training Institute Collected principally by Katalin Komlós. New York：Boosey & Hawkes，1985. 120 p. ）

《远航去：155 首美国民歌》（作者艾丽娜·罗克，纽约布希和豪克斯出版社，1981 年。Eleanor G. Locke. *Sail Away*：155 *American Folk Songs to Sing*, *Read and Play*. New York：Boosey & Hawkes，1981. 164p. ）

《我歌唱的小鸟，第2卷，150 首盎格鲁美国人、非洲裔美国人、英格兰、苏格兰、爱尔兰传统的美国民歌》（编辑爱达·厄戴、菲茨·诺勒斯和丹尼斯·贝肯，美国柯达伊中心，2002 年。Ida Erdei, Faith Knowles and Denise Bacon. *My Singing Bird*, Vol. II of 150 *American Folk Songs from the Anglo – American*, *African – American*, *English*, *Scottish and Irish Traditions*. The Kodály Center of America，2002. 164p. ）

《我们歌唱：230 首西语裔民歌》（编辑菲茨·诺勒斯，美国俄亥俄州哥伦布首府大学柯达伊中心，2006 年。Faith Knowles. ed. Vamos a Cantar 230 Folk Songs of Spanish – Speaking People to Sing，Read，And Play. Columbus，Ohio：The Kodály Institute at Capital University，2006. ）

课堂里的民间音乐

如前面章节所述，柯达伊深信一个孩子的音乐教育应从他或她所熟悉的民间音乐开始。他认为民间音乐是所有国家和民族的"音乐母语";音乐教学应当从民间音乐和儿童歌唱游戏开始。①

孩子们的歌唱游戏具有比其他东西更深刻的洞察力,这种洞察力针对原始时代的民间音乐。歌唱与动作和行动相结合是一种古老而比一首简单的歌曲更复杂的现象。②

每一个民族都有丰富多彩且适合教学的民间音乐。在不断地挑选中,最好的民歌被用来介绍音乐元素,并让学生能够意识到它们的存在。从以听力来开始歌唱,到写作、发音,所有这些方法的结合给我们带来惊奇的快速效果。关键的是所使用的素材要有足够吸引力。③

柯达伊认为儿童应该接受民间音乐教学,并且通过民间音乐带领他们进入艺术音乐和创作音乐的领域。

这一切的最终目的是将学生引进对过去、现在和未来伟大经典之作的理解和热爱之中。④

一旦与民间音乐建立了联系,学生就可以被引导去理解民间音乐和古典音乐之间的联系。

例如,我们先从海顿说起,他的作品与民间音乐显然有着紧密的联系;进而,莫扎特的许多作品也让我们能轻易辨认出被升华过的奥地利民间音乐;贝多芬的许多主题也是很民歌式的。19世纪所有的国立学校的音乐教育也都建立在他们自己民间音乐的基础之上。⑤

柯达伊关于民间音乐的原始性的论述

原始性的话题总是出现在民间音乐的讨论中。

---

① Zoltán Kodály. Music in the Kindergarten cited from *The Selected Writings of Zoltán Kodály*. p 145
② Zoltán Kodály. " Children's Games. " *The Selected Writings of Zoltán Kodály*. 46—47.
③ Zoltán Kodály. *Bulletin of the International Kodály Society*, 1985, (2), p. 18
④ Zoltán Kodály. "The Role of Authentic Folksongs in Music Education", *Bulletin of the International Kodály Society*, 1 (1985): 18.
⑤ Ibid., 18.

　　这是一个困难的问题，我承认即使我们是匈牙利人，且生活在世纪之交，这个问题仍不能够完全地被厘清。匈牙利有着几百首大家耳熟能详的被认为是民间音乐的歌曲，且其中大多数又被其他国家的人视为是匈牙利的民歌。然而经过最新研究发现，这当中的许多歌曲其实是由仍在世的或刚过世的作曲家新创作而成的。有时必须花上几十年的深入调察才发现有一部分民歌的作者是永远找不到的了。那些才是属于古老的传统民歌。我们耗费了许多的时间才分清楚它们与近代民歌的差别。①

　　有时民间歌曲的歌词并不适合被学校作为教学使用。这里有一些教师能够且必须修改民歌歌词的例子。柯达伊指出：

　　民歌赋予我们出于某种原因可以将其中一首的歌词转换到另一首的权利。这种转换是非常合乎情理的，甚至更合人心意，因为我们想要通过寻找更好的歌词来挽救一段没有好歌词的优美旋律。②

　　1966 年，柯达伊谈到了美国音乐教育者在选择音乐曲目时所面临的困难。在密歇根州因特洛肯的国际社会音乐教育大会上，柯达伊指出：

　　现在，我知道美国人面临着一个困难的问题，即什么是美国民间歌曲。我刚读了伯恩斯坦的一些评论。伯恩斯坦在谈论有关美国繁杂的血统时表示了疑问，什么是我们共有的？什么样的音乐才能算是我们的民间音乐？他指出美国是一个非常年轻的国家，因而并没有很长的时间来发展自己的民间音乐，因为美国人的祖先来自于世界各个的国家，其民间音乐可能是世界上最丰富的……我想，因为美国是个非常大的国家，一个统一的美国音乐几乎是不可能存在的。如果一个小小的匈牙利的作曲家们就可以创造如此多不同风格的匈牙利曲调，那么地广人多的美国就更不用说能有多少种不同的音乐了。③

---

　　① Zoltán Kodály. "The Role of Authentic Folksongs in Music Education", *Bulletin of the International Kodály Society* 1.（1985）：16.

　　② Zoltán Kodály. "Ancient Traditions – Today's Musical Life." *The Selected Writings of Zoltán Kodály*, 177.

　　③ Zoltán Kodály. "The Role of Authentic Folksongs in Music Education", *Bulletin of the International Kodály Society*, 1985（1），18.

换句话说，教师可以将课程所用的歌曲建立在他们群体文化遗产的基础上。一个专业的音乐家应该不断地探索和研究，为他们的音乐课程发现更多原始的民间音乐。专业音乐工作者的最终任务是选择有质量的音乐素材。寻找属于儿童文化的最原始的民间歌曲是专业音乐工作者的职责。

从众多的民歌曲目中选择出最好的教学素材包括选择适合具体年龄阶段的歌曲。音乐和歌词都必须让学生们觉得有趣并且易于理解。最好的民间歌曲，其节奏和旋律拥有一致性；歌词和重音的安排富有逻辑性。为教学所用的歌曲必须不仅要包含具有教学所用的音乐元素的歌曲，而且还需要包含娱乐性歌曲、季节性歌曲以及为学生的艺术表现提供机会的歌曲。

民间音乐与其紧密相关的文化

美国的音乐教师可能包括英裔美国人、非裔美国人、拉丁裔美国人、亚裔美国人以及希伯来裔美国人。英格兰、爱尔兰、苏格兰、威尔士、法国和德国音乐可能因其与英裔美国民间音乐的紧密联系而被引进。如果老师正在教授拉丁裔居多的群体，那么墨西哥、南美及中美洲和西班牙音乐便应该是构成他们课程的基础。

五声调式音乐的地位

五声调式是由五个音，也就是大调音阶中的第 1、2、3、5、6 音组成。这些音为彼此创造出一个大二度或小三度。在选用唱名音节时，五声音阶使用 d、r、m、s 和 l。受柯达伊启发的教学体系鼓励在小学就开始注重五声调式音乐的教学，这反映出柯达伊关于五声调式音乐加入音乐课程的基本原理的重要性。

现在已经无需解释为何年龄小的孩子更需要通过五声调式来接受音乐教学：首先，没有半音使他们更容易歌唱；其次，教师采用跳进而不是全音阶基础上的级进音调能更好地开发学生的音乐思考和发声能力。[1]

柯达伊的人种学研究和音乐学调查使他更能够确定艺术音乐和民间音乐之间的联系。

---

[1]　Zoltán Kodály. "Pentatonic Music." *The Selected Writings of Zoltán Kodály*. 221

最后，五声调式是世界文化的导言：它是许多外国文化的核心，从古代的格里高利圣咏到中国，再到德彪西。[①]

没有人想要停止在五声调式上，但五声调式却是个开端；一方面，五声调式开发了儿童的生物基因，另一方面，五声调式满足了合理的教学次序的需求。只有这样，我们才能为儿童创造一个永久的印象。[②]

选择课堂使用的民间音乐

上述注意事项为我们提供了课堂使用的有关音乐素材类型的指导原则。

1. 歌曲必须具备最高的音乐质量。
2. 歌曲必须有足够的音乐感召力。
3. 歌词和音乐应该相互补充；节奏重音和旋律起伏应该与语言结构相匹配。
4. 歌曲应该适合孩子们的学习进展；且应该与孩子们的年龄段相关联。
5. 所选择的歌曲应该反映出班级中学生们的文化背景。
6. 部分歌曲的选择应该符合它们的教学法功能。

演唱民歌

教师们需要记住一件很重要的事，那就是民歌的谱面只是提供给我们一些如何演唱的建议，要想能够真正唱出原汁原味的民歌风格，还需要去听那些熟知这些民歌风格的音乐家的演唱录音。这样教师才能指导学生如何演唱原始的民歌风格。在无法找到录音的情况下，则需要熟悉并记忆谱子上的音符，然后试着不要跟随谱子去演唱。有时民歌中的拍子记号是错误的，例如有些民歌标注的是单拍子，但实际上用复拍子会更好。当试着演唱几次之后，你便可以感受到这首民歌中的旋律及节奏了。专注于歌词并感受它是如何与旋律密切结合的尤为重要。

歌曲曲目

音乐素材是音乐课成功的关键。教师和学生都应当充分享受在歌曲、游戏和活动中的乐趣。曲目选择应当包括：

---

① Zoltán Kodály. " A Hundred Year Plan. " *The Selected Writings of Zoltán Kodály*. 161.

② Ibid. , 161.

· 歌唱、动作和在乐器上演奏所需的曲目

· 聆听的曲目

· 教学法所需的曲目

歌曲的表演：歌唱、动作和在乐器上演奏

音乐课程所包含的曲目中是可以有一些不针对具体教学目的，而仅仅是为了歌唱乐趣的。这些歌曲在音乐元素或概念方面可以说没有什么值得学习的，歌唱它们纯属是因为这些歌曲非常有趣。通常，这些歌曲可以是很好的练习独唱和即兴的曲目。在演唱中，学生可以唱全部（每一段）的歌词；但有些歌曲学生最好只唱其中的一部分歌词。当选择小学各年级的歌曲素材时，教师也应该选择适合儿童年龄的聆听曲目，以及能够在乐器上演奏的曲目。

课堂歌曲的使用应该包括以下：

1. 儿童游戏：

    童谣歌曲

    跳绳游戏

    数节奏

    摇篮曲

    表演游戏

    大风吹游戏

    转圈游戏

    选择游戏

    追逐游戏/双追逐游戏

    伙伴游戏

    双转圈游戏

    直线游戏

    双线游戏

    方形游戏

    聚会游戏

    故事

    民间舞蹈

2. 创作音乐

3. 近期新创作的音乐

柯达伊认为作曲家应该将他们的一部分创造力致力于创作儿童音乐。

作曲家所创作的作品要以儿童的心灵及音色为基础来写作歌词、音调和色彩。①

柯达伊自身就为儿童和成人写作了许多基于匈牙利民间音乐的改编歌曲、钢琴作品及歌唱练习。

我们几乎没有有效限定节拍和节奏的五声调式民歌。正因为如此，我们才需要为小孩子创作有着民歌特质却又不复杂的曲子。将这些曲子变为游戏能为孩子们真正地学习民歌打下基础。以同样的目的，我写了《333个基本练习》，其中大多数作品可以被作为进行曲或其他游戏所用。②

聆听的歌曲

将听力活动的曲目选择作为音乐课程的一个重要部分从而发挥作用。低年级所使用的歌曲可以强化后再运用于更高年级的音乐概念的教学。虽然只是作为听力曲目，这些歌曲仍可以用一些简单的打击乐器来伴奏。

为教学法所用的歌曲

这类被包含在课程中的歌曲并不仅仅因为它们是美妙的音乐，它们同时可以被拿来作为节奏或旋律元素的教学所用。参考胡拉汉和塔卡写作的《声音的思考：用于视唱练耳的音乐》第1和第2册，纽约布希和豪克斯出版社出版。（Houlahan and Tacka，*Sound Thinking：Music for Sight – Singing and ear Training*，vols. 1 and 2. New York：Boosey & Hawkes）

为每个年级创建一个以字母顺序排列的歌曲曲目表

基于以上所述，我们可以编制一个适应每个年级的曲目表，将这些歌曲按照字母顺序排列，包含选择这些歌曲、调式和授课日期的依据。例如我们可能会选择一首特定的歌曲，并不仅仅因为学生喜欢唱它，也同时因为它能用来加强特定的旋律

---

① Zoltán Kodály." Children's Choirs. " *The Selected Writings of Zoltán Kodály*，126.

② Zoltán Kodály. "Pentatonic Music." *The Selected Writings of Zoltán Kodály*. 221

或节奏的概念或元素的教学。曲目表中当然也需要包括歌曲的来源以及与歌曲相关的游戏和动作等信息。所有这些信息可以用像图表3.1里的形式来呈现。

表3.1

以字母顺序排列的歌曲	授课日期	依据	游戏/动作	来源

曲目表中的歌曲应：

- 反映出不同学生族群的文化多样性；
- 适合发展美妙的演唱；
- 能够发展音乐的读写技能；
- 能够开发听力技能；
- 适合诸如即兴创作和作曲等创造性的活动；
- 适合节假日及特殊活动的歌唱。

本书的附录二包含了一个为每个年级所建议的歌曲曲目和游戏表。

分析歌曲曲目

分析（对一首歌曲的乐句结构、节奏和旋律元素等的检验）可以帮助教师决定一首歌曲如何在课堂上被使用。分析可以使我们看清教学法是如何在曲目表中被运用的。

以下是一个简化的歌曲分析的分析列表。分析完你的曲目之后，你可以用你的分析构造一个数据库或信息检索系统来帮助你实现你的计划。加利福尼亚州奥克兰市圣名大学的柯达伊项目制作了并鼓励读者去浏览其民间歌曲的数据库。（参照 http://kodaly.hnu.edu/）

歌名：谁在敲窗户？

（Who's That Tapping at the Window?）

发源地：美国黑人音乐

节拍器速度：110

舒适的起音：F

谱 3.1 传统记谱法:

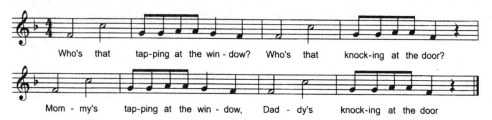

谱 3.2 符干记谱法:

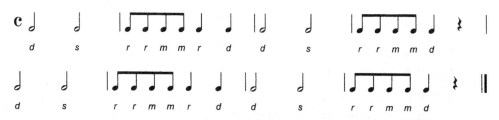

表 3.2

分析	教学法运用
音调设置:*d r m s*	依据:四四拍 *d－s* 音程和 *s－r* 音程;二分音符的准备与练习
节奏:♪ ♩ ♩	
曲式:A A	
游戏:猜谜 1.让孩子们坐成一圈。 2.其中一个孩子被选出坐在中间并闭上眼睛。 3.大家唱第一段。 4.一个孩子回应:"是我在敲窗户,是我在拍窗户。" 5.现在圆圈中间的孩子要来猜刚才回应的是谁。	与文化的联系:即兴歌词
其他:	其他:独唱;在铃铛或木琴上演奏 *d－s* 的五度音程

来源:《150 首美国民歌》(作者彼得·厄戴,纽约布希和豪克斯出版社,1985 年。Erdei, Peter. 150 *American Folk Songs to Sing*, *Read and Play*. Boosey & Hawkes,Page 7)

分析的定义

歌　名

在你的数据库内写下歌曲的标题。最好不要把'the'或'A'作为这个以字母顺序排列的清单或检索系统的标题开头。

发源地

这个部分是为列举歌曲的民族渊源、地理位置或其他任何历史上的联系所设。例如"西班牙民间歌曲"或"牙买加民间歌曲"、"内战时代"等等。

舒适的起音（CSP – Comfortable Starting Pitch 的缩写）

有些歌曲集故意使所有歌曲都结束在 G 音上。民族音乐学家采取这个方法来标记歌曲，是为了更加容易比较同一首歌的不同变奏。在这种情况下，必须注明"CSP"来确定学生最好的歌唱音域。如果这首歌已经是在学生们的舒适音域，那么你就不需要注明 CSP 了。有些民族音乐学家在歌曲中不标注调号。比如一首歌曲是在 G 调，但因为歌曲中没有第七级音，那么 G 调的调号升 F 也就被省略了。

节拍器速度

表演一段音乐时，在节拍器上找到一个适当的速度。

五线谱（传统）记谱法

将每句歌词写在五线谱的旁边。这样一个四句的歌曲要用四行五线谱。在大多数情况下，逐句来写作歌曲是很好的，因为它能让你看到结构的相似性。

符干记谱法

用符干记谱法写作歌曲。（符干记谱法即没有符头的传统节奏记谱法，通常八分音符和四分音符没有符头，但二分音符和全音符要加符头。）出于分析的目的，写在符干记谱法上的歌曲有时让我们觉得更利于分析。显然，它可以帮助我们更容易看到唱名中的动机。同样的，在符干记谱法上也适合逐句逐句地创作。

分析和教学使用

你会注意到，在每首歌曲的分析表的最后都有两个部分：分析和（课堂）教学使用。在我们的分析列表中会出现以下的信息：调式、节奏、旋律曲式、游戏、依据、与课程相关联的、其他的及来源等。

调式的设置

这个部分有时被认为是音高的组合或是音阶。我们使用相对唱名音节来说明调式设置上的音。调式的设定以上行的顺序，用斜体的小写字母写出唱名音节。当标

明 *do* 以下的音时，在唱名音符的下方标注一个逗号（如 *s,* ），而当标明 *ti* 以上的音时，在唱名音符的上方标注一个逗号（如 *d'* ）。用下划线或圈出歌曲最后一个音，来表明歌曲的调。

大调音阶中的音符分别是 $d - r - m - f - s - l - t - d'$ ；

自然小调音阶是 $l, - t, - d - r - m - f - s - l$ ；

和声小调标记为 $l, - t, - d - r - m - f - si - l$ ；

旋律小调标记为 $l, - t, - d - r - m - fi - si - l - s - f - m - r - d - t, - l,$ 。

这里也可以包含以调式设定组合下的其他音阶类型。我们有三种不同的音阶类型，五声音阶、全音音阶和非传统音阶，但我们只注重在五声音阶或全音音阶的类型上。

五声音阶

五声调式音阶是由构成大二度、纯四度和小三度等音程的音符组成的。五声音阶的音符包括 $d - r - m - s - l$ 。它们也可以用五度循环的顺序再次组合为 $d - s - r - l - m$ ，并且这些音符可以在任何的音域出现。唱名音节 *la* 是五声音阶中的第五个音。当识别出一个旋律的组合顺序时，我们可以将其与全音阶进行比照。因而从 *do* 到 *la* 的组合就是一度到六度的旋律顺序，即便 *la* 是五声音阶的第五个音。

包含五声音阶中所有的音符并结束于 *do* 上的歌曲，被称作 *do* 五声音阶或 *do* 大调五声音阶调式。包含五声音阶中所有的音符并结束于 *la* 的歌曲，被称作 *la* 五声音阶或 *la* 小调五声音阶调式。以此类推，如果一首歌曲结束于 *r* 则被称作 *r* 五声音阶。

谱3.3 《落基山脉》 *do* 五声音阶

谱3.4 《苏族印第安摇篮曲》 *la* 五声音阶

五声音阶的音符名称

通常情况下，我们使用拉丁前缀来识别一段旋律或音阶中不同音高的数量。这些音符名称的第一部分，根据描述歌曲结束音的唱名音节提取。而名称的第二部分，则使用拉丁前缀来标明不同音高的数量。例如 bi 等于两个音，tri 等于三个音，tetra 等于四个音，penta 等于五个音，hexa 等于六个音。在调式设置中，当决定音高数量时，相同的音但在不同的八度中不能重复计算。

如果在旋律中的五声音阶少于五个音的，将被视为是五声音阶的子集。这些旋律可以使用两个不同方法来进行分析。

方法一①

在该方法中，我们用"音列"这个词来描述相邻音高的音调设定，用"主音"这个词来描述音调设定中的间隔。例如：一段包含 *m - s* 的旋律，可以被称为五声音阶的二音音列。《跷跷板》就是五声调式二音音列的一个例子。

谱3.5 《跷跷板》 五声调式二音音列

一段包含 *d - r* 的旋律可以被描述为二音音列或二音旋律。

一段包含 *m - s - l* 的旋律可以被描述为五声调式三音音列。传统儿童歌谣《露西的钱袋》就是一个五声调式三音音列的例子。

---

① Floice . R. Lund. *Research and Retrieval. Music Teacher's Guide to Material Selection and Collection.* （Westborough，Massachusetts：Pro Canto Press 1981）. 4—10.

谱3.6　　《露西的钱袋》　　五声调式三音音列

一段包含有 $d-r-m$ 的旋律也是一个三音音列的例子。如《热十字包》。

谱3.7　　《热十字包》　　三音音列

一段包含 $d-r-m-s$ 的旋律，可以被描述为 do 五声调式四音音列。《黛娜》就是一个例子。

谱3.8　　《黛娜》　　do 五声调式四音音列

一段包含 $l-d-r-m$ 并结束于 la 的旋律，就是一个 la 五声调式四音音列。《皮肤与骨头》就是一个例子。

谱3.9 《皮肤与骨头》 la 五声调式四音音列

1. There was an old wom-an all skin and bones, Oo - oo - oo - oooo. -

方法二①

包含 $s-m$ 或 $l-s-m$ 的歌曲通常被公认为是儿童歌谣。由两个音符组成,并随着五度的关系循环发展的歌曲,被称为双声调式,像是低音 s,到 d。《帕提塔》和《唐金奇诺》就是双声调式的例子。

谱3.10 《帕提塔》

Mue	-	va	la	pa	-	ta,	pe	-	rro	vie	-	jo
Mue	-	ve	la	pa	-	ta	de	co	-	ne	-	jo
Mue	-	ve	la	pa	-	ta	de	gar	-	ba	-	zo

谱3.11 《唐金奇诺》

A - llá en Fran - cia se cas-saun chi - no con

u - na Chi - na y.al o - tro di - a co -

mien - zan a bal - lar un bal - le muy bo - ni - to que

di - ce.a - sí a don chin chi - no a don chin chi - no

---

① See: Mary Epstein and Jonathan C. Rappaport. *The Kodály Teaching Weave Volume 2 Song Analysis Forms and Definitions*. (Westborough, Massachusetts: Pro Canto Press 2000) for more detailed song analysis definitions as well as sample song analysis.

由三个音符组成，并随着五度关系循环发展的歌曲，被称作三声调式，如 $d-s-r$ 或 $s,-d-r$。《圣多明哥》就是一个例子。

谱3.12 《圣多明哥》

注意这段旋律的音调设定是 $s,-d-r$，并且 do 是主音。

由四个音符组成，并随着五度的关系循环发展的歌曲，被称作四声调式。如果确定音调时，音符没有随着五度的关系循环发展，则可以使用下述名称。注意在这种情况下，最低音一定是民歌的调性中心。

由两个音符组成并在五声调式系统范围之内的歌曲，被称作五声调式二音音列。

谱3.13 《跷跷板》 $s-m$ 五声调式二音音列

由三个音符组成并在五声调式系统范围内的歌曲，被称作五声调式三音音列。

谱3.14 《跳得高，跳得低》 $l-s-m$ 五声调式三音音列

由四个音符组成并在五声调式系统范围内的歌曲，被称作五声调式四音音列。以下是 do 调五声调式四音音列的例子。

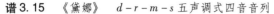

谱 3.15　《黛娜》　*d - r - m - s* 五声调式四音音列

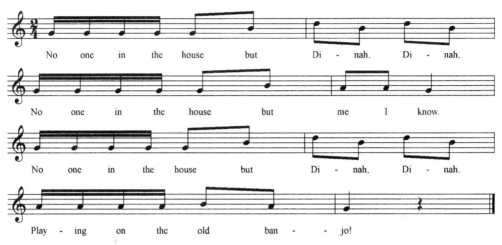

下面是一个 *la* 五声调式四音音列的例子：

谱 3.16　《皮肤与骨头》　*l, - d - r - m*　*la* 五声调式四音音列

如果民歌中含有五声音阶上的音，却不符合以上标准的，我们可以给它们贴上不完整的五声音阶的标签。

谱 3.17　《寂寞的路》　不完整的 d 调五声音阶

全音音阶

大调音阶

大调全音音阶的音符包括 $d-r-m-f-s-l-t-d'$。《哈利路亚》就是一个大调音阶的例子。

谱3.18　《哈利路亚》　大调音阶

小调音阶

一个小调全音音阶包括 $l,-t,-d-r-m-f-s-l$，这个被称作自然小调音阶。《嘘，再见》就是一个小调音阶的例子。

谱3.19　《嘘，再见》　自然小调音阶

如果自然小调的第七级音被升高，则被称为和声小调；如果第六级和第七级音上行时被升高，而下行时被还原，则称为旋律小调。

以下是自然音阶的子集：

全音音阶内三个相邻的音符我们称为三音音列。大调音阶中的 $d-r-m$ 是 d 三音音列；小调音阶中的 $l-t-d'$ 是 l 三音音列。四个相邻的音符则被称作四音音列。大调音阶中的 $d-r-m-f$ 是 d 四音音列；小调音阶中的 $l,-t,-d-r$ 是 l 四音音列。五个相邻的音符被称作五音音列。大调音阶中的 $d-r-m-f-s$ 是 d 五音音列；小调音阶中的 $l,-t,-d-r-m$ 是 l 五音音列。六个相邻的音是六音音列。一个大调音阶中的 $d-r-m-f-s-l$ 是 d 六音音列；小调音阶中的 $l,-t,-d-r-m-f$ 是 l 六音音列。

d 三音音列 $d\ r\ m$	l 三音音列 $l,\ t,\ d$
d 四音音列 $d\ r\ m\ f$	l 四音音列 $l,\ t,\ d\ r$
d 五音音列 $d\ r\ m\ f\ s$	l 五音音列 $l,\ t,\ d\ r\ m$
d 六音音列 $d\ r\ m\ f\ s\ l$	l 六音音列 $l,\ t,\ d\ r\ m\ f$

《罗娣阿姨》就是 d 五音音列的一个例子。

谱3.20 《罗娣阿姨》 d 五音音列

《小星星》是 d 六音音列的一个例子。

谱3.21 《小星星》 d 六音音列

中古调式（教会调式）

中古调式（教会调式）是由 $d-r-mf-s-l-t$ 七个音组成，但它们有着不同的结束音。如下表明了结束音和中古调式（教会调式）名称之间的联系。

结束音	中古调式（教会调式）名称
d	爱奥尼亚调式／大调
r	多利安调式
m	弗里几亚调式
f	利底亚调式
s	混合利底亚调式
l	伊奥利亚调式／自然小调
t	洛克瑞安调式

大调音阶和爱奥尼亚调之间的区别

当一个歌曲结束在 d 音上，并且旋律音是以三和弦为主，则我们通常将其视为与大调音阶相关的歌曲。当一个歌曲结束在 d 上，但旋律是以级进音为主，则我们将其视为与爱奥尼亚调式相关。

自然小调音阶和伊奥利亚调式之间的区别

当一首歌结束于 l 音上，并且旋律音以三和弦为主，则我们通常将其视为与小调音阶相关。当一首歌结束于 l 音，并且旋律音以级进音为主，则我们通常将其视为伊奥利亚调式。

中古调式和他们的相对音阶名称

当我们通过相同的音高歌唱一个多利安调、爱奥尼亚调、伊奥利亚调、混合利底亚调、利底亚调时，我们可以分辨出它们属于大调式还是小调式。这种分辨是根据调式的主音和第三音的音程关系进行的。例如，混合利底亚调开始于 $s-l-t$，s 和 t 之间的音程关系是大三度。正是因为混合利底亚调在主音和第三音之间是大三度关系，所以我们可以认定混合利底亚调是大调式。又如多利安调式开始于 $r-m-f$，r 和 f 之间是小三度的音程关系，也正是因为多利安调式在主音与第三音间是一个小三度关系，我们可以认定多利安调式是小调式。

大调调式音阶

爱奥尼亚调式显然是一个大调调式，因为它开始并结束于 d，而且在 $m-f$ 和 $t-d'$ 之间是半音进行。利底亚调式是另一个偏向大调的调式。有两种使用唱名音节

50

歌唱利底亚调式的方法。一种是在没有改变唱名音节的情况下从 f 唱到 f'；而因为利底亚调式的前三个音符都是大二度关系，因此利底亚调式也可以开始于 d 结束于 d'，前提是第四级音要被升。

谱 3.22   利底亚模式

混合利底亚调是另一种大调音阶，因为混合利底亚调的前六个音和大调音阶是一样的。在混合利底亚调式中，第七级音被降低半个音。正因为如此，混合利底亚调式可以使用唱名音节从 s 开始歌唱到 s'，或使用降低的七级音从 d 唱到 d'。

谱 3.23   混合利底亚调式

谱 3.24   《老乔·克拉克》

小调调式音阶

伊奥利安调式显然是一个小调调式，因为它开始并结束于 l，并在 $t-d$ 和 $m-f$ 之间是半音进行。多利安是另外一种偏向小调的调式。使用唱名音节来歌唱多利安调式有两种方法。一种是在没有改变唱名音节的情况下从 r 唱到 r'。而另一种则是因为多利安调式的前三个音包含一个大二度，其后紧跟着一个小二度，我们也可以用升高第六级音半个音的方式从 l, 开始结束于 l。

谱 3.25　多利安调式

谱 3.26　《斯卡布罗集市》

弗里几亚调式

弗里几亚调式可以作为一个小调音阶来唱，只是将小调音阶的二级音降低半音。

谱 3.27　弗里几亚调式

我们有时也会看见与以上范例相同但不完整的音阶例子。

音级范围

你也许希望标明一个作品的音级范围，那么我们可以让结束音用数字 1 来表示。我们在音符的上方使用阿拉伯数字来标示，而在音符的下方使用罗马数字来标示。为了简洁且清晰地比较相同民歌之间的变奏，我们使用全音音阶来标示五声音阶系统中的音级范围。例如在一个大调五声音阶旋律中，音调设置是 *d r m s l*，而音级范围则是从 1－6，即便是只有五个音。

节奏

这个部分是为了列举具体的从最小到最大的音值和休止符（例如四分音符、二分音符等）。这也包括歌曲的拍号以及是否有弱起拍。特定的节奏动机（通常可以在四拍子模型中找到）也可包含在这个部分里。

歌曲的节奏类型可能与旋律类型不尽相同。"等同节奏"指的是不同乐句有着相同的节奏。"不等同节奏"指的是乐句间有着不同的节奏。

"突出的节奏（Podia）"指的是一个乐句内节奏强拍的数量。我们用"bipodic"来描述一个乐句内有两个节奏强拍；用"tripodic"来描述一个乐句内有三个节奏强拍，或用"tetrapodic"来描述一个乐句内有四个节奏强拍。当一首歌曲的每个乐句含有相同数量的节奏强拍时，我们称它为"isopodic"；而当一首歌曲的每个乐句含有不同数量的节奏强拍时，我们则称它为"heteropodic"。在正常情况下，一个乐句中节奏强拍的数量与一个乐句中小节的数量是等同的。

旋律形式

乐句的形式可以使用字母来标明。当一个乐句有四拍子的长度时，用大写字母来标示；而当乐句或动机少于四拍子时则使用小写字母来标示。乐句的变体可以用脚注"v"来表示。例如 A 或 Av。在民歌或包含移调乐句的歌曲中，使用上角标来表明顺序，如 AA^{5}A^5_vA。有些民族音乐学家习惯以小写字母标注乐句，而以大写字母来标注乐段。

游戏

描述游戏的类型（转圈、双转圈、伙伴游戏、双直线等）。你也可以描述节假日或工作等的歌曲类型。

分析：其他的细节

这里允许你备注任何关于这首歌曲的有趣的东西。例如，这首歌曲是否使用了序列句或重复句，以及重复记号在哪个位置等。

依据

这里我们要说明的是使用这首歌曲的教学目的。一首歌曲的使用可以出于许多原因，包括歌唱、教学一个游戏、乐器演奏、为即兴创作练习打基础、标明其特定的曲式、听力或用于节奏元素及旋律元素的教学等等。当我们教授旋律或节奏元素时，我们使用准备、呈现和练习这三个手段。在准备阶段，我们教授许多包含教学节奏和旋律元素的歌曲。为了教授初级的音乐读写技能，我们通常会在教授新的四拍子动机时暂时舍弃教授新的节奏或旋律元素而巩固旧的概念。在一个特定的节拍中最常出现的新元素，将被视为重点学习的目标。这些包含了重点学习目标的歌曲被视为重点歌曲。请参照附录三，在那里我们列举了在教授新元素时和其有关的音乐元素、曲目、重点歌曲、特定模式及其他模式（相关模式）等方面的信息。

课程领域之间的连结

这个部分有助于将音乐融入学校课程的其他领域中。指出歌曲曲目与文学或其他领域的关系，例如"工作歌曲"或"内战歌曲"可以和社会学学科相结合。

教学法用途

标明这首歌曲是否适合动作表演或即兴创作、曲式教学等等。有时你可能需要列举与这首歌曲有关的另一个听力例子来说明。你也许也需要指出学生在学习这首歌曲的过程中，可能遇到的旋律或节奏方面的困难。

来源

来源指的是歌曲被发现的来源。一般而言，最好能列举出这个来源是第一手还是第二手的来源。民歌的其他变体最好也有来源资料。

创建一个基于保证音乐曲目质量之上的准备/练习课程的计划框架

参照本章节所呈现的信息，以下几点可以考虑纳入到我们的课程计划中：

1. 适合各年龄层歌唱的歌曲素材选择
2. 用于开发音乐读写能力的歌唱素材选择
3. 适合各年龄层的动作和游戏活动
4. 适合听力的歌曲素材选择

我们已经在本书的附录二中提供了合适的歌唱素材的选择。

表3.3　课程计划框架的综合曲目

重点	活动、程序和评估
介绍 已知的音乐概念和元素的演唱和示范	学生通过演唱来展示按字母顺序排列的曲目单中选择的歌曲，以表现他们对之前所学的已知曲目和音乐元素的知识。

重点	活动、程序和评估
核心活动 获取曲目	从以字母顺序排列的曲目列表中选择新歌曲，来扩大学生的曲目数量，或来准备学习节奏或旋律的元素或概念。
一个新的概念或元素的准备与呈现 动作的发展	通过以字母顺序排列的曲目列表中找到的已知歌曲和游戏，来准备新的音乐概念或元素的学习。 通过以字母顺序排列的曲目列表中找到的歌曲和民歌游戏，注重适合各年龄层的动作技能的发展顺序。
表演和音乐技能开发	通过以字母顺序排列的曲目列表中找到的已知歌曲，使学生们在曲式、记忆、内心听觉、合奏、即兴创作及作曲、听力等领域加强关于音乐概念和元素的知识。
结束语 回顾与总结	回顾课程内容，教师可以演示下一节课要教授的从以字母顺序排列的曲目列表中找到的新歌曲。

使用一个通用的课程计划格式来设计一个准备/练习的教案

这个通用的计划现在可以被采用并调适使其能够开发出一个教案，来准备教授一个新的概念或元素，以及练习一个已学习过的元素。总体而言，我们努力在一堂课中试着去发展孩子的节奏和旋律的能力。如果在课堂的前半部分我们准备学习一种节奏元素，那就可以在后半部分练习一个旋律元素。反之，如果我们在课堂的第一部分准备学习一个旋律元素，那我们可以在课堂的第二部分练习一个节奏元素。

课堂的表演和准备部分，使我们能够让学生发现元素背后所包含的概念。例如，如果我们想要教授音乐元素中的四分音符和八分音符，就必须引导学生们理解一拍中能有一个音或两个音的概念。

在课堂的表演和音乐技能开发部分，教师能够通过多种不同的音乐技能加强和深化学生对先前已知音乐元素的理解（当然，表演的技术部分也可以在课堂的任何一个时间来练习）。课程也可以包括评估活动，这样有助于教师发现那些仍需帮助的学生。

在这堂课中，我们继续开发学生们的歌唱能力、教授新曲目、发展学生们的动作技能以及听力技能。每个预备与练习的课程都要有指导性（准备）的教案以及实践性（练习）的教案。在准备/练习的课程中，我们不用提供新概念或元素的名称，但却要提供让学生自主发现新概念或元素属性的机会。这种课堂中准备/练习的双重结构在提供充分的时间让学生进行新概念的理解之外，还提供给学生们深化他们之前所掌握的音乐元素的技能的机会。在学习中给予学生们正面的自信和快乐，这一点是非常重要的。

　　在这堂课结束前我们可以预习新歌。学生可以先复习已知歌曲或玩一个游戏，然后教师可以演唱一首下堂课要学习的新歌。

　　在这个章节和以后的章节所提供的课程计划中，我们着重于课程计划的结构。我们会强调课程中可以不断修改与完善的部分。

表3.4　准备/练习课程计划的样本

重点	活动、程序和评估
介绍 已知音乐概念和元素的表演和展示	学生通过演唱来展示从以字母顺序排列的曲目单中选择的歌曲，以表现他们对之前所学的已知曲目和音乐元素的知识。
核心活动 曲目获取	从以字母顺序排列的曲目列表中选择新歌曲，来扩大学生的曲目数量，或来准备学习节奏或旋律的元素或概念。指导性教案：当我们准备学习一个节奏元素时，应当选择一首新的歌曲来准备学习下一个旋律元素。当我们准备学习一个旋律元素时，应当选择另一首新歌曲来准备学习下一个节奏元素。
一个新的概念或元素的表演和准备	通过从以字母顺序排列的曲目列表中找到的已知歌曲和游戏，来准备新的音乐概念或元素的学习活动。实践性教案：当我们准备练习一个节奏元素后，课程的第二个部分就需要练习旋律元素。当我们准备练习一个旋律元素后，课程的第二个部分就需要练习节奏元素。
动作的发展	通过从以字母顺序排列的曲目列表中找到的歌曲和民歌游戏，注重适合各年龄层的动作技能的发展顺序。
表演和音乐技能开发	通过从以字母顺序排列的曲目列表中找到的已知的歌曲，让学生们在曲式、记忆、内心听觉、合奏、即兴创作及作曲、听力等领域加强关于音乐概念和元素的知识。当我们练习一个节奏元素时，课程的第一部分就应该准备一个旋律元素。当我们练习一个旋律元素时，课堂的第一部分就应该准备一个节奏元素。
结束语 回顾与总结	回顾课程内容，教师可以演示下一节课要教授的从以字母顺序排列的曲目列表中找到的新歌曲。

创建一个基于保证音乐曲目质量之上的呈现课程的计划框架

参照本章节所呈现的信息，以下几点可以被考虑纳入我们的课程计划中：

1. 适合各年龄层歌唱的歌曲素材选择
2. 用于呈现概念或元素的歌唱素材选择

3. 适合各年龄层的动作和游戏活动

4. 适合听力的歌曲素材选择

使用一个通用的课程计划格式来设计一个呈现的教案

这个通用的计划现在可以被采用并调适使其能够开发出一个呈现的教案，来呈现新的概念或元素。这堂课程的教学及教授新曲目的主要活动和准备课程是完全一样的。

我们现在以表演及呈现的部分来取代表演及准备的部分。在这里，我们用唱名音节和节奏音节来标注新的元素，并为新元素呈现其记谱法。在这个部分之后，是与准备课程相似的动作发展部分。在动作发展部分之后，是用唱名音节和节奏音节为另一首歌曲标注新的元素，并为新元素呈现其记谱法。在这堂课结束前我们还要预习新歌。学生可以先复习已知的歌曲或玩一个游戏，然后教师可以演唱一首下堂课要学习的新歌。

在呈现课程中，我们继续开发歌唱能力、教授新曲目、开发动作技能和听力技能。

表3.5 呈现课程计划的样本

重点	活动、程序和评估
介绍 已知音乐概念和元素的表演和展示	学生通过演唱来展示从以字母顺序排列的曲目单中选择的歌曲，以表现他们对之前所学的已知曲目和音乐元素的知识。
核心活动 曲目获取	通过从以字母顺序排列的曲目列表中选择的新歌曲，来扩大学生的曲目数量，或来准备学习节奏或旋律的元素或概念。指导性教案：当我们准备学习一个节奏元素时，应当选择一首新的歌曲来准备学习下一个旋律元素。当我们准备学习一个旋律元素时，应当选择另一首新歌曲来准备学习下一个节奏元素。
表演和呈现/标注重点模式中的节奏音节、唱名音节或记谱法的新元素	教师首先用节奏音节或唱名音节为新音乐元素标注，然后呈现重点模式的记谱法。
动作的发展	通过从以字母顺序排列的曲目列表中找到的歌曲和民歌游戏，注重适合各年龄层的动作技能的发展顺序。
表演和呈现/标注重点模式中的节奏音节、唱名音节或记谱法的新元素	教师首先用节奏音节或唱名音节为新音乐元素标注，然后呈现相关模式的记谱法。

(续表3.5)

重点	活动、程序和评估
结束语 回顾与总结	回顾课程内容，教师可以演示下一节课要教授的从以字母顺序排列的曲目列表中找到的新歌曲。

·讨论问题

1. 以字母顺序排列的曲目表是如何有助于教学的？

2. 什么样类型的曲目应当被包括在以字母顺序排列的曲目表中？

3. 我们要采用何种标准来为小学音乐课程选择曲目？

4. 与一位阅读专家或幼儿园教师或学前班教师谈话，请教他们是如何为他们的学生选择阅读书目的。将他们建议的所有书目列成清单，并试着按此清单为课程选择音乐的曲目。

5. 民间歌曲的分析有什么意义？

6. 仔细考虑你使用在教学上的歌曲素材的质量有多重要？

7. 我们如何深化基于音乐曲目选择上的课程计划框架？

8. 讨论准备/练习课程计划中的每一个部分。

9. 讨论呈现课程计划中的每一个部分。

·持续进行的作业

1. 在你的教学档案中，按照以字母顺序排列的歌曲表选择你的歌唱曲目。提供几首歌曲的分析样本。

2. 采访一位柯达伊音乐教师，让他与你分享他是如何选择课堂歌曲素材的。着手编辑你自己的歌曲表，包括基于这个章节所概括的选择标准的教学档案。

3. 采用这个章节提供的课程计划样本，为一年级到三年级创建一个节奏元素的准备和一个旋律元素的练习的课程计划。

本章参考书目

William M Anderson and Patricia Shehan Campbell, eds. *Multicultural Perspectives in Music Education*. (Reston VA：Music Educators National Conference. 1996).

Patricia Shehan Campbell, Sue Williamson, and Pierre Perron. *Songs From Singing*

Cultures.（Miami，FL：Warner Bros. Publications. 1996）.

Lois Choksy and David Brummitt. 120 *Singing Games and Dances for Elementary Schools*.（Englewood Cliffs，New Jersey：Prentice Hall. 1987）.

Bruno Nettl. *Folk and Traditional Music of the Western Continents*.（2nd ed.）.（Englewood Cliffs，NJ：Prentice Hall. 1991）.

Bruno Nettl，Charles Capwell，Philip V. Bohlman，Isabel K. F. Wong，and Thomas Turino. *Excursions in World Music*. 3rd ed.（Englewood Cliffs，NJ：Prentice Hall. 2000）.

The Whole Folkways Catalog（a catalog of historic folkways recordings）. Smithsonian/Folkways，Center for Folklife Programs and Cultural Studies，955 L'Enfant Plaza，Suite 2600，Smithsonian Institution，Washington，DC 20560；（202）287 – 3262.

World Music Press（a catalog of world music resources）. West Music，1208 Fifth Street，P. O. Box 5521，Coralville，IA 52241.

Internet resource：http：//kodaly. hnu. edu/ See the American Folk Song Collection.

民歌的参考书目

Abrahams，Roger and Foss，George. *A Singer and Her Songs*：*Almeda Riddle's Book of Ballads*. Louisiana State University Press：Baton Rouge，1970.

Ames，L. D. *Missouri Play Party*. *Journal of American Folklore*. Vol. 24，1937.

Armitage，Theresa. *Our First Music*. C. C. Birchard and Co.：Boston，1941.

Arnold，Byron. *Folksongs of Alabama*. University of Alabama Press：Birmingham，1950.

Asch，Moses. 104 *Folk Songs*. Robbins Music Corp.：New York，1964.

Baez，Joan. *The Joan Baez Songbook*. Ryerson Music Publishers：New York，1964.

Beckwith，Martha W. *Folk Songs of Jamaica*. Folklore Publications：Vassar College，1922.

Bierhorst，John. *A Cry from the Earth*，*Music of the North American Indians*. Four Winds Press：New York，1979.

Bierhorst. John. *Songs of the Chippewa*. Farrar Strauss & Giroux：New York，1974

Botkin，Benjamin A. *The American Play Party*. Frederick Ungar Publishing Co.，New York，1963. 1st ed. University of Nebraska Press：1937.

Botsford，Florence H. *Songs of the Americas*. G. Schimer，Inc.：New York，1930

Boyer，Walter E. et al. *Songs of the Mahatongo*. The Pennsylvania Folklore Center：

Lancaster, PA, 1951.

Broadwood, Lucy E. *English Country Songs*. Boosey and Company: London, 1893.

Bronson, B. H. *The Singing Tradition of Child's Popular Ballads*. Princeton University Press: Princeton, NJ, 1976.

Brown, Florence W. and Boyd, Neva L. *Old English and American Games for School and Playground*. Soul Brothers: Chicago, 1915.

Brown, Frank C. *Collection of North American Folklore*. Duke University Press: NC, 1962.

Brown, Frank C. *North Carolina Folklore*. Duke University Press: Durham, NC, 1962.

Burlin, Natalie C. *Negro Folk – Songs*. Schirmer, Inc.: New York, 1918.

Burton, Thomas G. and Manning, Ambrose N., *East Tennessee State University Collection of Folklore: Folksongs*. Institute of Regional Studies, Monograph #4, East Tennessee State University Press: Johnson, TN, 1967.

Chappell, Louis W. *Folk Songs of Roanoke and the Albemafe*. Ballard Press: WV, 1939.

Chase, Richard. *American Folk Tales and Songs*. Dover Publications: New York, 1971.

Choksy, Lois *The Kodaly Context*. Prentice Hall: New Jersey, 1981.

Colcord, Joanna. *Roll and Go*. Bobbs – Merril Company: Indianapolis, IN, 1924.

Colcord, Joanna. *Songs of American Sailormen*. Oak Publications: New York, 1964.

Coleman, Satis N. *Songs of American Folks*. The John Day Co.: New York, 1942.

Courlander, Harold. *Negro Folk Music USA*. Columbia University Press: New York, 1963.

Courlander, Harold. *Negro Songs from Alabama*. Oak Publications: New York, 1963.

Cox, John Harrington. *Traditional Ballads, Mainly from West Virginia*. National Service Bureau: New York, 1939.

Creighton, Helen. *Songs and Ballads from Nova Scotia*. Dover Publications: New York, 1972.

Dallin, Leon and Lynn. *Heritage Songster*. W. C. Brown Company Publishers: Dubuque, Iowa, 1966.

Dykema, Peter. *Twice 55 Games with Music*. Birchard & Company: Boston, 1924.

Eddy, Mary O. *Ballads and Songs from Ohio*. Folklore Associates, Inc.: Hatboro, PA, 1964.

Elder, David Paul. *Song Games from Trinidad and Tobago*. Publication of the American Folklore Society: 1965.

Erdei, Peter and Katalin Komlos. 150 *American Folk Song for Children to Sing and Play*. NY: Boosey & Hawkes, 1974.

Farnsworth, Charles H. and Sharp, Cecil F. *Folk - Songs, Chanteys and Singing Games*. H. W. Gray Company: New York, 1916.

Fenner, T. P. *Religious Folk Songs of the Negro*. Hampton Institute Press: Hampton, VA, 1909.

Fife, Austin E. and Alta S. *Cowboy and Western Songs*. Clarkson N. Potter, Inc.: New York, 1969.

Fife, Austin E. and Alta S. *The Songs of the Cowboys*. (Thorp Collection). Clarkson N. Potter, Inc.: New York, 1966.

Foresman, Scott. *High Road of Song*: *Then and Now, Music for Young Americans*. Scott Foresman and Company: 1971.

Fowke, Edith. *Sally Go Round the Sun*. Doubleday, Garden City, NY, 1969.

Fowke, Edith and Cazden, Norman. *Lumbering Songs from the North Woods*. University of Texas Press, for the American Folklore Society: Austin, 1970.

Gillington, Alice E. *Old Surrey Singing Games*. J. Curwen & Sons, Ltd.: London, 1909.

Glass, Paul. *Songs and Stories of the North American Indians*. Grosset and Dunlop: New York, 1968.

Gomme, Alice B. and Sharp, Cecil J. *Children's Singing Games*. Novello and Co., Ltd.: London, 1912.

Gomme, Alice B. *Traditional Games on England, Scotland, and Ireland*, 2 vols. Dover Publications, Inc.: New York, 1964. 1ˢᵗ ed. 1894—1898.

Gordon, Dorothy. *Sing It Yourself*. E. P. Dutton and Company: New York, 1928.

Greig, Duncan. *Folk Song Collection I*. Aberdeen University Press: Aberdeen, Scotland, 1981.

Greenleaf, Elisabeth B. and Mansfield, Grace Yarrow. *Ballads and Songs of Newfoundland*. Harvard University Press: Cambridge, MA, 1933.

Hall, Doreen and Walter, Arnold. *Orff Schulwerk*, *Vol. I Pentatonic*. B Schott Sohne, Mainz/London.

Harlow, Frederick Pease. *Chanteying Aboard American Ships*. Barre Gazette: Barre, MA, 1962.

Henry, Millinger E. *Still More Ballads and Folk – Songs from the Southern Highlands*. *Journal of American Folklore*. Vol. 45, 1932.

Hofman, Charles. *American Indians Sing*. The John B. Day Co. : New York, 1967.

Hopekirk, Helen. *Seventy Scottish Folk Songs*. Oliver Ditson: Boston, 1905.

Hudson, Florence. *Songs of the Americas*. G. Schirmer, Inc. ; New York, 1922.

Hugill, Stan. *Shanties and Sailor's Songs*. Frederick A. Praeger, Inc. : New York, 1969.

Ives, Burl. *The Burl Ives Song Book*. Ballantine Books (pb): New York, 1953.

Jackson, Bruce. *Wake up*, *Dead Man*. Harvard University Press: Cambridge, MA, 1972.

Jackson, George Pullen. *Spiritual Folksongs of Early America*. Augustin, Inc. : New York, 1937.

Johnson, Guy B. *Folk Culture on St. Helena Island*, South Carolina. Folklore Associates, Inc. Hatboro, PA, 1968.

Johnson, James Weldon and J. Rosamund. *The Books of Negro Spirituals*. A Viking Compass Book: New York 1969. 1st ed. Viking Press, 1925.

Jones, Bessie and Hawes, Bess Lomax. *Step it Down*. Harper and Row: New York, 1972.

Karpeles, M. *Folksongs from Newfoundland*. Faber and Faber, Ltd. : London, 1971.

Katz, Fred. *The Social Implications of Early Negro Music in the US*. Arno Press: New York Times, 1963.

Kwami, Robert Mawuena. *African Songs for School and Community*. NY: Schott. 1998.

Kennedy, Robert E. *Black Cameos*. Albert & C. Boni: New York, 1924.

Kenney, Maureen. *Circle Round the Zero*. Magnamusic – Baton, Inc. : St. Louis, MO, 1974.

Kersey, Robert E. *Just Five—A Collection of Pentatonic Songs*. The Westminster Press: Maryland, 1970.

Kolb, Sylvia and John. *A Treasury of Folk Song*. Bantam Books: New York, 1948.

Korson, George. *Pennsylvania Songs and Legends*. University of Pennsylvania Press: Philadelphia, 1949.

Landeck, Beatrice. *Songs to Grow On*. Edward B. Marks Music Corporation: New York, 1950.

Langstaff, John. *Hi - Ho the Rattlin'Bog*. Harcourt Brace and World: New York, 1969.

Langstaff, John P. Swanson, and G. Emlen. *Celebrate the Spring: Celebrations for Schools and Communities*. Watertown, MA: Revels. 1999.

Larkin, Margaret. *The Singing Cowboy*. Alfred F. Knopf: New York, 1931.

Leisy, James. *The Folk Song Abecedary*. Hawthorne Books: New York, 1966.

Linscott, Eloise Hubbard. *Folk Songs of Old New England*. Archon Books: Hamden, CN, 1962.

Lloyd, A. L. et al. *Folk Songs of the Americas*. Oak Publications (for UNESCO): New York, 1966.

Lomax, Alan. *The Folk Songs of North America*. Doubleday and Company, Inc.: New York, 1960.

Lomax, John and Alan with Charles Seeger and Ruth Crawford Seeger. *Folk Song USA*. Signet New American Library, Inc.: New York, 1966.

Lomax, John and Alan. *Our Singing Country*. The Macmillan Company: New York, 1941.

Matteson, Maurice. *American Folksongs for Young Singers*. G. Schirmer, Inc.: New York, 1947.

McIntosh, David. *Singing Games and Dances*. Association Press: New York, 1957.

McIntosh, David S. *Folk Songs and Singing Games of the Illinois Ozarks*. Southern Illinois University Press: Carbondale and Edwardsville, IL, 1974.

Mendoza, Vicente T. Lirica Infantile de Mexico. El Colegio de Mexico: Mexico D. F.

Morse, Jim et al. Folk Songs of the Caribbean. Bantam Books: New York, 1958.

Moses, Irene E. P. *Rhythmic Action*, *Plays and Dances*. Milton Bradley & Company: Springfield, MA, 1915.

Newell, William Wells. *Songs and Games of American Children*. Dover Publications, Inc.: New York, 1963. 1st ed. 1882.

Niles, John Jacob. *Seven Kentucky Mountain Songs*. G. Schirmer: New York, 1929.

Okun, Milton. *Something to Sing About*. The Macmillan Company: New York, 1958.

Owens, Bess A. *Songs of the Cunberlands. Journal of American Folklore*. Vol. 49, 1936.

Owens, William A. *Swing and Turn: Texas Play and Party Games*. Tardy Publishing Company: Dallas, TX, 1936.

Pieteoforte, Alfred. *Songs of the Yokuts and Paiutes*. Naturegraph Publications: Healdsburg, CA, 1965.

Porter, Grace Cleveland. *Negro Folk Singing Games and Folk Games of the Habitants*. J. Curwin and Sons, Ltd. : London, 1914.

Randolph, Vance. *Ozark Folksongs*. The State Historical Society of Missouri: Columbia, MO, 1949.

Richardson, Ethel Park. *American Mountain Songs*. Greenburg Publisher: New York, 1927.

Ritchie, Jean. *Golden City*. Oliver A. Boyd: Edinborough – London, 1965.

Ritchie, Jean. *Singing Family of the Cumberlands*. Oxford University Press: New York, 1955.

Rosenbaum. *Folk Visions and Voices, Traditional Music and Song in North Georgia*. University of Georgia Press: NC, 1983.

Sandburg, Carl. *The American Songbag*. Harcourt Brace & Co. : New York, 1927.

Scarborough, Dorothy. *On the Trail of Negro Folksongs*. Folklore Association, Inc. : Hatboro, PA, 1963.

Seeger, Pete. *American Favorite Ballads*. Oak Publications: New York, 1961.

Seeger. Ruth Crawford. *American Folk Songs for Children*. Doubleday and Company, Inc. : Garden City, NY, 1948.

Seeger, Ruth Crawford, *American Folk Songs for Christmas*. Doubleday and Company, Inc. : Garden City, NY, 1953.

Seeger. Ruth Crawford. *Animal Folk Songs for Children*. Doubleday and Company, Inc. : Garden City, NY, 1950.

Sharp, Cecil J. and Karpeles, Maud. *English Folk Songs from the Southern Appalachians*. Oxford University Press: London, 1932. Vols. I and II.

Sharp, Cecil J. *Twelve Folksongs from the Appalachian Mountains*. Oxford University

Press: London, 1945.

Siegmeister, Ellie. *Work and Sing*. William R. Scott: New York, 1945.

"Song Out." *The Folk Song Magazine*. 505 Eighth Ave. , New York, 10018.

Sturgis, Edith and Hughes, Robert. *Songs from the Hills of Vermont*. G. Schirmer. Inc. : Boston, 1919.

Thomas, Jean and Leeder, Joseph A. *The Singing' Gatherin'*. Silver Burdett Company: 1939.

Tobitt, Janet Evelyn. *A Book of Negro Songs*. Copyright by J. E. Tobitt: Pleasantville, NY, 1950.

Trent – Johns, Altona. *Play Songs of the Deep South*. The Associated Publishers, Inc. : Washington, DC, 1945.

Walter, Lavinia Edna. *Old English Singing Games*. A & C Black, Ltd. : London, 1926.

Warner, Anne and Frank. *Collection of Traditional American Folksongs*. Syracuse University Press, New York, 1984.

The Weavers Songbook. Harper & Brothers: New York, 1960.

White, Newmann Ivey. *American Negro Folk Songs*. Folklore Associates: Hatboro, PA, 1965.

White, Newmann Ivey with Jan Schinhan, music editor. *The Frank C. Brown Collection of North Carolina Folklore*. Duke University Press: Durham, NC, 1962.

唱片目录

1, 2, 3, and a Zing, Zing, Zing. Tony Schwartz, Folkways Records, FC 7003 A.

Afro – American Games and Blues Songs. Library of Congress, Recording Laboratory, AAFS L4.

American Favorite Ballads, Vol. I. Pete Seeger, Folkways Records.

American Folk Songs. The Seegers, Folkways Records, FA 2005.

American Folk Songs for Children. Mike and Peggy Seeger, Rounder Records, 8001, 8002, 8003.

American Folk Songs for Children. Pete Seeger, Folkways Records, FP 701

American Folksongs for Children. Southern Folk Heritage Series, Atlantic, SD 1350.

American Play Parties. Pete Seeger, Folkways Records, 1959, FC 7604.

American Sea Songs and Chanties. Library of Congress, Recording Laboratory, AAFS L26.

Anglo – American Songs and Ballads. Library of Congress, Recording Laboratory, AAFS L12 and AAFS L14.

Animal Folk Songs for Children. Peggy Seeger, Scholastic Records, 1958, SC 7551.

Anthology of American Folk Music. Harry Smith. Folkway Records, 2951, 2952, 2953.

Asch Recordings. Compiled by Moses Asch and Charles E. Smith, Folkways Records, ACSH AA 3/4.

Birds, Beasts, and Bigger Fishes. Pete Seeger, Folkways Records.

Birds, Beasts, and Little Fishes. Pete Seeger, Folkways Records.

Brave Boys. Sandy Paton, Recorded Anthology of American Music, NWR 239.

Children's Jamaican Songs and Games. Folkways Records, FC 7250.

Children's Songs and Games, from the Southern Mountains. Sung by Jean Ritchie—Folkways Records, FC 7059.

The Cool of the Day. The Dusma Singers (Jean Ritchie), Greehays Recordings, 1991.

Cowboy Songs, Ballads and Cattle Calls from Texas. Compiled by John Lomax, Library of Congress, Recording Laboratory. AAFS L28.

A Cry from the Earth. John Bierhorst, Folkways Records, 7777.

Edna Ritchie of Viper Kentucky. Folk – Legacy Records, Inc. , FSA – 3; Sharon, CN.

Folk Music from Wisconsin. Library of Congress, Recording Laboratory, AAFS L9.

Folk Music USA. Folkways Records, FE 4530.

Folk Song and Minstrelsy. Vanguard Recordings, RL 7642

Georgia Sea Island Songs. Alan Lomax, Recorded Anthology of American Music, NWR 278.

Instrumental Music of the Southern Appalachians. Diane Hamilton, Tradition Records, TLP 1007.

I've Got a Song. Sandy and Caroline Paton, Folk – Legacy Records, FSK 52.

Jean Ritchie Sings Children's Songs and Games. Folkways Records, FC 7054.

Latin American Children's Game Songs. Hanrietta Yurchenco, Folkways Records, FC

7851.

The Negro People in America. Heirloom Records, 1964.

Negro Work Songs and Calls. Library of Congress, Recording Laboratory, AAFS L8

Old Mother Hippletoe. Kate Rinzler, Recorded Anthology of American Music, NWR 291.

Old Times & Hard Times. Hedy West, Folk – Legacy Records, 1967, FSA 32.

Play and Dance Songs and Tunes. Library of Congress, Recording Laboratory, AAFS L55.

Ring Games. Harold Courlander & Ruby Pickens Tartt, Folkways Records, FC 7004.

Ring Games, Line Games, and Play Party Songs of Alabama. Folkways Records, FC 7004.

So Early in the Morning. Diane Hamilton, Tradition Records, TLP 1034.

Songs and Ballads of the Anthracite Miners. Library of Congress, Recording Laboratory, AAFS L16.

Songs of Love, Luck, Animals, and Magic. Charlotte Heth, Recorded Anthology of American Music, NWR 297.

Songs of the Michigan Lumberjack. Library of Congress, Recording Laboratory, AAFS L56.

Songs Traditionally Sung in North Carolina. Folk – Legacy Records, FSA 53.

Sounds of the South. Alan Lomax, Alantic Recording Corporation, Southern Folk Heritage.

Spanish – American Children's Songs. Jenny Wells Vincent, Cantemos Records.

Spiritual with Dock Reed and Vera Hall Ward. Folkways Records, FA 2038.

Step It Down. Bessie Jones, Rounder Records, 8004.

Versions and Variants of "Barbara Allen." Library of Congress, Recording Laboratory, AAFS L54.

第四章 儿童作为演唱（奏）家

小学音乐课堂中的歌唱、动作表演和乐器演奏

关键问题

· 我要如何提高学生们的歌唱水平？

· 什么样类型的开嗓热身练习适合小学年龄的孩子们？

· 教唱一首歌的方法有哪些？

· 教授动作技能的顺序是什么？

· 在课程中如何加入乐器的使用？

· 如何创建一个包含发展孩子表演技巧的方法的课程计划大纲？

· 准备/练习的课程计划、表演的课程计划同练习实践的课程计划有什么区别？

上一章我们讨论了课堂使用歌曲的选择标准。本章的目标则是为发展孩子们表演这些曲目时的歌声提一些建议。（这个章节是关于如何教唱的概述，并不讲述教唱的综合方法。请查阅这个章节结尾所提供的额外参考。）本章也包括了教唱新歌曲的方法以及发展学生表演和动作技能的指引；同时，还讨论了教导演唱技巧，像是唱歌、动作和乐器演奏时，会如何影响音乐课堂的计划设计。

唱 歌

孩子们喜欢唱歌。[①] 我们可以去听他们在操场上玩耍时的声音。当他们在与其他孩子玩任何一种游戏时，常常会伴随着一首歌曲或歌谣。

每个孩子都有唱歌的能力，声音是最自然的乐器。不管他们来自什么样的社会背景、种族或有着什么样的音乐能力，声音是所有孩子都可以有的一种乐器。唱歌对开发孩子的智力有着重大的影响。唱歌借由音乐中的节拍和节奏的表演会促进孩

---

① We recommend fhe following source for ideas on the teaching of singing：

Gordon Pearse. *Sound Singing Ideas for Improving the Quality of Singing in Class & Choir.* ed. Carole Lindsay – Douglas（Bedfordshire, England：Lindsay Music, 2000）.

子们的语言发展。唱歌也帮助孩子们学习并清楚地表达歌曲中的歌词内容，并在助长记忆的同时，拓展了孩子们的词汇量。

课堂上，我们可以鼓励孩子们愉快地歌唱，同时促使他们使用正确的音高和适当的音色。教师的发声示范可以显著地改善学生们的歌唱技能，并帮助他们发出正确的音准。青少年的声音通常音量不足、缺少耐力，但音域比成年人广。教师必须调整他自己的声音来适应这一情况。男教师可以考虑使用假声示范，直到年轻的学生能够达到那些音高。

无伴奏演唱可以使孩子们听到他们自己的声音，并且享受到活跃的音乐活动。柯达伊强调过无伴奏演唱的重要性。

大多数的声乐教师和合唱团指挥都依靠钢琴的音高来控制着音准。但歌唱是取决于声学中的正确"自然"音程，而不是取决于平均律的系统。即便是一个音调得非常完美的钢琴都永远不应该成为歌唱的音高标准，更不用说那些在中小学校或是琴房里使用的走调钢琴了。然而，我却经常发现合唱团指挥试图借助走调的钢琴来修复他们合唱中摇摇欲坠的音！①

当我们教授孩子们唱歌时要考虑到以下声音音域。这些音域只提供给大家参考，希望能对教师为学生们选择适当的曲目有所帮助。以下表格是为孩子们的发声技巧和音域所提供的一个指导说明。

表4.1　儿童发声技巧和音域的指导说明

年级	发声技巧	声音音域
学前班	通过音调变化来学唱歌谣和幼儿曲。	
幼儿园	理解唱歌和说话时声音的概念。	按照正确音调从 D 音（中央 C 的上一个音）唱到 B 音。这个音域可以针对某些孩子做适当的上下调整。
一年级	学习发声的音头，控制更多的音准。	
二年级	学习更多对音头的控制。演唱简单的卡农或旋律性固定音型。	从 C 音唱到高音区的 D 音（共九度）。
三年级	学习更加富有表现力的声音控制。可以唱出简单的卡农和两声部歌曲。	可以唱到高音区的降 E 音。
四/五年级	声音中有更多的共鸣。可以开始演唱三声部的歌曲。	可以唱到高音区的 E 音。

---

① Zoltán Kodály. "Let Us Sing Correctly!" *The Selected Writings of Zoltán Kodály.* 216.

歌唱姿势

以下建议将帮助学生们找到唱歌的正确姿势。学生们的身体需要保持平衡才能发出最美妙的歌唱音调。

1. 平衡头部。

要做到这点，脸部必须向前看直。尝试几种不同的练习，例如上下或左右移动你的头部以放松头部和颈部的肌肉；或将你的背部靠墙站直，确保你的头部和你的脚跟触碰到墙壁。

2. 肩膀要放松并向后背方向展开。

3. 手放松地摆放在两侧。

4. 膝部要放松并微微弯曲。

5. 脚部要稳固地踩在地面上，并且两只脚间距大约10—12英寸。

6. 如果学生们是坐着唱歌的话，他们应该坐在椅子的边缘上。

准备歌唱

以下是帮助儿童学习歌唱的一些建议。

肢体热身练习

让学生们通过伸展和弯曲的放松身体运动来开始上课。和学生们一起做以下的伸展练习来消除紧张的状态：

让你的头部从左到右及从上到下摆动；

前后来回转动你的肩膀；

试着用力张嘴使你的下巴向下拉，并连唱几次："嘛，嘛，嘛"。

呼吸练习

呼吸练习是教给孩子们正确地吸气和呼气。控制呼气是一个很有用处的练习。

为学生们展示如何正确地使用吸管吸气并扩张胸腔；

为学生们展示如何通过"嘶"的发声来吐气；

为学生们展示如何通过"嗤"或"哈"的发声来吐气；

引导学生作打哈欠状，因为打哈欠可以打开咽喉后部并放松声音。

叹息是比你平日说话的音调更高些的一种柔和声音。尝试着多叹息几次，每一次新的叹息都用比上一次叹息更高一点的音调。

热身发声练习和发声法

热身发声练习和发声法可以帮助学生训练出美丽的声音。以下是身体热身练习的一些建议。鼓励学生发出高音和低音、弱音和强音。

1. 包含"唔（oo）"声音的歌曲对开发音准特别有益。

谱4.1　《布谷鸟》

在学生以行军步伐行走并吟唱童谣《第九号发动机》时，可以考虑在歌曲结尾加一个高音"突（toot）"。

谱4.2　《第九号发动机》

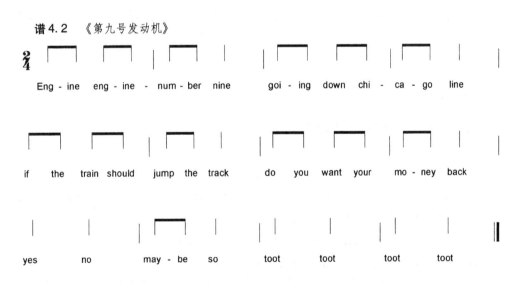

2. 可以将许多普通的发音发展为优秀的热身练习。用一些诸如"努（noo）"、"姆（moo）"或"啦（la）"等中性音节去唱熟知的歌曲。

3. 哼唱是使用歌唱音色的一种温和（安静）的方式。在歌唱一首自己很喜爱的歌曲前先哼唱，可以给学生提供一个把精神集中在歌曲旋律上机会。

4. 模仿警报器的声音是一个让小学生很高兴的练习。这是一种以不必拉紧声带的方式来试探一个人发声范围极限的方法。当模仿警报器声音时，让学生挑战制造不同的声音，像是轻的警报声和强的警报音、高的警报声和低的警报声、长警报声和短警报声、警报器开始响起的声音和警报器结束时的声音或从开始到结束的声音等。

5. 仿效动物的声音：像狗一样吠叫，像狮子一样咆哮或像猫一样喵叫。也可以尝试孩子们声音的极限。

6. 使用"嗯（nn）"音或是"努（noo）"音来唱一个五声音阶的旋律。

开发歌唱技巧

头部和胸腔的声音

"头部的声音"和"胸腔的声音"在技术上的不同与歌唱时的声带振动有关。我们使用"头部"和"胸腔"这两个术语来说明歌唱时最能让人强烈感受到振动的位置。当用"头部的声音"唱歌时，感受到振动的部位是你的鼻腔深处和脸颊。而用"胸腔的声音"唱歌时，感受到振动的部位则是你的喉咙和胸腔。当孩子们学习歌唱时，他们通常使用的是胸腔的声音，而我们需要帮助他们学习如何使用头部的声音。

如何找到你头部的声音

有些基本的发声练习可以帮助你找到头部的声音：

1. 假装你在对一个婴儿说话，请注意你这时说话的音高要比平时提高了许多。你也可以假装像米老鼠那样说话。对于那些知道米老鼠这个人物的学生们来说，这个练习常常能促使他们迅速改变声音。

2. 假装你是一只猫头鹰并发出很高的"呜（whoooo）"的声音。多重复这个发声几次，且每次都试着发出比上一次更高些的"呜"音。

3. 假装你是一个在操场上的孩子，正在嘲弄其他孩子："奈－奈－奈－奈－奈（Nyah－nyah－nyah－nyah－nyah）"。

4. 假装你正从悬崖坠落"啊－啊－啊－啊－啊－（aaaahhhhhhhhhhhh）"。

5. 试着说英文"Cock－a－doodle－doo"或西班牙文"Qui－quiri qui"。

头部的声音基本是在你的头部振动和传导。在头部的发音对引导孩子们歌唱是很有帮助的，因为这时的孩子们正试图将歌唱和说话区分开来。我们并不是说孩子们一点也不能用胸腔的声音唱歌，例如，很多黑人传统音乐用胸腔的声音会更好听。然而，作为音乐教育者的我们，需要让学生们意识到头部的声音和胸腔的声音所产生的不同的能量和状态。在大声歌唱时，孩子们常常用叫喊的声音而不是用歌唱的声音。不管是用头部的声音或胸腔的声音来歌唱，教师们都应当为学生做好示范。

寻找歌唱的声音的步骤

以下的练习可以帮助孩子们找到他们用头部或胸腔来发声的歌唱的声音。

1. 摸索音高的练习（这些练习同时也可以作为热身发声练习）

音高的摸索练习，可以让学生们在使用头部发声唱歌时的所有和声音有关的肌肉组织都活动起来。在使用这些练习时，最好先开始一些上行和下行的滑音练习。让全班学生一起来做这些练习活动，并要求学生们用他们的滑音来模仿口哨的声音。在整个班级能够很好地完成这些练习后，便可以鼓励每个学生单独表演这些练习。以下是摸索音高练习的一些建议：

·当在课堂上讲故事时，调节你的音调，用高、中、低等不同声音来代表故事中不同的人物，或来呈现故事中不同的情节。重复那个故事，并要求孩子们跟着模仿这些声音。

·当教师移动投射在教室黑板上的手电筒光束时，要求学生们用声音跟随移动着的光束轮廓上下起伏。

·模仿警报器等汽笛声音。

2. 识别不同类型的声音

音乐教师们可以帮助学生们去辨别他们说话声音和唱歌声音之间的不同。年纪小的孩子需要意识到自己能够制造出不同的声音。引导学生们去发觉他们可以发出以下这些不同类型的声音：

说话的声音

耳语的声音

响的声音

弱的声音

歌唱的声音

内在的声音

3. 声音的调节

去选择一些可以用来开发孩子的歌唱声音的歌曲或节奏。当年少的孩子说唱歌谣的时候，可以引导他们用"小鸟的声音"（高音）或是"老爷爷的声音"（低音）来唱。用这些不同声音类型来唱歌谣，将教会这些年轻的学习者如何调节他们的声音。引导年轻的学生们先用高音演唱以下歌谣《蜜蜂、蜜蜂》，然后再用低音唱一次。

谱4.3 《蜜蜂、蜜蜂》 （传统歌谣）

用"老爷爷的声音"或"小鸟的声音"来唱《第九号发动机》。

谱4.4 《第九号发动机》 （传统歌谣）

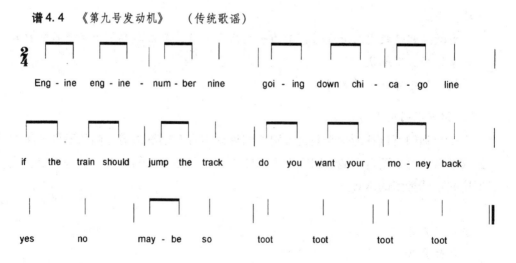

4. 狭窄音域的歌曲

唱只有二到三个音高的歌曲，例如《跳得高，跳得低》。

74

谱4.5 《跳得高，跳得低》

Bounce high, bounce low, bounce the ball to Shi - loh.

5. 下行的旋律音型

通常以下行旋律音型开始的歌曲更容易让年少的孩子聆听并学唱。因此，这种类型的歌曲，可以给年轻的学习者提供更好的机会来准确地听辨，并用正确的音准歌唱。《柠檬汁》这首歌就有着简单的下行旋律音型。

谱4.6 《柠檬汁》 （美国民歌）

Here I come! Where from?

New York. What's your trade?

Lem - on - ade. Give us some, don't be a - fraid.

6. 呼叫和应答的歌唱

呼叫和应答歌曲是开发孩子们歌唱的最理想的歌曲类型之一，因为学生们只要简单地重复一个旋律音型即可。《比萨、比萨》就是呼叫和应答歌曲的例子：

谱4.7 《比萨、比萨》 （美国民歌）

"Ma ry" has a boy friend Piz - za Pi za dad-dy O, How do you know it? Piz - za, Piz

za, Dad-dy Oh 'Cause she told me Piz - za Piz za Dad-dy O Let's Rope it,

应答

Rope   it   rope   it   Dad - dy   O   Let's   end   it!

当教学呼叫和应答歌曲时，可以使用以下步骤：

· 将歌唱呼叫和应答歌曲作为孩子们的听觉活动。考虑使用两个手玩布偶，来区分歌曲的哪个部分是呼叫、哪个部分是应答。

· 歌唱一个呼叫乐句并引导学生来应答；可以用一个假装的话筒，来帮助年轻学生理解这种替换。

· 将学生们分组来分别应答教师的歌唱。

· 当歌曲已被掌握得很好之后，要求学生一个个单独地来应答教师的歌唱。

· 要求个别学生扮演教师的角色，演唱呼叫的部分，班上其他学生来应答。

7. 歌唱的示范

教师必须进行正确的歌唱示范：使用正确的音准、清晰的发音并示范歌曲中的性格。每个歌曲都从一个你的学生们觉得舒适的起始音开始。教学中的大多数歌曲，都是学生们聆听教师许多遍重复歌唱后学会的。清楚地表明起始音的音高：可以先唱出歌曲中的第一个乐句，以此来清楚地明确起始音的音高。教师还应该使用恰当的速度来歌唱歌曲。如果速度过快，孩子们很有可能会唱走音。

8. 轻柔地歌唱

鼓励孩子们轻柔地歌唱，因为这是开发好的音准的一个方法。

9. 动作

结合动作唱歌不仅可以加强节拍的概念，而且在熟知的歌曲素材中还有益于确立音准。

10. 单独歌唱

教师必须允许学生们单独地歌唱，这可以帮助幼小的学习者开发表现音乐的独立性。一些孩子在和大家一起的小组歌唱时能够不走音，一旦单独歌唱就走音了。对单独歌唱有困难的孩子，教师可以坐在他们面前，好让他们可以仔细观察教师的嘴型。鼓励学生们单独地歌唱可以培养他们的独立性，同时给予教师一个评定学生进步情况的机会。一旦孩子们掌握了一首歌曲并能够流畅地歌唱时，教师就不需要再和学生们一起唱了。单独歌唱或分小组歌唱将会促进学生们的歌唱独立性。

11. 用简单的旋律动机歌唱（学生们的）名字

鼓励幼儿从歌曲素材中找到的一些短小的动机来歌唱他们自己的名字。孩子们可以围着圈坐着，教师抛一个球或扔一个沙袋给孩子们，要求他们来歌唱自己的名字。

12. 识别不同的音色

引导幼小学习者识别不同的音色，例如大自然中的声音、不同器乐的声音或是不同的人声。

13. 钢琴伴奏

在教唱一首新歌曲时，要避免使用钢琴伴奏，因为年轻学生们需要听得到教师和他们自己的声音。用钢琴为新学的歌曲伴奏，会降低学生们听到自己歌唱声音的能力。钢琴伴奏可以在学生们掌握好一首新歌、或是可以凭记忆唱出一首歌后再来使用。

14. 元音和辅音

正确的元音发音，对建立正确的音准有着关键性的影响。可以通过下行五声音阶来练习歌唱"no"、"nu"、"naw"、"ni"、"nah"等元音。而辅音可以帮助学生确定歌唱的节奏特性。使用包含"n"和"m"的辅音来练习发音，可以帮助学生训练优美的歌唱以及准确的发音。

15. 用歌唱的形式问候学生

借助歌唱的问候形式来开始我们的音乐课。问候可以由教师或是借助一个玩偶对幼儿们唱歌来完成。这玩偶可以带领整个班级一起歌唱"同学们，早上好"。用孩子们的名字，来对每个孩子（或一组孩子）唱问候歌。

谱4.8　教师歌唱

谱4.9　学生回应

谱4.10 使用波浪状的节拍来歌唱

教师歌唱

How are you to-day - ?

谱4.11 学生回应

We are great to-day -

16. 更正学生的错误

很多时候学生总是唱不准的原因是教师不敢或不想告诉学生他们的歌唱"走音了"。用温柔的语气提出具体的音准更正是必须的。简单的一句"这个音高一点点"并在他们做到后夸奖他们是不会打击学生们的自信心的。这样做还会使整个班级的学生都开始仔细去听是否唱准了。

教唱歌曲

歌曲构成所有音乐教学的基础。音乐教学的质量，取决于（1）音乐材料的选择；（2）呈现这些音乐素材的方法。柯达伊音乐教育理念合并了民歌和艺术歌曲，在促进音乐鉴赏能力的同时，也开发了音乐文学素养。民歌尤其适合于课堂使用。总体而言，教唱歌曲有两种方法：视谱法和听唱法。

视谱法教学

视谱法教学，既可以用来教唱整首歌曲，也可以教唱歌曲的某个部分或乐句。当运用视谱法教学的时候，教师需要把歌曲的记谱法呈现给学生，并且循序渐进地让学生从谱子上学习每个音符。下面是运用视谱法教学的步骤：

·让学生认清这首歌曲的拍子。教师可以先用另一首具有同样拍子的熟悉的曲子来练习这个拍子作为准备工作。

·和学生们一起练习这首歌曲中每一个不同的节奏型。他们可以回应敲打或读出谱子上的这些节奏型。歌曲中比较复杂及困难的节奏可以单独拿出来和相应的节奏型一起练习。

·让学生认清此曲的调性。可以让学生跟着五线谱唱另一首熟悉的选自听唱法教学中的有着相同调性的歌曲。

·和学生们一起练习这首歌曲中每一个不同的旋律型。教师可以用手势语来教唱其中重要的旋律型，而学生则用唱名、音名及中性音节来演唱。

·讨论此曲的曲式。

·学生复习整首曲子的节奏。

·学生用手拍打出此曲的节奏并说出节奏音节。

·学生复习（默哼）此曲的旋律。在默哼旋律的时候可以用手来指挥或用手势语伴随。

·学生用唱名和手势语唱出此曲。

·学生用中性音节唱出此曲。

·学生用歌词唱出此曲。

教师们应该找出最快捷且最有趣的教学方法，多启发学生并使教学生活化。不要总是拘泥于同一种教学方式。

听唱法教学

在听唱法的教学中，最初的歌曲呈现由教师来完成。记住，这可能要花上好几节课来教唱一首歌曲。教师要示范这首歌曲的正确唱法。正因为此，音乐必须要用一种最正宗且具有正确风格的方式来呈现。比如，民歌的演唱一定要让人感受得到其性格及情绪。常常聆听民歌演唱家演唱的民歌录音可以为我们提供一个样本。

一首歌曲的情绪可以通过故事或另外一首熟悉的歌曲体现。对教师而言，介绍歌曲的乐句划分、情绪、风格以及曲式、是至关重要的。当教师第二次给学生们唱新的歌曲时，学生们可以轻声地拍打节奏。对学生而言，确立新歌的分句和曲式是很重要的。一旦呈现一首歌曲的准备工作就绪时，就可以用听唱法来教唱一首新歌了。

听唱法教学的技巧

提问的技巧

提问与特定音乐元素或与歌曲的歌词相关的问题。提问能够（1）引起学生的注意；（2）加强他们的分析能力；（3）有助于记忆歌曲。

提问的原则

使用尽量少的言语。藉由提问特定的问题，教师可以布置学生们聆听的任务，以助于他们将注意力放在特定的音乐元素上。从歌曲结尾的部分开始提问题，这样有助于学生们更加容易地记忆这首歌曲。

在问每个问题前，为学生唱一遍这首歌。这样一来，学生在被要求唱这首歌之前，已经熟悉了歌曲的旋律和歌词。

谱 4.12　《闪亮的星光》　（传统儿歌）

教师可以在要求学生唱之前，先唱这首歌，并提出以下问题：

1. "你听到了多少个乐句？"
2. "'may'这个字是什么意思？"
3. "'may'这个音是上升的还是下降的？"

演唱《落基山脉》这首歌时的提问步骤，可以如下：

1. 多次演唱整首歌之后，单独演唱第一句。
2. "'Rocky Mountain'这个词共出现了多少次？"（三次）
3. "'Rocky Mountain'出现时的每一次音高都相同吗？"（不）
4. "哪一次不同？"
5. "不同在哪里？"
6. "演唱这个乐句。"

当学生能够演唱前半首歌时，教师就可以提问有关下半首歌的问题：

1. "我唱了多少个乐句？"
2. "这些乐句是一模一样的吗？"

3.“它们是怎么不同的?”（第一个乐句的音调是上升的，第二个乐句的音调是下降的。）

4.“演唱整首歌。”

谱4.13　《落基山脉》　（美国民歌）

这种类型的问题可以适用于大部分歌曲。提问与音乐相关的问题是十分重要的。哪怕你只提问一个字，也要在某些方面与音乐有关。

歌曲的逐句示范

歌曲的逐句示范，对以听唱式的方法教唱较长和较复杂的歌曲是很有帮助的。这种方法更适用于高年级的学生们。较小的学生则需要多次反复聆听整首歌曲的演唱。所以这种歌曲的逐句示范方法，应该留给高年级的学生们来使用。确切地说，逐句示范，就是将歌曲的每个乐句都先示范一遍，然后让学生们来重复唱这些乐句。这种歌曲示范的类型，可以把学生们的注意力吸引到特定的节奏和旋律音型上来。

1. 先完整地把整首歌曲唱一遍。

2. 然后将注意力一次集中在一个乐句上。如果歌曲有特别的难度，教师可以要求学生们用带有简单的节拍活动来演唱。比如，边听边打拍子。这样，当老师再次演唱整首歌曲时，学生们将更加把注意力集中在歌曲上。

81

歌曲中独特及突出的特点将会在演唱示范中传达给学生。在针对不同问题的教学中，教师都可以做出最佳的决定来侧重于歌曲中的歌词、节奏或是旋律元素。

使用游戏和动作来呈现一首歌曲

通过表情及动作表现故事情节的演唱，可以帮助学生们记忆歌曲和旋律。例如：

谱4.14 《蜜蜂、蜜蜂》 （传统歌谣）

1. 第一个乐句，学生们跟着节拍轻拍他们的手臂；
2. 第二个乐句，学生们跟着节拍指向他们的膝盖；
3. 第三个乐句，学生们跟着节拍指向他们的鼻子；
4. 第四个乐句，学生们跟着节拍指向圆圈里其他孩子。

在《第九号发动机》这首传统儿童歌谣里，学生们可以挥动他们的手臂，模仿火车车轮转动的动作，边唱边一起在教室内行进。

> *Engine, engine number 9,*
> *Going down Chicago line,*
> *If the train should jump the track,*
> *Would you want your money back?*
> *Yes, no, maybe so,*
> *Toot, toot, toot, toot.*

谱 4.15 《找拖鞋》 （牙买加民歌）

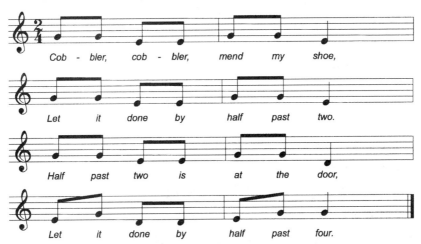

学生们可以像表演哑剧一样地根据韵律的节拍，捶打他们的鞋子。

动作的活动可以帮助学生们快速轻松地学习和记忆歌曲。老师和学生可以一起为歌曲创作他们自己的游戏和动作。例如，高低、上下起伏的动作，可以用来表达《跷跷板》这首歌中的高音和低音。接着，简单的弯曲膝盖动作，可以用来反映唱名音节，sol - mi。老师或学生们创造的动作，都应该反映出歌曲里的拍子或重复出现的节奏型。鼓励学生们使用他们的想象力为歌曲创作动作。

呼叫和应答歌曲

包含重复音型的歌曲，可以按照"呼叫"、"应答"的风格来进行练习。首先，幼儿应该只歌唱"应答"的部分，而教师则歌唱"呼叫"的部分。经过多次反复练习之后，学生们便可以唱任何一个"呼叫"或"应答"的部分，或是两个声部都唱。

运用视觉教唱歌曲

照片或图画可以配合歌词一起用来教授一首歌曲。视觉的加入可以帮助学生们记住歌词、曲式或旋律轮廓。

运用教具教唱歌曲

例如，当学唱《老兔先生》时，学生们可以选一个水果或蔬菜来帮助他们记住不同段的歌词。

7. 借用和歌词有关的情绪来教唱歌曲

例如，当教唱《波比·沙夫透》时，教师可以充分表现出歌曲中每一句的情感。这些有情感的歌唱应该强调出曲子的节拍。

评定歌曲的表演

以下的问题，将有助于评定和评价你的歌唱教学。

·我有没有以一种有趣的方式来介绍歌曲？

·我有没有正确地熟记歌曲？

·我有没有用最佳的呈现方式来介绍这个歌曲？

·我有没有用恰当的风格或方式演唱这首歌？

·教学时，我有没有用适当的起始音来为学生们演唱这首歌？

·在我演唱这首歌时，我有没有与学生们做眼神或表情的交流？

·我有没有使用清晰的嘴型动作？

·在演唱时，我的音准是否准确？

·我的速度合适吗？我的发音清晰吗？歌词能被听懂吗？

·我有指挥这首曲子吗？

·当学生们逐句演唱时，我有没有持续保持稳定的节拍和速度？

·教学进度对学生们理解和学习一首歌来说是否刚好？

·我有没有纠正学生们的错误或音准问题？

·我的教学对学生们来说有趣吗？

·这是最有趣及最快捷的教学方法吗？

民歌的广泛使用

同一首歌，可以在整个学年或不同年级阶段里反复演唱。优秀的歌曲素材，可以让教师反复使用也不会使学生感到厌烦。一般而言，如果这是一首优秀的歌曲，学生们是一定会喜欢演唱它的。以下是在各种不同的活动中使用同一首歌曲时的建议：

·歌曲可以以听觉活动的方式来呈现。

·歌曲可以通过它们的正规的曲式结构来学习。（例如 AABA）

・使用不断反复的节奏音型（固定音型）来演唱歌曲。

・先用歌词，再用节奏音节演唱这首歌。

・先用歌词，再用唱名音节演唱这首歌。

・用卡农的方式演唱五声音阶的歌曲。

・使用学生们熟悉并带有特定节奏或旋律元素的歌曲。

歌唱游戏和形体活动

歌唱游戏是一种绝妙的方式，可以加强学生们的音乐概念和技能，同时开发学生们的社交、情感及动觉技巧和能力。歌唱游戏应该符合孩子们的年龄层；也就是说，游戏或动作表演应该与学生们的身体发育相结合。游戏中的动作，应该让学生们在歌唱的同时很容易模仿。

在呈现歌唱游戏和动作时，教师是至关重要的。教师必须按照一套符合逻辑的思维，在演唱歌曲的同时，安排好动作和手势的次序。通常，音乐中大的节拍和向正拍移动的动作，最好安排在表演那些较复杂的特定动作之前来教学。教师应该在教游戏、动作之前，先给学生演唱这个歌曲作为示范。某些情况适合学生们在唱歌曲的同时对情绪进行领会；但当歌曲和游戏相结合时，学生应先专心听老师演唱，把注意力集中在学习教师的情绪和动作上，而不是马上跟着做，这对学生而言是非常重要的。

以下表格提供了一系列学生学习动作表演的教学建议。

表 4.2　动作表演的教学建议

年级	学前班	幼儿园	一、二年级
游戏/动作	坐着做自由动作 在教室内做自由动作 坐着时跟着节拍动作 走路时跟着节拍动作 围成一个圈站好 教师陪同孩子一起动作 学生跟小伙伴一起动作 跟着音乐开始、结束动作	着手开发对小小肌肉的更多控制 变换方向 表演式游戏 大风吹游戏 直线游戏 转圈游戏	跟着节拍走步及跳步 选择游戏 转圈式的追逐游戏 开发拍打童谣或歌曲的节奏的能力

（续表 4.2）

年级	三年级	四、五年级
游戏/活动	用简单节拍和复合节拍在鼓或三角铁上敲打出一个简单的歌曲的节拍，并用手拍出它的节奏。 表演拍手游戏 指挥一个每小节两拍的歌曲 在木琴上演奏持续的低音和弦 追逐游戏 跳跃游戏 直线游戏 拍档游戏 双圆圈游戏	用简单节拍和复合节拍在鼓或三角铁上敲打出一个较复杂的歌曲的节拍，并用手拍出它的节奏。 指挥一个每小节有两拍、三拍或四拍的歌曲。 在木琴上演奏固定音型 学生们已经开发出演奏竖笛和键盘的能力 用动作快速准确地表达出（歌曲中的）速度、节奏音型和内容。 双直线游戏 方形游戏 方形舞

游戏类歌曲的教学进展

表演式游戏（幼儿园和一年级）

孩子们可以在唱一首歌时表演出歌词内容的情绪。我们相信，幼儿园的孩子们在老师教给他们节拍前，先自发地学习、发展他们自己的"内在节拍"是很重要的。学生们可以创造他们自己的节拍动作。例如，当唱这首《雨点》时，他们可以轻拍他们身体的各个部位，或者指着窗户外想象的雨点。

谱 4.16　《雨点》　（传统儿歌）

Rain　rain　go a-way　come a-gain some oth-er day

lit-tle Sus-ie　wants to play　rain　rain　go a-way.

谱 4.17　《松鼠》　（美国民歌）

Hop,　old squirrel,　ei-dle-dum,　di-dle-dum,

学生们可以一边歌唱，一边在教室里创造自己的动作，要求他们思考松鼠活动时的所有方式。在学生们唱《松鼠》这首歌时，他们可以跟着节拍边唱歌边做蹦跳、走路、跳跃或攀爬等动作。

谱4.18 《让我们追逐松鼠》 （美国民歌）

这首歌伴随着特定的游戏，但学生们仍可以在唱这首歌时，根据节拍蹦跳、行进、走步。

在聆听一首"古典"作品时，学生们可以根据节拍创造属于他们自己的动作。鼓励学生们去听以下音乐作品：

柴科夫斯基（1840—1893）《胡桃夹子》（*The Nutcracker Suite*）中的《进行曲》（*March*）

亨德尔（1685—1759）《水之音乐》（*Water Music*）中的《角笛舞》（*Hornpipe*）

维瓦尔蒂（1678—1741）《四季》（*The Four Seasons*）中的《春天》（*Spring*）

在学习表演性的游戏的开始阶段，孩子们可能因为注重表演歌曲的情绪和内容而不能把握平稳及平均的节拍。但随着不断的学习，他们便可以在保持节拍的同时进行表演。

谱4.19　　《热十字包》　（传统儿歌）

在演唱《热十字包》时，引导学生进行做蛋糕的动作。跟随节拍，学生们可以做搅面糊、舀面糊到平底锅或将十字面包放进盘子的动作。

学生们可以表演歌曲中所暗示的特定节拍动作。学生们可以或坐或站地保持在一个位置不动，伴随歌曲表演动作。这些节拍动作，常有助于表达歌曲的情绪以及歌曲的内容。例如，唱《再见，宝贝》这首歌时，可以手持一个布娃娃，放它在臂中，随着音乐来回摇摆。

谱4.20　　《再见，宝贝》　（传统摇篮曲）

大风吹游戏（幼儿园和一年级）

教师引导学生绕成一个圆圈来歌唱，并像蜗牛的外壳一样向内卷绕。

谱4.21　　《蜗牛、蜗牛》　（传统儿歌游戏）

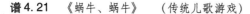

直线游戏（幼儿园和一年级）

学生们在教室里排成一排来做动作。例如，他们在唱《佩琪的火车》时，可以排成一排并假装他们是火车头，随着拍子步行。

转圈游戏

有很多转圈的游戏歌曲，例如《围着玫瑰转啊转》和《爬墙花》等。

谱4.22 《围着玫瑰转啊转》 （传统儿歌游戏）

学生们手拉手在圆圈内行走，并在歌曲结束时假装摔倒。

谱4.23 《汪汪汪》 （传统儿歌游戏）

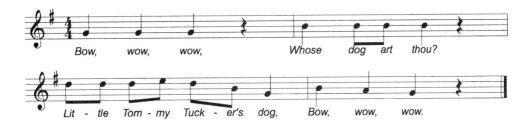

1. 孩子们围成一个圈，并与自己的搭档面对面站着。

2. 说"Bow，wow，wow"的同时用脚踩地面四次（右、左、右、左）。

3. 问"那是谁的狗？"（*Whose dog art thou?*）并在说的同时随节拍拍出四拍。

4. 同伴手拉手，边转圈边回答"小汤米·塔克尔的狗"（Little Tommy Tucker's Dog）。

5. 再说一次"Bow，wow，wow"并用脚踩地面三次，在最后一拍腾空跳起同时转圈，落下时将你的背朝向你的同伴，同时你将看到你的新同伴。

谱4.24 《爬墙花》 （传统儿歌游戏）

学生们手拉手在圆圈里行走，其中一个学生站在圆圈的中心。在唱到第三个乐句"Let's all go to Mary's house"时，站在圆圈中心的学生指向一个朋友并将"Mary"替换成这个孩子的名字。被指的那个孩子仍留在圈内，但转身将脸朝外。这个游戏一直持续到所有学生的脸都朝外为止。

另一种类型的转圈游戏，包含了边转圈边即兴创作的动作。像是《丹尼尔走路》或《吉米和乔茜》等歌曲。

谱4.25 《吉米和乔茜》 （美国民歌）

学生们在转圈的时候即兴创造动作。例如在唱"*Jim along*"的时候可以用小跳或大跳等不同的步子。

选择游戏（一年级和二年级）

谱4.26　《小莎莉水》　（传统儿歌）

《小莎莉水》既是一个表演式的游戏，也是一个选择游戏。在唱《小莎莉水》时学生们站着，手牵手围成一个圆圈走路。站在圆圈中心的学生表演歌词里所说的动作，诸如"坐"、"起身"、"擦眼泪"、"转向东"、"转向西"和"转向你最爱的人"。游戏结束的时候，由一个新选出来的孩子，站在圆圈中间的位置开始下一个游戏。

谱4.27　《知更鸟来了》　（美国民歌）

学生们在唱这首《知更鸟来了》的时候，手牵手围成一个圆圈走路。在圆圈中心的学生模仿"知更鸟"，选择圆圈里的另一个学生并一起"在花园里跳跃"。被选择的那个孩子成了新的"知更鸟"，来紧接着选择另外一个孩子。

用固定圆圈及不用固定圆圈的追逐游戏

谱4.28 《航海的查理》 （美国黑人民歌）

谱4.29 《滴滴答答》 （传统儿歌游戏）

《航海的查理》和《滴滴答答》这两首歌可以用同样的方式做游戏。学生们围坐成一个圆圈，唱着歌，打着节拍。其中一个小孩绕着圆圈外围边走边依次地在围坐成圈的小孩头上轻敲节拍。在歌曲结束的时候，正被敲到头的那个小孩就追逐圆圈外"敲打的人"，并成为新的"敲打的人"。

拍档游戏（二年级和三年级）

拍档游戏，指的是两个孩子一起表演或相互配合表演一个动作的游戏。

谱4.30　《汪汪汪》　（传统儿歌游戏）

游戏规则：围成一个圆圈并且每个人需面对一个伙伴

第一句——跺脚三次；

第二句——和同伴拉拉手指；

第三句——伙伴们手握手并旋转半圈；

第四句——跺脚三次，在最后一拍跳跃到背面来面对一个新同伴。

直线游戏（二年级和三年级）

谱4.31　《伦敦桥要倒了》　（传统儿歌游戏）

在唱《伦敦桥要倒了》时，学生玩这个游戏最普遍的方式是，两个人做一个拱门，让其他游戏者排成一队穿过拱门。当唱到"*lady*"这个字时，拱门立刻被降低来套住那个正在过拱门的孩子。

双圆圈游戏（三年级和四年级）

学生们组成两个互动的圆圈。《新奥尔良的大房子》就是这个游戏的一个例子。而更复杂的双圈游戏还可能包括在游戏中更换搭档，例如歌曲《我曾到过哈林市》。

谱4.32　《新奥尔良的大房子》　（美国民歌）

（第二段）　Went down to the old mill stream

　　　　　To fetch a pail of water,

　　　　　Put on arm around my wife,

　　　　　The'other round my daughter.

（第三段）　Fare thee well, my darling girl,

　　　　　Fare thee well, my daughter,

　　　　　Fare thee well, my darling girl

　　　　　With the golden slippers on her.

舞蹈编排：伙伴结成一个单个的圆圈，女孩站在男孩的右边。

1. 学生们在圆圈内唱歌，以顺时针方向前行并摆动双臂。

2. 在唱到"went down to the old mill stream"时，女孩们朝着中心向前迈四小步并牵起手。

3. 在唱到"fetch a pail of water"时，男孩们向中心前进，然后用手臂环绕在身

94

边两位女孩的旁边，然后向下伸展到地板彷彿抬起一桶水。

4. 男孩在"抬起"的动作后手牵手，然后在唱到"put one arm"时摆动手臂绕过女孩们的头顶，并在女孩们的背后组成另一个到腰部高度的圆圈。

5. 在唱到"the other round my daughter"时，女孩们举起她们牵着的手，往后绕过男孩们的头，并放开手在第四乐句"with the golden slippers"时，男孩们顺移一个位置，准备好和自己的新搭档开始下一轮歌唱。

谱4.33　《我曾到过哈林市》　（美国民歌）

孩子们自由选择搭档，男孩在女孩的左边，双手交叉以滑冰的姿势站好，在唱这首歌的第一部分时绕走于圆圈内。当他们唱到"over"这个字时，伙伴们一起做"拧干抹布"的动作，将双手举高并转身，但其间不能松开搭档的手。在唱到"sailing east"时，将手松开，男孩们在女孩们的圆圈内再围成一个圈。男孩们以顺时针方向转动，而女孩们则以逆时针方向继续转动。在歌曲结束的时候，男孩选择离他们最近的女孩，再开始新一轮的舞蹈。

双直线游戏（四年级和五年级）

这个游戏里包括了"里尔"舞（一种快速的苏格兰民间舞蹈）等类型的舞蹈。这种舞蹈可以让学生们观察到领舞的两个人，有时候能使游戏变得简单些。这种游戏的例子有《快些穿过》。

谱4.34　《快些穿过》

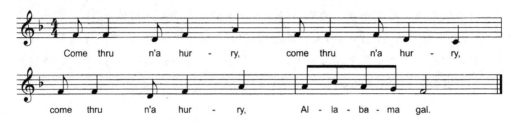

方形游戏（四年级和五年级）

这个游戏包括了《四匹白马》和《给我画一桶水》等歌曲。

方形舞（四年级和五年级）

动作教学可以慢慢发展到更加复杂的舞蹈形式，如方形舞。以下的歌曲《一辆破铜车》可以用歌曲的几段歌词和更加复杂的舞蹈形式来表演。

谱4.35　《一辆破铜车》

教唱游戏的基本规则

在教唱孩子们一个新的歌唱游戏之前，可以在上一堂课结束前先将这首歌曲当作一首听力练习放给学生们听，这样对学生们是很有帮助的。

将这个歌唱游戏当成一首新歌曲来教。其中的乐句，可以被用来教学并强化已经学过的节奏和旋律元素。

一旦学生们能熟练地唱这首歌，就可以开始教其游戏的部分了。当然许多游戏是可以也必须在教授歌曲的同时教授游戏的，因为其游戏的动作是和歌曲的歌词紧密联系在一起的。有时，很难去界定一首游戏歌曲是什么形式的游戏类别，很多歌曲包含了多种游戏形式在内。

乐　器

柯达伊认为音乐教育必须从歌唱开始，但随着乐器的介绍而更加深入。

乐器文化从来都不是一种大众文化……为什么呢？难道仅仅只通过折磨小提琴或乱弹钢琴的路线就想到达音乐的神圣顶峰？实际上常常是越来越远离了音乐。……对你来说小提琴和钢琴意味着什么呢？你的喉咙里就有一个乐器，如果你使用它，它的声音将比世界上任何一把小提琴都更加美妙。有了这个乐器，你将可以振奋人心地接近于最伟大的音乐——只要你有了某人的带领！①

如果一个"成功"的钢琴家能够不犯错地唱一首简单的民歌，那该有多宝贵？世界上一定有一种顽强的理想，就是以发自灵魂的歌唱音乐来取代用手指在乐器上机械演奏的音乐。我们甚至不能允许任何人去靠近一个乐器，除非他或她可以正确地读谱并唱谱。我们衷心地希望有一天音乐家们也能够在他们的乐器上"歌唱"。②

以下的表格，给教授孩子们乐器提供了一个教学建议。

表4.3　学习乐器的教学建议

年级	一年级	二、三年级	四、五年级
乐器	铃鼓 梆子 钟音条 手指小钹/邦加鼓 手鼓 木槌 三角铁 节奏棒 砂槌	手指小钹/邦加鼓 手鼓 木槌 三角铁 节奏棒 响葫芦 刚果鼓 音钟 奥尔夫乐器 木琴——演奏简单的持续音、低音和固定音型。 竖笛 竖琴 键盘	木琴——可以演奏律动持续音、固定音型和旋律，开始使用两根琴棒。 竖笛——更广的音域 竖琴 吉他——用来弹奏和弦 键盘 管弦乐队中的木管和铜管乐器 手编钟 刚果鼓

---

①　Zoltán Kodály. "Children's Choirs." *The Selected Writings of Zoltán Kodály*. 123.

②　Zoltán Kodály. "Fifty – Five Two – Part Exercises：Preface to the Hungarian Edition." *The Selected Writings of Zoltán Kodály*. 224.

教室中的乐器教学

在每节课开始前就先把乐器准备好，这样一来在音乐课堂上，你就不用再花费时间将它们拿出来了。

记住在选择乐器时，要考虑到学生们的个子大小和他们的肌能。引导学生用拇指和食指握住琴棒而其他手指放手即可，琴棒的棒头应该很轻巧地在琴键上弹跳而不是用力地敲打。始终对学生们强调使用腕关节运动而不是用整条手臂运动的重要性。

在课堂上教授孩子们使用乐器之前，应当鼓励孩子们去聆听各种乐器的不同音色。

将乐器教学加入音乐课程

1．节拍

使用简单的打击乐器来学习打击歌谣或民歌中的节拍。

2．节拍和节奏

使用简单的节奏型乐器来学习演奏一个民歌的节拍和节奏。然后再使用简单的节奏型乐器来演奏类似民歌其他歌曲的节拍和节奏。

3．固定节奏音型

使用简单的节奏型乐器来为民歌打击一个固定节奏音型（重复的节奏模式）。然后再使用同样的乐器来为民歌演奏两个同时存在的固定节奏音型。

4．固定旋律音型

使用钟琴、木琴、钢片琴或旋律钟来为民歌演奏一个固定旋律音型。

5．竖笛

音乐教师可以对三到四年级的学生教授竖笛。建议在学生们学习使用竖笛演奏歌曲之前，先学会唱这些歌曲。由于内心已经有了这些旋律，学生们在演奏时就更有音乐感，更能够把他们在歌唱时的感觉和声音运用到乐器上。

和声性乐器

学生们在四或五年级时就可以开始学习演奏一些和声性的乐器了，例如竖琴或吉他。建议遵循以下步骤来教学演奏课堂上的这些旋律性的、节奏性的或和声性的乐器。

1. 用节奏音节来演唱。

2. 用唱名音节来演唱。

3. 在演奏一个节奏性乐器的同时，用节奏音节来演唱。

4. 在演奏一个节奏性乐器的同时，用节奏音节来感受内心的旋律。

5. 在演奏一个像是奥尔夫乐器的旋律性乐器的同时，用唱名音节来演唱旋律。

6. 在演奏一个乐器的同时，用唱名音节来感受内心的旋律。

使用一个通用的课程计划格式来设计一个包括歌唱、动作和器乐活动的准备/练习的课程教案

这个通用的计划现在可以被采用并调适使其能够开发出一个教案，来准备教授一个新的概念或元素，以及练习一个已学习过的元素。教师现在可以开始教授适当的发声热身练习和其它发展音喉的课程。在教授发展音喉课程的时候，教师要选用最适合学生们音域的调性来教授新的歌曲；同样的，在其他方面也要选择最佳的技巧来教学。

在教学"演唱和呈现"及"发展演唱和音乐技巧"的课程中，教师可以根据本章所述的动作表演的教学建议来教授民歌游戏，进而发展孩子们的动作技能。在教学"发展演唱和音乐技巧"的课程中，教师可以通过乐器的教学来强化学生们之前学过的概念和元素。这堂课应该在结束的时候复习新学的歌曲及音乐概念。同时，教师可以把下堂课要学习的歌曲先唱给孩子们听。

建立一个包括歌唱、动作和器乐活动的准备/练习课程的计划框架

在这一章节，我们已经叙述了如何开发孩子们的歌唱声音、动作技能、演奏乐器技能以及教师如何正确地教授民歌等课程。因而根据这个章节所包含的信息内容，我们需要对准备/练习课程计划做适当的更改，其中包括：

1. 通过歌唱练习来开发孩子们的声音。

2. 为每首歌曲建立一个舒适的起始音高（CSP）。

3. 选择合适的技巧，用模唱式教授一首新歌。

4. 选择合适的动作教学活动。

5. 选择合适的器乐教学活动。

表4.4　准备/练习教学计划

重点	活动、程序和评估
介绍 已知音乐概念和元素的表演和展示	身体的热身和呼吸练习 通过表演从以字母顺序排列的歌曲表中选出的歌曲，学生们展现他们对于之前学过的曲目和音乐元素的知识。 这些歌曲可以由节奏性或旋律性的乐器来伴奏。
核心活动 曲目获取 新概念或要素的表演和准备 动作开发 表演和音乐技能开发	选择合适的技巧，用模唱式教授一首新歌。 通过以字母顺序排列曲目表中的已知歌曲，开展新的音乐概念或要素的学习活动。 通过歌曲和民歌游戏，重点开发适合学生年龄的动作技能。 通过以字母顺序排列的已知歌曲曲目，学生们在读写、曲式、记忆、内心听觉、合奏、乐器演奏、即兴创作及作曲、聆听等技术领域加强他们的音乐概念和元素的知识。
结束语 回顾与总结	回顾课程内容，教师可以演示下一节课要教授的从以字母顺序排列的曲目列表中找到的新歌曲。

使用一个通用的课程计划格式来建立一个包括歌唱、动作和器乐活动的呈现课程的计划框架

表4.4

重点	活动、程序和评估
介绍 已知音乐概念和元素的表演和展示	身体的热身和呼吸练习 通过表演从以字母顺序排列的歌曲表中所选出的歌曲，学生们展现他们对于之前学过的曲目和音乐元素的知识。 这些歌曲可以由节奏性或旋律性的乐器来伴奏。
核心活动 曲目获取 表演和呈现一个新概念或要素的特定模式 动作开发	选择合适的技巧，用模唱式教授一首新歌。 在已知歌曲的重点模式中，教师呈现新的音乐要素的名称。 从以字母顺序排列的歌曲表中选出已知歌曲和游戏：舒适的起始音（CSP）。 通过歌曲和民歌游戏，重点开发适合学生年龄的动作技能。
表演和呈现一个新概念或要素的相关模式	在已知曲目的相关模式中，教师呈现新的音乐要素的名称。
结束语 回顾与总结	回顾课程内容，教师可以演示下一节课要教授的从以字母顺序排列的曲目列表中找到的新歌曲。

教师现在可以开始教授适当的发声热身练习和其他发展歌喉的课程了。在教授发展歌喉课程的时候，教师要选用最适合学生音域的调性来教授新的歌曲；同样的，在其他方面也要选择最佳的技巧来教学。在课堂计划中的下一个阶段要表演和呈现准备阶段的新概念或元素的名称。在这个课程计划式样中，我们建议教师"为声音标注"，也就是呈现新的元素和概念中的各个音节。在学习了重点歌曲中的音节之后，教师便可以引导学生学习其他歌曲中相同模式的音节了。这个呈现课程的第二个部分是教师如何用记谱法教授新的音乐元素。在教授记谱法后，教师可以根据本章所述的动作表演的教学建议来教授民歌游戏，进而发展孩子们的动作技能。在此之后的下一个阶段又是一个表演和呈现准备阶段的新概念或元素的名称的教学，同时也给了教师们又一个为新元素标注音节的机会。课堂上最重要的就是把歌唱活动和学习新的音乐元素结合起来。记谱法的教学一定要放在学生们熟知了歌曲中的新元素之后再进行。这堂课应该在结束的时候复习刚学过的歌曲及音乐概念。同时，教师可以把下堂课要学习的歌曲先唱给孩子们听。

·讨论问题

1. 我们应该在曲目中包括哪些歌曲来促进歌唱的音准？
2. 讨论各种在音乐课堂上运用的不同类型的发声热身练习。
3. 讨论你教授孩子们找到头腔声音的各种不同技巧。
4. 你的音乐教室中应该有哪些乐器？
5. 讨论你的音乐课程可以如何与体育课程联系起来。
6. 讨论针对孩子们的模唱式教学的主要方法。
7. 在评定你教授学生们一首新歌曲的有效性时，有哪些关键性的问题需要回答？
8. 在学校的课程中，我们所谓的"表演"意味着什么？
9. 我们该如何更深入地开发一个包括了歌唱、动作和乐器演奏活动的准备/练习的课程计划框架？
10. 我们该如何更深入地开发一个包括了歌唱、动作和乐器演奏活动的呈现的课程计划框架？

·持续进行的作业

1. 让自己熟悉每个年级所有音乐课程的表演成果。
2. 从每个年级选一首你明年教学要用的歌曲，并写下你将如何教这首歌曲的教学策略。

3. 从每个年级选一个你明年教学要用的游戏，并写下你将如何教这个游戏的教学策略。

4. 使用这个章节所提供的课程计划格式创立一个课程计划，其中要包括在表演和准备一个新的元素时你如何准备一个节奏的要素，以及在表演和发展音乐技能阶段你如何去练习一个旋律的要素。

5. 使用这个章节所提供的课程计划格式创立一个课程计划，其中要包括你如何呈现（教授）一个旋律的要素和一个节奏的要素。

本章参考书目

Abraham K. Adzinyah, Dumisani Maraire and Judith Cook Tucker. *Let Your Voice be Heard! Songs from Ghana and Zimbabwe.* (Danbury, CT: World Music Press, 1997).

Gerald Burakoff *How to Play the Recorder* (Ft. Worth, TX: Sweet Pipes, 1997).

Patricia Shehan Campbell. *Songs in their Heads* (New York: Oxford University Press, 1998).

Lois Choksy and David Brummitt, 120 *Singing Games and Dances for Elementary Schools*

Heather Cox and Richard Garth. *Sing, Clap, and Play the Recorder*, Vol. 1—2 (St. Louis, MO: Magnamusic – Baton, 1985).

Elsa Findlay, *Rhythm and Movement: Applications of Dalcroze Eurhythmics.* (Evanston, IL: Summy – Birchard, 1999).

Anne Green Gilbert. (1992). Creative Dance for All Ages. Reston, VA: NDA/AAHPERD.

_____ . (2003) Brain Dance (video). Reston, VA: NDA/AAHPERD.

_____ . (Fall, 2004) Brain Compatible Dance Education. Reston, VA: NDA/AAHPERD. A concept – based approach, in which the students learn the elements and principles of dance through a variety of learning processes (perceiving, understanding, doing, creating, and valuing) is the foundation for this book. Beginning with the basics of movement, Gilbert uses vocabulary and concepts simplified from Rudolph von Laban's work in movement analysis. Each chapter focuses on one of the elements of dance (and movement) and is presented in a basic lesson plan that is divided into 5 main sections progressing from (1) Introduction and warm – up using the dance element, (2) exploring the element, （3）developing dance skills, （4）creating with the element explored and （5）cooling down.

MENC, *What Every Young American should Know and be Able to do in the Arts： National Standards for Arts Education.*

Kenneth H. Phillips *Directing the Choral Music Program* （New York： Oxford University Press, 2004）.

Kenneth Phillips H. , *Teaching Kids to Sing* （*with Supporting Materials*） （New York： Schirmer Books, 1993）.

Doreen Rao, *Will Sing*! *Chroal Music Experience for the Classroom Choir* （New York： Boosey and Hawkes, 1994）.

Oscar Schmidt, *The Many Ways to Play Autoharp* （Union, NJ： Oscar Schmidt – International, 1966）.

Will Schmid, *World Music Drumming A Cross – Cultural Curriculum* （Milwaukee, WI： Hal Leonard, 1998）.

Brigitte Warner, *Orff – Schulwerk： Applications for the Classroom* （Englewood Cliffs, NJ： Prentice Hall, 1997）.

Phyllis Weikart, Leading Movement & Music Educator, Founder of HighScope's *Education Through Movement—Building the Foundation* program. She is the author or co – author of 13 books about movement, music, and dance at all levels, and the producer of 8 videos and 15 CDs, including the *Rhythmically Moving* and *Changing Directions* recorded music series. Her wide – ranging experiences have led to the development of a teaching approach that ensures teachers'success with students of all ages. See Web site： www. highscope. org

第五章　儿童作为有判断力的分析家

发展音乐的读写能力

除其他文化外，我们还生活在没有书面形式的音乐文化里。而它的确是一种真正的文化：一种包含了用听觉来学习演奏的器乐音乐的文化。……可是祖传的口述传统的时代已经结束了，除匈牙利以外的世界，早已进入了文字的文化。如果我们不想自己的国家再继续落后下去，就再也没有比加速这种过渡期更加急迫的任务了。在今天的世界，如果不把音乐专业素养书面化成为音乐文学，音乐文化就很难再存在了。因此，音乐文学的提倡就犹如一两百年前语言素养的提升一样刻不容缓。[1]

世界上许多（但不是全部）音乐练习中关于音乐技巧的一部分，是记谱法的知识和如何用五线谱、图像记谱、手势语或节奏音节来编译音乐声音模式的知识。但是"音乐的识读能力"、或对音乐记谱法系统的编译能力，并不等同于音乐素养。它只是音乐素养中的一个部分。此外，音乐的识读的教学应该以说明式的，循序渐进的，并在积极的解决大问题的音乐活动中展开。[2]

关键问题

· 我们该如何根据一个歌曲曲目表来发展节奏和旋律元素的教学体系？

· 有哪些方法可以用来教授节奏和旋律元素？

· 教学法等教学工具是如何影响我们的音乐读写技能的？

在上一个章节中，我们提供了一个关于如何通过歌唱、动作和乐器演奏，来发展孩子们在课堂中的表演技能的调查。而本章的目标，是为了探索如何通过课堂上

---

[1]　Zoltán Kodály. "Preface to *Musical Reading and Writing*." *The Selected Writings of Zoltán Kodály*. 201.

[2]　Elliot, D. J. 2005. *A new Philosophy of Music Education：Music Matters*. New York：Oxford University Press 1995. 61.

的曲目表演，来发展孩子们的音乐读写技能。换句话说，曲目中最普遍的节奏和旋律元素，是教授音乐读写技能的基础。

音乐教师应该同时发展学生们的曲目知识、批判性思维、解决问题和音乐的读写能力。如果一星期有两节音乐课，那么所有这些技能都应该可以很轻松地包括在课程之内。但如果一星期少于两节课就比较困难了。显而易见，一星期只上一节音乐课的孩子们在节奏和旋律元素知识的掌握上比那些一星期上两次音乐课的孩子们要少。如果一星期只有一堂音乐课，曲目中的游戏部分就很难让孩子们能够有效地发展他们的动作技巧。与年龄相符的游戏及活动通常都在比较难的曲目中。

这个章节还包括了对不同类型的节奏音节系统的讨论。这里要给学生强调说明的是教学传统记谱法的重要性，以及节奏和旋律音节是如何成为完成这项成果的工具的。这个章节讲述了音乐的读写教学如何影响课程计划。附录三包含了一些我们建议的教授具体音乐概念及元素的歌曲。

教学工具

为了适应节奏和旋律元素的教学，匈牙利的音乐教师逐渐开始改编了一些有时被误以为是"柯达伊方法"创造的教学方式。这些方式减化了教学的程序，也简化了学生们音乐技巧和音乐修养的学习发展。这些方式包括首调唱名法的可移动"*do*"系统、运用手势语来指出音阶中的音高、节奏音节、采用唱名和节奏音节的音乐速记法（符干记谱法）。这些教学方式或技巧，是由柯达伊的同事们改编并长期在课堂教学中使用的。

唱名音节和相对唱名法

从巴黎音乐学院的例子可以看出，随着时间的逼近，人们越来越认识到：除非先学会阅读，否则写作就无法学好；除非先掌握唱名法，否则歌唱或乐器演奏就不可能掌握得很棒。[①]

最后，相对唱名法不容忽视，且是非常有用处的。持续的音节比字母更容易记

---

① Zoltán Kodály. "Preface to *Musical Reading and Writing.*" *The Selected Writings of Zoltán Kodály.* 203. Kodály quotes émile Artaud's 1878 *Solfège Universel.*

忆且记得牢固。此外，在表明调性功能和熟记音程的同时标明音节，让我们开发了对调性功能的识别力。[①]

柯达伊认定，相对唱名法对发展视唱练耳能力是非常有价值的；学生们能够从系统性的唱名教学中，更好地学习控制他们的声音。相对唱名法被用来表现从 *sol – mi* 开始的旋律元素的教学；而可移动的 "*do*" 系统则被用来表现从整个大调音阶开始的旋律元素。可移动的 "*do*" 系统或首调唱名法的运用，最早可以追溯到 11 世纪，由圭多·阿雷佐（Guido d'Arezzo）使用它的一种形式来进行音乐教学。这种系统后来被英国的一位音乐教师萨拉·戈洛夫（Sarah Glover）改编，而萨拉的系统又被约翰·柯温（John Curwen）改编。在一个人的听觉中，相对唱名法将声音与调性概念相联系，并且可以与任何的调性系统，如大调、小调、中古调式或五声调式并用。

以下的表格，表现了自然大调音阶和其升降半音的唱名音节。唱名音节通常用小写字母来写作。*do* 是大调音阶的主音，*la* 是小调音阶的主音。

图5.1 自然大调音阶和其升降半音的唱名音节

上升音级		*di*	*ri*	*		*fi*	*si*	*li*	*	
自然音级	*d*		*r*		*m*	*f*	*s*	*l*		*t*	*d*
下降音级	*	*ra*		*ma*	*		*sa*		*lo*	*ta*	

* = 不使用

高一个八度的音用音节上方的上标来表明，例如 *d'* ；而低一个八度的音则用音节下方的下标来表明，例如 s_i。

音符名称

在与柯达伊概念相关的教学法中，学生们在学习音符名称（绝对音高名称）之前，要先学会唱名音节。当学习如竖笛一类的乐器时，学生们可以同时学习唱名音节和音符名称。当学生使用一件乐器的时候，音符名称是十分重要的，因为音符名称在乐谱上有它的固定位置，在乐器上也有固定的指法。我们在歌唱的时候运用

---

① Zoltán Kodály. "Let us sing correctly." as cited from *The Selected Writings of Zoltán Kodály*. 217.

德国系统音符名称，因为每一个德国音符名称都是一个音节，用普通的音符名称来歌唱将无法表达音乐作品中节奏的完整性。例如，学生们唱"*Fis*"而不是唱（两个音节的）升 F。音符名称，总是用大写字母来书写。德国系统的音符名称表示如下：

德国的音符名称

升（音）	Ais	Bis	Cis	Dis	Eis	Fis	Gis
还原（音）	A	B	C	D	E	F	G
降（音）	Aes	Bes	Ces	Des	Ees	Fes	Ges

Ais 的发音与英文的"冰（Ice）"相同，即"爱斯"；而 Ass 则念成语气字"欸斯"，像是英文字母的"As"。

手势语

用来表现音阶中音符的手势语，是由英国人约翰·柯温（John Curwen）在 1862年创造的。唱名音节中的每一个音都有它具体的手势语来表现它的位置。手势语可以从动作和视觉上帮助学生们确定音程间的关系。这些手势语被匈牙利人采用和改编。手势语还可以帮助学生们开发听觉能力。手势语必须用整条手臂来动作，而且应该给予足够的空间来表示其音阶的范围。

图 5.2 唱名音节的手势语

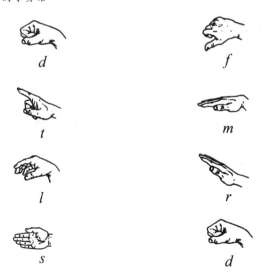

音　级

音级可以用来表示音阶中的级数。*do* 五声音阶可以这样标示：

图 5.3　do 五声音阶的音级

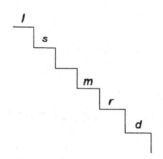

教师可以把音级画在黑板上，然后教授一首歌曲的唱名音节，并让学生们歌唱这些音节。这些音级可以帮助学生们在视觉中了解音乐的级进、跳进（间隔一个音）和跃进（间隔两个音以上）等不同形式。

手指谱

如果你张开手指，将你的手举起并横过来，那么你的手可以变成一个五线谱，你的五根手指便是五线谱上的五条线。用你另一只手的手指来指出音符。这是另一个帮助学生们在视觉上了解五线谱的好方法。

孩子们的钢琴或木琴

让学生们用站立、跪着或是坐着的姿势，来演唱一个具体的音调。在你示范木琴或钢琴琴弦的时候，最高的那个学生可以唱最低音（因为最低音的弦最长）。但这也很可能让孩子们混淆，因为他们常常认为最高的学生应该是唱最高的音。示范半音时，可以让不同身高的学生以肩膀接触的形式表示音高。

五线谱上的音符

教师在五线谱上写出一个音列，并指出那些在新的或者熟悉的旋律中的音符。

节奏音节

节奏音节帮助学生们用特定的节拍将"音节"和他们所听到的许多声音结合在

一起。法国教师埃米尔·谢维（Emil Chevé）在 19 世纪创立了节奏音节。匈牙利人采用并调整了这个系统，以适应匈牙利的语言。

世界上有许多不同的节奏识读系统。以下的表格，表明了两种可以用来识读的不同节奏音节系统。第一种节奏系统是 *ta ka di mi* 系统；第二种是传统的柯达伊节奏系统。我们使用的是稍作修改过的 *ta ka di mi* 系统。我们在 *ta ka di mi* 系统中使用破折号标明两拍以上的节奏。这些节奏音节与音乐的记谱法毫无关系，但是却与节拍上有几个音有着密切关联。

表 5.1　两种不同的节奏音节系统

节奏元素	*Ta ka di mi* 节奏音节	柯达伊节奏音节
两个单位拍		
♩	*ta*	*ta*
♫	*ta di*	*ti ti*
♩ (二分音符)	*ta ah*	*Ta ah*
o	*ta ah ah ah*	*Ta ah ah ah*
♬♬	*ta ka di mi*	*ti ri ti ri*
♩♫	*ta di mi*	*ti ti ri*
♫♩	*ta ka di*	*ti ri ti*
♩.♪	*ta mi*	*tim ri*
♪♩.	*ta ka*	*ri tim*
♩. ♪	*ta – di*	*tie – ti*
♪♩♪	*ta – di – di*	*syn – co – pa*
³♬	*ta ki da*	*tri o la*
三个单位拍		
♫	*ta ki da*	*ti – ti ti*
♩.	*ta*	*ta*
♩ ♪	*ta da*	*ta ti*
♪♩	*ta ki*	*ti ta*

将共同的节奏元素与节奏音节相联系

与柯达伊概念相结合的节奏音节，现今被许多国家采用或改编。某些节奏音节系统的不足是其音节本身不能使学习者分辨一个特定的音符应该落在哪一个拍子上。

设想一下，我们有一个使用 *ta* 作为一个四分音符、*ti ti* 作为两个八分音符的节奏系统。那么八分音符 *ti* 这个节奏音节可以同时运用于简单节拍和复合节拍中。这个系统在被用在简单节拍时，一拍等于一个四分音符；而被用在复合节拍时，一拍则等于一个附点四分音符。当柯达伊节奏音节在小学音乐教育中被证明很有效的同时，却并不被初高中或大学的教师广泛采用。为保持一致性，必须寻找一种能够让所有音乐家在各个水平和阶段中去使用、且运用数字来计拍的节奏音节系统。*ta ka di mi* 系统中的节奏教学法提供了这种联系。在做了些许微改变后，我们已经采用了这种系统。

ta ka di mi 系统强调"一个节拍中的位置"。以下是个简单的实例：任何敲击在拍子上的节奏都叫 *ta*，而敲击在拍子后半拍的节奏都叫 *di*。下面是歌曲《落基山脉》的两个例子。一个用 $\frac{2}{4}$ 来记谱，另一个用 $\frac{2}{2}$ 来记谱。两种版本的《落基山脉》都可以用相同的节奏音节来演唱。因而节奏音节不用和音符的音值相关联，而是与音值背后的概念相结合。例如在简单节拍上，不管音值是多少，节拍上有一个声音的将一直是 *ta*，而节拍上有两个声音的一定是 *ta di*。

谱5.1　$\frac{2}{4}$ 拍子的《落基山脉》

谱5.2　$\frac{2}{2}$ 拍子的《落基山脉》

110

节奏音节的例子

以下旋律可以用节奏音节歌唱。注意，无论这首歌曲是用 $\frac{2}{2}$ 还是 $\frac{2}{8}$ 记谱，都可以使用相同的音节来唱。这个概念对学生们在学习乐器时尤其重要。

谱5.3　《木瓜地》

使用 *ta ka di mi* 系统来读《木瓜地》的谱：

图5.4

ta		*di*		*ta*		*di*		*ta ka di mi*		*ta*		*di*	
●		●		●		●		●		●		●	
ta		*di*		*ta*		*di*		*ta ka di mi*		*ta*		*di*	
●		●		●		●		●		●		●	
ta		*di*		*ta*		*di*		*ta ka di mi*		*ta*		*di*	
●		●		●		●		●		●		●	
ta		*di*		*ta ka di mi*		*ta*		*di*		*ta*			
●		●		●		●							

111

使用 *ta ka di mi* 系统很容易用数字系统来计拍。因为 *ta* 是节奏里的一个单元，*ta* 与一个拍子的数字有关。要记住，声音的听觉与节奏音节是密不可分的。当学生们碰到♩♪♫♩的节奏模式时，学生们将更易于识别 *ta ta ta di ta* 而不是 1 – 2 – 3 – 3 – 4。我们相信 *ta ka di mi* 系统比传统的柯达伊节奏音节，更加容易用数字来计拍。而且在使用上，*ta ka di mi* 的节奏音节也比其他节奏音节系统要更加灵活方便。

传统节奏记谱法和符干记谱法

音乐速记法或符干记谱法是由匈牙利人发明的一种不用五线谱记谱的快速记录音乐的方法。下面谱例展示的是使用最频繁的传统节奏记谱法以及与其对应的符干记谱法。书写节奏时不用音头（除非是二分音符或全音符）。我们也可以把唱名音节书写在这些音符下面。

谱5.4 传统节奏记谱法

谱5.5 符干记谱法

用于发展音乐读写技能的节奏和旋律的教学序列

音乐教育的首要目标，就是要指引学生们喜爱音乐艺术和音乐创作。这种对艺术的喜爱和尊敬，将随着学生在歌唱众多曲目后发现更多表演的意义而增长。有理解、有领会的表演，是我们音乐教学的一大目标。我们相信"理解"来自聆听、歌唱、记忆、描述以及分析你所听到和所表演的歌曲的能力。这就表明学习是通过表演和聆听的过程达到的；而描述和分析表演的能力，是通过对音乐元素的了解而加强的。当我们以音乐的、逻辑的、渐进的方式教学时，学生们会慢慢由理解变为喜爱。

音乐教学应该以收集和选择一组适合学生年龄和经验的音乐曲目作为开端。关于歌曲素材的特征和选择建议我们已经在第四章做过概述。一旦选出曲目和素材，我们就需要分析这些曲目、素材的歌曲类型、不同节奏及旋律形式的出现频率、调式设定、音阶和调性等诸多方面。这些我们在第三章概述过。

　　下方的节奏和旋律元素教学序列，提供了一个音乐元素教学的建议，而这个建议大家可以在本书的歌曲素材中找到（请参考第三章结尾的民歌的参考书目）①。这个教学序列可以根据你和你的学生使用的曲目来作调整及改变。我们学习节奏和旋律元素的进度，是以本书选择的歌曲曲目中的典型的四拍子模式中的音乐元素的出现频率作为基础的。即通过它们在曲目中出现的多少，来确定我们学习节奏和旋律元素的顺序，并选择最典型的四拍子模式教学新的音乐元素。一旦我们确定了这些模式的循环频率，节奏和旋律的学习顺序就变得明晰了。我们通过以探索为基础的学习活动，找到音乐读写技能的教学途径。换句话说，孩子们在一个符号被呈现之前，先要理解（这个符号的）声音背后的概念。而传统的音乐教学方法，是以先符号后声音的方式开始学习音乐的读与写的。例如："这个是全音符，它有四拍；这个是二分音符，它有两拍。"

　　基础节奏元素的教学序列②

　　四分音符和八分音符

　　四分休止符

　　$\frac{2}{4}$拍子

　　二分音符与二分休止符

　　同音连线

　　十六分音符

　　$\frac{4}{4}$拍子

　　全音符与全休止符

　　十六分音符的组合（一个八分音符和两个十六分音符或两个十六分音符和一个八分音符）

　　隐性的弱起拍

　　显性的弱起拍

　　切分音

---

①　See Chapter Three for a list of sources we suggest for song repertoire.

②　Prior to teaching any rhythmic elements, the concept of beat must be taught in the kindergarten classroom and reviewed in grade one.

附点四分音符后面加一个八分音符

$\frac{3}{4}$拍子

附点八分音符后面加一个十六分音符

十六分音符后面加一个附点八分音符

八分音符后面加一个附点四分音符

八分休止符

均等划分的$\frac{6}{8}$拍子

不均等划分的$\frac{6}{8}$拍子

三连音

二连音

$\frac{2}{2}$拍子

跨小节的同音连线

变化节拍

不对称的$\frac{7}{8}$拍子

不对称的$\frac{5}{4}$拍子

注意：在教授任何节奏元素前，节拍的概念要先教授给孩子们。

基础旋律元素的教学序列①

五声音阶的音符

    so – mi

    la – so – mi

    la – so – mi – do

    la – so – mi – re – do

扩展的五声音阶的音符

    低音 *la* （*la*,）

    低音 *so* （*so*,）

    高音 *do* （*do*'）

全音阶

    大调五度音阶的音符

---

① Prior to teaching any melodic elements, speak voice and singing voice and the concept of high and low must be taught in the kindergarten classroom and reviewed in grade one.

大调六度音阶的音符

小调五度音阶的音符

小调六度音阶的音符

大调全音阶的音符

自然小调音阶的音符

和声小调音阶的音符

旋律小调音阶的音符

中古调式（教会调式）音阶

多里安调式

混合利底亚调式

注意：在教授任何旋律元素之前，说话声音与歌唱声音的不同以及高低音的概念要先教授给孩子们。

音乐概念与元素间的关系

我们需要教授音乐元素的三个方面：（1）元素背后的概念；（2）可以被用于听觉辨识和阅读新元素的唱名音节或节奏音节；（3）被用来呈现声音音节的传统记谱法。当学生们歌唱一首包含新元素的歌曲时，教师应该要给学生们强调带有这个新元素的乐句和动机，并通过提问，让学生们去发现元素背后的概念。比如，在教授节奏概念诸如四分音符或八分音符时，要让学生们理解到节拍中音的数量；而在教授旋律概念时，要让他们将新的音高与已学过的音高位置联系起来。以下表格，提供了节奏元素和旋律元素以及每个元素背后的概念。

表5.2　节奏元素的教学序列：与节奏元素相关的概念

元素	概念	节奏唱名	相关的元素和音乐理论
四分音符和八分音符	一拍上的一个音及两个音	*Ta* 和 *ta di*	
四分休止符	没有音的一拍		
$\frac{2}{4}$拍子	有强拍和弱拍的模式		拍号、小节线、小节、双小节线
二分音符	一个持续两拍的音	*ta – ah*	

元素	概念	节奏唱名	相关的元素和音乐理论
二分休止符	没有音的两拍		可以用于 $\frac{2}{4}$ 和 $\frac{2}{2}$ 的节奏。学生们可以在一个节拍上采用一个音、两个音或者没有音的形式来改写一段旋律。在 $\frac{2}{2}$ 拍中，一拍上只有一个音的是二分音符，一拍上有两个音的就是两个四分音符，而一拍上没有音的则是二分休止符。
同音连线	一条弯曲连线连接着两个相同的音符		
十六分音符	一拍内的四个均匀的音	*ta ka di mi*	可以用于 $\frac{2}{8}$ 的节奏（教授单个八分音符）
单个八分音符和八分休止符			可以用于 $\frac{2}{8}$ 的节奏（单个八分音符）
C 拍子	一个四拍的组合；一个小节内有一个强拍和三个弱拍。		可以用于 C 、$\frac{4}{2}$ 及 $\frac{4}{8}$ 的节奏
全音符 全音休止符	一个持续四拍的音 没有音的四拍。		可以用于 C 或 $\frac{4}{2}$ 的节奏
十六分音符的组合（一个八分音符和两个十六分音符或两个十六分音符和一个八分音符）	一拍上的三个不平均的音；第一个音比后两个音要长，长音后紧跟着两个短音。 一拍上的三个不平均的音；最后一个音比前两个音长，两个短音后紧跟着一个长音。	*Ta di mi* *ta ka di*	
隐性的弱起拍	乐曲中间弱起的拍子		
显性的弱起拍	乐曲开始弱起的拍子		
切分音	两拍子上三个不平均的音，一个短音、一个长音和一个短音。	*Ta di di*	
附点四分音符后跟着八分音符	两拍子上的两个不均匀音，第一个音持续一拍半，第二个音持续半拍。	*Ta——di*	
$\frac{3}{4}$ 拍子	一个小节内的一个强拍和两个弱拍的模式		

（续表5.2）

元素	概念	节奏唱名	相关的元素和音乐理论
附点八分音符后跟着十六分音符	一拍上的两个不均匀音，第一个音是第二个音的三倍长。	*Ta mi*	
十六分音符后跟者附点八分音符	一拍上两个不均匀音，第一个音比第二个音短。	*Ta ka*	
八分音符后跟者附点四分音符	两拍子上的两个不均匀音，第一个音持续半拍，第二个音持续一拍半。	*Ta di——*	
$\frac{6}{8}$拍子 一个附点四分音符； 三个八分音符； 一个四分音符后跟着八分音符； 一个八分音符后跟随着一个四分音符。	一个节拍上有一个音； 连续三个在拍子上的平均的音； 拍子上的两个音，一个两拍的音跟着一个一拍的音； 拍子上的两个音，一个一拍的音跟着一个两拍的音。	*Ta* *Ta ki da* *Ta da* *Ta ki*	
不均匀（音符）的$\frac{6}{8}$拍子 附点八分音符后跟着一个十六分音符和一个八分音符		*Ta di da*	
三连音	单节拍中一拍内三个平均的音符	*Ta ki da*	
二连音	复节拍中一拍内两个平均的音符	*Ta di*	
变化节拍			
不对称节拍			

表5.3 旋律元素的教学序列：与旋律元素相关的概念

元素/唱名	概念	相关的元素和音乐理论
五声音阶		
so – mi	两个一高一低的音中间以一个跳进分开（小三度）	五声音阶中的二音音列
la	比 *so* 高一个全音（大二度）	五声音阶中的二音音列
do	比 *mi* 低两个全音（大三度）	五声音阶中的二音音列

117

元素/唱名	概念	相关的元素和音乐理论
re	*do* 和 *mi* 之间的音，*do* 上方一个全音（大二度），*mi* 下方一个全音（大二度）	大调五声音阶
la,	比 *do* 低一个跳进的音（小三度）	扩展的大调五声音阶 小调五声音阶
so,	比 *do* 低一个纯四度的音，比 *la,* 高一个大二度的音	扩展的大调五声音阶 扩展的小调五声音阶
do'	比 *la* 高一个小三度的音	扩展的大调五声音阶
	以 *re* 为结束音并包含 *do re mi so la* 的音乐作品	*re* 五声音阶
	以 *so* 为结束音并包含 *do re mi so la* 的音乐作品	*so* 五声音阶
全音阶		
fa	*fa* 是在 *mi* 和 *so* 之间的一个音，此 *so* 低一个大二度，比 *mi* 高一个小二度。	大调五音音列 音程：小二度 　　　　大二度 　　　　大三度 　　　　纯四度 　　　　纯五度 降号 大调六音音列
ti,	*ti,* 是比 *la,* 高一个大二度并比 *do* 低一个小二度的音。	小调五音音列 升号 音程：减五度 小调六音音列 音程：小六度
ti	比 *la* 高一个全音，并比高音 *do* 低一个半音的音。	
do re mi fa so la ti do'		大调音阶 音程：大六度 　　　　大七度
la, ti, do re mi fa so la		自然小调音阶 音程：小六度 　　　　小七度
si *la, ti, do re mi fa si la*	*si* 是比 *la* 低一个半音的音	和声小调音阶 音程：增二度
fi *la, ti, do re mi fi si la so fa mi re do ti, la,*	*fi* 是比 *mi* 高一个全音的音	旋律小调音阶

元素/唱名	概念	相关的元素和音乐理论
中古调式（教会调式）音阶		
re mi fa so la ti do re 或 *la, ti, do re mi fi so la*		多里安调式
so la ti do re mi fa so 或 *do re mi fa so la ta do*	*ta* 是比 *ti* 低一个半音的音	混合利底亚调式
mi fa so la ti do re mi 或 *la ta do re mi fa so la*		弗里吉亚调式
fa so la ti do re mi fa 或 *do re mi fi so la ti do*		利底亚调式

对一年级到五年级教授音乐元素的准备、呈现与练习阶段

大多数教师都认为教学中有三个不同的阶段：准备、呈现和练习。在第三章和第四章中，我们已经讨论过了这三个阶段里音乐读写教学模式的不同课程格式。

音乐概念的教学取决于以下几个因素：学生的年龄、他们的生理和心理的成熟程度以及他们音乐课程的多少等等。年龄大些的学生以及那些有过音乐经验的学生，通常对节奏元素不需要太多的准备，但需要更多的旋律元素的练习。如果音乐教师有可能在一周内给学生多上几节课，那么在课堂上就可以多一些不同的内容及练习。而对于一周只能上一到两次音乐课的学生，因为需要更多的复习时间，那么一个学年里所能教授的元素也就少了。应该等到学生能很好地掌握音准之后才开始教授旋律元素和概念。

为帮助教师更有兴趣地教授音乐的读写技能，我们为大家提供了一个节奏和旋律元素的准备/练习的教学序列，其中为每个年级都建议了五至七个新的节奏和旋律元素以供教学使用。音乐元素以表格的形式呈现（见表 5.4）。每个表格的左上方分，表示了准备教学的新的元素和概念。针对每个准备教学的新元素，我们会列出教授这个新元素的重点歌曲的名子。针对每个新元素的准备、呈现和练习，我们认为教师教大概五首包含这个新元素的歌曲是十分重要的。表格的左下方部分，表示的是需要练习的元素和概念，或者任何与这个元素或概念有关的理论术语。在准备/练习课程中，表格的上半部分是为了教授新元素所作的准备；表格的下半部分表示

的则是课程中需要被开发的音乐技巧的部分。表格的右边部分，是课程中需要被呈现的信息。

表5.4 准备、练习和呈现课程中节奏和旋律元素的教学序列

准备 这里我们列举将要被教授的元素	概念：这里我们给准备教授的音乐元素作概念的定义。 重点歌曲：这里我们将列举一些为教授这个概念所用的重点歌曲。	呈现 表格的这个部分为呈现课程提供信息，其中包括： 节奏或旋律音节； 呈现新的音乐元素的传统记谱法； 包含了需要被呈现的理论术语的音乐理论。
练习 这里我们列举将要被练习的元素	练习已知的音乐元素。 这里我们将练习已知音乐元素中不同的形式。其他与这个音乐元素相关的信息、也将包括在课堂的练习中。	

准备、练习和呈现的课程图表

以下图表是关于节奏及旋律的概念以及元素如何在一到五年级中被准备、呈现和练习的样本。这只是以本书曲目为基础的一个可能的教学序列样本；此外当然还有更多其他的教学序列。[①] 而以下的序列唯一独特的是，我们结合了节奏和旋律元素，得以让音乐教师在音乐课堂上总是能用一个旋律元素配合一个节奏元素进行教学。

表5.5 准备、练习和呈现课程中节奏和旋律元素的教学序列（一年级）

准备 高音和低音	概念：歌唱的声音和优美的歌唱、音调变化、声音辨别、划出旋律轮廓 重点歌曲：包含有 $s-m$ 和 $m-s-l$ 的歌曲	呈现 音高 旋律轮廓
练习 节拍	通过 $\frac{2}{4}$ 拍子的踏脚的歌曲、$\frac{6}{8}$ 拍子的跳跃性歌曲来进行节奏练习	

---

① See Jonathan C. Rapport. *The Kodály Teaching Weave. Vol 1. Concepts，Elements and Skills.* (Pro Canto Press. Westborough，Massachusetts. 2000)；and Ann Eisen and Lamar Robertson. *An American Methodology.* (Lake Charles Louisiana：Sneaky Snake Publications，1997)

（续表5.5）

准备 ♩ ♫	概念：一拍上的一个音或两个音 重点歌曲：《雨点》（第一句）	呈现 音节：节奏音节：ta 和 ta di 传统记谱法：一个四分音符和两个八 分音符 ♩ ♫ 音乐理论：音符的符头、符干、符 尾、符干记谱法和传统记谱法
练习 优美的歌唱	乐句应答的歌唱 相同的和不同的乐句	

准备 s-m	概念：两个有间隔的音 重点歌曲：《雨点》（第一句）和《跷 跷板》	呈现 音节：唱名音节：s 和 m 传统记谱法：s 和 m 的传统节奏记谱法 s 和 m 在不同谱表上的位置
练习 ♩ ♫	练习那些从学生曲目中抽取出来的不 同的四拍子节奏型中的四分音符和八 分音符音型	音乐理论：五线谱、谱线、谱间；两 个音的儿歌歌谣。

准备 ໄ	概念：没有音的一拍 重点歌曲：《热十字包》	传统记谱法：ໄ
练习 so-mi	用 do 的位置在 C 大调、F 大调和 G 大 调上读写	音乐理论：四分休止符

准备 la	概念：比 so 高一个全音 重点歌曲：《跳得高，跳得高》	呈现 音节：唱名音节：la 传统记谱法：la 和 so 在不同谱表上的 位置及关系
练习 ໄ		音乐理论：邻音级进

准备 ²⁄₄ 拍子	概念：强拍和弱拍模式 重点歌曲：《跳得高，跳得高》	传统记谱法：²⁄₄ 音乐理论：小节、小节线、双小节 线、重复记号、拍号、强拍和弱拍
练习 la	读写 mi so la 模式，并用 do 的位置在 C 大调、F 大调和 G 大调上读写 so la so mi 和 so so la la so mi 等模式。	

准备 ⁶⁄₈ 拍子	概念：每个小节有两拍的跳跃性歌曲 重点歌曲：《杰克和吉尔》	没有元素的呈现
练习 la	读写 mi so la 模式，并用 do 的位置在 C 大调、F 大调 和 G 大调上读写 mi so la 和 so mi la so mi 等模式。	

表5.6 准备、练习和呈现课程中节奏和旋律元素的教学序列（二年级）

准备 *Do*	概念：比 *mi* 低一个跳进的音 重点歌曲：《汪汪汪》（第三句）	呈现 音节：唱名音节：*la*
练习 $\frac{2}{4}$		传统记谱法：*do* 在不同谱表上的位置 音乐理论：五线谱、谱线、谱间、跳进音；不完整的五声音阶。

准备 二分音符	概念：持续两拍的一个音 重点歌曲：《知更鸟来了》	呈现 音节：节奏音节：
练习 *do*	用 *do* 的位置在 C 大调、F 大调和 G 大调上读写	*ta - - - ah* 传统记谱法：二分音符 音乐理论：二分音符和二分休止符

准备 *re*	概念：在 *mi* 和 *do* 中间的音 重点歌曲：《热十字包》	呈现 音节：唱名音节：*re*
练习 二分音符		传统记谱法：*re* 在不同谱表上的位置 音乐理论：五线谱、谱线、级进音；大调五声音阶。

准备 $\frac{6}{8}$	概念：划分为一组三个音的跳跃性歌曲 重点歌曲：《围着桑树》	这里没有关于 $\frac{6}{8}$ 的呈现，在更高年级的时候会被呈现。
练习 *re*	用 *do* 的位置在 C 大调、F 大调和 G 大调上读写 *do re mi* 和 *mi re do*	

准备 *do* 五声音阶	概念：由级进音和跳进音构成的音阶 重点歌曲：《落基山脉》《乔西来跳舞》（第四句）	呈现 音节：唱名音节：*do - re - mi - so - la*
练习 $\frac{6}{8}$	识别在 $\frac{6}{8}$ 和 $\frac{2}{4}$ 节拍歌曲中的节奏划分	传统记谱法：*do - re - mi - so - la* 在不同谱表上的位置 音乐理论：大调五声音阶

准备 ♫♫	概念：一个节拍上的四个音 重点歌曲：《木瓜地》	呈现 音节：节奏音节：*ta ka di mi*
练习 *do* 五声音阶		传统记谱法：十六分音符 ♫♫ 音乐理论：十六分音符

（续表5.6）

| 准备
do 五声音阶旋律的 $\frac{4}{4}$ 拍子 | 概念：一小节中的四拍子模式，其中一个强拍和三个弱拍。
重点歌曲：《敲钹》 | 呈现
传统记谱法： $\frac{4}{4}$
音乐理论：拍号、节拍、全音符和全音休止符 |
| 练习 ♩♫ | | |

表5.7　准备、练习和呈现课程中节奏和旋律元素的教学序列（三年级）

| 准备 ♫♬ | 概念：一个节拍上的三个不平均的音，第一个音比后两个音长。
重点歌曲：《喂我的马》《妈妈给我买了个中国娃娃》 | 呈现
音节：节奏音节：ta　di mi
传统记谱法：♫♬
音乐理论：八分音符后跟着两个十六分音符 |
| 练习 do 五声音阶 | | |

| 准备 la, | 概念：比 do 低一个小三度的音级
重点歌曲：《菲比的衬裙》 | 呈现
音节：唱名音节：la,
传统记谱法：la 在不同乐谱表上的位置
音乐理论：
低于 do 一个小三度音；la 五声音阶。 |
| 练习 ♩♫ | | |

| 准备 ♬♪ | 概念：一个节拍上的三个不平均音，最后一个音比前两个音长。
重点歌曲：《玉米地里的猪》《做不好》 | 呈现
音节：节奏音节：ta ka di
传统记谱法：两个十六分音符后跟着一个八分音符 ♬♪
音乐理论：两个十六分音符后跟着一个八分音符 |
| 练习 la, | | |

| 准备 so, | 概念：比低音 la 更低一个音级的音
重点歌曲：《乔西来跳舞》（第二句） | 呈现
音节：唱名音节：低音 so（so,）
传统记谱法：so, 在不同谱表上的位置。 |
| 练习 ♬♪ | | |

| 准备
隐性弱起拍 | 概念：乐曲中间弱起的拍子（单独的八分音符）
重点歌曲：《老兔先生》 | 传统记谱法：单独的八分音符

音乐理论：乐曲中间以一个八分音符弱起的拍子 |
| 练习 so, | | |

123

（续表5.7）

准备 高音 do（do'） 练习 隐性弱起拍	概念：比 la 高一个小三度的音 重点歌曲：《玉米地里的猪》（第二句）	呈现 音节：唱名音节：do' 传统记谱法：do' 在不同谱表上的位置
准备 显性弱起拍 练习 do'	概念：乐曲开始弱起的拍子 重点歌曲：四分音符起拍的显性弱起拍：《我要卖了我的帽子》 两个八分音符起拍的显性弱起拍：《天使乐团》 单个八分音符起拍的显性弱起拍：《乔丽·米勒》	传统记谱法：四分音符、两个八分音符、单个八分音符 音乐理论：显性弱起拍
准备 $\frac{6}{8}$ 练习 do' 扩展的五声音阶	概念：跳跃性歌曲，识别一个节拍上的一个、两个或三个音。 重点歌曲：《划船》	呈现 这里没有关于 $\frac{6}{8}$ 的呈现

表5.8　准备、练习和呈现课程中节奏和旋律元素的教学序列（四年级）

准备 切分音 ♪♩♪ 练习 高音 d（d'）	概念：两拍子上的三个不平均的音（短音-长音-短音） 重点歌曲：《独木舟歌》	呈现 音节：节奏音节：ta di——di 传统记谱法：八分音符后跟着一个四分音符然后再是一个八分音符 ♪♩♪ 音乐理论：切分音
准备 la，五声音阶 练习 ♪♩♪	概念：la，五声音阶 重点歌曲：《银桦木的土地》	呈现 音节：唱名音节： la，- do - re - mi - so - la 传统记谱法：la 五声音阶在不同谱表上的位置

准备 ♩. ♪	概念：两拍子上的两个不平均的音，第一个音持续一拍半 重点歌曲：《丽莎和简》（第三和第四句）	呈现 音节：节奏音节：ta——di 传统记谱法：附点四分音符后跟着一个八分音符 ♩. ♪ 音乐理论：符点音符
练习 la，五声音阶		

准备 fa	概念：一个在 mi 和 so 之间的新的音，fa 更靠近 mi 重点歌曲：《匈牙利卡农》	呈现 音节：唱名音节：fa 传统记谱法：fa 在不同谱表上的位置 音乐理论：大调五音音阶和六音音阶、半音、♭B；大小二度；纯四度、纯五度和大六度
练习 ♩. ♪		

准备 $\frac{3}{4}$	概念：三拍子、一个小节内的一个强拍和两个弱拍的模式 重点歌曲：《美丽的夜晚》	传统记谱法：$\frac{3}{4}$ 拍号 音乐理论：拍号
练习 fa	在 F 大调上唱出 do 五声音阶的旋律，当 do 是 F 的时候，fa 就是 ♭B 了	

准备 $\frac{6}{8}$	概念：$\frac{6}{8}$ 拍子，一个节拍内的不均匀划分 重点歌曲：《早睡》	呈现 这里没有关于 $\frac{6}{8}$ 的呈现
练习 fa	旋律：当 do 是 F 的时候，fa 就是 ♭B 了	

表 5.9 准备、练习和呈现课程中节奏和旋律元素的教学序列（五年级）

准备 低音 ti（ti,）	概念：在 do 和低音 la 中间的音；它是比 do 低一个半音并比低音 la 高一个全音的音。 重点歌曲：《桦树》	呈现 音节：唱名音节：ti, 传统记谱法：ti, 在不同谱表上的位置 音乐理论：la，五音音阶；大小三度；纯四度、纯五度、小六度；减五度。
练习 $\frac{3}{4}$		

125

（续表5.9）

| 准备 ♫ ♫. | 概念：一个节拍上的两个不平均的音，第一个比第二个长；或是一个节拍上的两个不平均的音，第一个音短，而第二个音长。重点歌曲：《骑驴》 | 呈现 音节：节奏音节：*ta mi* 和 *ta ka* 传统记谱法：附点八分音符后跟着一个十六分音符 ta mi；或者反过来一个十六分音符后跟着一个附点八分音符 ta ka ♫ ♫.。 音乐理论：附点八分音符 |
| 练习 低音 *ti*（*ti,*） | 练习 *la*，六音音列；e 小调中的 #F，并唱出大调和小调的旋律。 | |

| 准备 高音 *ti*（*ti'*） | 概念：大调音阶——八个音的音阶，其中第三个音和第四个音间，及第七个音和第八个音间是半音音级，其他音之间都是全音音级。重点歌曲：《哈利路亚》 | 呈现 音节：唱名音节：*ti'* 传统记谱法：*ti* 在不同谱表上的位置 音乐理论：大调音阶、大七度 |
| 练习 ♫ ♫ | | |

| 准备 ♪ ♩. | 概念：两拍子上的两个不平均的音，第一个音持续半拍，第二个音持续一拍半。重点歌曲：《夏洛特镇》 | 呈现 音节：节奏音节：*ta ka* − − − 传统记谱法：八分音符后跟着一个附点四分音符 ♪ ♩. |
| 练习 高音 *ti*（*ti'*） | #C 这个音符和 D 大调 | |

| 准备 小调音阶 | 概念：小调音阶——八个音的音阶，其中第二个音和第三个音之间，及第五个音和第六个音之间是半音音级，其它音之间都是全音音级。重点歌曲：《哈利路亚》（用小调唱） | 呈现 音节：唱名音节：*la, − ti, − do − re − mi − fa − so − la* |
| 练习 ♪ ♩. | | |

| 准备 6/8 ♫♫ ♩♪. | 概念：复节拍中：一个节拍上的三个均匀的音；一个拍子上的两个不均匀的音，第一个音是第二个音的两倍长；一个拍子上的一个均匀的音。重点歌曲：《划船》 | 呈现 音节：节奏音节：*ta ki da, ta da, ta* 传统记谱法：三个八分音符、附点四分音符、四分音符、单个的八分音符 ♫♫ ♩♪. 音乐理论：6/8 拍号 |
| 练习 小调音阶 | | |

（续表5.9）

准备	概念 / 重点歌曲	呈现
准备 *fi*	概念：比 *fa* 高半个音级，把自然小调音阶中的第六级音升高。 重点歌曲：《斯卡布罗集市》	呈现 音节：唱名音节：*fi* 传统记谱法：*fi* 在不同谱表上的位置 音乐理论：多里安调式
练习 复节拍中的节奏型 ♫ ♪♪♩.		
准备 6/8 节拍中的不均等细分的节拍 ♩. ♫	概念：复节拍中的不均等划分 重点歌曲：《早睡》	呈现 音节：节奏音节：*ta di da* 传统记谱法：附点八分音符后跟着一个十六分音符，再加一个八分音符 ♩. ♫ 音乐理论：复节拍中的不均等划分
练习 *fi* 和多里安调式		
准备 *si*	概念：低于 *la* 半个音级的音，把自然小调音阶中的第七级音升高 重点歌曲：《哦，可怜的鸟》	呈现 音节：唱名音节： *la, - ti, - do - re - mi - fa - si - la* 音乐理论：和声小调音阶、增二度
练习复节拍中的不均等节奏细分 ♩. ♫		
准备 复节拍中的节奏型 ♫ ♩ ♫ ♫	概念：复节拍中的节奏细分 重点歌曲：《早晨来到了》《我们来跳舞》	呈现 音节：节奏音节：*ta va ki da*； *ta ki di da ma* 传统记谱法： ♫ ♩ ♫ ♫
练习 *si* 与和声小调音阶		
准备 旋律小调音阶	概念：以自然小调音阶为起点，在上行时升高六级音和七级音，然后在下行时按照自然小调音阶进行。 重点歌曲：《谁去航海》	呈现 音节：唱名音节： *la, - ti, - do - re - mi - fi - si - la -* *so - fa - mi - re - do - ti, - la,*
练习 复节拍中的节奏型 ♫ ♩ ♫ ♫		

（续表5.9）

准备 三连音 ♩♩♩	概念：单节拍中在一拍上的三个均等音 重点歌曲：《每晚日落时》	呈现 音节：节奏音节：*ta ki da* ♩♩♩
练习 旋律小调音阶		

准备 *ta*	概念：大调音阶中比七级音低半个音级的音 重点歌曲：《老乔·克拉克》	呈现 音节：唱名音节： *do – re – mi – fa – so – la – ta – do*
练习 ♩♩♩		

按照元素和基础模式排列出来的曲目单

本书的附录三里，包含了一份按照以上这些针对每个年级的节奏和旋律元素的教学序列所编排的曲目单。包含着不同调式的重点歌曲，是为准备、呈现和练习各种元素而准备的。每一个元素都可以继续细分成其他相关的模式，以便在最初和后续的练习课程中使用。

开发一个包含音乐读写活动的准备/练习和呈现的课堂计划框架

这个部分的目标，是为了把有助于发展音乐读写技能的信息，融入准备/练习和呈现的课堂计划样本中去。我们的课堂计划样本可以包括如下的内容：

- 使用节奏音节和唱名音节来歌唱和表演已知的歌曲。
- 为每个年级的学生选择特定的旋律和节奏概念。
- 在呈现一个节奏元素的课程中，介绍节奏音节、传统名称和传统记谱法。
- 在呈现一个旋律元素的课程中，介绍唱名音节、手势语和音级。

准备/练习课程

在准备/练习的课程中，我们为每个年级的学生，根据音乐读写的教学序列图表准备一个特定的新概念，并练习一个学过的元素。在这堂课中，我们继续开发学生

128

的歌唱能力、教授新的曲目、开发学生的动作技能和听觉技能。编写这样的课程计划，我们需要：

· 确任课程的教学目标（见附录一）
· 确任从字母顺序排列的曲目单中选出要教学的新歌曲（见附录二）
· 确认在准备、练习和呈现的教学图表中哪个元素要拿来教学（见本章）
· 确认为准备和练习每个新音乐元素所需要的教学法歌曲清单（见附录三）

以下表 5.10 是一个准备十六分音符和练习 re 五声音阶的准备/练习课程的计划样本。这只是一个简单的计划，我们并不是企图让课堂的一个部分毫无障碍地过渡到另一个部分去；我们会在以后的章节中重点描述音乐的过渡。

表 5.10 开发一个准备十六分音符和练习 re 五声音阶的准备/练习课程的计划框架

重点	活动、程序和评估
介绍 已知音乐概念和元素的表演和展示	发声的热身练习 通过优美的歌唱、发声热身练习和呼吸练习，来开发歌唱技能。 演唱《知更鸟来》的歌词并玩游戏 用节奏音节来演唱 当教师用竖笛演奏卡农时演唱歌词
核心活动 曲目获取 一个新的概念或元素的表演和准备 动作的发展 表演和音乐技能开发	通过教学《来了个高贵的女士》来为教授 $\frac{4}{4}$ 节拍做准备 教师进行一系列思考的学习活动，通过已知歌曲《木瓜地》来开发学生对一个节拍上有四个音（十六分音符）的认知。 已知歌曲：《悌蒂欧》 将重点放在适合年龄的动作技能的开发上 学生们从识谱、记谱、曲式和记忆等技术领域，通过已知歌曲《霜冻天》，来加强他们对于 re 的知识。
结束语 回顾与总结	听觉活动 教师通过唱一首下堂课学生们要学的新歌来作为听觉活动

表5.11 开发一个呈现十六分音符的课程计划框架

重点	活动、程序和评估
介绍 已知的音乐概念和元素的表演和示范	通过优美的歌唱、发声热身练习和呼吸练习，来开发歌唱技能 学生们展现他们之前学过的知识： 演唱《落基山脉》的歌词 用节奏音节来演唱 用唱名音节来演唱 用卡农式来演唱
核心活动 曲目的获取 表演并呈现特定模式或传统记谱法中的新元素的音节 动作开发 表演并呈现相关模式中的新元素的音节	用每个年级的曲目单中适当的呈现方式来教授《艾达·蕾德》 呈现一个节拍上的四个音的节奏音节，并用特定的节奏音节模式来演唱《木瓜地》。 呈现这首歌曲的传统记谱法，并用节奏音节读出。 用歌曲《悌蒂欧》来将重点放在适合年龄的动作技能开发上 呈现一个节拍上四个音的节奏音节，并用节奏音节歌唱《黛娜》中的相关模式。
结束语 回顾与总结	听觉活动 教师歌唱《敲钹》来作为学生的听觉活动

· 讨 论 问 题

1. 如何使用教学工具来提高学生的音乐读写能力？

2. 歌曲曲目的选择是如何影响节奏和旋律概念及元素的教学的？

3. 讨论概念和元素之间的不同。

4. 解释本章所教授的准备、呈现和练习等图表的组织结构。

5. 解释为每个年级提供的教学歌曲曲目单的组织结构。

6. 如何使用教学工具来帮助课程中元素的教学？

7. 我们在用民歌和游戏发展音乐读写技能的同时，不能忽略学生们歌唱的快乐。实际上，在课堂上花所有的时间教授音乐读写技能，对今天的音乐学生来说是不恰当的。应该通过实际的歌唱与写作，练习音乐理论的概念，使学生们同时学习到各种音阶、音程以及传统记谱法。讨论。

·持续进行的作业

1. 为一年级设计一个准备/练习的课堂计划。在设计这个课堂计划时你使用了什么样的教学资源？

2. 为三年级设计一个准备/练习的课堂计划。在设计这个课堂计划时你使用了什么样的教学资源？

3. 为三年级选择一个概念做准备、一个元素做练习，并创建一个准备/练习的课程和一个呈现的课程。你将需要包括课程目标（附录一），按字母排列的曲目单（附录二）以及按照概念来安排的曲目单（附录三）。

本章参考书目

Patricia Shehan Campbell. *Lessons from the World* (New York：Schirmer Books，1991).

Lois Choksy，Robert M. Abramson，Avon E. Gillespie，David Woods and Frank York. *Teaching Music in the Twenty – first Century*. Upper Saddle River，NJ：Prentice – Hall. 2000.

MENC. *What Every Young American Should Know and be Able to Do in the Arts：National Standards for Arts Education*. Reston，VA：Music Educators National Conference. 1994.

Jane Frazee，*Discovering Orff*：*A Curriculum for Music Teachers* (New York：Schott，1997).

Sandra Lee Stauffer. *Strategies for Teaching K – 4 General Music* (Reston，VA：Music Educators National Conference，1989).

第六章 从声音到符号

——一种新的学习理论的模式

对于一个孩子的完整的学习经验来说，直觉的体验和在音乐中的享受是最为重要的，这样一来，之后正式的音乐技能的学习才能被引导给他们。很多传统的音乐教育采用推论式的方法：也就是把正规的规则以很抽象的方式教导给学生，比如，用（纯理论性的）口述或是在五线谱上写出来的方式，而不是在实际的教学中用声音的本身来教学。①

关键问题

· 我们所谓的对音乐元素的准备、呈现和练习指的是什么？

· 教学中认知方面的学习阶段是什么？

· 教学中结合方面的学习阶段是什么？

· 特定模式和相关模式有什么不同？

· 教学中吸收方面的学习阶段是什么？

· 这个学习理论模式是如何影响一个课堂计划的结构的？

· 这个学习理论模式是如何影响一个准备/练习课程计划的结构的？

· 这个学习理论模式是如何影响一个呈现课堂计划的结构的？

· 我们在教授一个概念时如何去设计一个最初的练习课程？

在前面的章节中，我们阐述了小学教学课程和内容的组成成分、柯达伊理念、表演曲目的选择、课程计划的顺序以及基本的课堂计划。在第五章里，我们讲述了节奏和旋律音乐元素的教学顺序。而本章，将给大家呈现一个如何通过从声音到符号的教学来系统化地开发基本音乐读写技能的模式。

---

① David J. Hargreaves, *The Developmental Psychology of Music*. (London：Cambridge University Press：1986)，215.

在过去的几十年里，音乐教育工作者们早就宣示了"先声音后符号"的重要性，但从没有人发展出一种方法论来证实这个宣言的真实性。本章我们将论证从声音到符号的教学过程来证实这个理论的真实性。

在研究过程中，我们遇到的一些老师曾表示出对如何使学生们思考声音的忧虑。最根本的问题是如何使学生们不仅去思考声音而且把他们听到的（声音）描述出来。我们相信，我们在本章提供给大家的这个理论学习模式对引导学生们理解音乐的根本是声音这个问题是非常重要的。在这点上我们是唯一（做如此细致的研究）的；我们阐述了一个学习与教学的模式，即概括了学生们的音乐实践及通过他们对声音的感知理解音乐的教学过程。

引 言

有关音乐读写教学的心理学为我们提供了重要线索：被音乐教育领域所采用的"声音先于符号"的原则对于音乐读写的教学是至关重要的。这个理念源自瑞士教育学家海因里希·佩斯特拉齐（1746—1827）的研究成果。[①]他的成果，影响了许多著名的美国音乐教育家像是洛厄尔·梅森，同时也决定了当今美国音乐教师所采用的教学方法论。"最早使用于公立学校音乐教学中的教学方法，便是基于'声音先于视觉'和'练习先于理论'；用听觉和歌唱的练习经验去引导（学生们）对记谱法和理论的理解。"[②]

杰罗姆·布鲁纳的著作加深了我们对"声音先于符号"原则的理解。布鲁纳的教学理论，提供了学习可以通过使用三种教学策略来完成：（1）行为模式；（2）图像模式；（3）符号模式。例如，当学生们学习如何识读一个新的旋律型时，他们可以（1）通过边唱旋律边用手臂划出新旋律音型的旋律轮廓（策略1：行为模式）；（2）（在黑板上）指出这个旋律轮廓的图像（策略2：图像模式）；（3）在五线谱上，用传统记谱法的方式读出这个旋律轮廓（策略3：符号模式）。[③]然而，这个教

---

① Gary E. McPherson and Alf Gabrielsson. "From Sound To Sign." In Richard Parncutt, and Gary E. McPherson eds. *The Science and Psychology of Music Performance*：*Creative Strategies for Teaching and Learning*. （New York：Oxford University Press 2002）.99—115.

② Patricia Shehan – Campbell and Carol Scott – Kassner. *Music in Childhood*：*From Preschool Through the Elementary Grades*. （New York：Schimrer Books, 1995）.9.

③ Bruner, Jerome. *Towards a Theory of Instruction*. （Cambridge, MA：Harvard University, 1966）.

学理论中最困难的部分是学生从图像模式阶段转向符号模式阶段的过程。我们不能证明的是，在学生们通过这个方法加强理论性理解的同时，他们是否也正在开发他们的听觉意象——一种在没有歌唱和表演的情况下，在脑子里创作新元素声音的能力。埃德温·戈登的音乐学习理论①，也尝试着加强我们对"声音先于视觉"原则的理解。

一种新的学习理论模式

这个章节提出的学习理论模式，提供了一种将音乐的声音与符号紧密联系的模式。另外，这种学习理论模式，也让我们能够对获取基础音乐读写技能的学习过程进行检验。这个系统化的学习模式，将开发学生们的音乐读写能力②作为感性的音乐教学的结果。构造论者、认知论者③和柯达伊学者的学术成果④，都被用来作为这个研究的基础。以柯达伊学者的成果作为基础，我们发展出了一种教学与学习模式，用来对音乐课堂中借助"声音到符号"的教学方法来促进音乐读写能力的认知支架行为进行识别和分类。⑤ 而音乐的表演和批判性思维策略，则变成了与这种学习模式相结合的教学技巧。（这样一来，）学生们的学习积极性大大地提高了，不仅仅是简单地学到了音乐的概念，而且也通过音乐的表演了解了他们自己的学习过程。⑥

这个学习理论的模式，为教师提供了一个能使学生们获得音乐知识、理解、总

---

① To enable students to read and write music the instructor should 1）identify song repertoire that contains the target and related rhythmic and melodic patterns that are initially four beats in length，and 2）sequence these patterns based on their frequency of occurrence in song material.

② Micheal Houlahan and Philip Tacka. *Sound Thinking Developing Musical Literacy Vols 1 and 2*. （New York：Boosey & Hawkes，1995）.

③ David Perkins，*The Intelligent Eye：Learning to Think by Looking at Art*. （Santa Monica，CA：Getty Center for Education in the Arts，1998）.

④ Lois Choksy. *The Kodály Method Comprehensive Music Education*. 3ʳᵈ ed. （Upper Saddle River，New Jersey：Prentice Hall，1999）. 171—173.

⑤ Judith Brindle. "Notes from Eva Vendrai's Kodály Course" *British Kodály Academy Newsletter* （Spring，2005）：6—11.

⑥ Rita Aiello，"The Importance of Metacognition Research in Music，" in *Proceedings of the 5ᵗʰ Triennia ESCOM Conference*. （Germany：Hanover University of Music and Drama，2003），656.

结和掌握音乐基础原理的途径。①（在第五章里，我们提供了一个适合一到五年级的
关于旋律和节奏学习的顺序。）另外，学生们还可以同时发展他们的诸如音乐读谱、
记谱、即兴创作和作曲之类的技能。（在第七章里，我们将提供音乐技能发展的详细
说明。）我们的教学和学习模式可以分为三个学习阶段：认知阶段、结合阶段和消
化阶段。

· 在认知阶段里，学生们通过包含了表演和音乐享受的动觉、听觉和视觉等活
动，来体验和理解在一个特定模式里的新概念和新元素。

· 在结合阶段里，学生们将他们对特定模式和相关模式的动觉、听觉和视觉的
理解，与唱名、节奏音节和乐谱联系在一起。

· 在消化阶段里，学生们继续将新学到的音乐元素，融入到他们的音乐素养技
能的开发中。

音乐的学习与教学模式

认知阶段

准备

阶段一：发展动觉意识，通过表演和动作来建构对动觉的理解。

学生们听教师歌唱新的歌曲。

学生们表演这首新歌并加上动作。

逻辑依据：将体验和音乐相结合。

阶段二：发展听觉意识，通过回答问题来建构对听觉的理解。

在教师的帮助下，学生们以听觉来分析新音乐元素的特征。

学生们描述这个新元素的特征。

逻辑依据：描述他们所体察到的音乐。

阶段三：发展视觉意识，建构一个听觉理解下的视觉呈现。

学生们创建一个基于听觉理解下的视觉呈现。

逻辑依据：以视觉呈现来说明他们所听到和体察到的。

⇩

① Jeanne Bamberger, *Developing Musical Intuitions* (New York: Oxford University Press, 2000).

结合阶段
呈现

阶段一：在特定模式和相关模式中，将唱名或节奏音节与新元素中的声音结合起来。

阶段二：在特定模式和相关模式中，将传统记谱法与新元素中的声音联系起来。学生们以这份谱子读出其节奏音节、节奏值、唱名音节、音符名称和在音阶中的级数。

⇩

消化阶段
练习与评估

阶段一：学生们从听觉和视觉上，识别熟悉的和新的歌曲中的新元素。

阶段二：学生们结合以前所学过的音乐元素和音乐技巧来练习新的元素。

阶段三：教师评定学生们对新音乐元素的理解。

认知阶段：准备

在这个阶段，学生们学习的歌曲素材包含了将要被教授读和写的最基本的节奏和旋律模式。调查显示，学生们最初并未将音乐看作是孤立的东西（一个音到另一个音的东西），而是将音乐看作是根据知觉组织的格式塔原理所描述的模式。① 一开始，教师呈现的歌曲素材里都包含了旋律和节奏模式的核心结构，而这些结构在之后将陆续被讲解。（这些模式）一旦被呈现，其中的每个模式②都将为大家提供一个更高层次的旋律和节奏的模式以及概念的认知支架。在这种学习方法下，学生们会一直将未知的音乐模式特征及结构和已知的音乐模式及结构作比较。这样就给了学生们在熟悉的风格框架中消化、适应和建构音乐知识的机会。

在我们的模式里，认知阶段的学习可以分为三个小阶段：

阶段一：开发动觉意识

阶段二：开发听觉意识

阶段三：开发视觉意识

---

① Dowling, W. J. "Tonal sturcture and children's early learning of music" in J. A. Sloboda (ed.), Generative processes in music: the psychology of performance, improvisation, and composition. (Oxford, United Kingdom: Clarendon Press) 1988. 113—128.

② We use the word "pattern" to distinguish a particular musical motive. For example, a pattern could be a four‑beat phrase of two quarter notes followed by two eighth notes followed by a quarter note. In this "pattern" the "concept" would be the recognition of two sounds on one beat. The musical "element" would be the two eighth notes.

阶段一：开发动觉意识

在动觉意识阶段，学生们会学习一组包含了新元素①的典型四拍子的重要歌曲。教师们需要用正确的风格来教学这些歌曲，并塑造一种动觉上的形体动作，使学生们将注意力放在新元素上。形体活动②引导学生们在特定的乐句中能够听到新的元素。学习的目的就是让学生们在歌唱的同时能够表演动作，使他们自己去注重这个新的音乐元素。同时，教师应该要讲述音乐的各个组成部分，例如乐句、力度变化以及那些和音乐素养相关的基本问题，使学生们获得更全面的音乐读写技能。

动作、模唱式学习和音乐记忆的开发是提高音乐读写能力的基础。③ 学生们必须在进入听觉意识阶段之前，能够流畅并独立地歌唱他们的曲目。库啼塔和布斯的研究指出，"在没有乐谱或没有言语的教学中反复表演一个音乐作品，可以真实地改变一个人对于旋律的首要特征的内在感受。"④佩雷茨也指出，音高的升降曲线是我们听到一个新旋律时对于旋律的第一个感受，而旋律轮廓的萃取则是"精确的音程表达的最基本和必需的步骤。"⑤同时这也对快速的音乐记忆有着积极的作用。⑥

关于节奏的动觉意识活动：

---

① It is currently a practice of national, state and local curriculums to specify the order and presentation of musical elements. For example, for rhythmic elements the instructor first presents quarter and eighth notes. For melodic elements, the instructor first presents the solfège syllables *s* and *m*, followed by *l* then *d*. The order of elements is determined by their frequency in song repertoire.

② By "movement activities" we mean singing games as well as gestures and movements that imitate the text of a song or highlight the melodic contour or rhythmic pattern of a phrase.

③ Ray Levi, "Towards an Expanded View of Musical Literacy" *Contributions to Music Education*, 1989, No. 16: 36.

④ Robert A. Cutietta and Gregory D. Booth. "The Influence of Meter, Mode, Interval Type and Contour in Repeated Melodic Free Recall." *Psychology of Music* 24, 2 (1996): 222—236.

⑤ I. Peretz, Auditory agnosia: A Functional analysis in Thinking in sound, ed. S. McAdams and E. Bigand,. (Oxford: Clarendon Press, 1993) 199—230.

⑥ According toJukka Louhivuori there is an intrinsic link between the stability of melodic formulas and the capacity of short – term memory. Therefore the main role of the instructor should be the solidification of melodic and rhythmic formulas and schemes typical for specific music Cultures. Memory Strategies in Writing Melodies. *Bulletin of the Council for Research in Music Education*. Fall 1999. 142: 81—85.

1. 学生们用手打拍子去感受节拍。

2. 学生们在演唱歌曲的同时拍打节奏。

3. 学生们学会通过模唱的形式来演唱歌曲，并以动觉的形体动作来强调新的节奏元素。例如，学生们可以在演唱包含特定模式的乐句时用手拍打节奏，而在演唱其它乐句时轻轻敲膝盖打节拍。

4. 学生们在演唱歌曲的同时，指着有每个节拍的声音数量的图像或符号。我们相信，这个就是为学生设计的动觉活动；学生们只需要以指出这些图像来作为动觉活动，而不需要说明这些图像到底呈现了什么。学生们跟随着基本节拍来表演新的节奏型。整个班级可以分为两个小组。一个小组表演节奏型，而另一个小组表演节拍。这个活动可以在不同的组合下进行练习。我们建议以下的练习步骤：老师对班级的练习、班级对老师的练习、分组的班级的练习、两个人的练习。练习这个概念时最难的动作，就是让每个学生都能够边跟着节拍走路边拍打着节奏，并同时唱着歌。

5. 在拍打节拍的同时，学生们以内心听觉（在脑子里静静地唱）歌唱歌曲中包含新元素的四拍子乐句。

关于旋律的动觉意识活动：

1. 学生们边表演歌曲边用手指出显示旋律线走向的图像。

2. 学生们使用简单的身体语言表达旋律，例如：在高音的时候触碰肩膀，在低音的时候触碰腰部。

3. 学生们表演歌曲，并用手臂表现出旋律的轮廓。这些动作应当自然且有音乐感。

阶段二：开发听觉意识

听觉意识阶段的目标，是为了让学生们能够从听觉上意识并描述新的节奏或旋律型的特征及属性。巴塞罗谬观察到"在符号之前进行声音教学，能够帮助学生们更快地感受音乐，并对音乐中的多种关联及关系做出反映。"[①]彼多德的研究显示，听觉感知应该先于视觉感知，而且一个人必须先学会聆听音乐，才能开发他读谱的

---

① Douglas Bartholomew, "Sounds Before Symbols: What Does Phenomenology Have to Say? *Philosophy of Music Education Review*, 3.1 (1995), 3—9.

能力。①修森的研究成果也表明了如果听觉经验先于读谱经验，将极其有助于视唱技能的发展。②葛罗米柯和普门最新的研究也都谈到了"孩子们的听觉感知和以他们自我表达音乐声音的能力之间，有着一条很强的纽带"的观点。③

为了开发学生的听觉意识，教师需要提问题以引导学生描述新的音乐元素的位置和特征。对于节奏性元素，目的是让学生能够识别节拍内音符的数量。例如，如果我们教授十六分音符，学生必须能够察觉并识别出在一个节拍上有四个音。对于旋律元素，目的是让学生能够在听觉上描述新的旋律元素，并将新的元素与之前已学过的元素相对比。例如，如果学生已经学过了五音音列（$d-r-m-f-s$），而我们想教新的音 la，学生必须要描述这个新的音 la 比 so 要高。（我们在结合阶段前不会教这个音的名字。）在学习听觉意识的阶段，学生们将用唱名歌唱六音音阶的歌曲，但用单字"high"来代替歌唱唱名音节的 la。在《小星星》这首歌里，我们将这样唱：$do-do-so-so-high-high-so$。这个听觉意识阶段中的新信息，就通过动觉的经验和学生之间互相深入的对听觉和动觉经验的交流，深深嵌入学生的记忆中。

关于节奏的听觉意识的问题：

· 一个节拍上的节奏元素的问题样本

演唱特定模式并提问：

1. 我们唱了多少拍？

2. 在哪一拍上你们听到了新的音？④

3. 在那个拍子上你们唱了几个音？

4. 你会怎样来描述这些音？（例如：两个短音或一个长音后面跟着两个短音。）

· 关于长度超过一拍的节奏的问题样本

1. 在我们的特定模式里有没有一个比一拍长的音？

---

① R. G. Petzold, "The Perception of Music Reading by Normal Children and by Children Gifted Musically," *Journal of Experimental Education*, 28（1960）：271—319.

② A. T. Hewson, "Music Reading in the Classroom," *Journal of Research in Music Education* 14（1966）：289—302.

③ Joyce Gromko and A. Poorman "Developmental Trends and Relationships in Children's Aural Perception and Symbol Use." *Journal of Research in Music Education*, 46 1.（1998）：16—23.

④ The *new sound* may also refer to something specific, for example, the number of sounds on specific beats. The instructor might ask, "On which beat did you sing four sounds?"

2. 这个音是在哪个拍子上？

3. 这个音持续了几拍？

4. 你会怎样描述这些音？

·关于长度超过一拍的不均匀节奏型的问题样本

1. 在特定模式里，有没有不均匀的节奏？

2. 在哪个拍子上你唱了那个不均匀节奏？

3. 在那些节拍上你唱了几个音？

4. 描述在那些节拍上的音的位置。

5. 你会怎样描述这些音？

关于旋律的听觉意识的问题：

1. 我们唱了几拍？

2. 新的旋律音出现在哪个音、哪个音节或哪个节拍上？

3. 这个新的旋律音比我们以前学过的所有的音高还是低？

阶段三：开发视觉意识

在视觉意识阶段，我们所面对的是学生绘制特定模型的视觉呈现的问题。在吸收了动觉意识和听觉意识阶段的知识之后，学生们开始构造他们自己的关于特定模式的视觉呈现。给学生们提供一些接接小方块（美国的小学数学课上常用的一种可套接与拆卸的塑料方块玩具），就可能很容易达到目的。比如说，如果学生被要求呈现一拍上音符的数量时，他可以用四个接接小方块接在一起来表示一拍上只有一个音；然后用两组两个方块的组合来表示一拍上的两个音；而用四个单独的方块来表示一拍上的四个音。而如果学生被要求呈现一个旋律轮廓时，他可以用每个不同的方块来表示不同的音符。鼓励学生们建构他们自己的音乐呈现是一剂解决如何使学生们理解音乐概念问题的良药。①

通过将听觉意识阶段与视觉意识阶段相联系，学生们可以充分地将他们所听到的和呈现他们所听到的方法联系起来。班伯格表明："……如果这些符号的读者（教

---

① David Perkins, *The Intelligent Eye*：*Learning to Think by Looking at Art*. （Santa Monica，CA：Getty Center for Education in the Arts，1998）.

师或研究者或孩子）不能在这些符号的实质意义的框架内建构其元素、属性以及它们的关系，那么教师或研究者就不能读懂一个孩子所发明的符号系统。反过来，一个孩子也不能读懂在学校里所学过的符号系统，并且将符号的制造者真正要表达的特定意义描述出来。"①这种方法的教学与基本建构学说相类似。知识和理解是建立在不断的学习、积累以巩固他们已知的概念之上的；是通过学生和学生、学生和教师之间不断的交流与练习获得的。②比如说，当学生们被要求建构一个特定的节奏型的呈现时，有些学生会注重在音符的长短上，而另一些学生则会注重在拍子中音符的位置（发声点）上。两种呈现都是正确的，学生们是在理解的基础上去建构这两种呈现的。那么在呈现旋律元素时，对一个特定旋律型，有些学生注重在被称为是"旋律的视觉意识活动"的旋律轮廓上，而另一些学生则更注重在"音符的高度"上。如果想要让学生们对这两种呈现都能理解，教师就需要引导他们，将纵向的代表音符高度的方块在平面上以横向的轮廓呈现给他们。这样学生们就会懂得这两种呈现实际上是在说明同一个概念。

视觉意识活动是衡量学生们是否理解了新概念的明确指标。一旦学生们完成了一个特定模式的视觉呈现之后，教师要求学生们边唱出这个特定模式边指出他们所画出的图像是非常重要的。教师可以（用适合孩子们年龄的语言）提问：

- 你的图表中的特定模式所表现的重要因素是什么？
- 你的图表所要表达的信息是什么？
- 请在特定模式中识别已知的节奏型和旋律型。

一个学生如何呈现一个特定模式，为教师提供了一个观察学生音乐发展的机会。如果一个学生无法在视觉意识阶段表现一个特定模式，那么教师就要让他们做更多的动觉意识和听觉意识阶段的练习。开始的时候，一些学生可能没办法准确地表现特定乐句，但当他们被要求用手跟着他们的呈现去勾画时，他们的指向通常是正确的。教师需要找到一种能够帮助学生们学习如何将他们的视觉意识呈现出来的方法。有时学生们可能觉得他们的呈现已经非常好了，但是教师需要指出他们的不足，并

---

① Jeanne Bamberger. *The Mind Behind the Musical Ear*. 282.

② Sharon J. Derry, "Cognitive Schema Theory in the Constructivist Debate." *Educational Psychologist*, 31 3/4 (1996)：163—174.

帮助他们设计一个最完美的概念的呈现。

关于节奏的视觉意识活动：

·学生们被要求绘制一个特定模式中包含的新的节奏元素的视觉呈现。我们建议使用接接小方块，因为这可以为学生们提供一个挑战和使用三维形式表现节奏和旋律模式的机会。对于年纪比较大的学生，我们建议可以使用铅笔和纸，但不要使用传统记谱法。学生们在这个阶段中的表现与在动觉意识阶段的表现常常是非常相似的。

·学生们绘制一个具体的节奏模式的视觉呈现。应该鼓励他们在呈现中辨识所有已学过的节奏元素。

·学生们可以在特定音型模式的拍子上写出歌曲的歌词。

·学生们可以在每个节拍上写出唱名音节，来显示一个乐句中的节拍所包含的音的数量。

关于旋律的视觉意识活动：

·学生们用接接小方块来创造一个特定模式的旋律轮廓。

·学生们写出歌曲的歌词并以歌唱的间隔显示出旋律的轮廓。

·学生们以不同的间隔写出这个特定模式的唱名音节，并以一个问号来标明新的旋律元素的位置。

·年级高一些的学生可以用横线来表明旋律中每个音持续的时间和走向的轮廓。有时候这个很像是钢琴卷帘谱。（钢琴卷帘谱是电脑音乐的一种常用的形象记谱方法，它是音乐的视觉体现，换句话说就是通过它我们可以用眼睛去"看"音乐，因而，它可以帮助我们更深刻地理解和掌握音乐表现。同时，比起其他记谱方法如五线谱或简谱，它更精确直观，并能描述绝大多数的音乐表现，而最重要的是它适合用电脑音乐软件对其进行编辑。）学生们也可以在他们的呈现中，辨识出所有已知的元素。

认知阶段中的三个学习阶段，为学生们理解音乐以及开发他们的批判性思维技能提供了一条具有宝贵价值的道路；为学生们提供了从动觉、听觉和视觉的角度理解新元素特征的机会；也让学生们可以重新审视和定义他们所学习的直觉知识，并为教师提供了教授传统记谱法的基础。①

我们认为教师必须按照动觉、听觉和视觉意识阶段的学习顺序来授课（这个学习模式适用于课堂上不同层次与进度的学生）。一些柯达伊教师相信，动觉、听觉和视觉阶段的学习顺序可以随意的变化，但我们不这样认为。例如，我们认为，在听觉阶段就不应该提供视觉的工具来帮助学生们描述新元素的特征；教师也不应该提任何和视觉呈现有关的问题；学生们应该在没有任何视觉帮助的情况下去思考他们听到了什么，这是非常重要的。在描述了他们所听到的东西之后，学生们应该被给予足够的时间去构画出他们自己的包含了新的元素的乐句呈现。一个学生的视觉呈现会指出他们所发觉的新的音乐元素；同时，也为教师提供了教育那些需要多一些帮助的学生们的各种问题和教学活动的资讯。没有了这样的评估机会，我们就无法知道学生们当下对新元素是否理解。

结合阶段：呈现

一旦学生们能够用他们自己的记谱方式以视觉形式呈现特定模式时，我们就可以进入所谓的"结合阶段"了。"结合阶段"又可以分为两个小阶段。

阶段一：将声音与节奏或唱名音节连接起来

教师引导学生们去回顾特定模式中重要的听觉特质。我们要使用节奏或唱名音节（以及相应的手势语②）标示特定模式中的声音。在使用唱名音节时，我们要教授学生们新的音符的手势语。我们在这个阶段还需要练习具有新元素的相关模式。科利、庞姆尔和希恩的研究总结出，使用诸如唱名音节、节奏音节和手势语等音乐工具，是有效的教学手段。③使用这些音乐工具，能够使学生们进一步探索自己的音

①　Lyle Davidson and Larry Scripp, "Surveying the Coordinates of Cognitive Skills in Music" in *Handbook of Research on Music Teaching and Learning*, Ed. Richard Colwell, （New York：Schirmer Books 1992），407.

②　Hand signs offer visual and physical motions, which develop the ability to inner, hear. "Similar to 'silent reading'in written language, mental imagery plays an increasingly important role in the establishment of musical literacy skills, such as "inner hearing" or "hearing with the eyes" develops.

③　B. Colley. A comparison of syllabic methods for improving rhythm literacy. *Journal of Research in Music Education*, 35, 1987：221—235. See also：Palmer, M. Relative effectiveness of two approaches to rhythm reading for fourth - grade students. *Journal of Research in Music Education*, 24, 1976：110—118. Shehan, P. C. Effects of rote versus note presentations on rhythm learning and retention. Journal of Research in Music Education, 35, 1987：117—126.

乐知识，并获得新的理解和收获。①

阶段二：将声音与传统记谱法连接起来

一旦学生们可以在听觉上通过音节来识别特定模式中的新元素时，教师就可以开始将这个特定模式中的音符与传统记谱法相联结（识谱）；进而在谱子上教授相关模式中的音符。结合阶段的教学，要确保学生们在他们能够听到他们所看到的以及看到他们所听到的东西之前，先不把有关的音乐理论教给他们。②

在这种教与学的模式下，学生们学到的这些概念上的信息，是从音乐表演时获取的感知的理解中得到的。新的音乐元素是以唱名或节奏音节来建构、记写并读出来的。用这种方法记写的音乐"不仅为更高层次的学习做准备，还加强了读谱的能力。"③

消化阶段：练习和评估

在消化阶段，学生们开始学习变化的及与音乐技能相结合的四拍子模式，来加强和融合新的音乐元素的知识。教师要引导学生们理解新的音乐知识是如何与以前熟悉的或新的曲目所学过的知识相关联的。我们在认知阶段教授新元素的教学过程可以在这个阶段重复使用，只是在这里，元素的名称已经不是新的了。对学生们而言，持续练习以达到听觉和视觉的熟练是非常重要的。"消化阶段"又可以分为三个小阶段。

---

① Lyle Davidson and Larry Scripp, " Surveying the Coordinates of Cognitive Skills in Music" in Handbook of Research on Music Teaching and Learning edited by Richard Colwell, Schirmer books 1992：407. See also：Brown, J. Set al Situated cognition and the culture of learning. Educational Researcher, 1990：32—4, Polyanyi, M, Personal knowledge. （Chicago：University of Chicago Press, 1962）.

② Benward has aptly described this sound into notes and notes into sound transference as developing the "seeing ear" and the "hearing eye. Bruce Benward, *Music and Theory in Practice*, 2nd. ed., 2 Vols. （W. C. Brown 1981）, XI quoted in Michael R. Rogers, *Teaching Approaches in Music Theory*, 100.

③ Edwin E. Gordon, *Learning Sequences in Music*. （Chicago：G. I. A. Publications Inc. 1980）. 25.

阶段一：学生们在听觉和视觉上辨识熟悉的或新的歌曲中的新元素。

阶段二：学生们练习新的元素，并融合以前学过的音乐元素和音乐技能。

阶段三：教师评估学生们对新音乐元素的理解程度。

所有和新元素相关的模式，都需要经过一段长时间的练习；而这些练习需要与课程目标、音乐技能或其他丰富的教学活动相结合。这些音乐技能包括：

- 节奏和旋律的元素及概念的开发
- 写作
- 数拍子
- 唱名音节
- 音符名称和音级数
- 读谱
- 视唱
- 音乐记忆的开发
- 音感的开发
- 听写和练耳的训练
- 合唱
- 曲式与分析
- 聆听
- 乐器演奏的经验
- 和声听觉的开发
- 音乐理论的词汇

在整个这个阶段的学习里，我们需要在预习将要学习的其他音乐概念的同，去辨识最新学到的音乐元素。当学生们歌唱的歌曲曲目中的新元素被识别、定义和练习后，教师就要引导学生们去辨识那些过去学过而又再次出现的音乐元素。于是，评估就这样被带入了教学的过程中，且一直持续在各个不同类型的课程中。

如果我们要教授给学生能够开发他们音乐读写技能的基本音乐元素和概念，那么，无论学生的年龄大小，我们都需要给他们一种持之以恒的教学方法。先让孩子们去使用感觉器官，这有助于提高他们听觉的敏锐性；要引导学生们去讨论他们所听到的内容，然后运用自己的表达方法写出他们自己的记谱方式。当老师确认学生们能够听到并且写出新的元素时，就可以开始教授他们记谱法了。我们的这种学习理论的模式强调了感官上的教与学，可以让我们在学习谱面和音乐知识的传统表达方法之前，能够专注于听觉感知。

我们的理论学习模式是：（1）学生们需要通过学习他们熟悉的音乐曲目开发音乐素养；（2）音乐素养的开发需要通过对曲目的听、唱、写来培养；（3）学生们既要学习以听和唱为传统的音乐（像是爵士和流行音乐），也要学习以写（谱面）为传统的音乐（像是古典音乐）；（4）学生们需要各种各样合作的学习；（5）单独的教学（小课）可以培养学生们的各种音乐技巧，像是演唱（奏）、即兴或作曲；（6）通过歌唱、动作、乐器演奏、听力、创作和批判性思维的技巧综合开发表演以及对曲目的知识。①

总而言之，"起初未被察觉的一个音调的各种特征从禁锢中解放出来，这个过程需要一次又一次以不同的方式出现：在每一个阶段，都会出现新的实体及新的特征，并且要求人们从心理上重新建构新的关系和新的协调大纲。这些新的特征和关系演变成可以去影响和掌控，并能以新的方式协调成一种新的且具有稳固的结构基础的形式去描述、比对和理解一个具体且特殊的状况。"②因此，在学习有音符的记谱法时，教师的角色变得更加明晰：就是把音乐素材分解为旋律和节奏，以使它们可以在认知学习上被学生们重新建构；并在他们整个的学习过程中得到有效地运用。

胡拉汉/塔卡的学习模式与当今其他柯达伊教师的学习模式的比较

大多数柯达伊教师们采用的教学音乐元素的模式建立在四个步骤上：

1. 准备
2. 意识或呈现
3. 加强或练习
4. 评估

---

① Jeanne Bramberger, *The Mind Behind the Musical Ear*. 265.
② Jeanne Bramberger, *The Mind Behind the Musical Ear*. 265.

在对比了其他学说的基础上，我们采用了乔克西的学习模式，并与柯达伊概念相结合。这个学习模式是一种与匈牙利和美国的柯达伊教学最接近的模式。[1]乔克西学习模式强调了在准备阶段学习乐谱之前，要先对歌曲的所有方面有所了解的重要性。

此次，他们并没有看到这些歌曲的谱子。他们进行了与每首歌曲密切相关的音乐活动：他们可以更加柔和或更加大声地以确定适当的力度来歌唱这些歌曲；他们可以更快或更慢地以确定适当的速度来演唱这些歌曲；他们也可以边踩着拍子，边打着固定的音型，边演唱这些歌曲中熟悉的节奏；他们还可能确认这些歌曲的曲式。要是有些歌曲带有游戏的话，他们也可以边唱边玩那个游戏。换句话说，他们可以从事所有的可以获得演唱知识的活动。[2]

当我们认可这种教学方法的同时，我们也相信，教学的准备阶段需要有兼顾演唱音乐曲目的一系列学习活动。在学习的准备阶段，我们给学生们提供了一系列的活动；那些活动能开发他们认识动觉意识、听觉意识和视觉意识中的新概念或新元素。重视准备阶段的学习可以让学生们有充分的时间去理解三个方面的知识；这个阶段的学习也会使只擅长某一项的学生加强他们比较弱的方面，而在动觉、听觉及视觉几个方面都取得平衡的学习；比如，可以让在视觉意识上比较强的学生加强他们在听觉和动觉上的学习，让在动觉意识上比较强的学生加强他们在视觉上学习，等等。我们认为，学生们必须按顺序经由这些阶段来学习，不可以被搞混。我们提供给学生们培养听觉意识技巧的机会，让他们凭借感知的能力，构建自己对新概念的理解。然后教师就可以让学生通过开始使用记谱的方式来构建他们所听到的视觉呈现，并以此测试他们的听觉意识技能。如果一个学生可以使用他们的听觉想象并正确地创造一个旋律的呈现，那么这时，他们就可以更好地理解如何用唱名音节和

---

[1] See：Judith Brindle, "Notes from Eva Vendrei's Kodály Course." Contributed by Judith Brindle. Page 6—11 *British Kodály Academy Newletter* (Spring, 2005)：6—11. See also Lois Choksy, *The Kodály Method：Comprehensive Music Education*, Upper Saddle River, New Jersey：Prentice Hall, 1999). Both the article and book provide procedures for the teaching of music elements based on the preparation, presentation and practice model.

[2] Lois Choksy. *The Kodály Method Comprehensive Music Education*. (Upper Saddle River, New Jersey：Prentice Hall, 1999). 171—172. See also, Ann Eisen and Lamar Robertson. *An American Methodology.* (Lake Charles Louisiana：Sneaky Snake Publications, 1997)

传统记谱法标注音符了。我们认为，如果学生们在没有视觉辅助的情况下不能用听觉意识来描述旋律，诸如旋律轮廓的走向、轮廓中音符的数量、起始音是什么、结束音是什么以及唱出从最低音到最高音的所有音符组合时，他们的听觉意识技能将无法与他们的视觉技能做密切衔接的发展。这些学习活动可以开发学生们的音感并且可以让教师去评估学生们的学习状况。

这个工作引导我们去思考以下的情况：在开发学生们的动觉意识以让他们理解一个新的旋律型的开始阶段，用指出一个旋律轮廓的图像呈现的方式是非常有效的教学策略。然而，如果学生们不能从他们在听觉意识阶段获取的知识中，创建自己的旋律轮廓的视觉呈现的话，那么任何乐谱的呈现，无论是唱名音节、音符名称、音符数量、还是一个呈现旋律轮廓的乐谱，都可能为提升学生的音乐读写技能增加额外的难度。比如说，如果让学生们去建构一个节奏型的呈现，有些学生会注重于节奏型的长度，而另一些学生则会注重在拍子上每个元素的节奏数量；而我们则需要在乐谱上教他们这些节奏型之前，让他们懂得这两种呈现都是对的。

布鲁纳教学理论中的策略三（符号模式），只有在学生们完成了以下两个方面重要的连结之后，才更有意义：也就是新元素中首要特征的成功听觉分析和开始使用乐谱表的对听觉理解所做的图解的连结。格隆姆寇也主张这种类型的活动，可以"促进分类、组织以及连结，使孩子们将他们具体的实践转变为图像或符号"[1]。在没有开发学生的听觉意识的情况下就给学生们视觉上的体现（布鲁纳的策略二，图像模式）以及紧接着的符号模式阶段（布鲁纳的策略三），将会导致学生们对直觉理解的不足，并会明显降低他们对听觉意识技能的开发。

在学习的呈现阶段，乔克西建议如下："选择一首突出的新学歌曲，教师提出各种各样的问题来引导孩子们去发现新元素……当这些问题被准确地回答后，教师便可以教授新的节奏名称并呈现乐谱，或为新的音符标注唱名和手势语，进而在五线谱上呈现它们。"[2]换句话说，符号和声音是同时被呈现的。乔克西一开始并没有使用传统音符名称，而是使用唱名音节来呈现听觉及标注视觉上的声音；而在随后的阶段里，学生们才学习传统的音符名称。在这个教学和学习模式中，我们只是将音乐的声音和节奏或唱名音节联系在一起，而不会在谱面上呈现它们。例如，当我们

---

① Joyce E. Gromoko, Student's invented notations as measures of music understanding. *Psychology of Music*, 22/2 (1994): 146.

② See Choksy, *The Kodály Method*, 172.

教授四分音符和八分音符时，学生们必须能够（1）击打节拍；（2）拍打节奏；（3）表演节拍和节奏；（4）从听觉上识别每个拍子上有几个音。教师在没有乐谱的情况下，用节奏音节标注新元素。一旦学生们能够在重点音型中去使用节奏音节辨识听觉中的新元素，我们就可以开始教授他们传统的记谱法，以及如何使用音节来标注这个谱子了。这对于年轻的学生来说其实并不难，且最终能让他们在乐器课或合唱中，意识到这种教学的成果。

创建一个基于本章所给的理论学习的课程计划框架

这个部分的目标，就是要结合所有的信息，将开发音乐读写技能融合到准备/练习、呈现以及练习的课程计划形式中去。在一个呈现课程之后，我们要设置一个最初的练习课程来用熟悉的素材回顾呈现课程。我们的课程计划可以包括：

·在呈现一个音乐元素之前，先展示三种不同的准备阶段（动觉、听觉和视觉）。每个阶段都有它的一系列连贯的学习程序。

·在呈现课程的计划中，我们把新元素的呈现划分为两个阶段。阶段一，运用特定模式和相关模式对新的节奏音节进行听觉呈现。阶段二，运用传统的记谱法，从视觉上展示这个特定模式。

准备/练习课程

下面的课程和在第五章呈现的课程是一样的，但是做了改变以反应出本章新的信息内容。在这个课程模式中，我们可以将所有的准备活动（动觉、听觉和视觉）放入表演和准备新概念的课程计划部分中。这只是课程计划的骨架，我们并不打算对课程一部分到另一部分的转换，做最细致的计划。

表 6.1　开发一个准备/练习的课程计划框架：十六分音符的准备以及 *re* 的练习

重点	活动、程序和评估
介绍 已知音乐概念和元素的表演和示范	通过美妙的歌唱、发声热身及呼吸练习，来开发歌唱技能。 用歌词演唱《知更鸟来了》，并玩游戏。 用节奏音节演唱 用歌词演唱（教师同时在竖笛上做卡农式演奏）

（续表6.1）

重点	活动、程序和评估
核心活动 曲目的获取 新元素的表演和准备	通过教《来了个高贵的女士》这首歌曲来为 $\frac{4}{4}$ 拍子的教学做准备。 教师通过已知歌曲为学生提供一系列的启发活动，以开发他们对于一个节拍上有四个音的概念（十六分音符）。 动觉意识阶段： a 演唱《木瓜地》并击打节拍。 b 演唱并拍打节奏。 c 演唱并指出乐句一的呈现。 ——————————— d 演唱《木瓜地》，脚踩节拍，手拍打节奏。 听觉意识阶段： a 回顾动觉意识活动。 b 教师和学生演唱乐句一并击打节拍。 c 教师："安迪，我们打了几拍?"（四拍） d 教师："安迪，哪个拍子上音最多?"（第三拍） e 教师："第三拍上有多少音?"（四个音） f 教师："如果第三拍上有四个音，那么其它拍子上有几个音?"（两个音） 视觉意识阶段： a 回顾动觉和听觉意识活动。 b 学生创建一个基于他们听觉意识上的视觉呈现。学生需要确定乐句中有多少拍以及每个拍子上音的数量。使用辅助工具（纸板、磁铁、接接小方块等）。 c 学生们歌唱并指出他们的呈现。 d 教师可以提问有关他们的呈现的问题。 e "识别任何你可以看到的节奏或旋律元素"。
动作开发 表演与音乐技能的开发	注重游戏《悌蒂欧》中一系列开发适合孩子年龄的动作技能。 通过像《霜冻天》等已知歌曲，学生们在以下技能领域加强对 *re* 的理解：识读和写作、曲式以及记忆。
结束语 回顾与总结	复习新歌曲：《来了个高贵的女士》。 教师歌唱新歌曲《艾达·蕾德》作为听力活动，为 *do* 五声音阶以及一个八分音符以及两个十六分音符的节奏型做准备。参考附录三中三年级的教学歌曲曲目单。

开发一个呈现十六分音符的课程计划框架

下面的课程和在第五章所呈现的课程是一样的，但是做了改变以反应出本章新的信息内容。在这个呈现课程的计划中，我们将新元素的呈现分为两个阶段：阶段一，使用特定音型和相关音型的节奏音节的听觉呈现；阶段二，使用传统乐谱的特定音型和相关音型的视觉呈现。我们相信在原始的音乐概念和元素中，新的音乐元素的呈现应该被分为两个呈现课程。呈现课程一着重于听觉呈现；而呈现课程二着重于乐谱。在课程的表演和最初练习部分，教师使用在另一首已知歌曲中的特定乐句，去练习音乐技能、识读和写作。包含在重点歌曲中的特定音型在呈现中的使用，可以在附录三中的教学歌曲曲目单中找到。

表6.2 呈现课程计划：建立一个关于十六分音符呈现的课程计划框架

重点	活动、程序和评估
介绍 已知音乐概念和元素的表演和示范	通过美妙歌唱、发声热身练习以及呼吸练习，来开发歌唱技能。 孩子们通过歌唱《落基山脉》来展现他们之前学到的知识。 用歌词演唱 用节奏音节演唱 用唱名音节演唱 卡农式演唱
核心活动 曲目的获取 重点模式中新元素的节奏音节的表演和呈现 动作开发 相关音型中的新元素的节奏音节的表演和呈现	选用一种合适的呈现教学的方法教授《艾达·蕾德》，选自年级歌曲表。 阶段一 听觉呈现 用歌曲《木瓜地》来简要回顾动觉、听觉和视觉意识活动。 呈现新元素的名称 a 教师："当我们听到一个拍上有四个音时我们称之为'ta ka di mi'"。 b 教师和学生一起用节奏音节歌唱整首歌曲并拍打节奏。 c 单个学生用节奏音节歌唱特定乐句。 注重游戏《悌蒂欧》中一系列开发适合孩子年龄的动作技能。 学生们以听觉识别歌曲《黛娜》四个乐句中的节奏音节。
结束语 回顾与总结	复习新歌《艾达·蕾德》 听力练习 教师歌唱下一首新歌曲《敲钹》作为教学 do 五声音阶的准备。

表6.3 呈现课程计划二：开发一个为十六分音符的乐谱呈现作准备的课程计划框架

重点	活动、程序和评估
介绍 已知音乐概念和元素的表演和示范	通过美妙歌唱、发声热身练习以及呼吸练习，来开发歌唱技能。 学生们用歌曲《落基山脉》展现他们之前学过的知识。 用歌词演唱 用节奏音节演唱 用唱名音节演唱 卡农式演唱
核心活动 曲目获取 特定模式中的新元素表演和呈现	选用一种合适的呈现教学的方法教授《敲钹》，曲目选自年级歌曲表。 用歌曲《木瓜地》来简要回顾动觉、听觉和视觉意识活动。 阶段二 视觉呈现 复习阶段一之听觉呈现 a 我们可以使用四个十六分音符来呈现一个节拍上的四个音。一个十六分音符有一个音头和一个符干以及两条符尾。四个十六分音符有四个符干及两条符尾。 b《木瓜地》中的第一个乐句看起来是这样的： c 我们可以使用节奏音节识读这个节奏型。 d 教师歌唱节奏音节，同时指向心形的节拍，学生用节奏音节回应歌唱，同样也指向心形节拍。 e 符干记谱法，是一种节奏记谱的简单方式。符干记谱法是一种不用音头的传统快速记谱法。《木瓜地》的第一个乐句在符干记谱中看起来是这样的：
动作开发 相关音型中新元素的表演和呈现	注重游戏《悌蒂欧》中一系列开发适合孩子年龄的动作技能 将《大房子》的节奏转变为《黛娜》的节奏 学生们用唱名和手势语来歌唱 学生们从五线谱中识读《黛娜》
结束语 回顾与总结	复习新歌《敲钹》 听力活动 教师歌唱下一首新歌曲《喂我的马》作为听力活动，为一个八分音符及跟着的两个十六分音符的教学作准备。

十六分音符的最初练习课程

练习课堂在呈现课程之后。在最开始的练习课程中，我们要复习特定乐句中新元素的呈现，同时要练习在不同曲目中其他基本音型的新元素，并继续培养学生们的音乐技能。当我们进入到下一个准备新元素的单元时，一些课堂活动可以继续进行，以使现在学习的元素得到更多的练习。

表6.4　十六分音符的最初练习课程

重点	活动、程序和评估
介绍 已知的音乐元素的演唱及示范	通过美妙的歌唱、发声热身练习和呼吸练习，来开发歌唱技能。 学生用歌曲《落基山脉》展现他们之前学过的知识。 用歌词演唱 卡农式演唱 用节奏音节演唱 齐声合唱
核心活动 曲目的获取 新元素呈现的表演和再呈现 动作开发 表演和音乐技能的开发	选用一种合适的呈现教学的方法教授《乔西来跳舞》，选自年级歌曲表 ·用歌曲《木瓜地》复习听觉意识阶段的问题。运用节奏音节辨识新的元素。 ·复习视觉意识活动并在视觉呈现中加入传统记谱法。以节奏音节读出这首歌曲。 ·在另一首歌中找出包含了相同特定模式或相关模式的动机。复习以上部分的听觉意识及视觉意识活动。 注重游戏《悌蒂欧》中一系列开发适合孩子年龄的动作技能。 将学生在歌曲素材中找到的特定音型，转变为其它四拍子音型。例如将《木瓜地》转变为《坎伯兰峡口》，并练习其他技术领域，诸如识读、写作、即兴创作/作曲和听力等。
结束语 回顾与总结	复习新歌《乔西来跳舞》 听力活动 教师演唱下一首新歌曲《布谷鸟强尼》，为下一个音乐元素（八分音符和两个十六分音符）做准备。

·讨论问题

1. 学习新音乐元素的三个阶段是什么？

2. 学习阶段里面又是如何分类的？

3. 动觉意识阶段的目的是什么?

4. 听觉意识阶段的目的是什么?

5. 视觉意识阶段的目的是什么?

6. 结合阶段中又分有哪些阶段?

7. 什么是消化阶段?

8. 本章中提供的学习模式可以提高听写技能和视唱技能。讨论之。

9. 比较本章呈现的学习模式和乔克西的学习模式。

10. 本章所呈现的学习模式,对教师而言过于繁琐。用一种理论的方式来呈现这些信息并使用这些信息,对于练习音乐识读和写作的技能将更加有效。讨论之。

11. 学生们必须能够在他们会读谱之前学会写作。讨论之。

12. 描述初步练习课堂是什么。

·持续进行的作业

1. 你被叫去作一次胡拉汗/塔卡学习理论模式中关于开发音乐读写能力的演讲。为你的演讲制作一套幻灯片。要学会解释这种学习模式如何能够对课堂教学、乐器小课的教学以及合唱教学产生帮助。

2. 为一个一年级的班级,选择一个准备的概念和一个可练习的元素。创建一个准备/练习课程、一个呈现课程和一个练习课程。在第八章你们将看到教授每个节奏和旋律概念及元素的详细步骤。

3. 为一个三年级的班级,选择一个准备的概念和一个可练习的元素。创建一个准备/练习课程、一个呈现课程和一个练习课程。

本章参考书目

Margaret Barrett, "Graphic Notation in Music Education" (Christchurch, New Zealand, University of Canterbury, 1990).

Margaret Barrett, "Music Education and the Natural Learning Model," *International Journal of Music Education* 20 (1992), 27—34.

Margaret Barrett, "Children's Aesthetic Decision – Making: An Analysis of children's Musical Discourse as Composers," *International Journal of Music Education* 28 (1996), 37—61.

J. Flohr S. , S. C. Woodward and L. Suthers, "Rhythm Performance in Early Childhood" (Cape Town, International Society for Music Education, 1998, 1998).

Lois Hetland, "Learning to Make Music Enhances Spatial Reasoning," *Journal of Aesthetic Education* 34, no. 3—4 (2000), 179—238.

William M. Anderson and Patricia Shehan Campbell, eds. , *Multicultural Perspectives in Music Education*, 2nd ed. (Reston, VA: Music Educators National Conference, 1996).

Walter B. Barbe and Raymond S. Swassing, *Teaching Through Modality Strengths Concepts and Practices* (Columbus, OH: Laner Bloser, 1979).

Ilona Barkóczi and Csaba Pléh, *The Effect of Kodály's Musical Training on the Psychological Development of Elementary School Children* (Kecskemét: Zoltán Kodály Pedagogical Institute, 1982), 138.

Richard Colwell and Carol Richardson eds. "Section D: Perception and Cognition" in *Handbook of Research on Music Teaching and Learning*, (New York: Schirmer Books, 2002).

Thomas M. Duffy M. and David H. Jonasson, *Constructivism and the Technology of Instruction* (Hillsdale, NJ: Lawrence Erlbaum, 1992).

John Feierabend, "Integrating Music Learning Theory into the Kodály Curriculum" in *Readings in Music Learning Theory*, eds. Darrell Walters L. and Cynthia Taggart Crump (Chicago: G. I. A, 1989), 286—300.

John Feierabend, "Kodály and Gordon: Same and Different," *Bulletin of the International Kodály Society* 17, no. 1 (Spring 1992), 41—50.

Robert M. Gagne. *The Conditions of Learning* (New York: Holt, Rinehart & Winston, 1995).

Howard Gardner, *Frames of Mind: A Theory of Multiple Intelligences* (New York: Basic Books, 1993).

Edwin E. Gordon. *Learning Sequences in Music: Skill, Content, and Patterns* (Chicago: G. I. A. Publications, 2003).

Edwin E. Gordon. *The Psychology of Music Teaching* (Englewood Cliffs, NJ: Prentice – Hall, 1971).

David Hargreaves J. , *The Developmental Psychology of Music* (Cambridge, England: Cambridge University, 1986).

J. Craig Peery, Irene Weiss Peery and Thomas W. Draper, eds. , *Music and Child*

Development (New York: Springer – Verlag, 1987).

Bennett Reimer, "Music as Cognitive: A New Horizon for Musical Education," *Kodály Envoy* 6, no. 3 (Spring 1980), 16—17.

Jean Sinor, "Musical Development of Children and Kodály Pedagogy," *Kodály Envoy* 6, no. 3 (Spring 1980), 6—10.

Mary Louise Serafine, *Music as Cognition* (New York: Columbia University, 1988).

Lev Vygotsky. *Mind in Society: The Development of Higher Psychological Process* (Cambridge, MA: Harvard University, 1980).

第七章　开发音乐素养技能

关键问题

· 音乐技能的发展是什么意思？

· 如何把发展音乐的技能融入课程计划中？

· 月计划是什么？

· 月计划是如何影响课程发展计划的？

在前面的章节我们已经介绍了三种类型课程的课程计划框架；分别是准备/练习课程、呈现课程和练习课程。与具体的音乐技能（技能领域）相结合的音乐元素是在不断练习着的。本章的目标是为教师提供在准备/练习课程计划样本和练习课程计划样本中关于练习已知元素的相关思考。在音乐课堂上练习音乐技能应当是适合学生能力的，多样化的，激励式的。

尽管音乐技能的发展贯穿于整个教学过程，我们仍然建议采取一些特殊的策略来发展和练习特定的音乐技能。我们建议音乐课程应该包含运用特定的音乐技能强化练习已知的节奏和旋律的概念。下面的段落简单地列出了一些特定的音乐技能，这些技能将会在本章陆续地具体讨论到。

音乐技能

本章叙述的是如何开发各种音乐技能。附录四中包含了一至五年级的月计划安排，并提供了一个每个年级所要学习的音乐技能的大纲。所有的这些计划都是从附录一中的为各个年级提供的课程指南衍生而来的。这些月计划是为一周里有两节音乐课的班级设立的一个轮廓。我们建议教师们根据自己的教学情况判断哪些计划是可行的。课程目标也需要根据不同的教学课时做适当调整。我们提供这些月计划的目的是给音乐教师们提供一个可以设计自己音乐课程的基石。比如说，我们并没有包括具体的创作活动计划，教师们可以根据即兴创作活动里的概念创建创作活动。

我们是用不同年级标明月计划的，但教师们应该把它们看作是不同级别的划分。比如说，一个一星期只有一堂音乐课的班级，可能他们到了三年级时还只能在上二年级月计划的内容。这些计划是有很强的灵活性的。请注意，有些月计划是在复习之前教过的概念，比如五年级的月计划是从复习四年级的月计划开始的。总的来说，我们在准备学习一个节奏概念时会同时练习一个旋律概念，而在准备一个旋律概念时也会同时练习一个节奏概念。我们会经过几个年级的教学来介绍复节拍的各个方面，也就是说，当教师教授复节拍时，节奏与旋律的元素教学是可以暂时中断的。

音乐技能领域

下面是可以运用于音乐课程中的各个音乐技能的简短定义。

歌 唱

这是一项让学生学会如何正确运用呼吸、姿态、音域幅度、表情和音准来发声歌唱的技能。学生们还必须开发听觉与视觉的识别能力、演唱不同风格的音乐作品及参与合唱。

读 谱

这是一个学生必须能将音符转变成乐声，即将音符在人声或乐器上演唱或演奏出来的技能。学习读谱可以使用已知的旋律；而视唱或视奏则应该使用没有见过的谱例。学生们每学习了一种新的音乐元素就需要读谱的练习。已知的或还不太熟悉的曲目或曲目中的乐句都可以作为读谱的练习。请记住如果我们要选择一段音乐来练习读谱，我们可以先简化这段音乐中复杂的节奏结构，然后通过简化过的乐曲来练习。在课堂上，老师从学生的歌唱曲目中创造出自己的读谱练习是很重要的。

写 作

通过这个技能，学生必须掌握如何将乐声通过初级记谱法、传统节奏记谱法或者五线谱记谱法等记谱技巧转化成音符。在这里我们有三种写作模式的建议提供给大家。第一种模式对于年纪小的学生特别有效，那就是允许学生们使用教具。教具可以包括用冰棍的棒子来演示符干记谱法、用小磁铁盘在磁铁板上显示旋律轮廓、用小积木搭出节奏或旋律轮廓、毛毡五线谱和毛毡垫、可擦写板等。第二种模式是让学生把音符写在黑板上，这种方式通常适用于当学生需要在黑板上完成一首曲子的其中一个乐句的时候。一些教师则利用小型的可擦写板来完成这种形式的授课。第三种模式是学生利用纸和笔或是电脑里的音乐程序来写作。

即兴创作

在柯达伊学说中，即兴创作是与已知的音乐元素的练习密切相关的，但这并不表明学生们不可以用其它的音型或元素来创作他们自己的即兴写作。即兴创作允许学生自行创作一首乐曲中的节奏、旋律、动作、各种新的曲式以及新的歌词。学生可以即兴一个乐句来回答老师用歌曲提问的问题。例如，老师边说音节边拍打着一个问题，学生可以说并拍打着不同的节奏来回答老师。这样的技巧也可以运用在用唱名音节完成的旋律练习中。我们也鼓励学生们尽量地去即兴创作，即使他们说不出他们所使用的节奏或旋律元素的名称。

作　曲

在柯达伊学说中，作曲允许学生以书写的形式去创造节奏及旋律。所有的即兴活动可以通过延伸及完善来转变成为作曲活动。

多声部活动及和声听觉

这是训练学生们在同一时间演唱两个或者两个以上的声部，包括在演唱时同时演示节拍或者边唱边敲打节奏。举个例子，让学生在唱歌的同时用脚步踏着节拍并用手演示节奏，这三种动作是在同一个时间发生的。这是为了以后的多声部演唱以及和声思维的学习所必需掌握的初步技能，同时还为学生们在听觉和视觉上对不同音乐风格的基本和弦培养认知能力打下基础。

记　忆

音乐的记忆能力是在所有的音乐技巧中最关键的。教师们必须认识到，事实上，几乎所有的教学都对学生们在视觉及听觉的记忆上有着极大的帮助。

内心听觉

学生应该掌握这样一种能力，就是在没有任何实质声音的情况下脑海里能"听见"一段旋律。内心听觉通常也叫做"心声"。

曲　式

这里指的是音乐作品中的乐句结构。学生必须能够通过听觉和视觉来判定一首歌的节奏形式和旋律形式。判定曲式可以通过识别相同的乐句、不同的乐句以及相似的乐句开始练习。这种鉴别能力对音乐记忆能力的发展有着显著的影响。

听　力

这是一种对一首乐曲在听觉上的理解及在视觉上的分析的能力。多种不同的听力技巧都是在音乐课程中不断发展的。课堂的现场表演及各种录音制品都包含在这个技巧领域里。

指　挥

这种能力是指能够使用正确的手势指挥一首乐曲。

以下的技巧并不包括在月计划中，但在课程计划中进行了讨论，因为它们与其它的技能领域是密不可分的。

动作的发展

培养学生通过肢体语言表达空间、时间及力量的能力。

器乐的发展

包含从视觉及听觉上辨认乐器的能力，以及能够在初级班级中用简单的节奏型乐器或旋律型的乐器演奏。

音乐术语

这是一种运用基本的音乐术语及符号识读及书写音乐的能力。

本章后面的部分内容涵盖了音乐技能领域发展的各种方法。在本章接下来的部分会阐述许多关于音乐技能发展的方法。在本书的附录四中包含了一个各年级的月计划作为达到课程目标的指南。它包含了在准备、呈现及练习课程中需要教授和用作听力练习各音乐元素的曲目，同时也包括那些能使不同的音乐技能得到发展的活动。根据教师所教年级的不同，大家每年都要准备、呈现及练习大约五至六个不同的音乐概念。你必须浏览你的校历，然后为你的每一个音乐概念的教授做一个时间表。记住，你必须明确你一年所教的音乐课程的数目，用每年的前几周回顾前一年所教的音乐课程，以及用多少时间准备学年期末的课堂表演。你起码需要大约五节课的时间来讲解一个新的音乐元素。

月计划基于以下几点：

1. 每年的课程目标
2. 以字母顺序排列的歌曲列表
3. 以教学法为基础的曲目表
4. 准备、呈现和练习顺序图表
5. 本章所呈现的音乐技能

月计划的阅读

接下来将指导你如何阅读附录四中每学年的月计划。

月　份

这个部分是让教师们确定在哪个月份教授哪些曲目及准备、呈现、练习哪些特定的音乐概念和元素。

歌曲曲目

这些曲目可用于歌唱及为准备、呈现、练习新的音乐概念和元素做准备，并且开发学生们的动作能力。

准备、呈现与练习

计划中的准备部分列举出将要准备教授的概念/元素，同时练习一个已知的元素；而呈现部分则列举出所要呈现的元素及音节。

音乐素养技能的发展

这些是各技能领域在准备/练习、呈现和练习的课程计划中的例子，其中包括识读、写作、即兴、多声部活动（有时是合唱）、记忆、内心听觉、曲式、听力及辨别错误的练习等。

以下是在月计划当中的字母简写：
S＝学生

T = 教师

BT = 节拍

Sts = 学生们

通过阅读、写作及记忆练习训练节奏和旋律

关键问题

·我要如何给音乐阅读与写作的必要技能定位?

·我们如何练习节奏和旋律元素?

·我们如何发展学生们的写作、阅读和记忆能力?

·如果阅读是音乐课程的一个重要组成部分,那么可以用来练习音乐元素的阅读活动有哪些?

·初学者应该完成哪些类型的写作活动?

·当学生们阅读或写作音乐的时候会涉及到哪些额外的学习技能?

音乐的阅读和写作技能能使音乐修养得到全面的发展。这两项技能可在不影响音乐享受的情况下在每一堂课上得到练习。虽然读谱与视唱在概念上是可以互换的,但我们做了以下区别。当学生在阅读已知歌曲的谱子时我们会运用术语"阅读(读谱)",而视唱指的是学生们识读不熟悉的音乐谱例。与此类似,当书写已知的音乐模式时我们称为"写作",而对不熟悉的音乐模式则用"听写"。

当学生们认识了一些概念和元素并有了一定基础时,我们就会使用一些特定活动来训练他们节奏和旋律。音乐的阅读及写作是学习其他一切技能的基础。例如,阅读练习可以融入即兴创作或者音乐曲式的学习;而音乐曲式的学习活动可以逐渐转化为记忆练习,进而开始卡农的演唱;而卡农的演唱则最终演变为听力活动。

以下练习可以根据各个等级的要求进行修改调整。一旦你根据我们的建议获得了实践方面的经验,毋庸置疑地,你会发展出更多有趣及不同的活动,并使之变成内心听觉、记忆力以及多声部活动等。

24 种练习节奏的方法

1. 打节拍的时候说出或唱出已知歌曲中的节奏模型。

2. 把一首歌的节奏写在黑板上,让学生找出正确的节拍律动。

3. 在指挥的同时，说出/唱出一个音型或一首歌的节奏。

4. 用节奏音节来回应各种音型。

5. 教师用歌词唱一首已知或者不知名的歌曲中的乐句，让学生歌唱节奏音节回应。

6. 教师用中性音节（噜）唱一首已知或者不知名的歌曲，让学生歌唱节奏音节回应。

7. 教师用唱名音节来唱一首已知或者不知名的歌曲，让学生歌唱节奏音节回应。

8. 教师在乐器上演奏一段旋律，让学生歌唱节奏音节回应。

9. 玩游戏，将 *ta* 节奏比在学生的头上，而将 *ta di* 的节奏比在学生的肩膀上。歌唱时学生来拍头或者拍肩膀，用慢速度来玩这个游戏。当然也可以结合其他的节奏组合练习。

10. 配和歌曲的标题写出节奏。先在黑板上列出四首歌曲的标题；再用符干记谱法各写出每首歌曲的一个乐句；最后让学生们为每一首歌曲的标题配上适合的节奏。

11. 唱出或者拍出那些在符干谱或五线谱上的已知歌曲的节奏。内心听觉可以运用于这样的练习。

12. 让学生从听唱法教授的不知名歌曲中辨认出节奏。

13. 学生辨别出别人唱的或者打拍子的乐句中的拍子及节奏型。

14. 用卡农的形式阅读出黑板上的节奏，同时拍出它的节拍。

15. 错误检测。教师或者一个学生写出一个十六拍的节奏音型并以略微不同的模式拍出，让另一个学生去鉴定其略微不同发生于何处。

16. 在拍打一个十六拍长的节奏模式（四拍为一句）的同时，唱一首同样长度的已知歌曲。

17. 即兴节奏模式的练习。首先为即兴创作选择一个节拍和长度。例如，一个简单的练习可以是即兴创作四个乐句，每句四拍曲式可以是 AABA。然后选择四个学生，每个学生各演唱一个乐句。第一个学生即兴一个四拍的句子（A）；第二个学生必须记住这个即兴句子并演唱它（A）；第三个学生即兴另一个不同模式的句子（B）；第四个学生必须记住 A 模式并且演唱它（A）。这种练习可以结合其他不同的曲式及更长的句子练习。

18. 用特定的节拍即兴创作节奏模型。教师指定乐句的长度和曲式（比如AABA）。

19. 演唱一段节奏型卡农。我们建议参照以下步骤：

① 击打节奏时学生们要说出其节奏音节。

② 引导学生思考其节奏音节并打节奏。

③ 把班级分组，要求学生以卡农的形式演唱节奏。

④ 让两个学生表演卡农式演唱。

⑤ 挑选个别学生自己完成卡农式演唱，即一边说出节奏音节，一边拍打出节奏。

20. 把一首歌的节奏转化成另一首歌的节奏。在黑板上写下一首已知歌曲的节奏，然后拍打出略微不同的节奏型；让学生辨认黑板上歌曲的节拍哪里需要做改变，以对应拍打出的节奏型；教师继续这样的步骤直到把节奏完全转换成另一首歌曲的节奏。转换成功后，让学生用节奏音节演唱转换后的歌曲。

21. 在黑板上写下一个节奏型。讨论完曲式后，让学生以记忆的方式把节拍模式默写出来。

22. 教师在黑板上写下一首省略了一或数小节的已知乐曲，让学生补充省略的小节。

23. 节奏传递：学生围成圆圈，教师对其中一个学生打一个四节拍的节奏型，然后该学生以同样的形式向下一个学生传达，依次传至所有学生。最后一个学生把传递过来的节奏型写在黑板上。

24. 抽认卡活动：

① 阅读几张用传统记谱法记谱的四拍子节奏型的抽认卡。

② 把这些卡片放在黑板的边沿处，按照顺序识读；然后打乱卡片顺序，让学生来识读不断更换顺序的卡片；渐渐地让卡片的顺序能够从一首歌转变成另一首；还可以抽掉一张卡，让学生即兴创作一段节奏作为填补。通过在这个活动中不断扩大的乐句数量，各种不同的曲式也可以得到练习。

③ 让一个学生从一盒的节奏卡片中抽取一张，另一个学生则告诉他需要如何去表现这段节奏（比如拍手、跳跃、轻拍、重踏、停顿、颤动等等）；班上其他同学可以以节奏来回应。

④ 连续识读一系列的节奏卡片，并且让班级的学生轮流识读；然后让学生倒着读出节奏。

⑤ 让学生重新排列出一个系列的抽认卡，来组成一首已知歌曲。

⑥ 让学生们从抽认卡中记忆四拍、八拍、十二拍或十六拍的节奏型并用节奏音节演唱，或用符干谱默写出这些节奏型。

18 种训练旋律的方法

1．让儿童排成钢琴琴键的样子；每个学生代表一个音，从高到低排列，以便教师弹奏钢琴时可以指定每个学生正确唱出他们代表的音高。按照音高排列顺序来安排学生练习音高也是训练歌唱音程的一种方法。

2．用唱名音节和手势语来歌唱已知的旋律或乐句。

3．用唱名音节歌唱并指挥。

4．从符干谱和五线谱上识读，并用唱名音节和手势语来歌唱一首已知歌曲。

5．教师用唱名音节、音符名称或手势语来歌唱一首已知歌曲，学生跟随回应。

6．教师用歌词演唱一首已知歌曲，学生用手势语、唱名音节或音符名称来跟随回应。

7．教师用手势语或手指谱来展现一段旋律，学生用手势语、唱名音节或音符名称来歌唱。

8．教师哼唱已知歌曲或乐句，学生用手势语、唱名音节或音符名称来回应。

9．老师指着乐谱或音阶，学生用手势语、唱名音节或音符名称来歌唱。

10．教师用节奏音节唱一个乐句，学生用唱名音节或音符名称来回应歌唱这个乐句。

11．导师用竖笛演奏一段旋律，学生用唱名音节或音符名称来跟唱。

12．用手势语、音调图表或音阶来展现一个音型，要求每个学生唱这个音型。

13．教师歌唱一段旋律或在钢琴上演奏一段旋律，让学生们用唱名音节、音符名称或节奏音节以卡农式回应歌唱。

14．用以下方法演奏三声部卡农：教师在钢琴上演奏一段旋律，小组一在两个小节之后开始卡农式歌唱，小组二再以卡农式回应小组一的歌唱。

15．学生用唱名音节识读一段谱例，在教师给出一个信号之后改用音符名称进行歌唱。

16．将全体学生分成两组，每个小组各识读出一段有相同乐句结构及相同乐句长度的五声旋律。

17．教师在钢琴上演奏一段旋律，学生必须立即在钢琴上回应演奏。

18．以逆行的方式歌唱一段旋律。

开发阅读技能的活动

阅读一个音乐作品，最重要的是使学生了解这段音乐所包含的节奏和旋律元素。教师在决定使用哪段音乐让学生们识读时，可以重点选择那些包含了学生已知旋律或节奏元素的音乐。通过引导学生注意那些比较难的节拍、调性、节奏和音程等方面来准备阅读活动。以下活动可以用于准备或练习一个新的音乐元素。

阅读已知的旋律模式

一旦学习了歌曲素材中的特定模式，就可以开始练习阅读和写作这些模式及其相关模式了。例如，在教授五声调式的三音音列 $l-s-m$ 之后，我们就需要去找到练习 $m-l$ 音程的方法。$m-l$ 音程通常出现在四拍子歌曲乐句的第二拍。如果教师已经很好地教授了 $m-s$ 和 $s-l$ 的旋律音型，那么学生就可以被引导去识读 $m-l$ 音型了。下面是让学生更加容易阅读和演示 $m-l$ 音程的建议。

通过诸多儿童歌谣来进行 $m-l$ 音程的教学是很常见的，但要让学生意识到，学习这个旋律的走向需要一些谨慎而有逻辑的准备。让学生们唱出下面几个或所有乐句或歌曲，并且了解 s、m 和 l 的唱名音节。请注意以下步骤只是课程计划的一部分。

1. 学生默默阅读以下音型并做手势，然后大声唱出来。可以邀请个别学生出来歌唱并展示手势。

谱7.1 *La 1*

2. 老师改变模式。"我要看看是否能让你上当。"学生们默默阅读以下句子并做手势，然后大声唱出来。邀请个别学生歌唱并展示手势。

谱7.2 *La 2*

3. 教师再一次改变模式。"我要看看是否能再一次把你们骗了。"学生们默默阅读以下句子并做手势，然后大声唱出来。邀请个别学生歌唱并展示手势。

谱7.3 *La 3*

4. 教师再次改变模式。"我要看看是否能再一次骗你。"学生们默默阅读以下句子并做手势，然后大声唱出来。邀请个别学生歌唱并展示手势。

谱7.4 *La 4*

5. 教师说"让我想起我们知道的一首歌。"（你有许多的歌曲可以选择。）一旦学生确认了是哪一首歌，就用唱名音节演唱。

m – l 音型出现在《下雨，下雨》和《小狗，小狗》的第二句；*m – l* 模式也贯穿于所有下列歌曲：《小狗，小狗》《小莎莉水》《再见宝贝彩旗》《今天没有强盗》《围着玫瑰转啊转》《它就是强尼》《山羊保姆》《软糖，软糖》。

阅读一首已知歌曲的节奏

谱7.5 《让我们追逐松鼠》

1. 当教师打拍子时，学生们用内心听觉或大声朗读出这首完整歌曲中的节奏或某个特定乐句的节奏，并拍打出节拍。
2. 教师打拍子：
① 按句子顺序，学生读第一和第三乐句，老师读第二和第四乐句。
② 按句子顺序，教师读第一和第三乐句，学生读第二和第四乐句。

通过这样的步骤来教学，可以引导学生逐渐学习到这首歌的曲式与结构。

通过节奏谱阅读一首歌的旋律

谱7.6

1. 当教师指着乐谱并拍打节拍时，学生用节奏音节读出并拍打节奏。
2. 学生找出最高音与最低音。
3. 教师给起始音，让学生顺着这个音高唱下去。
4. 当教师指着乐谱并拍打着节拍时，学生使用内心听觉并做出手势。教师可以哼唱其中的某一些音符来帮助、提醒学生。
5. 学生用唱名音节大声地歌唱这个练习。
6. 学生用中性音节大声地歌唱这个练习。

通过五线谱阅读一首歌的旋律

教师应当同时准备旋律音型和节奏音型来教授学生从五线谱上识读一首新歌曲。例如，学生将要识读《让我们追逐松鼠》这首歌时，教师可以使用相似的其他歌曲来教授新歌曲中的音程及音调设置。上面提到的步骤可用于阅读五线谱。例如，我们可以用《再见，再见，宝贝》中的音调设置来准备学习《让我们追逐松鼠》中的 $s - m - r - d$ 的音调设置。

谱7.7 《让我们追逐松鼠》

把识读活动变成视唱活动

我们建议按照以下步骤来进行：

1. 把一首已知歌曲用传统记谱法写在黑板上，并将唱名音节写在乐谱下方。
2. 拍打并说出节奏音节。
3. 用唱名音节和手势语来歌唱。
4. 慢慢改变这首歌。一次改变一拍，让学生发现哪些地方发生了变化。
5. 然后视唱新的旋律。
① 问：每小节里有几拍？
② 要求学生识读出这个节奏。
③ 比较第 3、5、6、7 小节的不同。
④ 要求学生在脑中默唱练习，并展示手势。
⑤ 唱出整个练习，要求学生唱得准确。
6. 将这个视唱练习改为卡农。

视唱未知旋律的综合注意事项

1. 视唱前的身体准备活动

学生们在读谱的同时做一些身体的准备活动，比如跟随谱例的节奏轻轻拍打、比划出歌曲旋律的轮廓、用手势语做出这个视唱旋律的动机等等。

2. 通过黑板来阅读

指导学生阅读黑板或图表上的谱例开始视唱练习。教师应该边指着拍子（不是每个音符），边让学生在脑海里默唱（用内心听觉）。在学生默唱之后便可以大声唱出来。当学生能够读懂黑板上的谱例时，他们便能很容易地读懂乐谱了。

3. 从短小乐句开始

阅读训练应该从短小的乐句开始。阅读出完整的乐句，不要在每个节拍上停顿。阅读这些谱例或练习应该比一开始就学习节奏和旋律元素要容易些。

4. 先阅读已知的旋律和乐句

以阅读那些学生们熟悉的谱例作为训练的开始。之后，你可以随时将已知歌曲转变成未知旋律。

5. 允许学生具备独立性

避免每一首歌曲都过多地通过打拍子或者节奏来引导学生们视唱，应该尽量让学生在没有教师的帮助下独立自主地完成视唱。

6. 演唱

学生应该认识到，尽管只是视唱练习（通常这是非常具有挑战性的），他们也必须尝试着让他们的演唱充满音乐。在每段视唱练习之前，教师都应该先让学生用五线谱练习这段练习中基本的节奏型及旋律型；难度较高的节奏甚至可以用固定节奏型或者细分节拍的方式来练习；用相同的调来演唱这些作为识读谱例的预备练习；视唱练习时应该同时使用唱名音节、音符名称和中性音节。

以下的是一些可以用于练习新的视唱素材的步骤：

1. 让学生认识到节拍和调性，并选择一个适当的速度。
2. 讨论这个练习的曲式。寻求其中有重复的模式。
3. 学生现在应该使用节奏音节来思考整个的节奏，然后用节奏音节展示和拍打。
4. 学生现在可以使用唱名音节和手势语来思考整个旋律。
5. 学生用唱名音节、中性音节及指挥等方式演唱这个练习。

视唱练习可以背记并默写下来。学生应该不断地练习阅读带有或者没有特殊节奏的旋律模式；教师则应该分类出各种方法引导学生进行阅读练习。例如：逆向阅读旋律；在阅读旋律时拍打一个与旋律同样节奏的固定节奏型；在只给出一个声部的情况下以五度唱出卡农式的另一个声部。

阅读和内心听觉（心声）

内心听觉可以用多种方式进行训练。接下来要介绍的是可以在课堂上使用的内心听觉活动。我们建议你尽可能多地把内心听觉练习与其他各种活动结合起来。我们的第一个方法恐怕是最被许多教师一贯用来训练内心听觉的方法。

1. 在阅读一个谱例之前，让学生边打节拍边（用内心听觉）默唱一遍。
2. 学生大声地歌唱，在接收到教师的信号后，（用内心听觉）默唱一个乐句或乐句的一个部分。对于初学者可以用一个木偶或其他代替符号作为信号引导他们默唱或是大声唱。

3. 在听到教师打出的节奏后能够辨认出是哪首歌曲。

4. 在没有听到一首歌曲的演唱时，能够从符干谱或五线谱中读出这是哪首歌曲。

5. 能够通过教师的手势语辨认出是哪首歌曲。

6. 从教师在音阶图上指出的唱名音节辨认出是哪首歌曲。

图7.1 音阶图上的唱名音节

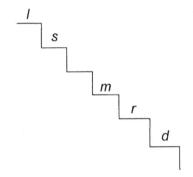

写作技巧的开发活动

对单个音高的辨别、用声音把它们唱出来、回应节奏模式的能力是能够准确地进行音乐写作的先决条件。写作一段旋律需要有包含记忆和内心听觉的能力；学生需要知道并理解他们所要写的音乐中包含的节奏和旋律等内容。听写也是一种技能，并可以分成渐进的步骤练习；节拍的写作、呼应活动以及确定唱名音节，都是准备听写前需要掌握的技能。

使用可操作手段的写作

可操作手段包括将毛毡垫粘在毛毡谱上、用冰棍棒来标示节奏，这些都可以给学生们创造一个富于想象的初级音乐写作阶段。让学生确定一段从一首歌曲或一个练习中截取出来的特定乐句的旋律轮廓，再用毛毡垫做成这个乐句的视觉体。

也可以用另一种方法：

1. 教师用毛毡垫做出这个乐句，然后弹出或用中性音节唱出来。

2. 教师改变这个乐句中的一拍。

3. 让学生们唱这个新的乐句。

4. 让学生们以移动毛毡垫的方式自己创作不同的乐句。

节拍的写作

当教师在歌唱并在黑板上标记节拍的同时，让学生们在他们的课桌上从左到右标记出节拍。节拍应当根据歌曲的乐句数量和每个乐句包含的节拍数量标记。例如，《落基山脉》有四个八拍子乐句。《落基山脉》的节拍图表为：

图7.2 落基山脉的节拍图表

λ　λ　λ　λ　λ　λ　λ　λ

λ　λ　λ　λ　λ　λ　λ　λ

λ　λ　λ　λ　λ　λ　λ　λ

λ　λ　λ　λ　λ　λ　λ　λ

当全班和老师唱这首歌时，请一位学生来到黑板前，指出这首歌曲的节拍；或当大家歌唱，请一位学生创建一个类似这样的节拍图表。

将一首歌的节奏音节转变成乐谱

选择一首歌曲或童谣，让学生找出节奏及唱名音节。这一活动可以在教学的任何阶段练习。例如：

《第九号发动机》

1. 用歌词演唱。

2. 用节奏音节歌唱。

3. 当学生们说出节奏音节后，教师或另一个学生用符干谱写出节奏。

《跷跷板》的第一句："See, saw up and down."（看呐，看见啦："看呐，从上到下都看见啦。"）

1. 用歌词演唱。

2. 用节奏音节歌唱。

3. 教师或另一个学生用符干谱写出节奏。

将一首歌的唱名音节转变成乐谱

老师用中性音节歌唱一个旋律动机，学生回应。

1. 学生回应唱并拍打节奏。
2. 学生用节奏音节回应唱。
3. 引导学生确定唱名音节。
① 结束音的唱名是什么？
② 起始音的唱名是什么？
③ 学生用唱名音节演唱并做手势语。
4. 教师或另一个学生在符干谱的下方写出唱名音节的节奏型。
5. 教师或另一个学生将旋律写在五线谱上。在这个步骤前，必须要准备好学生们对五线谱上的音符的学习。

谱7.8　唱名音节

谱7.9　将唱名音节写到五线谱上

写下已知节奏模式

1. 演奏或者歌唱这个节奏模式。
2. 学生歌唱这个乐句并轻打拍子。
3. 学生歌唱乐句并击打节奏。
4. 学生用节奏音节歌唱这个乐句。
5. 学生记忆这个乐句。
6. 学生歌唱并用符干谱写出这个乐句。

写个已知旋律模式

1. 教师演奏或歌唱将要写作的音乐旋律。
2. 学生记住这个旋律。

3. 学生先用节奏音节唱一遍，然后用唱名音节演唱。班级唱和个人唱都要练习。

4. 在手指谱上进行练习。

5. 边唱边在五线谱上写下这个旋律。

听写歌曲范例

听写能力是与音乐记忆发展、内心听觉以及读写技能紧密相关的一种能力。记忆对听写而言很关键。正如上述所言，初始的写作活动应当建立在学生记忆各种模式的基础上。随着学生们记忆力的逐渐增强，教师便可以给予学生更长的谱例作为听写练习。我们认为，学生们在将一段乐谱默写下来之前应该先演唱这段旋律，这样教师才可以确认学生们是否准确地听到了这段旋律；我们还认为，听写的素材应采用学生所熟悉的音乐；从学生们学习过的音乐曲目中选择听写素材，可以确保他们对音乐的熟悉度。

节奏型听写的 6 个步骤程序

1. 教师在钢琴上演奏一段旋律，让学生确定其节拍和小节数。

2. 教师弹奏，让学生来指挥。

3. 学生指挥，并用节奏音节来歌唱这个旋律。

4. 学生写下节奏。

5. 其中一个学生将这个节奏写在黑板上。

6. 教师再弹奏一次，学生跟着他们写下的乐谱演唱。

旋律型听写的 15 个步骤程序

1. 教师用手势语和五线谱呈现听写素材的调性。

2. 教师呈现从特定的旋律型中选择出来的作为听写的部分，让学生用唱名音节及音符名称来演唱。在正式听写的开始阶段，教师也可以给学生一份谱例，其中包括小节线、个别音符或个别节奏来帮助学生的记忆。

3. 教师在钢琴或其他乐器上演奏这段旋律。

4. 让学生确定拍子。

5. 学生边打节拍边唱。

6. 学生边指挥边唱。

7. 学生边打节奏边唱。

8. 学生边指挥边用节奏音节演唱。

9. 让学生确定结束音和起始音，及部分或全部以下罗列的事项：音阶或调式，旋律的终止式，旋律的轮廓、模式和拍子。

10. 学生用唱名音节和手势语演唱这段旋律。

11. 学生用手势语和音符名称演唱这段旋律。

12. 学生凭记忆演唱这段旋律。

13. 学生写下这段旋律。

14. 请一位学生在黑板上写下这段旋律。

15. 学生用自己写下的乐谱来演唱这段旋律。这段旋律还可以用来训练诸如移调或包含在旋律中的音程等技能。

音乐记忆的开发活动

音乐记忆对于歌唱中的音准是非常重要的；记忆一个音型或乐句的能力对音乐的读写十分关键。

有 3 种记忆音乐谱例的方法：

1. 靠耳朵的听力来记忆。
2. 靠手势来记忆。
3. 靠看五线谱来记忆。

靠耳朵的听力来记忆

靠耳朵的听力来记忆比靠看乐谱记忆要难，因为它没有视觉上的协助。所以要选择比较简单的音乐作为靠听力训练记忆的谱例。以下的步骤可以用来为节奏和旋律的记忆服务。教师歌唱这段音乐，要求学生按照以下的步骤识别或表演；注意，一定要在让学生识别每个步骤之前将音乐例子唱一遍。

1. 让学生识别节拍。
2. 让学生用节奏音节演唱这段音乐。
3. 让学生识别起始音和结束音的唱名音节。
4. 让学生边指挥边歌唱。
5. 让学生用唱名音节和手势语演唱。
6. 让学生用绝对音高名称和手势语演唱。
7. 让学生写出或在钢琴上演奏它。之后，可以改变这段音乐。

175

8. 教师也可以演奏一段旋律，要求学生在记忆这段旋律的同时，用"噜"的声音以卡农式或唱名音节回应歌唱。在更高的层级上，可以让学生在一个不同的音程上用卡农式回应歌唱。

靠手势来记忆

手势语可以帮助学生学习和理解旋律的轮廓；一系列的手势语可以激起学生对旋律型的记忆。

1. 展示特定的旋律音型，要求学生回应歌唱这个音型。可以从短小的音型开始，例如 *so – la – so – mi* 或者 *mi – fa – mi – re – mi*。

2. 一旦学生们掌握了这个旋律音型，就可以拓展到四个小节及八拍子的旋律了。

3. 选择一个五声调式的旋律，并用手势语展示。让学生立即用唱名音节或音符名称以卡农式演唱这段旋律；进而还可以将这个活动延伸，要求学生凭记忆写下这段旋律。

4. 教师也可以给出起始音，要求学生在展现手势语的同时用音符名称演唱这段旋律。

靠看五线谱来记忆

1. 让学生看着乐谱，通过在脑海中默唱并使用手势语记下其中一个乐句。

2. 如果其中有些乐句是已知的，有些是未知的，可以让学生唱已知的乐句，教师唱出未知的乐句；让学生听并学习那些未知的乐句。

3. 可以让学生在五线谱上写下旋律。更高层级的学生还可以把这段旋律在不同的谱号上用另一个调写出来。

4. 让学生识读一段包含已学元素的新作品，要求学生在不大声唱出来或弹奏的情况下记忆。

记忆二声部音乐谱例

当学生在单一的记忆单元获取了一定的经验后，他们便可以开始记忆二声部音乐了。伴奏部分可以从节奏型、固定节奏音型或固定旋律音型和弦根音、对位旋律线条、特定的调式或和声终止式中获取。记忆训练同样可以包括三声部或四声部的音乐。

1. 用两个声部演唱旋律。

2. 用节奏音节或唱名音节默记其中的一个声部。

3. 边指挥边演唱那个已经记忆了的声部。

4. 按照第一步骤到第三步骤训练另一个声部。

5. 先以班级分小组唱二声部；然后每次两个人分别以唱名音节和音符名称演唱。

6. 写出这段音乐旋律的两个声部。

7. 唱其中一个声部，在钢琴上演奏另一个声部；或者唱其中一个声部，用手势语展示另一个声部。

·讨论问题

1. 当我们说节奏或旋律元素需要练习时，我们指的是什么？

2. 我们怎样才能连接不同的技能领域，比如从音乐记忆和内心听觉的开发到教授音乐的读与写？提供具体的例子。

3. 学生们读写音乐要通过使用各种手法反复练习。有几种电脑程序也可以融入音乐课堂，使学生们更好地开发他们读写能力。讨论之。

4. 读谱和视唱之间的差异是什么？

5. 写作和听写之间的差异是什么？

·持续进行的作业

1. 当我们为学生呈现一个重点音型元素时，我们非常有必要练习更多的可能性，像是这个元素出现在不同节拍上或被其他已知元素包围的多种其他音型。从你明年即将要教授的一年级、三年级或五年级的课程中选择一个元素，列出你通过读写活动练习这个音型的多种形式的步骤。

2. 你将如何扩展以上的读写活动来发展内心听觉、记忆、视唱以及听写活动？

3. 描述你将如何通过视唱来教授学生们一首新的音乐作品。

通过识读、写作以及记忆练习来练习童谣和旋律的参考书目

Houlahan, Mícheál, and Philip Tacka. Sound Thinking：Music for Sight – Singing and Ear Training. New York：Boosey & Hawkes，1991.

孩子们作为有创造性的人类：曲式、即兴创作和作曲的练习

关键问题

· 什么是音乐的曲式（结构）？

· 怎样在小学教育中推广曲式的概念？

· 即兴创作和作曲有何区别？

· 怎样理解动觉、听觉和视觉上的即兴活动？

· 哪些类型的节奏和旋律的即兴活动可以被应用于所有的年级阶段？

开发音乐曲式（结构）概念的活动

在儿童教育的初期就应该教授他们学习歌曲结构（曲式）的知识。当学生们在拍打歌曲的节奏，并用正确的呼吸及音量歌唱准确的音准时，他们也已经学习到了一些重要的音乐结构的因素，比如乐句的划分和力度掌控。教授学生对什么是相同的什么是不同的、或者什么是相似的结构的理解从幼儿班便开始了。这些简单的概念引导他们开始了解二部曲式和三部曲式，这也是以后了解更大的奏鸣曲式和交响曲式的前提条件。

加强理解结构和曲式的活动

对音乐曲式的理解，同发展记忆力、识读、写作、即兴、作曲以及内心听觉技能有着密切的关联。下面是一些可以引导学生认识歌曲结构的活动；而所有这些活动在今后都可以进一步扩展到作曲和即兴活动中。

1. 相同的与不同的。学生要被引导着去发现以下几点：

① 歌曲的乐句数量。

② 每个乐句的节拍数量。

③ 每个乐句是相同的还是不同的。

2. 在一首简单的歌曲中用字母来标注其中相同和不同的乐句。针对年纪较小的学生，老师通常会用 Apple 表示 A 乐句，用 Banana 表示 B 乐句，而几乎接近的乐句，我们称之为变体。

3. 重复的音型与反复记号。反复记号的运用可以解释成音乐中的速记。

4. 第一结尾和第二结尾。第一结尾和第二结尾是使用反复记号和强调结构的另

一种方法；也可以被视为音乐速记的一种方法。可以考虑使用《新奥尔良的大房子》这首歌来教学。

谱 7.10　《新奥尔良的大房子》

《新奥尔良的大房子》也可以像谱 7.11 这样记谱：

谱 7.11　《新奥尔良的大房子》

5. 问答的形式。问答的形式可以是类似的 A Av 形式或不同的 A B 形式。

6. 应当引导学生从听觉和视觉上认识简单的歌曲形式，比如 AABA、ABAC 或 ABAB 等结构。了解音乐的结构对帮助学生提高记忆力是很有帮助。举个例子，《新奥尔良的大房子》这首歌的结构是 ABAC，这种结构让人很容易判断出在歌唱时是每两个小节呼吸一次。

7. 周期结构。有很多优秀的民歌都具有周期结构。当教授周期结构的歌曲时，可以使用 A Av 或者 A B 结构的歌曲，这些歌曲往往 A 段的结束音在属调，而 Av 段的结束音在主调。下面以《爱上某人》这首歌为例子，这首歌是 E 大调的。第一行的最后一个音是 B，也就是 E 大调的属音；而第二行结束在 E 音上，也就是 E 大调的主音。

谱 7.12　《爱上某人》

《爱上某人》是一首我们可以看到和声和曲式之间关系的简单歌曲。为了呈现《爱上某人》的曲式，将班级分成两组；一组演唱前半部分，另一组演唱后半部分。让学生从听觉上去比较周期中的各个部分里的旋律素材并思考以下几个问题：

① 每个部分的小节数量。

② 每个乐句的起始音和结束音。

③ 两个乐句间的关系。（一个是开放的，另一个是收缩的；或一个是结束了的，另一个却尚未结束。）

这首歌也可以在学生年纪比较大的时候再学习一次。引导学生比较每个乐句的结束音。第一个周期结束在 *so* 音上。在第一个周期的结尾，可以让学生唱出属和弦 *so – ti – re*。第二个周期结束在 *do* 音上。在第二个周期的结尾，可以让学生唱出主和弦 *do – mi – so*。

教授具有周期结构的歌曲

① 学生边指挥边用唱名音节演唱。

② 学生用音符名称来演唱。

③ 学生演唱并识别这首歌曲的曲式。

④ 教师演唱这首歌曲，学生识别其和声功能或和弦调性。

⑤ 将班级分为两组，一组演唱旋律，另一组演唱和声功能或和弦根音。

⑥ 讨论歌曲的周期结构。确定曲式、每个乐句的起始音和结束音以及每个乐句之间的关系。

⑦ 学生再次演唱这首歌曲并仔细聆听以上所有讨论过的各个音乐方面。

⑧ 在学完这首歌曲之后，学生可以为乐句的第一个部分即兴创作一个新的答句。如果要再加大难度，让学生即兴创作一个与第一乐句的素材不相关的乐句。

以下是古典音乐曲式。可以将以下曲式及作品作为听力练习，或作为那些学习乐器的学生的演奏作品。

1. 二部曲式：巴赫，《降 B 大调第一帕蒂塔》，BWV825；或选自《巴赫钢琴初级曲集》中的《G 大调小步舞曲》。

2. 三部曲式：肖邦，《C 大调玛祖卡》，作品 33 之 3；或选自《巴赫钢琴初级曲集》中的《风笛曲》。

3. 回旋曲式：ABACABA－海顿，《C 大调弦乐四重奏》；或贝多芬，《G 大调钢琴奏鸣曲》，作品 14 之 2 的末乐章。

4. 主题与变奏曲式：沃恩威廉姆斯，《绿袖子变奏曲》。

5. 快板奏鸣曲式：莫扎特奏鸣曲。

6. 赋格：巴赫，赋格，选自《为管风琴所作的 d 小调托卡塔》。

7. 协奏曲：莫扎特，《降 E 大调第四圆号协奏曲》，作品 495 的末乐章。

8. 交响曲：海顿，《D 大调交响曲》，作品 104 的第一乐章。

用于发展即兴创作和作曲的活动

即兴是即席创作的艺术，而作曲是组织与写作音乐的艺术，两者都是柯达伊教学方法中不可分割的组成部分。即兴创作与作曲扩大和发展了学生的创作能力及音乐素养能力。即兴创作的形式是多种多样的。通常年纪小的学生能够较为轻松地发明一些歌词和旋律。在一首歌曲中植入替代歌词并选择不同情感的表达方式来诠释歌曲，是早期即兴创作的形式。

教师必须为即兴创作设定一个所有学生都能达到的既简单而又明确的目标；另一个即兴创作的基本准则是要让学生不停地打拍子；再有，游戏式的即兴在每个学生都得到机会参与前不应该停止；与此同时，教师在此期间可以观察和评估是否有哪个学生需要额外的帮助去理解某个特别的概念。

为歌曲加上动作作为伴奏或者改变歌词将会极大的鼓舞学生的自发性与创造性。这种活动的课堂氛围应该是开放自由的，如游戏一样，如此一来，学生就算出了错也不会觉得尴尬。在一个游戏般的氛围里，学生在获取极大的乐趣的同时，也会被激励，从而不断练习他们所学的音乐技能。

对歌曲中的节奏型及旋律型有了足够理解的学生，便有能力开始在他们学习过的音乐概念上进行即兴创作或者写作了。节奏、旋律以及曲式将会通过即兴创作得到练习。教师在评估及决定适当的即兴创作活动时，应该考虑到学生的年纪跟程度。如果可能，每个学习过的音乐元素都应该搭配一些即兴创作活动。

以下的活动可以将即兴作品写下来使之转换成作曲练习。

节奏的即兴创作活动

涉及到节奏元素的即兴创作总是第一个被考虑到音乐课程中。下面是用来帮助练习节奏及发展即兴创作技巧的动觉、视觉以及听觉活动。

为节奏的即兴创作开展的动觉活动

由简单的活动开始。给音乐加动作、改变一首歌的歌词、回应打拍子、回应歌唱这些活动都有助于激发年轻学生的自主性与创造性。充满这种活动的课堂氛围应该是非正式的及游戏般的，这样学生就不会怕犯错并丧失自信。

1. 根据歌词内容即兴一个动作。在歌曲《找拖鞋》中，学生可以表演与歌词相关的动作，比如轻踏来与节拍呼应。当唱《热十字包》时学生可以表演与烘焙相关的动作，例如搅拌或者捞盛等手势。

2. 根据节拍即兴不同的动作。在歌曲《这是个大动作》中，一个学生可以选择一个动作来让其他学生模仿，例如拍手、跳跃、抚摸、轻拍等等。

3. 为一首民歌中的节奏型即兴一个动作。举个例子，学生可以边唱《热十字包》边绕圆圈走路，唱 A 段时按顺时针走，唱 B 段时按逆时针走。

4. 利用打响指或拍手来演奏一段四拍节奏的动作卡农。找一个学生当领队，其他学生跟唱。

5. 年轻学生可以装出在演唱时用乐器伴奏的样子，比如他们在演唱的同时假装表演弹吉他或者打鼓。

6. 用身体语言即兴表演一段二拍的固定节奏型，比如在第一拍时拍手，第二拍时拍膝盖。

7. 用奥尔夫乐器即兴一段固定节奏型。

为节奏的即兴创作开展的听觉活动

1. 对一个四节拍的节奏问题做出即兴回答。

① 教师设定节拍。

② 教师拍出或者说出一个节奏，学生用另一个不同的节奏对应回答。

③ 教师可以在开始的时候拍打一个节奏模式，然后要求学生改变其中的一拍。当学生精通于此之后，教师可以让他们说出所拍的节奏模式的名称、改变这些句子的长度及速度。通过这个活动可以引导学生进行节奏的对话。

给一首歌曲即兴创作一个固定节奏型。让学生给歌曲创作一个固定节奏型，最开始只需要简单的二拍子的音型。

2. 提问与回答。

① 教师打一个四拍的节奏作为提问，让学生打一个四拍的节奏作为回答。

② 学生在一开始进行这样的练习时可以不用说出节奏的名称。之后，学生可以用打节奏来回答并说出节奏音节。问答形式的练习可以在课堂上像链子一样持续进行，让每个学生都能参与。

3. 第一结尾和第二结尾。

① 在节奏问答之后，教师可以开始教授带有第一结尾和第二结尾的歌曲。教师或者一个学生演示其节奏至第一结尾，另一个学生则重复演示这段节奏但即兴创作一个结尾作为第二结尾。这种形式的活动包含了记忆以及即兴创作的训练。

4. 根据老师提供的曲式，新作一首节奏型的作品。

① 教师提供一段四个拍子的 A 乐句，让学生即兴一个 B 乐句。这个练习可以演变成一个更长的用 ABAC 曲式的即兴练习。

② 教师可以指定一个较长的 AABA 形式的写作。

③ 这既可以是集体活动也可以是学生的单独练习。这种练习应当基于课上学习的歌曲素材。

5. 即兴创作的连锁游戏。即兴创作的连锁游戏就是让学生围成圆圈，即兴创作一个四节拍的乐句。一旦拍子被确定而且游戏开始了，那么拍子的律动就不应因为犹豫或者错误而被打断。这个游戏要一直持续到每个学生都创作了一个成功的乐句。这种游戏的一个重要方面就是它教会学生要当机立断。在许多情况下，这种决定都是凭直觉的，这也暗示着问题中的很多音乐元素其实已经完全被学生们消化、吸收了。

① 一个学生打一个四拍。

② 另一个学生也打同样的四拍再加一个四拍。下一个学生则重复以上两个四拍再加入自己的四拍。以此类推。

③ 游戏一直进行到有人出错为止。

即兴创作连锁游戏的一个简化版是：

① 一个学生打一个四拍。

② 另一个学生打其最后两拍再加入自己创作的两拍。下一个学生重复前一个学生的后两拍，并加入自己创作的两拍。以此类推。

③ 游戏一直进行到有人出错为止。

听觉形式。四个志愿者每个人都有 AABA 曲式里面的一个字母。其中的两个人将即兴创作 A 和 B，另外两人将重复 A。他们每人将创作四个拍子，教师可以规定速度。

为节奏的即兴创作开展的视觉活动

1. 即兴创作一个新的结尾或者一个新的小节。

① 在黑板上写上一段简单的节奏然后擦掉其中的一小节，让一个学生上来演奏这段节奏并且即兴创作填补那个擦掉的小节。

② 教师在黑板上写下那首歌的节奏，然后擦掉最后的两小节。

③ 让学生边说出节奏音节边打拍子，并且即兴创作最后的那两个小节。

2. 即兴填空。

① 在黑板上排列四张抽认卡。

② 其中三张卡上都写有一个节奏，而第三张卡是空白的。

③ 当学生们按顺序拍打其中第一、二、四张卡片中的节奏的时候，请一位学生给第三张卡即兴一个四拍的节奏模型。（刚开始玩这个游戏时，可以在第三张卡上写一个四拍的节奏，让学生只改变其中的一拍。）

3. 即兴曲式。

① 一旦学生能够辨别出四分音符和八分音符，教师便可以开始曲式的即兴创作了。

② 教师在黑板上写下两个节奏句子，学生拍打节奏。

③ 教师指明哪个是 A 乐句，哪个是 B 乐句。

④ 擦掉 B 乐句。

⑤ 问学生在 A 乐句中有几个节拍。

⑥ 问学生在 B 乐句中应该有几个节拍。

⑦ 让学生即兴一个新的 B 乐句并写下来。

⑧ 如果字母 A 和 B 对学生而言过于抽象，那就用水果图片作为代替，例如苹果（代表 A）、香蕉（代表 B）等等。

⑨ 这个练习之后，使用类似的程序学习 ABAB 曲式。

旋律的即兴创作活动

为旋律的即兴创作开展的动觉活动

让学生通过即兴表情动作及歌词来展示一首旋律的轮廓。像唱歌曲《蜗牛，蜗牛》时就表演蜗牛的样子。然后用猫或者松鼠来代替蜗牛并表演它们的样子。

184

为旋律的即兴创作开展的听觉活动

1. 即兴歌词。学生可以给简单的旋律即兴填词。例如，教师可以通过音符 *so* - *mi* 唱一个问句来提问学生，而学生也用同样的音符即兴一个答句。

谱7.13　《你今天怎么样》

2. 歌词替代。例如歌曲《泰迪熊》，让学生给这首歌换词为《蜜蜂》或者《凯蒂猫》。

3. 提问与回答

① 由教师设定一个节拍。教师唱一个四拍的旋律，学生则唱一个不同的四拍旋律作回应。

② 教师可以唱一个模式，让学生改变其中的一拍（这个步骤也可以以视觉练习来做，对某些学生来说也许会容易些）。

③ 随着学生越来越熟练，教师可以延长乐句或者改变速度。这将引导学生进入有旋律对话的演唱。问答形式的练习可以在课堂上像链子一样持续进行，让每个学生都能参与。

4. 第一结尾和第二结尾。

① 在完成旋律问答环节后，教师可以开始教授带有第一结尾和第二结尾的歌曲。教师要解释其（两个结尾的）不同。

② 教师或学生演唱至旋律的第一结尾，另一个学生演唱反复的部分，并即兴创作一个结尾作为第二结尾。

③ 这种活动类型不仅可以发展学生的即兴创作能力还能开发音乐记忆。

5. 给歌曲即兴创作一段固定低音旋律作为伴奏。让学生为一个已知的五声调式旋律即兴一个固定低音旋律。很重要的一点是，教师要控制学生们即兴的唱名音节的数量；比如说，在运用整个五声调式音阶前，先让学生们从 *la* - *so* - *mi* 这三个音开始即兴创作。

6. 即兴创作的连锁游戏。

① 一个学生演唱一个用四分音符组成的四拍旋律模式；另一个学生演唱这个旋

律模式但要改变其中的一拍。

② 一个学生演唱一个四拍的旋律模式；另一个学生重复这个旋律模式并增加一个四拍的旋律；下一个学生重复第二个学生的新模式并加入自己的四拍旋律；以此类推。游戏一直进行到有人出错为止。

7. 学生根据提供的旋律模式逆行演奏一遍作为即兴。如 $d-m-s-l$ 逆行模式便是 $l-s-m-d$。这种特别的首调唱名模式在歌曲《落基山脉》中可见到。

8. 当展示一段旋律时，让学生要以此为基础即兴创作一个序列的旋律。教师可以设定一个标准。比如让学生用升高一个音或者降低一个音来演唱这段旋律。教师可以唱下面这个例子的第 1 小节然后让学生接下去唱第 2 小节。

谱7.14　用比第 1 小节降低一个音的方式来演唱第 2 小节

为旋律的即兴创作开展的视觉活动

1. 填补一个四拍的模式。

①用音符 so 和 mi 来即兴。教师在黑板上写下四个四分音符，并在第一拍、第三拍和第四拍下标注唱名音节。学生可以选择音符 so 或者 mi 填在第二拍上。

②让学生唱一段旋律并要在空白的小节处即兴填补。教师可以给出节奏，最好能够由简单的节奏入手慢慢过渡到复杂的节奏中去。教师可以在黑板上写下一段简单的旋律但要留出一小节空白，让学生来唱这段旋律并且即兴填补空白的地方。旋律空白处的节奏可以是学生自己即兴创作的，也可以是教师指定的。

③学生可以利用节奏和旋律的抽认卡创造一首新曲。

2. 根据既定的节奏模式即兴一段旋律。让学生根据既定的唱名音节旋律即兴节奏。例如：$so-la-so-mi$ 可以演唱成 $so-lala-so-mi$ 或者 $so-la-soso-mi$。

3. 在黑板上排列四张抽认卡。

① 其中三张卡上写有唱名音节及节奏，而第四张卡上只写有节奏。

② 让学生用手势语唱那这些抽认卡，在第四张只写有节奏的抽认卡上即兴创作一个新的旋律。

4. 学生根据指定音阶即兴一段旋律。

5. 依照曲式即兴创作。利用一个作品的结构即兴创作。比如歌曲《热十字包》是 AABA 模式，让学生演唱 A 的部分然后即兴改变 B 的部分。

6. 抽认卡。让学生利用带有旋律及节奏模式的抽认卡片创作新曲。

7. 根据提供的旋律即兴一段固定低音旋律。

① 用固定低音旋律唱一首歌曲。

② 每个学生都可以给这首歌即兴一段固定低音。唱这首歌时让几个学生一起演唱他们创作的固定低音。

8. 即兴一个问答。

① 识读与演唱歌曲中的节奏。

② 问：在问句中有几个小节？

③ 在答句中有几个小节？

④ 能用 do 来结束问句么？（不行）

⑤ 用手势语即兴演唱问句与答句。

即兴创作的附加练习

1. 用打击乐器即兴创作一个两拍或者四拍的固定低音作为歌曲的伴奏。

2. 用手势语即兴创作一个短的旋律动机。

3. 根据既定的简单节奏即兴旋律。

4. 为一首歌曲中的缺失部分填补一段即兴旋律。

5. 在课堂上循环进行集体即兴创作节奏的活动。

6. 根据一首简单的民谣中的曲式即兴创作节奏。

7. 为熟悉的歌曲即兴创作节奏型伴奏。

8. 运用已知的音乐元素为诗词即兴一段短的旋律。

9. 在最简单曲式的歌曲中运用已知的旋律音节即兴创作旋律。比如：ABA 曲式、AAAB 曲式、ABAB 曲式等等。

10. 根据提供的曲式即兴创作以填补一首歌曲的空缺。

11. 即兴创作二个声部（两只手）的手势语。

12. 即兴创作短的节奏型卡农。

13. 根据既定的曲式即兴几个乐句。

14. 即兴创作一个旋律链。

15. 把简单的大调旋律改为小调。

16. 用特定的节拍和音阶即兴创作一首歌曲。

17. 提供一个节奏或旋律框架，让学生在不改变乐句长度的情况下添加复杂的节奏和旋律乐句。

所有这些关于节奏、旋律和曲式的训练活动，都可以扩大化和多元化，并以此来考评学生的水准及能力。无论是节奏型的还是旋律型的固定低音，都可以被创作并融入到无论是简单或者复杂的民歌的演奏当中。当音乐课堂被赋予了创造性及自主性，它的可能性将是无限的。

· 讨论问题

1. 描述即兴创作及写作的不同。

2. 在课堂上，你是如何开发学生在动觉、听觉及视觉上的即兴创作能力的？

3. 在课堂上，学生应该被允许用他们自己的想法及表达模式自由地创作音乐。本章中以此想法为基础的练习活动不过是识读与写作的另一种模式，对学生的创造性技能并没有多大帮助。讨论之。

· 持续进行的作业

1. 回顾每个年级课程中的曲式和即兴创作/作曲的目标。

2. 选择一个你即将教授的一年级、三年级或五年级的元素；列举出你要用来训练这个元素的曲式、即兴创作和作曲的步骤。

3. 你要如何延伸以上的即兴创作和作曲活动，来发展学生们的内心听觉、记忆、视唱和听写活动？

练习曲式、即兴创作和作曲的参考书目

即兴创作：

Philip A. Alperson. "On Musica Improvisation." Journal of Aesthetics and Art Criticism 43, no.1 (Fall 1984): 17—29

Jeff Pressing. "Improvisation: Methods and Models." Generative Processes in Music: The Psychology of Performance, Improvisation and Composition, ed. John Sloboda, pp. 129—78. Oxford: Clarendon Press, 1987.

作曲：

Mícheál Houlahan and Philip Tacka, Sound Thinking: Music for Sight – Singing and Ear Training, Vol. 2 (New York: Boosey & Hawkes, 1991), 153.

Smith, B. and W. Smith. 1994. "Uncovering Cognitive Process in Music Composition: Educational and Computational Approaches." In M. Smith, A. Smaill, and G. Wiggins, eds., Music Education: An Artifical Intelligence Approach, 56—73. (New York: Springer – Verlag. 1994).

Bunting, R. "Composing music: Case Studies in the Teaching a Learning Process." British Journal of Music Education 4 (1): (1987) 25—52.

Bunting, R. Composing music: Case studies in the teaching a learning process. British Journal of Music Education 5 (3) (1988) 269—310.

A. K. Cropley. "Fostering Creativity in the Classroom: General Principles." In M. A. Runco, ed., Handbook of Creativity Research 1: 83—114. (Cresskill, NJ: Hampton Press. 1997).

M. Csikszentmihaly. Society, Culture and Person: A System View of Creativity. In R. J. Sternbertg, ed., The Nature of Creativity. (New York: Cambridge University Press. 1988).

Margaret Barrett, "Children's Aesthetic Decision Marking: An Analysis of Children's Musical Discourse as Composers," International Journal of Music Education 28 (1996), 37—62.

Margaret Barrett, "Children's Aesthetic Decision Marking: An Analysis of Children's Musical Discourse as Composers," International Journal of Music Education 28 (1996), 37—62.

Michael Eric Bitz, "A Description and Investigation of Strategies for Teaching Classroom Music Improvisation" (Doctorate, University of Kentucky), 3386A.

David Bramhall, Composing in the Classroom (New York: Boosey & Hawkes, 1989).

Timothy S. Brophy, "The Melodic Improvisations of Children Ages Six through Twelve: A Developmental Perspective" (Doctorate, University of Kentucky), 3368A.

L. Campbell, Sketching at the Keyboard (London: Stainer & Bell, 1985).

A. Chatterley, The Music Club Book of Improvisation Projects (London: Stainer &

Bell, 1978).

P. Dadson and D. McGlashan, The from Scratch Rhythm Workbook (Portsmouth, NH: Heinemann, 1995).

W. Jay Dowling, "Tonal Structure and Children's Early Tonal Learning of Music" in Generative Process of Music: The Psychology of Performance,

J. Flohr. "Young Children's Improvisations: Emerging Creative Thought." The Creative Child and Adult Quarterly, 10 (2), (1985). 79—85. J. Flohr。

John Sloboda ed. Improvisation, and Composition, (New York: Oxford University Press, 2001), 113—128.

Donald L. Hamann, ed., Creativity in the Music Classroom: The Best of MEJ (Reston, VA: Music Educators National Conference, 1992).

Ruth Harris and Elizabeth Hawksley, Composing in the Classroom (Cambridge England: Cambridge University, 1990).

Ildikó Herboly – Kocsár, Teaching of Polyphony, Harmony and Form in Elementary School, ed. Lilla Gábor, trans. Alexander Farkas (Kecskemét: Zoltán Kodály Pedagogical Institute, 1984). Ildikó Herboly

J. Kratus, "The Use of Melodic and Rhythmic Motives in the Original Songs of Children Ages 5 to 13," Contributions to Music Education 12 (1985), 1—8. J.

Z. Laczó, "Psychological Investigation of Improvisation Abilities in the Lower and Higher Classes of the Elementary School," Bulletin of the Council for Research in Music Education 66 & 67 (1981), 39—45. Z.

R. McNicol. Sound Inventions: 32 Creative Music Projects for the Junior Classroom. Oxford, England: Oxford University Press. 1992. R. McNicol。

Virginia Hoge Mead, V. H. Dalcroze Eurhythmics in Today's Classroom. (New York: Schott. 1994). See also: Music Educators Journal. September 1993; January 1995; November 1996; November 1997; November 1999.

Helga Szabó. énekes improvizácio az iskolában [Vocal Improvisation in the Elementary School]. In Hungarian. Vols. I – V. Budapest: Zenem? kiadó, 1977.

——. Vocal Improvisation in the School IV, Canon, Imitation and Fugue. trans. Judit Pokoly. Kecskemét: Zoltán Kodály Pedagogical Institute, 1984. This volume traces the development of canon, imitation, and fugue. Numerous musical examples, largely drawn from the 15th – 18th centuries, are included. ——

June Tillman and Keith Swanwick. "Towards a Model of Development of Children's Musical Creativity," Canadian Music Educator 30, no. 2 (1989), 169—174.

Rena Upitis, Can I Play You My Song?" the Compositions and Invented Notations of Children (Portsmouth, NH: Heinemann, 1992).

Peter Webster, "Creativity as Creative Thinking," Music Educators Journal 76, no. 9 (1990), 22—28.

Jackie Wiggins, Composition in the Classroom: A Tool for Teaching (Reston, VA: Music Educators National Conference, 1990).

Jackie Wiggins, "Children's Strategies for Solving Compositional Problems with Peers," Journal of Research in Music Education 42, no. 3 (1994), 232—252.

Ellen Winner, Lyle Davidson and Larry Scripp, Arts Propel: A Handbook for Music (Cambridge, MA: Harvard Project Zero and Educational Testing Service, 1992).

G. Winters and J. Northfield, Starter Composing Packet (Essex, England: Longman Group, 1992).

多声部活动与和声听觉的发展

关键问题

· 什么是多声部活动？
· 如何在教室开展多声部歌唱？
· 什么是和声听觉？
· 我们应该如何帮助学生开发以主和弦的根音为基础的旋律伴奏的创作能力？
· 我们如何向学生们教授和弦？

　　许多合唱指挥认为民歌中的齐唱不是真正的合唱，并且齐唱对于合唱指挥的工作并不具备价值。这个一个极大的错误，因为民歌齐唱是一个伟大的艺术任务，并且我们几乎不曾在这个领域听过一场完美的演唱。在这里，我的脑海里并没有一种能使齐唱变成具有更多复杂力度和速度而使其更有趣的东西。通常，这是一种最简单却也是最困难的演唱。因为这有一种倾向，就是或多或少地有意识地想要使齐唱演出变得更加有趣倾向。但是我们要克制这种倾向，使之消失。大多数的民歌都具备不朽的价值，而歌手应该被引领着将这些民歌唱得既简单又气势宏伟。这绝不是一个白费力气的工作，能够成功达到此境界的合唱指挥一定会感到非常自豪。①

　　大多数声乐教师和合唱指挥认为要通过钢琴控制音准。但歌唱依靠的是听觉上的"自然"音程，而不是调节音律的系统。即使是一台音准调到完美的钢琴也永远不能成为歌唱的标准，更不用说那些学校排练室里的"走音"钢琴了。然而，有多少次，我发现合唱指挥尝试用音不准的钢琴来修正合唱中的走调；更有多少次，教师迷失在钢琴伴奏的声音中，却没有注意到他的合唱团的音准早就偏离了……二声部歌唱的好处几乎无法估量，然而不幸的是，等到大家发现这个好处时通常为时已晚。它能在各个方面帮助听觉发展，即使是齐唱也同样。事实上，那些总是只用单声部歌唱的人们永远也不能真正学会把音唱准；相反的，只有通过通过二声部的歌唱，才能真正学习正确的音准：两个声部的声音可以相互调整和平衡。②

学习多声部合唱的活动

　　学习二声部或三声部歌唱应当在学生的早期音乐教育阶段就开始。以下的学习策略将提供给学生一个自信地歌唱二声部的基础。所有这些活动都是为了给教师提供准备和训练各层次复杂困难的音乐元素的方法；通过将这些活动纳入音乐课堂的教学中，教师可以在活跃声乐练习的同时，发展学生对于学习音乐元素和演奏方法的精确性和批判性意识。以下的序列或活动使学生能够并轻松地演唱多声部音乐。按照以下顺序进行每个二声部音乐活动。

　　1. 教师和班级。

　　2. 班级和教师。

　　3. 把全班分成两组，每组表演他们自己的那个声部。然后互换声部。

　　4. 两个小合唱组，各自表演他们自己的声部。

　　5. 两个学生，每人表演自己的声部。

　　学习多声部合唱的准备活动

　　1. 在行军、跳跃或按节拍走步的同时歌唱；学生须在同一时间集中精神于两个不同的任务。

---

　　① Zoltan Kodàly. "Ancient Traditions – Today's Musical Life"（Lecture given at the Institute of Popular Education）. In Ferenc Bónis, ed. *The Selected Writings of Zoltán Kodály*. trans. Halápy and Macnicol（Budapest：Zenem? kiadó Vállalat, 1964；London：Boosey & Hawkes, 1974）. 172.

　　② Zoltan Kodàly. "Let Us Sing Correctly." *The Selected Writings of Zoltán Kodály*. 216.

2. 呼应歌唱。在这里，虽然每个学生只演唱一个乐句，但是如果他们想要能够富有节奏感和音乐感地歌唱，他们必须学会使用内心听觉（心声）来歌唱包括呼叫和响应在内的两个乐句。呼应歌唱可用于唱民歌（也可以把它想象成问答歌唱）。

3. 在歌唱的同时表演动作或指着有歌曲节拍的图表。

① 学生一边轻敲节拍或者在打击乐器上敲打节拍一边歌唱。

② 学生一边指着有节拍的视觉图表一边唱歌。

4. 在唱一首歌的同时演示节奏。让学生一边拍打节奏或者在打击乐器上敲打节奏一边唱歌。

5. 学生在歌唱的同时打出节拍和节奏。

① 让两个学生演唱一首简单的民歌，同时一个人打节拍，另一个人打节奏；使用不同音色区分节拍和节奏。

② 教师可以在黑板上写下一首已知歌曲的节奏，并在节奏谱的下方标上节拍。让两名学生走到黑板前唱这首歌，一个学生指着节拍，另一个指着节奏。

6. 固定节奏型和固定旋律型。

① 教师拍打一个固定节奏型的同时让学生歌唱旋律。

② 学生和老师交换。

③ 把学生分为两组，一组唱歌，另一组表演固定节奏型。然后互换。

④ 由两个学生来表演相同的步骤。

⑤ 让一个学生在歌唱的同时在钢琴上演奏另一个部分。

7. 让学生演唱已知曲目中的简单旋律曲调。

8. 让学生演唱可以合作搭档的歌曲。例如，一半人在演唱歌曲《丽莎和简》的同时，另一半人演唱《落基山脉》。

9. 让学生在唱一首歌的同时拍打另一首歌的节奏。例如，学生在唱《落基山脉》的同时，拍打《泰迪欧》的节奏。这项活动要求两首歌的每个乐句都有相同的节拍数量。让学生以卡农形式演唱已知歌曲中的节奏。

10. 节奏型卡农。节奏型卡农是以节奏音节演唱的卡农，演唱节奏音节时没有音高。虽然许多民歌的节奏在用卡农演奏的时候效果都很好，但是，我们建议这种活动最好用在那些在每一个乐句末尾都有一个休止的歌曲；一个最好的例子就是歌曲《汪汪汪》。节奏型卡农既可以靠听觉也可以靠视觉来演唱。

靠听觉演唱节奏型卡农

靠听觉演唱的节奏型卡农是没有乐谱辅助的。如果在一个乐句上加上动作，就很容易表演。比如打着四个节拍说 "Ali Baba Forty Thieves"。教师可以在身体的不同部位敲打拍子并让学生模仿。学生在熟练这个动作后就可以在两拍后演奏卡农。教师也可以打一个节奏然后让学生在两拍或者四拍之后打出同样的节奏。打拍子的模仿是靠听觉演唱卡农的预备练习。

靠听觉演唱节奏型卡农的步骤

① 教师边用击鼓或者敲击木头来打拍子边说出节奏音节，学生在两拍后拍打节奏并说出节奏音节。

② 教师在不说出节奏音节的情况下拍打节奏，学生在两拍后拍打节奏并说出节奏音节。

③ 教师在没有停顿的情况下拍打出一首完整歌曲的节奏，然后让学生在两拍后进行卡农式演唱。学生可以说出节奏音节。

靠视觉演唱节奏型卡农

靠视觉演唱节奏型卡农的第一步是先让学生识读节奏抽认卡。为了增进记忆效果，教师持卡的姿势要尽量保持静止，但给学生展示卡片和换卡的速度要快，在他们还没有读完上一张卡片的时候就要换到下一张。也就是说，每张卡片给学生看的时间都是简短连续的。这一过程的速度可以慢慢增快，这样总是让学生在读和他们看到的不同的东西。

下面是通过一首比较有名的曲子的节奏来介绍节奏型卡农演唱的步骤。

谱7.15 《汪汪汪》

① 演唱这首歌曲的歌词并做动作。

② 教师和学生可以以两拍之差的卡农演唱歌曲。

③ 用节奏音节唱这首歌。

④ 在拍打节奏的同时说出节奏音节。

⑤ 思考其节奏音节并打节拍。

⑥ 当学生在思考并拍打节奏的同时，教师用卡农（使用不同音色）拍打节奏。

⑦ 教师在乐谱的下方标注卡农的部分。并提问：我们该从哪儿开始写第二部分？在空的小节里我们应该写什么？

⑧ 让学生以卡农演唱。

11. 用卡农唱出五声调式的旋律。仔细挑选那些可能表演卡农的五声调式歌曲。卡农部分应当从和第一部分歌唱的相同音高开始。以下的歌曲符合这个标准：

《来了个高贵的女士》　　　在四拍之后开始卡农。

《我看见月亮了》　　　　　在两拍或四拍之后开始卡农。

《汪汪汪》　　　　　　　　在两拍之后开始卡农。

准备和练习多声部的活动同样也可以用在视唱练习中。比如，学生可以唱一首简单的歌曲，同时用卡农形式打出节奏。这个活动对一些年轻的学生而言可能有点困难，但却是开发独立性和双重思考能力的绝佳活动。

① 教师和学生一起唱一首歌曲。

② 再唱一次同样的歌曲。这次由全班起唱，教师在几拍之后开始从头唱。

③ 再唱一次。这次由教师起唱，全班在接到教师指示之后开始从头唱。

④ 将班级分成两组以卡农演唱。

⑤ 由两个学生以卡农演唱。

12. 看手势语歌唱。

① 学生看教师的手势。

② 将注意力同时集中在旋律的轮廓和音程的运用上。

③ 将班级划分为两组，一组唱一个持续的音符，另一组唱若干与上一组的持续音不同的音符。

④ 按教师的手势语歌唱。用双手让两组在同一个音上开始。用双手展现不同的音高关系。按照音阶的顺序以三度移动。

⑤ 让两组以不同的音高开始，唱到一个终止式为止。

⑥ 将整个班级分成三组。一组唱一个持续的音符，另外两组则根据教师双手的手势语演唱一段旋律。

13. 简单的旋律型卡农。教授简单的旋律型卡农可以采用与教授节奏型卡农相同的步骤。在学习旋律型卡农时，让学生们用唱名音节演唱。对程度比较深的学生，可以让他们唱音符名称。下面是教授旋律型卡农的步骤：

① 教师歌唱，让学生识别节拍、节奏音节及曲式。

② 教师边击鼓或者敲击木头打拍子边说出节奏音节。让学生在两拍之后拍打节奏并说出节奏音节。

③ 教师在不说出节奏音节的情况下拍打节奏；让学生在两拍之后拍打节奏并说出节奏音节。

④ 教师在没有停顿的情况下拍打出一首完整的歌曲的节奏，让学生在两拍之后拍打节奏。学生可以说出节奏音节。

⑤ 教师在没有停顿的情况下以一个中性音节唱出这首卡农，让学生在两拍之后以"噜"音进行卡农式演唱。

⑥ 教师在没有停顿的情况下以一个中性音节唱出这首卡农，让学生在两拍之后以唱名音节进行卡农式演唱。

⑦ 学生唱一段已知旋律，在两拍之后用卡农拍打节奏。

⑧ 学生唱一段已知旋律，在两拍之后用手势语表现卡农。

⑨ 学生唱一段已知旋律，在两拍之后用钢琴弹奏卡农。

14. 合作搭档歌曲。合作搭档歌曲是指把不同的歌曲放在一起唱。下面这些歌就是很好的可以合在一起唱的合作歌曲。

《黛娜》和《跳得高，跳得低》

《汪汪汪》和《我看见月亮了》

《银桦木的土地》和《谁杀了公鸡罗宾》

《丽莎和简》和《快些穿过》

《丽莎和简》和《快些穿过》以及《围着砖院》

15. 把简单的五声调式民歌分为三个声部进行演唱。在这个活动中，先把全班分为两组，把这首五声调式民歌用二部卡农的形式演唱；等学生可以熟练地演唱两个声部时，老师同时以卡农式唱出第三个声部。

16. 用三度和六度唱民歌。

谱7.16　《去睡觉吧》

17. 三声部演唱。

① 用两个互补的固定旋律音型同一段旋律一起歌唱。

② 演唱一段二声部卡农，加入一个固定旋律型。

③ 在二声部音乐的基础上唱一个持续的和弦根音声部。

18. 学习两个声部歌曲的创作。

① 教授一首已知歌曲的和声部分：学生在学习简单的二声部歌曲之前，应当已经掌握了如何歌唱一首歌曲及其固定节奏型和固定旋律音，并且用卡农式演唱。如果你正在教授两声部民歌的创作，你选的这首民歌应该是学生们非常熟悉的。

以下是教授对一首二声部歌曲的和声声部的教学步骤，首先学生应该已经对这首民歌很熟悉了；其和声部分既可以用听觉的方法（听唱法）教学，也可以用视觉的方法（视谱法）教学。

a. 教师歌唱高声部并在钢琴上弹出低声部，或者教师给学生播放这首曲子的录音。

b. 教师歌唱低声部并在钢琴上弹出高声部。

c. 向学生提问关于歌曲演唱方面的问题。

d. 这个歌曲共有几个乐句？

e. 这两个声部中的每个乐句是同时开始和同时结束的吗？

f. 两个声部有同样的歌词吗？

g. 你会如何描述这个和声声部的旋律线条？

h. 这两个声部开始和结束于同一个音（高）吗？

i. 教师逐句歌唱和声线条，学生跟着重复歌唱。如果这时学生还未学习完所有的唱名音节或节奏音节，则可以用节奏音节、唱名音节或中性音节交替歌唱。用歌词唱是最简单的。

j. 在学生逐句学习和声线条时，教师可以哼唱或在钢琴上演奏旋律声部的每一个句子。

k. 当教师在钢琴上弹奏旋律声部时，学生和教师一起唱和声声部的线条。

l. 当教师唱旋律线条时，学生唱和声线条。然后交换。

m. 将全班分成两组。一组唱和声声部，另一组唱旋律声部。然后交换。

② 教授一首新的二声部歌曲：学生在学习一个不熟悉的二声部歌曲前，应当已经掌握了如何歌唱一首歌曲及其固定节奏型和固定旋律音、用卡农式演唱，并且演唱简单的二声部民歌的和声声部。下面是以听觉教授二声部歌曲的步骤；这个步骤也可以转换成为用乐谱（视觉）教授。

a. 教师唱一个声部，在钢琴上弹奏另一个声部；或是唱一个声部，让一个学生唱另一个声部；或是播放这首新的二声部歌曲的录音。

b. 提问学生关于歌曲演唱方面的问题，再次演唱这首歌曲，然后要求学生回答问题。

    c. 这首歌曲有几个不同的声部？

    d. 你觉得这首曲子的曲式是什么？

    e. 这首歌曲有几个乐句？

    f. 两个声部中的每个乐句是同时开始和同时结束的吗？

    g. 两个声部的歌词是相同的吗？

    h. 两个声部的开始音和结束音是同一个音（高）吗？

    i. 哪个声部是和声线条？

    j. 你要如何描述这个和声声部的旋律线条？

    k. 教师逐句唱出第一个声部，并在钢琴上演奏第二个声部，然后要求学生凭记忆重复歌唱。

    l. 学生和教师唱第一个声部，教师在钢琴上演奏第二个声部。

    m. 教师逐句唱出第二声部，并在钢琴上演奏第一声部，然后要求学生凭记忆重复歌唱。教师可以在学生逐句唱第二声部时哼唱或弹奏第一声部。

    n. 学生和教师一起唱第二声部，教师在钢琴上演奏第一声部；然后让学生唱第二声部，教师在钢琴上演奏第一声部。

    o. 学生唱第二声部，教师唱第一声部。然后交换。

    p. 教师将全班分成两组。一组唱第一声部，另一组唱第二声部。然后交换。

19. 用卡农唱出五声音阶、大调音阶、小调音阶以及中古调式音阶。

① 用卡农演唱不同的五声音阶。这些音阶可以从两个声部唱到五个声部。以下展现的是一个四声部并从 *do* 开始的五声音阶。

谱 7.17　四声部并从 *do* 开始的五声音阶

② 从同一个起始音开始唱上行和下行的五声音阶。开始先选定一个音高，如 *do*；从这个音开始以上行唱音阶，在最高音时改变音阶并在带有 = 记号的音上跟随箭头的指引改变音阶的走向。

图7.3　上行和下行交替的五声音阶

	↓					
d'	=	*r'*	*m'*	=	*s*	*l*	=	*d*
		d'	*r'*		*s*	
l			*d'*	*m*		*l*
s	*l*		*r*	*m*	*s*
	s	*l*	*d*	*r*	
m		*s*	*,*	*d*	*m*
r	*m*		*l,*	*,*	*r*
d	*r*	=	*m*	*s,*	=	*l,*	*d*
↑						

上行 ↑　　　下行 ↓　　相同音高 =

③ 以两音之差，用卡农以唱名音节或音符名称演唱大调音阶及小调音阶；然后用三声部卡农演唱音阶。

④ 从同一个音开始唱大调音阶和小调音阶；用唱名音节从 D 音开始用 *do* 调唱大调音阶；然后从同一个音开始用 *la* 调唱小调音阶。用这种方法，学生学习唱完大调音阶之后再唱它的关系小调音阶。

⑤ 用卡农演唱中古调式音阶。

⑥ 从同一个音高开始演唱上行和下行的中古调式音阶。

⑦ 参考图 7.3，从同一个音开始唱五声音阶。将班级分成两组。其中一组先开始，而第二组则在两拍后开始。

⑧ 把班级分为三组，每个组分别唱主三和弦的不同音，要求所有组都用 *mi* 来唱他们的音符。指导各个小组用唱名音节歌唱《热十字包》；学生将用三个声部的大调三和弦来演唱这首简单的歌曲。这个练习也可以重复用小调三和弦来唱。

儿童合唱的曲目表

选自《150 首美国民歌》（150 American Folk Songs）的以下歌曲可以很容易地转换为儿童合唱曲；其教学建议已经在本章稍早作了非常详细的介绍。

表7.1　选自《150首美国民歌》中的歌曲

曲目	演唱建议
《黑夜白天》	可以将这首歌曲作为《飞低些，甜美的夏洛特》的合作搭配歌曲。
《天使乐团》	学生可以将歌词中的数字颠倒过来唱。
《男孩口哨》	可以让听众参与。
《科德角的女孩》	将班级分成两组表演呼应歌曲。
《公鸡罗宾》	让班级用一个"啦"音为歌曲伴奏，并由不同的独唱者唱出每段歌词。
《摇篮曲》	富有表情地歌唱。
《乔西来跳舞》	在两拍之后演唱卡农。
《聋哑女的求爱》	戏剧化的表演：男生开始大声歌唱并逐渐减弱；而女生开始小声地唱，然后逐渐加大音量。教师应当对这首歌里的一些词作出解释，"烟"指的是"烟熏肉"的"烟"；"梳理"指的是梳理和清洗羊毛。
《父亲的牢骚》	使用不同的独唱者和戏剧化的表演。
《灰鹅》	富有表情地歌唱。
《拉住我的骡子》	在两拍之后演唱卡农。
《乘云回家》	富有表情地歌唱。
《丽莎和简》	独奏与合唱。这首歌也可以在两拍或四拍之后以卡农演唱。
《玛丽有一个小孩》	在四拍之后以卡农演唱。
《青蛙先生去求婚》	这首歌曲讲述了一个故事，可以多用一些不同的学生独唱。
《兔子先生》	这里需要两个独唱学生，以呼应的方式演唱。这首歌也可以在四拍之后演唱卡农。
《这里结束了》	用呼应的风格歌唱，每次呼叫可以请不同的独唱者。
《老秃头雕》	将班级分为两组进行呼应演唱。
《老乔·克拉克》	富有表情地歌唱。

曲目	演唱建议
《老母猪》	由两名学生演唱：一个唱第一句，另一个唱第二句，然后齐唱第三句和第四句。
《木瓜地》	富有表情地歌唱，表演晚会及舞蹈。
《猜调》	第二段使用独唱。
《乘马车》	每个乐段都用不同的独唱。 每个乐段的合唱都要一样。
《去海洋远航》	将合唱团分成两个部分，每两个小节更换一次角色。
《航海家的字母表》	字母表里的每个字母都使用一个不同的独唱者。
《甜美的威廉》	富有表情地歌唱。
《把眼镜翻过来》	将合唱团分成两个部分，每四个小节更换一次角色。

选自《帆漂走了：155首美国民歌》（*Sail Away：155 American Folk Songs*）的以下歌曲可以很容易地改编为儿童合唱曲；其教学建议已经在本章稍早作了非常详细的介绍。

表7.2 选自《帆漂走了：155首美国民歌》中的歌曲

曲目	演唱建议
《阿玛希》	呼应歌唱。
《小鸟的求婚曲》	两个小组，分段轮唱。
《鲍博是根针》	呼应歌唱。
《骨头》	独唱与合唱。
《公鸡母鸡》	两组轮流唱。
《上帝没有送来丹尼尔吗》	独唱与合唱。
《山谷下》	一组唱旋律，另一组唱和声。
《去山里告诉它》	分成两组分别演唱主歌与副歌。

（续表 7.2）

曲目	演唱建议
《新奥尔良的大房子》	第 2 小节后开始唱二声部卡农。
《敲敲敲》	两组轮流问答。
《我能骑吗，杰克?》	两个独唱加合唱。
《厨房》	独唱与合唱。
《美丽的霍特拉娜》	多声部演唱加节奏型伴奏。
《柠檬汁》	两组对唱。
《露西的钱袋》	第 2 小节之后开始两声部的卡农。
《比萨、比萨》	呼应歌唱。
《圣安娜》	独唱与合唱。
《自由的空气来了》	用两个声部演唱。
《皮肤与骨头》	呼应歌唱且戏剧化。
《蜗牛蜗牛》	第 2 小节之后开始唱两声部的卡农。
《炖丸子》	呼应歌唱。
《巫婆、巫婆》	把前两小节当成固定旋律型。

与布西和霍克斯出版社（Boosey & Hawkes，英国著名的出版社）出版顺序一致的作品与改编曲。

表 7.3　根据旋律音域的排列而改编的同音及八度的合唱曲

音阶或音域	标题	作曲家/改编者	编码
la 五音音阶	《下雨之前》	贝蒂·贝尔托	OC3B6 192
do 六音音阶	《寇特的糖果》	贝蒂·贝尔托	OCUB6502
	《简妮·温太太》	亚瑟·贝农	OCUB6117
自然小调音阶	《给我爱人一个苹果》	贝蒂·贝尔托	OC3B6370
	《哈什维奴》	多琳·饶	OC3B6430
	《谁杀了公鸡罗宾》	贝蒂·贝尔托	OCFB6240

（续表7.3）

音阶或音域	标题	作曲家/改编者	编码
大调音阶	《绕口令》	贝蒂·贝尔托	OC2B6480
	《哈里路亚》	玛丽·格策	6126
	《雪兰》	玛丽·格策	6257
	《笑翠鸟》	玛丽·格策	6255
	《字母歌》	玛丽·格策	6276
	《乔丹，请让路》	玛丽·格策	6183
	《摘棉花》	贝蒂·贝尔托	OCFB6191
	《我有一颗小坚果树》	贝蒂·贝尔托	OC2B6498
	《赫莉和爱薇》	贝蒂·贝尔托	OC3B6369
	《欢喜迪奥》	迈克尔·普里托里乌斯/多琳·饶	OCUB6450
	《多穆斯的音乐优化》	拉索/多琳·饶	OC4B6449
	《闪亮的晨星》	巴赫/多琳·饶	OCUB6418
	《纳克莱德》	贝蒂·贝尔托	OC3B6472
	《致音乐》	舒伯特/多琳·饶	OCUB6366
	《五月的颂歌》	贝蒂·贝尔托	OC3B6358
和声小调音阶	《清除》	玛丽·格策	6186
	《艾碧斯戴勒》	贝蒂·贝尔托	OC3B6368
变化音	《雪兰蓝调》	多琳·饶	OC2B6455
	《预热》	伦纳德·伯恩斯坦	OC4B6354
	《你要去哪里》	多琳·饶	OCUB6510
	《酒醉的水手》	贝蒂·贝尔托	OC5B6236
	《鲁勒鲁喽》	贝蒂·贝尔托	OC2B6371

和声听觉的发展

可移动 *do* 的唱名法是一种引导学生发展和声听觉及之后的多声部写作技能的方法。柯达伊体系和声的教授建立在听觉经验的基础上。艺术歌曲和许多民间歌曲都可以用来教授有关和声的概念。和声听觉的学习和多声部写作可以作为艺术音乐范例的扩展介绍给学生，并融入学生的曲目中。在和声学习中，学生学习了和弦的结构、和弦的连接以及和声是如何与节奏、旋律及织体相关联的。以下技能应当在发展和声听觉和思考的最开始就被慎重考虑进去。

1. 根据教师的手势语歌唱音程或歌曲中的个别音程，然后用手势语表现它们。
2. 用三度演唱大调及小调音阶；然后用四度演唱大调及小调音阶。
3. 识别和声音程。
① 教师弹奏两个音。
② 学生用中性音节从低到高唱那两个音。
③ 学生用唱名音节识别、歌唱，然后说出音程。
4. 学生哼唱一个指定的音高；教师哼唱另一个不同的音高。学生识别教师哼唱的那个音高。
5. 教师在钢琴上弹奏两个音高来设立一个调。
① 学生用唱名音节识别这两个音高和音程。
② 继续在同一个调内练习一系列不同的音程。
6. 学生从听觉和视觉上识别建立在大调及小调音阶上的旋律型和特定的音阶形式。
7. 学生应当熟知问答的形式及开放乐句和收缩乐句。以下歌曲为问答形式提供了明确范例。
《奶奶的呼噜声》
《落基山脉》
《三个歹徒》
8. 给出一系列音高，学生们必须在听觉上认出哪个音是调的主音。
9. 要求学生们歌唱一首熟悉的歌曲。在教师给出一个信号后，学生们立即唱出这首歌曲的调的主音。
10. 使用卡农练习以上的程序。要求学生们分声部唱一段熟悉的卡农。当教师给出一个信号后，学生们必须唱出调的主音。

11. 学生们将一个大调音乐作品转调至它的平行小调上，然后反过来将一个小调作品转至平行大调；可以从将 *do* 五声音阶的旋律转换至 *la* 五声音阶开始。无论将旋律放置在调性位置还是功能位置上，可移动的 *do* 大调和 *la* 小调都使学生们能够分析和比较音乐作品。

① 学生用唱名音节唱出 D 大调音阶。
② 学生用唱名音节唱出 d 小调音阶。
③ 教师在学生歌唱时写下 D 大调音阶和 d 小调音阶的唱名。
④ 学生找出并圈出半音音程。
⑤ 学生会"发现"音乐改变的原因，是因为半音音程在不同的位置上。
⑥ 让学生用大调歌唱《划船》或《你睡着了吗》，同时指出音调的阶梯。
⑦ 然后让学生用小调唱《划船》或《你睡着了吗》，同时指出音调的阶梯。

主和弦、下属和弦、属和弦的功能

当学生理解了和声的功能或和弦的功能后，他们对功能性和声的理解也就产生了。一个和弦功能组包括了享有同样和声功能的和弦。在调性音乐中，有三种功能组：

主功能
下属功能
属功能

五声音阶的旋律和全音阶的旋律为功能及和声思考的发展提供了良好基础。当全班演唱以 *do* 为主音和以 *la* 为主音的五声调式歌曲时，让一组学生持续唱调的主音作为伴奏；这个音即是大调三和弦的根音。

谱 7.18　《老兔先生》*do* 五声音阶

谱7.19 《公鸡罗宾》la 五声音阶

这些歌曲可以由为 *do* 五声音阶服务的 *do - so* 或 *do - mi - so*（大调主三和弦）的持续音伴奏，也可以由为 *la* 五声音阶服务的 *la - mi* 或 *la - do - mi*（小调主三和弦）的持续音伴奏。

用主和弦的根音和属和弦的根音为旋律伴奏

当学生将唱名音节 *fa* 和 *ti* 加入他们的旋律时，他们发现需要找一个大调的 *do* 音和小调的 *la* 音以外的音作为伴奏使用。当学生歌唱已知的五音音列、六音音列或全音阶旋律时，教师应当小声哼唱以 *do* 为主音的作品中的功能性的音符（和弦根音），即 *do* 音和 *so* 音。

谱7.20 《笑》

哼唱以 *la* 为主音的作品中的 *la* 音和 *mi* 音。

当学生熟悉了这些伴奏的音高后，教师要引导学生发现新的伴奏音符中的唱名音节，并介绍它们的作用：主功能和属功能。

谱7.21　《哦，可怜的鸟》

用主和弦、属和弦及下属和弦的根音为旋律伴奏

一旦学生们对主和弦及属和弦的根音有了足够的练习后，就可以开始让他们学习下属和弦的根音了。下属和弦根音的教学程序同呈现及练习主和弦根音及属和弦根音相同。当学生们歌唱一段包含清晰的主三和弦、下属三和弦和属三和弦的旋律时，教师可以哼唱或在钢琴上弹奏相关的和弦根音。按照这个方法，学生将发现大调的下属和弦根音是 *fa*，小调的下属和弦根音是 *re*。下面的这个旋律可以帮助学生们将注意力集中在下属和弦的根音上。

谱7.22　《白沙与灰沙》

练习建议：

1. 让学生唱熟悉的歌曲，老师唱或弹奏功能性音符或和弦根音作为伴奏。

2. 让学生唱熟悉的歌曲，并以手势语展示旋律中的功能性音符或和弦根音的变化。

3. 让个别学生歌唱熟悉的歌曲，同时用手势语展示或在钢琴上弹出功能性音符。

4. 让学生识别出由教师歌唱或弹奏的未知旋律中的主功能、下属功能和属功能。

5. 让学生将旋律移到它们的平行大调或平行小调上，用相应的功能来演唱。

6. 教师呈现给学生识谱素材中的旋律及包括建立在主功能、下属功能和属功能基础上的伴奏。这些素材也可以用来练习听写、记忆以及分析旋律中的和声基础。

7. 让学生将和声功能与他们所学的曲式知识结合起来。

练习和声功能

学生应该用罗马数字练习以下素材：I、IV、VI、I然后说出它们在音阶上的位置。

    I   IV   V   I
主功能   下属功能   属功能   主功能

1. 让学生唱一段熟悉的歌曲，教师演唱或弹奏功能性音符或和弦根音作为伴奏；然后让学生确定音符名称。

2. 让学生唱已知和未知的歌曲，同时在钢琴上弹出伴奏或展示手势。

谱7.23 《哦，可怜的鸟》

3. 让学生将旋律移到平行调上。

4. 听写练习应该包括二声部的素材用来记忆和书写。下面的谐谑曲就是一个例子。

谱 7.24 《诙谐曲》

让学生注重低音线条

必须要发展学生能够听到多声部音乐的能力，这是理解和声功能与和声次序的必备技能。教师应当训练学生把注意力放在作品的低音部分。

找出低音线条

教师在钢琴上弹奏一个二声部旋律；学生倾听并用手臂动作展现最低音的旋律轮廓。

1. 学生找出低音线条的走向。
2. 学生找出低音线条的节奏。
3. 学生用唱名音节唱出低音线条。
4. 学生歌唱两个声部。

谱 7.25 莫扎特的终止式

教学程序建议

1. 教师在唱高声部的同时在钢琴上弹奏低声部。

2. 教师在钢琴上同时演奏两声部旋律，学生展示低声部的旋律轮廓。

3. 让学生们写下旋律，并勾勒出低音部分的旋律轮廓。程度高一些的学生可以鼓励他们写出的低音声部节奏和旋律音符。

4. 教师在钢琴上演奏一个短小的二声部终止式。学生用唱名音节歌唱低音旋律线。这些终止式的低音声部必须包含主音、下属音和属音。

5. 让学生们聆听低音声部多于一个音的作品；他们必须能够区别出低音声部里是单个音符还是多个音符。

三和弦和它们各自的功能

在学生彻底熟悉主功能、下属功能和属功能之后，他们便可以开始学习三和弦的概念了。终止式中有着明确定义的三和弦的大小调卡农，为和声的听力及分析提供了原始经验。初始，学习的音乐素材应当被限定只包含调性中主要的三和弦。同时，学习音乐中各旋律线条及和声的各个方面，对学生理解和声的概念十分必要的。学生应该记住卡农，并在同时演唱的不同声部中找出旋律中的和声功能；之后，教师便可以开始教授个别旋律线条和那些由三和弦构成的旋律线条了。教师应该将这些三和弦从音乐素材中挑选出来，让全班同学一起歌唱。

例如，用四声部的卡农歌唱下面的大调旋律，并用主音或属音为每个声部伴奏。

谱 7.26　《G 大调卡农》

210

· 这个卡农的第四行使用的是主音和属音。

· 这些画圈的音符在同时演唱的时候构成了三和弦。三和弦是由三个音符组成的：三和弦的根音、三音及五音。由于三和弦的根音是构成一个三和弦的基础，所以，根音位置的三和弦的三音就是根音上向构成一个三度，五音就是根音上向构成一个五度。

· 把这首卡农再唱一遍，然后在被圈的三和弦上停下来；认真听每一个三和弦里的音。

教师应该解释根音、三音和五音的含义，以及通过一个三和弦如何判断大调或小调。展现如何通过主音、下属音、属音及三和弦建立起一个调性。

用四个声部的卡农演唱下面的小调旋律，并用主音或者属音为每个声部伴奏。

谱7.27　《g小调卡农》

使用相同方法准备与练习主三和弦、下属三和弦和属三和弦，教师也可以开始教授增三和弦和减三和弦，并解释主要三和弦和从属三和弦的概念。建立在第Ⅱ、Ⅲ、Ⅵ或Ⅶ级上的三和弦，可以被视为与一个主要三和弦相关联并具有相同功能的和弦。Ⅱ和Ⅵ和弦属于下属功能组，Ⅲ和Ⅶ和弦属于属功能组；Ⅲ和Ⅵ和弦也可以属于主功能组。

转位三和弦的教学

当学生对三和弦的根音位置有所了解后，教师便可以开始教授三和弦的转位概念了。如果学生们理解了三和弦的特征和调性的概念，转位三和弦的教学就无需太多解释。第一转位和弦将三音放在最下方，第二转位和弦将五音放在最下方。教学转位和弦概念时一定要使用谱例，最好先以旋律形式再以和声形式教授转位和弦。本章开头介绍的程序在这里可以同样使用。

三和弦的转位的介绍，也应包括以下练习：

1. 一个包含了主三和弦、下属三和弦及属三和弦的根音位置、第一转位和第二转位的三和弦系列是：

$I - IV - V - I$，$I_6 - IV_6 - V_6 - I_4^6 - V - I$

2. 讨论包含在这些三和弦中的音程关系。例如大三和弦的第一转位：

$mi - so - do'$

$mi - so$　小三度

$mi - do'$　小六度

$so - do'$　纯四度

通过 I、I_6、I_4^6 来说明这些音程的安排是如何与数字的标示相关联的。

3. 为了增加学生对和声伴奏的兴趣，现在就可以引入以下概念，即：

在大调中，mi 可以替代 do、ti 可替代 so 作为主功能和属功能；

在小调中，do 可以替代 la，so 可替代 mi 作为主功能和属功能。

4. 教师可以以三声部歌唱和弦的根音位置和转位来教学。要让学生们发现，用转位和弦歌唱有时比用根音位置歌唱简单得多。一旦学生们理解了转位和弦，三声部的和弦进行就可以用来作为学生们的歌曲伴奏或合唱的开声练习。

典型的和声进行的教学

一旦学生们熟悉了和声功能的概念，包括和弦根音和三和弦，教师就可以引入基于主音、下属音及属音的和弦模式了。古典时期（这里通指公元 1600 年至 1900 年这 300 年间）的调性音乐中使用的大多数和弦都可归类为主、下属或属的功能组，它们英文名称的缩写是 T（主）、S（下属）和 D（属）。古典时期的基本和声进行是 T – D – T 或 T – S – D – T；大多数的和弦模式都可以视为是这个基本的和弦序列的延伸。（应当指出的是，一些和弦具有延长性的功能，而没有结构性的功能。）虽然这些和声进行往往因为变化音而增加了色彩，但这些进行的基本结构却是保持不变的。

把学生分成四个声部来唱每一个这样的和声进行；每个声部在唱歌的时候以手势表示出哪个是最低音；这些和声进行也应该用音名练习。程度高的学生应该记住每个声部的音，并能够用唱名音节唱其中一个声部，在钢琴上弹奏其他三个声部。这个模式可以在几个不同的调上多做练习。下面的例子显示了最简单形式下的 I-V-I 和声变换。每个高声部在转换和弦时尽可能地以最短的距离（最可能小的音程）移动。还有那些其他的和声转换图表和指导其进行的规则，需要在学生开始写作和在键盘上练习前讲解和指出。这样，学生在做书面分析和键盘演奏时就有更充分的把握。教师应通过视唱旋律和听写等技能不断加强学生的和声概念。

图7.4 大调 I-V-I 进行的唱名图表

d	t	d		m	r	m		s	s	s
s	s	s		d	t	d		m	r	m
m	r	m		s	s	s		d	t	d
d	s	d		d	s	d		d	s	d
I	**V**	**I**		**I**	**V**	**I**		**I**	**V**	**I**

图7.5 小调 I-V-I 进行的唱名图表

l	si	l		d	t	d		m	m	m
m	m	m		l	si	l		d	t	d
d	t	d		m	m	m		l	si	l
l	m	l		l	m	l		l	m	l
I	**V**	**I**		**I**	**V**	**I**		**I**	**V**	**I**

古典时期，下属功能是完全终止式的一部分。在根音位置，下属和弦的根音被加倍了，以此加强了和弦的下属功能。和声转换时采用收缩的形式，和从主和弦到属和弦的进行是一样的；共用的音被保持，其他声部以级进移动。

图 7.6　大调 I – IV – V – I 进行的唱名图表（高声部中的八度、三度和五度）

d	d	t	d
s	l	s	s
m	f	r	m
d	$f,$	$s,$	d
I	**IV**	**V**	**I**

m	f	r	m
d	d	t	d
s	l	s	s
d	$f,$	$s,$	d
I	**IV**	**V**	**I**

s	l	s	s
m	f	r	m
d	d	t	d
d	$f,$	$s,$	d
I	**IV**	**V**	**I**

图 7.7　小调 I – IV – V – I 进行的唱名图表（高声部中的八度、三度和五度）

l	l	si	l
m	f	m	m
d	r	t	d
l	$r,$	$m,$	l
I	**IV**	**V(#)**	**I**

d	r	t	d
l	l	si	l
m	f	m	m
l	$r,$	$m,$	l
I	**IV**	**V(#)**	**I**

m	f	m	m
d	r	t	d
l	t	si	l
l	$r,$	$m,$	l
I	**IV**	**V(#)**	**I**

　　如果把一个小三度添加到属三和弦中，产生的新和弦称作属七和弦。

图 7.8

大调
f'
r
t
s

小调
r'
t
si
m

　　属七和弦中包含一个减五度，这个减五度需要被正确地解决。在大调中，*fa* 解决到 *mi*，*ti* 解决到 *do*。小调中 *re* 解决到 *do*，*si* 解决到 *la*。根音位置的七和弦把根音写在最下方，三音、五音和七音依次在上方。在上述所有的和弦进行中，属七和弦都可以替代属三和弦。学生们应该总是唱出紧随着属七和弦的解决音。

转　调

　　随着不断深入学习海顿、莫扎特和贝多芬以及之后的作曲家的作品，学生们将需要被教授转调的概念。转调就是从一个调或音调中心转移到另一个调或音调中心。转调和半音阶息息相关。如果没有和声背景的烘托，我们就难以辨别何时发生了转调，或调性发生了变化。如果调性通过半音阶发生变化，那么 *do* 就必须要转换以适应转调后的新调性；如果这时以下属功能、属功能及主功能为支撑的旋律已经在新调性上了，那么转调就成功了。

在学习转调之前，需要先按照下面的教学法步骤进行教学：

1. 用手势演示从一个音型到另外一个音型的转换。教师用一只手展现一个音型，通过改变左右手的手势来表现一个可持续到新调里的音。这个音同时拥有两个功能，一个在原调，而另一个在新调。

例如：

右手 *do – re – mi – fi – so*（*so* 变成 *do*）

左手 *do – ti*，*– do – re – mi*（*mi* 变成 *re*）

右手 *re – do – ta*，

学生们应当熟练地做到将记忆下来的单声部或简单的二声部旋律转换到其他调性上。在讨论转调的概念前，教师可以要求学生将一段旋律转换到相关的调性；当学生们熟练掌握不同调上的识读与写作后，他们便可以开始比较和区别不同调的调性特征了。

C 大调

| 唱名音节 | *do* | *re* | *mi* | *fa* | *so* | *la* | *ti* | *do'* |
| 绝对音名 | C | D | E | F | G | A | B | C |

G 大调

| 唱名音节 | *do* | *re* | *mi* | *fa* | *so* | *la* | *ti* | *do'* |
| 绝对音名 | G | A | B | C | D | E | F# | G |

2. 让学生根据教师的手势进行转调练习，不使用变化音。

例如，教师用右手显示 *do-re-mi-fa-la-so* 的手势，在显示最后一个音符 *so* 的手势的同时，用左手显示 *do*。这样就让学生练习了从主调到属调的转调；可以使用绝对音名来练习。当学生获得了足够的练习后，就可以开始使用变化音了。变化音 *si* 意味着向关系小调的转调；变化音 *fi* 意味着向属调的转调；而 *ta* 在新调中变成了 *fa*，意味着向下属调的转调。

当学生通过上述各种练习取得更大的进步时，教师可以加入更多的变化，比如将乐句缩短成两个或三个小节。

3. 当学生已经完全并熟练地掌握了上述程序后，教师便可以向学生介绍各种不同类型的转调，以及如何在同一个乐句里转换 *do* 或者 *la* 的位置了。而改变 *do* 或 *la*

的位置的技巧建立在与和弦转换相同的原则的基础上。例如，原调上的 *fi* 将变成新调里的 *ti*，原调上的 *ta* 将变成新调里的 *fa*。学生们必须要意识到在转调的情况下，他们要改变唱名音节。

·讨 论 问 题

1. 和声思维是什么意思？
2. 如何将和声思维与多声部歌唱相联系？
3. 讨论和声听觉的有序发展。
4. 讨论多声部歌唱的有序发展。
5. 你会如何教授学生关于三和弦的概念？
6. 更重要的是，孩子们要享受合唱时的乐趣。如果把合唱课的太多时间花在练习各个声部上，对孩子们来说是枯燥的。在给小学生上合唱课时，教师可以发给学生一张包含所有声部独唱的 CD，让学生可以私下练习他们自己的声部。讨论之。

·持续进行的作业

1. 从你明年即将教授的一年级、三年级和五年级中选择一个音乐元素，回顾这些元素的教学策略，并仔细检查你的练习建议。加强并拓展读写部分，发展它们成为与多声部歌唱或和声听觉等技能密不可分的活动。

2. 选择一个全音阶的民歌，建立一个教学策略，教授学生如何创作一个以主要的三和弦的根音为基础的伴奏音型。

合唱练习与发展和声听觉的参考书目

Bacon, Denise. 46 *Two – Part American Folk Songs for Elementary Grades*. Wellesley, Massachusetts：The Kodály Center of America, 1973. 51 p. M1997 . B126 F7.

Bacon, Denise. 50 *Easy Two – Part Exercises：First Steps in A Cappella Part Singing Using Sol – fa and Staff Notation*. 3rd ed. Clifton, NJ：European American Music Corporation, 1980. 51p. Originally published as 50 *Easy Two – Part Pentatonic Exercises*, published by European – American Music Corporation, 1977. Contains exercises written in both solfa and staff notation.

Bacon, Denise 185 *Unison Pentatonic Exercises：First Steps in Sight – Singing Using Sol – fa and Staff Notation According to the Kodály Concept*. West Newton：The Kodály

Center of America, 1978. 112p.

Darázs, árpád. "Comprehensive Sight Singing and Ear Training, Part I." *The Choral Journal* IV. 6 (June – July 1964): 18—21. Part II. *The Choral Journal* 5. 1 (August – September 1964): 14—17. Presents a sequenced approach to teaching sight – singing and ear training based on the Kodály concept.

——. "The Kodály Method for Choral Training." *American Choral Review* 8. 3 (March 1966): 8—13. Cites Kodály's significant contribution as the creator of a unique choral method, which utilizes hand signs and relative solmization and emphasizes early training in musical literacy. Also found in *The Council for Research in Music Education Bulletin* 8 (Fall 1966): 59.

——. "Developing Musicianship in Choral Rehearsals." *Kodály Envoy* 5. 1 (July 1978): 7—9. Discusses and provides examples of the activities that should be included in the choral rehearsal such as rhythm exercises, hand signs, solfege exercises, reading standard notation, listening activities, musical memory, inner hearing, voice warm – up, and improvisation.

Herboly – Kocsár, Ildikó. *Teaching of Polyphony, Harmony and Form in Elementary School*. trans. Alexander Farkas, revised by Lilla Gábor. Kecskemét: Zoltán Kodály Pedagogical Institute, 1984. 95 p.

McRae, Shirley W. *Directing the Children's Choir*. NY: Schirmer Books. 1991.

Pohjola, Erkki. "The Tapiola Sound and Kodály." *Kodály Envoy* 20. 1 (Fall 1993): 30—37. ISSN 1084—1776.

Tacka, Philip, and Susan Taylor – Howell, eds. *Sourwood Mountain: 28 North American and English Songs Arranged for Two Voices*. Whitewater: Organization of American Kodály Educators, 1986. 50 p.

Tacka, Philip, and Mícheál Houlahan. "Developing Harmonic Hearing." *Kodály Envoy* 19. 3 (Winter 1993): 10—13. ISSN 1084—1776.

Tacka, Philip, and Mícheál Houlahan. "An Aural Approach to Harmonic Analysis." *Kodály Envoy* 19. 4 (Spring 1993): 11—19. ISSN 1084—1776.

Taylor – Howell, Susan, ed. *The Owl Sings*. Whitewater: Organization of American Kodály Educators, 1986.

孩子们作为倾听者：将听力融入音乐课堂

只有一小部分学生能够在聆听舒伯特的《a 小调四重奏》时感受到这部作品的丰富内涵和净化心灵的突出价值。这类作品值得我们长期顶礼膜拜。大部分人虽然听到了演奏，仍不知道他们到底在听什么。①

独自歌唱，加上听音乐（无论是主动的或被动的），开发了听力的延伸，这个延伸就是我们听一首作品得到的对音乐的理解和我们读这首作品的谱子得到的对其音乐的理解是一样的。如有必要并且时间允许，我们应该能够默写出这个音乐的乐谱。②

关键问题

· 我们如何通过民歌曲目开发学生的听力技能？

· 如何通过听力练习加强对音乐元素的理解？

· 我们要如何引导学生聆听更多更广泛的音乐作品？

柯达伊认为，音乐教育的主要目标是使"世界上所有的优秀作品都能变成公共财产，并将它们传播到各行各业的人群中"③。因此，将优秀的音乐作品纳入课堂是每个音乐教师都应该认真思考的问题。教学的一个主要目标应该是通过歌唱为学生打开世界优秀音乐作品宝库的大门。"而这一切的最终目的，是使学生理解与热爱那些过去的、现在的和未来的经典音乐作品。"④

根据学生们的能力，教师需要探索不同方法以激励学生在音乐课堂上对音乐聆听的积极性。

---

① Zoltan Kodàly. Preface to the Volume *Musical Reading and Writing* by Erzsebet Szonyi. In Ferenc Bónis, ed. *TheSelected Writings of Zoltán Kodály*. trans. Halápy and Macnicol（Budapest：Zenem？kiadó Vállalat，1964；London：Boosey & Hawkes，1974）.204.

② 同上。

③ Zoltán Kodály. "A Hundred Year Plan." *The Selected Writings of Zoltán Kodály*. 160.

④ Zoltan Kodály. "The Role of Authentic Folk Song in Music Education 1966." *Bulletin of the International Kodály Society* 1（1985）：18. Also found as "Folk Song in Hungarian Music Education." *International Music Educator* 15（March 1967）：486 – 490.

这种伟大的作品只听一次是不够的。要让他们做好准备，在听之前和听之后都认真读谱，这样才能根植在脑中。让每个人都能积极参与比什么都重要……①

本章的目的是为教师提供音乐听力活动的各种例子，并使它们纳入到教学中。也就是说去理解音乐教育的各种要素，并以此激励教师搜集适合他们自己教学的谱例和曲目。教师可以把听力练习或作为整堂课程的内容，或作为准备/练习课程的一部分，或作为最初练习的一部分。

音乐课程需要包含哪些听力曲目？

由于大多数音乐教师一个星期只有几节课和学生在一起，所以音乐的选择就变得非常重要。以下是一些供教师课上选择音乐曲目的指导方针：

1. 选择著名作曲家的音乐。
2. 选择的音乐必须是最高质量的。
3. 选择的音乐必须是有对学生有感召力的。
4. 选择的音乐应当适用于适当的发展阶段的学习，并适合各个年龄层。
5. 教授音乐曲目的知识应当与被选择的音乐听力的例子相结合。
6. 应选择不同风格与时期的音乐曲目。
7. 让你的音乐课程尽量包含各种不同类别的音乐。
8. 选择能够突出不同独奏乐器和各种大型及小型合奏的特点的音乐例子；学会辨识管弦乐队中各种不同的乐器。

音乐听力的教学策略

我们为课堂选择歌曲曲目时的注意事项同样适用于选择音乐听力例子。一旦音乐听力的例子确定下来，我们就需要问：我怎么让学生理解他们所聆听的这首歌曲？教授新的音乐元素和概念（认知、结合与消化阶段的学习）的程序也可以同样用来教授听力。

---

① Zoltan Kodàly. Who is a Good Musician. In Ferenc Bónis, ed. *The Selected Writings of Zoltán Kodály*. trans. Halápy and Macnicol (Budapest: Zenem? kiadó Vállalat, 1964; London: Boosey & Hawkes, 1974). 198.

下列准则可用于学习聆听一首乐曲。

教师为教授音乐听力的准备活动

1. 选择一段你和学生都会喜欢的音乐。

2. 在读谱和不读谱的两种情况下把这首曲子听很多遍。

3. 分析这首乐曲并识别下面这些方面：

· 音乐特征

· 力度变化

· 曲式

· 主题素材

· 调性变化

· 和声结构

· 拍子、节拍变化、节奏型、固定低音、速度变化

· 作曲手段

· 乐器的写作方法

· 作品各元素的运用

4. 选择并决定哪些主题让学生们唱，不需要让学生识读他们聆听的每个主题。可以让学生们以听唱法记忆一个主题，并用中性音节唱出来。有时候，需要将所听的例子转调以适应孩子们的音高。

5. 回顾学生们对表演曲目知识的掌握，试着去发现这个曲目和你将要用来作为听力练习的音乐作品之间的关系。比较和对比不同风格的音乐对学生而言很重要。

6. 决定哪些概念和元素是你想要教的。

7. 决定你在本学年内通过这个音乐作品想要教授给学生的内容，或是你要在以后的年级中再以这个作品来教学的内容。

8. 刚开始的听力练习应该是短小的；年纪小的学生没有必要听完整个曲子。

听力的呈现活动

1. 决定你要播放这个音乐例子的次数，以及在每次聆听中如何让学生们积极参与的内容。

2. 在每次重复听的时候都应该有不同的学习侧重点；教师可以为学生设计一个听力的图表或工作表来帮助他们整合所有听力练习的知识。另外一个很有用的教学策略是教师写出一份简化了的乐谱来作为学生们学习的辅助工具。

后续活动

确定后续的学习活动。例如，如果给学生听了约瑟夫·海顿的《第94号交响曲》的行板乐章，那么可以要求他们根据主题写出一个变奏。

谱7.28 海顿《"惊奇"交响曲》，行板乐章，作品94

有时候，可以在聆听一个作品后引入另一个音乐作品。例如，在海顿的清唱剧《四季》的春天部分之后，可以唱出他的《第94号交响曲》的行板主题；而在学生听过贝多芬《第七交响曲》的行板乐章之后，可以很自然地给他们播放舒曼的《贝多芬主题自由变奏练习曲》。

从民族音乐作品到艺术音乐作品

民歌在柯达伊概念中是一直被重视及强调的，有时甚至是被过分地强调了。我们已经谈到了许多基于民歌之上的课程。柯达伊认为，民歌是带领学生欣赏和理解那些伟大作曲家的作品的理想工具。他认为儿童应当被教授民歌，而民歌可以引导他们进入艺术作品和创作音乐的学习。

从最好的例子海顿开始，他的作品与民歌有着紧密联系；即使是在莫扎特的许多作品中，也很容易听到被修饰过的奥地利民歌；贝多芬的许多主题也都来自民歌。所有在19世纪产生的民族乐派都建立在他们自己的民间音乐的基础上。①

如果教师能够了解所有民歌素材中的特性，他们便能熟练地引导学生理解艺术音乐作品。教师应当充分考虑学生的知识能力和兴趣，以此确定会被学生喜爱的多

---

① Zoltan Kodály. "The Role of Authentic Folk Song in Music Education 1966." *Bulletin of the International Kodály Society* 1（1985）：18.

种不同类型的音乐。

音乐教师应该使用包含着明显的旋律和节奏特征的音乐作品，以便于学生识别；这些作品可以是变成管弦乐的作品，或者是可以让学生来演奏的作品。茱莉亚音乐学院的课程曲目表中包含的音乐作品都是适合学生发声范围的各个时代的作品。学生的注意力应当放在他们聆听的作品本身，而不只是作曲家的生活背景或作品的历史环境上；尽管历史背景与故事可能对年纪稍长的学生而言更有趣，但年纪小的学生需要更多的聆听与演唱活动。

在早期的音乐学习过程中，最理想的情况是教师可以给学生现场演唱歌曲或演奏作品；可以使用民间或民族乐器来为听、唱和表演的歌曲作伴奏。教师或年长的学生可在乐器上演奏，以给课堂上所有学生一个最初的听力印象。之后，学习过乐器的学生可以演奏这些乐器为全班做示范。可以考虑做以下活动：

1. 教师在音乐课程结束时为学生演唱要在下一节课教授的民歌。

2. 教师在像是竖笛或德西马琴（欧洲古时以轻槌演奏的弦乐器）这类的乐器上为学生演奏已知的民歌。

3. 年长的学生可以演唱一首民歌。更有经验的学生可以分多声部或以卡农式表演一些歌曲。

4. 学生聆听包含有民歌素材的音乐作品。

表7.4　包含有民歌素材的音乐作品

作曲家	作品	在课堂上可采用的与这些作品相关联的歌曲
巴伯	漫游 第三首	拉雷多的街道
贝多芬	第九交响乐 第四乐章	欢乐颂
比才	阿莱城姑娘组曲 第一号	三月三王
恺利耶特	"黄鼠狼不见了" 主题与变奏	鼬鼠跳
科普兰	阿拉帕契亚的春天	简单的礼物
科普兰	林肯画像	斯普林菲尔德山
科普兰	比利小子	老奇泽姆牛车道
古尔德	向美国致敬	联邦军进行曲

（续表7.4）

作曲家	作品	在课堂上可采用的与这些作品相关联的歌曲
艾夫斯	七月四日交响曲	亚美利加
艾夫斯	第二交响曲	凯卜镇赛马、哥伦比亚海洋的宝石、稻草中的火鸡
艾夫斯	美国变奏曲	亚美利加
马勒	第一交响曲"巨人"第二乐章	雅各只弟（小调）
麦克唐纳	学生交响曲 第一乐章	伦敦桥、黑羊咩咩叫
麦克唐纳	学生交响曲 第三乐章	农夫在小溪谷、门铃
莫扎特	"妈妈"变奏曲	小星星
舒伯特	"鳟鱼"五重奏	鲑鱼
舒曼	新英格兰三联画交响曲	切斯特、耶稣哭了
西贝柳斯	芬兰颂	
柴科夫斯基	小俄罗斯交响曲	鹤
佛汉威廉斯	绿树叶幻想曲	

从民族音乐到艺术作品：介绍具有音乐元素的短小听力选段

以下是将听力活动纳入到音乐课堂中的程序。

教师为学生唱一个音乐作品中的主题。学生通过用中性音节歌唱旋律来记住这个主题。这时教师可以为学生演奏整段音乐作品，要求学生在听到这个主题时举手表明。

教师为全班唱一个主题，并且在之后的几堂课中重复唱这个主题。学生默记主题，并思考主题中包含的已知旋律或节奏元素。然后教师可以为学生演奏整段音乐。当学生的读写能力提高后，教师可以使用艺术音乐的主题来完成记忆、视唱、听写和写作等工作。

以下是我们所建议的、可以用来强化音乐元素教学的听力例子的一个简要表格。其他例子可以在已经贯穿于每个特定音乐元素教学的本书教案中找到。

表7.5　音乐元素表

概念	作曲家	音乐作品
慢－快	科雷利	F大调大协奏曲，作品6，引子与第一乐章
	瓦格纳	漂泊的荷兰人序曲
强－弱	贝多芬	第七交响曲，第一乐章 （注意突然的强弱对比）；埃格蒙特序曲
高－低	班基耶里	动物的对位
二拍子的自然律动	乔普林	拉格泰姆
三拍子的自然律动	巴哈	F大调第二布兰登堡协奏曲
问与答	加布里埃利	铜管合奏作品
固定节奏型	贝多芬	第七交响曲 第二乐章
五声音阶主题	莫扎特	黑管五重奏 第一乐章 *so － mi － re － do*
	格里格	皮尔金特组曲"早晨" *so － mi － re － do － re － mi － so － mi － re － do*
	巴哈	D大调组曲"吉格" *so － do － mi － re*
	亨德尔	水上音乐第二组曲"号笛舞曲" *so，－ do － re － mi － do* 系列化的主题： *re － mi － do － re － so － re － mi － do － re － so － re*
	莫扎特	第一交响曲 *do － mi － so so so so － so so so so － mi － do*
	德沃夏克	"新世界"第九交响曲 第二乐章 *mi － so － so － mi － re － do － re － mi － so － mi － re* *mi － so － so － mi － re － do － re － mi － re － do － do*

（续表7.5）

概念	作曲家	音乐作品
全音阶的主题	科普兰	阿拉帕契亚的春天"简单的礼物"（主题与变奏曲式）
	马勒	第一交响曲 第二乐章 以小调唱的"雅克兄弟（中国人熟知的'两只老虎'）
	柴可夫斯基	第四交响曲 第四乐章 民歌"桦树"

从民族音乐到艺术作品：一个听力练习的样本

以下例子展现了音乐教师如何将民歌转变为听力练习：将俄罗斯民歌《鹤》与柴科夫斯基的第二交响乐的主旋律相结合。

1. 学生用唱名音节和节奏音节学习俄罗斯民歌《鹤》。

谱7.29　《鹤》

225

2. 学生唱带有钢琴伴奏的《鹤》。

谱7.30 带有钢琴伴奏的《鹤》

3．学生识读交响乐的 A 主题，并辨别它是从民歌的哪个部分开始发生变化的。

谱 7.31　《鹤》中的 A 主题

4．学生聆听完整的乐章。

接下来的听力练习是建立在柴科夫斯基第四交响乐的末乐章和俄罗斯民歌《桦树》之上。交响乐末乐章用回旋奏鸣曲式写成的 B 主题，就是从民歌《桦树》发展来的。

谱 7.32　《桦树》

1．学生应当能够用歌词、唱名音节和节奏音节唱这首歌。

2．学生应当能够用卡农唱这首歌曲。

3. 教师为学生唱 B 主题，使他们在听觉上识别柴科夫斯基是如何在他的交响乐中改变原来民歌的。

谱 7.33　B 主题

4. 学生识读 B 主题，并比较 B 主题和《桦树》。学生将发现，柴科夫斯基将民歌的 $\frac{2}{4}$ 拍改成了 $\frac{4}{4}$ 拍，并且在每个乐句之后增加了一个两拍休止符。

5. 让学生用卡农唱 B 主题。

下面的例子是关于乔治·比才的《阿莱城姑娘组曲：法兰朵拉舞曲》中的 "Allegro vivo e deciso" 部分的。①

准备工作

1. 以下是主要的主题：

谱 7.34　A 主题

谱 7.35　B 主题

———————

① The following outline of a teaching strategy was developed at the Texas State University 2003 Kodály Certification Program by students of Level 3, John Gillian and Micheal Houlahan.

2. 以下是 "法兰朵拉舞曲中 "*Allegro vivo e deciso* " 的听力图解：

表7.6 法兰朵拉舞曲中 "*Allegro vivo e deciso*" 的听力图解：

曲式	解释
A	A 部分是小调； 主题的简单呈现； 二声部卡农；
B	B 部分是大调；
A'	A' 部分是小调；
B'	B' 部分是小调；
A"	A" 部分是带有更多主题发展的小调；
B"	B" 部分是带有主题发展的小调；
C	C 部分综合了 A 部分与 B 部分，大调；
尾声	尾声使用了一部分 B 的主题，大调。

3. 以下是我们要教授的听力练习中的概念：
· 练习附点八分音符和十六分音符模式；
· 练习符点四分音符和八分音符模式；
· 卡农式模仿；
· 变奏；
· 各主题用合作搭档的形式演唱；
· 将旋律的调性从大调转移到平行小调，或从小调转移到平行大调。
· 用和弦根音为大调及小调旋律伴奏。

4. 以下民歌可以用在教学中加强节奏和旋律的概念：
《肥大的饼干》
符点八分音符和十六分音符的音型
《阴暗的小树林》
符点八分音符和十六分音符的音型
《丽莎和简》
与《悌蒂欧》是搭配歌曲
符点四分音符和八分音符的音型
《悌蒂欧》

与《丽莎和简》是搭配歌曲

《嘿，没人在家》

小调卡农

《你睡着了吗》

可以用来展示一首歌曲如何用主和弦及属和弦的根音来作伴奏。这首歌曲也可以转换成平行小调，用和弦的根音 *la* 和 *mi* 作伴奏。

5. 为你的听力练习建立一个听力图表作为指南。你现在可以根据你的听力图表为学生建立一个简化的图表；教师也可以为学生设计一个听力图表或工作表来帮助他们整合所有听力练习的知识；另外一个很有用的教学策略是，教师为学生的歌唱写出一份简化了的乐谱。

表7.7　听力练习图表

曲式	描述	主要乐器	伴奏	调式
A	A 主题	全体乐队	无	小调
	二声部卡农	木管、圆号、弦乐	无	小调
	过渡段	无	手鼓	无
B	B 主题	长笛、单簧管	弦乐、手鼓	大调
	B 主题	长笛、单簧管	大管、圆号、弦乐器、手鼓	大调
	B 主题	长笛、单簧管、一支双簧管	大管、圆号、弦乐器、手鼓	大调
	B 主题	长笛、单簧管、两支双簧管	大管、圆号、弦乐器、手鼓	大调
	B 主题	长笛、单簧管、双簧管、大管、弦乐	圆号、小号、长号、手鼓、定音鼓、低音提琴	大调
A′	A 主题	圆号、单簧管、双簧管、大管、弦乐	无	小调
B′	B 主题	一支长笛、之后两支长笛	弦乐、手鼓	小调
A″	主题 A 的展开	双簧管、单簧管、大管、圆号、弦乐	无	小调
B″	主题 B 的展开	一支长笛、之后两支长笛、之后一支双簧管	弦乐、手鼓、单簧管、圆号	小调

曲式	描述	主要乐器	伴奏	调式
	主题 B 的展开	长笛、双簧管、一支单簧管、小提琴	所有其他乐器	小调
	从小调到大调的过渡段	长笛、双簧管、单簧管、小提琴	除了手鼓外的所有其他乐器	从小调到大调
C	A 主题和 B 主题合作展开	长笛、双簧管、单簧管、B 主题上的高音弦乐器、A 主题（大调调性）上的两支圆号、两支小号、一支长号	所有其他乐器	大调
	A 主题和 B 主题合作展开	长笛、双簧管、单簧管、B 主题上的高音弦乐器、A 主题（大调调性）上的两支圆号、两支小号、一支长号	所有其他乐器	大调
尾声	使用了部分 B 主题	长笛、双簧管、单簧管、小提琴、中提琴、大提琴	所有其他乐器	大调

6. 教师决定给学生演奏音乐例子的次数，并确定学生在反复聆听乐曲后能够有什么样的积极反应。在每次重复听的时候应该有不同的侧重点。

表7.8　一首作品在几堂课程中的侧重点

第1次听	·在前几堂课中，让学生用中性音节歌唱 A 主题和 B 主题，并将它们背出来； ·老师和学生一起复习 A 主题和 B 主题； ·学生听这段音乐。	第6次听	·学生用唱名音节唱《你睡着了吗》； ·学生确定主和弦及属和弦的根音； ·一半人唱旋律，另一半人唱和弦根音； ·聆听这首作品的管弦乐版本。
第2次听	·唱《阴暗的小树林》，用节奏音节演示节奏； ·唱《丽莎和简》，用节奏音节演示节奏； ·用唱名音节准备和视唱 A 主题； ·倾听并记下 A 主题出现的次数。	第7次听	·识读 B 主题； ·确定 B 主题中的主和弦与属和弦的根音； ·把这两个部分组合在一起； ·聆听并记下 B 主题出现的次数。
第3次听	·用节奏音节和唱名音节复习 A 主题； ·学生默写 A 主题的节奏； ·聆听并在 A 主题出现时拍打它的节奏。	第8次听	·学习并演唱 B 主题，将 B 主题转换成平行小调； ·用小调重写 B 主题，并添加升降记号； ·聆听并记下 B 主题分别有多少次以大调，及小调出现。

（续表7.8）

第4次听	·唱《嘿，没人在家》这首歌； ·确定这是小调； ·用二声部卡农再唱一遍； ·学生一起唱A主题，然后用二声部卡农再唱一遍。 ·再听一次。	第9次听	·用小调视唱A主题； ·用小调视唱B主题； ·学生聆听并且记下每个主题何时出现，及出现在何种调性上。
第5次听	·学生识读A主题，并学习和视唱A主题的延长部分； ·学生唱《你睡着了吗》并转换成平行小调； ·学生唱A主题的8个小节并转换成平行大调； ·学生聆听并记下A主题有多少次以大调调性出现。	第10次听	·学生将《丽莎和简》和《悌蒂欧》作为合作搭档歌曲同时演唱； ·学生用大调视唱A主题；再用大调唱B主题；并将两个主题作为合作搭档歌曲同时演唱； ·学生以I-V的和声，分成三组唱合在一起的两个主题。参看下面的谱例； ·聆听曲式图

以下是一个可以用来演唱三声部的谱例（第10次听）。这是作品曲式中的"C"部分。

谱7.36 三声部

7. 创建选择听力课程的工作表。以下是选择的例子。

（阿莱城姑娘："法兰朵拉舞曲"）

（Allegro vivo e deciso）

乔治·比才

工作表 1

1. 用唱名音节唱 A 乐段（提示：它是小调）

谱 7.37 A 乐段

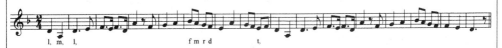

2. 这个主题中的节奏元素的特征是什么？

3. 这个主题你一共听到了几次？记录下来！

阿莱城姑娘"法兰朵拉舞曲"

（Allegro vivo e deciso）

乔治·比才

工作表 2

1. 在两拍之后用卡农唱 A 乐段。

谱 7.38 A 乐段

2. 演奏卡农的都是些什么乐器？

阿莱城姑娘 "法兰朵拉舞曲"

（Allegro vivo e deciso）

乔治·比才

工作表 3

1. 用唱名音节唱 B 乐段。

谱 7. 39　A 乐段

d¹　t¹ d¹ r¹ m¹　　　d¹ t d¹ r¹ d　d

2. 你听到了几次完整的 B 乐段？记录下来！

3. 识别为这段旋律伴奏的主和弦及属和弦的根音。

4. 为你的听力课程设计后续活动。

在这个听力例子之后有一个很好的后续听力的音乐作品就是马勒《第一交响乐》中的《葬礼进行曲》。我们所熟悉的民歌《你在睡觉吗》就是中国学生熟悉的《两只老虎》，在这里以小调出现在其中的一个变奏中。这个主题以基于主和弦及属和弦的根音组成的固定旋律音型作为伴奏。

谱 7. 40　《葬礼进行曲》

·讨论问题

1. 我们所说的聆听是什么意思?

2. 聆听技能是如何与开发音乐的读写相联系的?

3. 音乐的读写技能又是如何与开发聆听相联系的?

4. 对学生而言,聆听并欣赏音乐远比花时间在从听力例子中学习如何读与写更重要。讨论之。

5. 应该让年纪小的学生也能够识别出你选定的音乐作品,熟记有关作曲家的生活背景,并能够识别特定的主题和乐队中的不同乐器。讨论之。

·持续进行的作业

为你明年即将教授的三年级学生选择一首古典(艺术)音乐作品。分析这首作品;确定你要教授的基于他们所知的音乐知识之上的音乐元素;从他们的曲目表中选出包含你将要教的元素的艺术音乐作品类的歌曲;为这些艺术音乐作品建立一系列的听力要求和工作图表,包括一个学生可以理解的听力图表。用另一个与学生的音乐读写知识相匹配的听力要求图表,描述你在之后年级的教学中将如何运用这首作品。

孩子们作为倾听者:将听力融入音乐课堂的参考书目

Lois Choksy. *The Kodály Method II. Folksong to Masterwork.* (Prentice Hall: New Jersey 1999).

Espeland, Magne. "Music in Use: Responsive Music Listening in the Primary School." *British Journal of Music Education*, 4 (3), (1987). 283—297.

Haack, P. "The Acquisition of Music Listening Skills." In D. Colwell, ed., *Handbook of Research on Music Teaching and Learning.* Chapter 29. (New York: Schirmer Books). 1992.

Heidsiek, Ralph G. "Folk Quotations in the Concert Repertoire." *Music Educators Journal* 56.1 (September 1969): 51.

Herboly - Kocsár, Ildikó. "The Place, Role and Importance of Art Music in School." *Bulletin of the International Kodály Society* 18.1 (Spring 1993): 41—44.

Kerchner, J. L. "Creative Music Listening." *General Music Today*, Fall, 28 - 30.

1996.

Montgomery，Amanda "Listening in the Elementary Grades：Current Research from a Canadian Perspective." *Bulletin of the International Kodály Society* 18.1（Spring 1993）：54—61.

Rappaport，Jonathan C. *New Pathways to Art Music Listening*：*A Kodály Approach Appropriate for All Age Levels*. Marlborough：Pro Canto Press，1983.

Rodriquez，C. X.，and P. R. Webster. "Development of Children's Verbal Interpretive Responses to Music Listening." *Bulletin of the Council for Research in Music Education*，134，（Fall 1997）.9—30.

Shehan – Campbell，Patricia. "Beyond Cultural Boundaries：Listening as Learning Style." *Bulletin of the International Kodály Society* 19.1（Spring 1994）：49—60.

构建一个能结合音乐技能发展的课程计划框架

关键问题

· 主要的技能领域有哪<u>些</u>?

· 我们如何把音乐技能的发展融入到准备/练习的课程计划中?

· 我们如何把音乐技能的发展融入到呈现的课程计划中?

· 我们如何把音乐技能的发展融入最初的练习课程计划中?

主要的技能领域包括识读、写作和即兴。我们可以把这三个技能作为发展其他技能领域的手段；所有教学活动必须恰如其分；月计划需提供与特定概念和元素相关的理念。这些技能可以成为发展其他音乐技能诸如即兴创作、作曲、记忆、多声部合唱或听力的基石。在前面的部分里，我们已经说明了识读、写作和即兴/作曲活动可以延伸去发展其他音乐技能的观点。

例如，当学生被要求学习一首新歌或一首艺术歌曲的主题时，以下的技能领域可以与识读技能并列发展。

· 学生可以识别这首作品的曲式；

· 学生在视唱这个旋律之后默记它；

· 学生可以用内心听觉记忆这个旋律的某些部分；

· 学生可以通过教师从符干谱或五线谱上唱出的旋律找出动机；

· 学生为这个视唱例子创作一个变奏；

· 学生可以为这个音乐例子即兴创作固定低音作为伴奏；

· 学生可以在打击乐器上演奏这些固定低音；

· 学生可以聆听这个听力作品的录音。

当学生们被要求完成一项写作工作时，许多领域的技能都可以被开发。例如，教师可能会在黑板上写出一首已知的歌曲，要求学生完成其中的两个小节。以下的技能领域可以与写作技能并列发展。

· 学生可以识别这首作品的曲式；

· 学生可以用内心听觉记忆这个旋律的某些部分；

· 学生可以通过教师从符干谱或五线谱上唱出的旋律找出动机；

· 学生为这个视唱例子创作一个变奏；

· 学生可以为这个音乐例子即兴创作固定低音作为伴奏；

· 学生可以为这首歌曲创作一个不同的结尾；

· 学生可以在一个旋律化的乐器上演奏他们的变奏。

当学生们被要求即兴创作时，许多领域的技能都可以被开发。例如，教师可能会在黑板上写出一首已知的歌曲，要求学生即兴创作其中的两个小节。

· 学生写下新的即兴创作的两个小节；

· 学生识别这个例子的曲式。一旦学生完成那两个小节，可以对比原来的版本和这个变奏（包括曲式的讨论）；

· 教师可以选择一个学生的即兴创作作为范例，让其他学生默记这个新的即兴创作旋律；

· 学生可以用内心听觉记忆这个旋律的某些部分；

· 学生可以通过教师从符干谱或五线谱上唱出的旋律找出动机；

· 学生为这个视唱例子创作一个变奏；

· 学生可以为这个新创作的旋律创作一个固定低音作为伴奏。

建立在音乐技能发展上的课程计划框架

在这章的前面几个部分，我们为大家提供了发展音乐技能，并将其融入准备/练习、呈现和练习课程计划样本中的具体信息。而这个部分的目的就是为音乐技能如何融入不同课程计划样式提供样本。我们已经提供了：

1. 24 个练习节奏元素的方法和 18 个训练旋律元素的方法。

2. 一整套学习从五线谱中识读已知的节奏或旋律，同时视唱未知的节奏和旋律的程序。

3. 关于写作已知旋律以及听写未知节奏与旋律的程序的写作活动的例子。

4. 用手势语记忆和五线谱记忆开发听力记忆的策略。这部分还包括记忆二声部音乐例子的策略。

5. 注重结构和曲式的课堂教学活动，以及这些活动是如何与记忆、识读、写作、内心听觉、即兴和作曲紧密相连的。许多节奏即兴和旋律即兴的动觉、听觉和视觉的活动都包括在内。

6. 如何发展学生多声部歌唱的范例，包括如何教授二声部音乐歌唱例子的讨论。与多声部合唱发展紧密相连的是和声听觉的发展。

7. 附录四中的月计划，为帮助教师发展音乐技能提供了一个与练习音乐元素有关的活动表。

准备/练习课程

以下课程是第六章呈现的相同课程，但已做修改以反映音乐技能的发展如何贯彻于课程计划中。我们要注重的是，这些构想将助长其他能够活跃课堂的构想。

表 7.9　开发一个准备/练习的课程计划框架：十六分音符的准备以及 re 的练习

重点	活动、程序和评估
介绍已知音乐概念和元素的表演和示范	通过美妙的歌唱、发声热身及呼吸练习开发歌唱技能 用歌词演唱《知更鸟来了》并玩游戏 多声部合唱：歌唱与表演一个两拍的固定音型 读谱：学生从教师的手势语中识读歌曲的旋律动机 用节奏音节演唱 合唱：两拍后用卡农歌唱

重点	活动、程序和评估
核心活动 曲目的获取	通过教《来了个高贵的女士》这首歌曲为 $\frac{4}{4}$ 拍子的教学做准备 曲式：学生识别这个旋律的曲式 记忆：学生背出这首歌
新元素的表 演和准备	教师通过已知歌曲为学生提供一系列启发活动，以开发他们对于一个节拍上有四个音的概念（十六分音符）。 动觉意识阶段： 合唱或多声部活动。所有以下活动都是为了在同一时间发展多种技能。 ① 演唱《木瓜地》并击打节拍 ② 演唱并拍打节奏 ③ 演唱并指出乐句一的呈现 ────────── ④ 演唱《木瓜地》脚踩节拍，手拍打节奏。 听觉意识阶段： ① 回顾动觉意识活动 ② 教师和学生演唱乐句一并击打节拍 ③ 教师："安迪，我们打了几拍？"（四拍） ④ 教师："安迪，哪个拍子上音最多？"（第三拍） ⑤ 教师："第三拍上有多少音？"（四个音） ⑥ 教师："如果第三拍上有四个音，那么其他拍子上有几个音？"（两个音） 视觉意识阶段： ① 回顾动觉和听觉意识活动。 ②学生创建一个基于听觉意识上的视觉呈现。学生需要确定乐句中有多少拍以及每个拍子上音的数量。使用辅助工具（纸板、磁铁、接接小方块等等）。 ③ 学生们歌唱并指出他们的呈现。 ④ 教师可以提问有关他们的呈现的问题。 ⑤ "识别任何你可以看到的节奏或旋律元素"。
动作开发	注重游戏《悌蒂欧》中一系列适合孩子年龄的动作技能的开发
已知元素的 表演和练习	通过《霜冻天》等已知歌曲，学生们在以下技能领域加强对 re 的理解：识读和写作、曲式以及记忆。 记忆：听力/口语上的听写。老师哼《霜冻天》的动机，学生用唱名音节和手势回应唱。 写作：学生用符干谱或五线谱写下这个旋律的其中一段 视唱：学生视唱由老师创作的《霜冻天》的变奏 合唱：在两拍之后学生用卡农唱《霜冻天》 即兴：学生即兴创作一个新的 A 乐句 内心听觉：学生在用唱名音节和手势语唱《霜冻天》的同时以内心听觉来唱 re
结束语 回顾与总结	回顾新学的歌曲《来了个高贵的女士》 听力活动 老师唱一首即将要教的新歌《敲铖》来作为听力练习

开发一个呈现十六分音符的课程计划框架

以下课程是第六章呈现的相同课程，但已做修改以反映音乐技能的发展如何贯彻于课程计划当中。我们要注重的是，这些构想将助长其他能够活跃课堂的构想。

表7.10　建立一个关于十六分音符呈现的课程计划框架

重点	活动、程序和评估
介绍 已知音乐概念和元素的表演和示范	通过美妙歌唱、发声热身练习以及呼吸练习开发歌唱技能。 孩子们通过歌唱《洛基山脉》来展现他们之前学到的知识。 用歌词演唱 用节奏音节演唱 用唱名音节演唱 合唱：学生在两拍后以卡农演唱；学生创作一个固定音型。 读谱：学生从五线谱上读谱，并用节奏音节或唱名音节歌唱。
核心活动 曲目的获取	选用一种合适的呈现教学方法教授《艾达·蕾德》，曲目选自年级歌曲表。 曲式：学生识别歌曲的曲式。 记忆工作：学生记忆《艾达·蕾德》中的唱名音节。
重点音型中新概念和元素的表演与呈现	用歌曲《木瓜地》来回顾第一阶段的听觉呈现 ① 教师："当我们听到一个拍上有四个音时我们称之为'ta – ka – di – mi'。" ② 教师和学生一起用节奏音节歌唱整首歌曲并拍打节奏。 ③ 单个学生用节奏音节歌唱特定乐句。 第二阶段的视觉呈现（读谱与写作） ① 我们可以使用四个十六分音符呈现一个节拍上的四个音。一个十六分音符有一个音头和一个符干以及两条符尾。四个十六分音符有四个符干及两条符尾。 ②《木瓜地》中的第一个乐句看起来是这样的： ③ 我们可以使用节奏音节识读这个节奏型。 ④ 教师歌唱节奏音节，同时指向心形的节拍，学生用节奏音节回应歌唱，同样也指向心形节拍。 ⑤ 符干记谱法是一种写作节奏记谱的简单方式。符干记谱法是一种不用音头的传统快速记谱法。《木瓜地》的第一个乐句在符干记谱中看起来是这样的：

（续表 7.10）

重点	活动、程序和评估
动作的发展	注重游戏《悌蒂欧》中一系列适合孩子年龄的动作技能的开发
相关音型中新元素的表演和呈现	读谱与写作 将《大房子》的节奏转变为《黛娜》的节奏 学生们用唱名和手势语歌唱 学生们从五线谱中识读《黛娜》
结束语 回顾与总结	复习《艾达·蕾德》 听力活动：老师唱下一首即将要教的新歌《敲钹》作为听力练习

十六分音符的最初练习课程

练习课程是紧随着呈现课程的。在最开始的练习课程中，我们要复习特定乐句中新元素的呈现，同时要练习在不同曲目中其他基本音型的新元素。

表 7.11 十六分音符的最初练习课程

重点	活动、程序和评估
介绍 已知音乐元素的演唱及示范	通过美妙的歌唱、发声热身练习和呼吸练习来开发歌唱技能 学生用歌曲《落基山脉》展现他们之前学过的知识 用歌词演唱 用节奏音节演唱 用唱名音节演唱 合唱：学生在两拍后用卡农歌唱；学生创作一个固定音型。 读谱：学生从五线谱上识读，并用节奏音节或唱名音节歌唱。
核心活动 曲目的获取	选用一种合适的呈现教学的方法教授《艾达·蕾德》，曲目选自年级歌曲表。 曲式：学生识别这首歌曲的曲式 记忆：学生记忆《艾达·蕾德》的唱名音节
新元素的表演和再呈现	（读谱与写作） ·用歌曲《木瓜地》复习听觉意识阶段的问题。运用节奏音节辨识新的元素。 ·复习视觉意识活动并在视觉呈现中加入传统记谱法。以节奏音节读出这首歌曲。 ·在另一首歌中找出包含了相同特定模式或相关模式的动机。复习以上部分的听觉意识及视觉意识活动。

（续表7.11）

重点	活动、程序和评估
动作的发展 相关音型中新元素的表演和练习	注重游戏《悌蒂欧》中一系列适合孩子年龄的动作技能的开发。 读谱 用节奏音节识读《木瓜地》。 将《木反地》的节奏转变为《坎伯兰峡口》的节奏。 从以下识读、写作、即兴创作/作曲和听力技能中选择： ·用节奏音节跟唱《坎伯兰峡口》这首歌曲的乐句 ·写作 挑错活动：将《黛娜》的节奏改变成《一辆破铜车》节奏。教师将《黛娜》的节奏写在黑板上，让学生拍打《一辆破铜车》的节奏。学生识别哪里不连贯，然后写下正确的节奏。 凭记忆或由教师听写写下这个节奏型。 ·即兴创作 通过拍手、使用打击乐器及拍打或说唱节奏音节来即兴创作四拍子或八拍子的节奏型。 用十六分音符即兴创作一个已知歌曲的一个小节或几个小节的节奏。 使用已知的节奏型或旋律型即兴创作问答动机。 围绕全班同学轮流即兴创作节奏。 为特定曲式即兴创作节奏型，例如： *A A A B* *A B A B* *A Av B Bv* *A B A C* ·听力 识读以下例子的节奏并聆听其录音： 卡尔·菲利普·埃马努埃尔·巴哈（C. P. E Bach）的钢琴曲"*Solfegetto*" 巴哈（J. S. Bach）的《十二平均律》第一册中的《C 小调前奏曲》
结束语 回顾与总结	复习歌曲《艾达·蕾德》 听力活动 教师唱一首即将要教的新歌作为听力练习。

·讨论问题

1. 识读、写作和即兴创作是如何与其他技能领域相关联的？

2. 如何使各种音乐技能融入准备/练习、呈现及练习的课程计划框架中？列举具体例子。

·持续进行的作业

1. 为一年级设计一个准备/练习、呈现及最初的练习的课程计划。讨论你是如何将特定的音乐技能融入课程计划中的。

2. 为三年级设计一个准备/练习、呈现及最初的练习的课程计划。讨论你是如何将特定的音乐技能融入课程计划中的。

第八章 关于节奏和旋律等音乐元素的教学策略

关键问题

·音乐教学中感性与理性的定位有什么不同？

·教学中我们所说的从声音到符号或者从符号到声音到底指的是什么？

·什么是教学策略？

·教学策略的组成部分是什么？

·在第六章中谈到的教学策略和学习模式之间的联系是什么？

开发一个音乐元素的教学策略

在国内和国际的论坛上，富于挑战和复杂的关于教授音乐读写的诸多教学方法常常被热烈讨论着。多种教学方法的重要评估，经常被情绪化的争议所混淆，而那些争议都是为了捍卫与特定的教学方法相关联的视唱练习系统、教学工具和技巧。乔纳森·拉帕波特在《音乐教育家》杂志里的《在瞬变社会中发展音乐读写技能的替代方向》这篇文章以及在"读者的意见"专栏里的意见和作者的回应，都指出了一个音乐教育工作者重新探索方法学与教学法的结合如何影响视唱及音乐技能的教学实践的机会。这两篇文章，反映出了音乐教师所面临的有关音乐识读和写作教学的巨大挑战，那就是："同时发展理解音乐的感性和理性的目标。""感性的理解和理性的理解之间的区别，在于前者需要处理外部的声音或听觉的图像，后者则是对概念的捕捉。"另一种描述这两个不同的教学法的说法是理性的教学是建立在从符号到声音之上，而感性的教学则是建立在从声音到符号之上的。大部分教师在教学中都会侧重在这两种教学法的某一种上。

莱尔戴·维森、拉里·斯克利普斯和帕特里夏·威尔士在1988年第一次提出了这种二分法来表明：任何一种教授乐理的教学法都会影响学生们对表现与吸收音乐知识以及记谱法的理解的能力。采用特定的视唱和节奏体系可能不足以帮助学生对音乐的理解。借助由一种不能反应认知研究的方法教授特定的视唱体系，可能是使学音乐的学生们很难获得视唱和听力技能的一个重要因素。本章的目的是证明，用从声音到符号的方式来教授音乐基础教学意味着什么。

这一章阐述了以第六章的学习模式为基础的节奏和旋律元素的教学策略。教学策略叙述说明了如何通过使用从声音到符号为教学的音乐曲目，准备、呈现和练习音乐理论的基本构造。我们把教学策略的结构公式化了；最终，教师们会将这些策略与他们自身的创造力相结合，来适应不断改变的教学情况。教学策略的一个重要部分，是与学习的认知、结合和消化阶段相关的各种问题。这些问题为学生们提供了一个了解教学过程和结果的元认知平台。从这一点来说，我们是独一无二的。我们叙述了一个根据学生的音乐体验，引导他们从声音的认知角度理解音乐的教学过程，即一个学习和教学的模式；其中概括了所有最重要的概念的教学策略。如果想要了解更深层的概念，大家可以去参考牛津大学出版社 2008 年出版的《从声音到符号：音乐理论基础》。大家也可以从本书附录中的教学法歌曲表和月计划中找到更多的概念及元素的说明。

了解教学策略的各个部分

下面的模式给我们提供了一个包含在每个教学策略中的主要内容的例子；其中包括了所有年级的教学策略实例。

元素	概念	音节	理论	重点歌曲	补充歌曲

下面是教学策略中各个不同的部分。

认知阶段：准备

1. 开发动觉意识的活动
2. 开发听觉意识的活动
3. 开发视觉意识的活动

结合阶段：呈现

1. 为声音做标示
2. 学习记谱法

消化阶段：练习

1. 最初的练习活动

2. 练习活动

· 识读

· 写作

· 即兴创作

· 听力

· 视唱素材

我们建议以至少五堂课来教授每个音乐元素。在连续的五堂课中,评估上一堂课中的活动是其中非常重要的一部分。例如在开发听觉意识前,我们建议教师先评估几个上一堂课中的动觉活动,而这些活动包括了所有在之前的课程中所获得的知识与经验的教学程序及素材。

在发展动觉意识时,教师应为学生示范节拍、节奏、旋律轮廓等动作;而学生们则需要被引导来模仿动作,以帮助他们了解正在准备学习的一系列音乐概念或元素。在随后的几堂课中,学生可以独立地表演这些动作、模式和轮廓。大家会看到我们使用一个心形的图标代表节拍;有些教师习惯选择其他节拍标志,比如一个黑点;在教学中采用何种节拍呈现方式均由教师自行斟酌。

为了简化教学过程,我们确定了一首带有新的音乐元素的"重点"或"指定"歌曲教授给学生。一旦新的音乐元素背后的概念被理解了,那么同样的概念就能够举一反三地转移到歌曲曲目中其他相关的乐句和旋律轮廓的学习上。比如我们将重点放在教授歌曲《雨,雨快离开》的前四拍;教学目标是教授四分音符和八分音符,但教授的概念却是一个拍子上有一个音或两个音。可以让学生们学习一个四拍子的模式,第三拍上有两个音,而第一拍、第二拍和第四拍上各有一个音。在练习课程期间,可以引导学生们去学习一个拍子上有一个音或两个音的相互关系。换句话说,一个音或两个音都可能出现在任何一个拍子上。

以下的教学策略,提供了一系列指导学生们了解具体的音乐概念和元素的教学活动;并提出了一些最重要的,用来准备、呈现和练习音乐元素技能的建议。在认知阶段的教学过程中,教师可以将任何以下建议添加到教学策略中。

关于节奏的动觉意识的活动例子

1. 学生们用指挥感受节拍。

2. 学生们边敲打节奏边歌唱歌曲。

3. 学生们以听唱法学习歌曲,并表演一种强调出新节奏元素的体态动作。例如学生们在一首歌中用拍打双手为包含有指定模式的乐句敲打节奏，并用拍打双膝为这首歌的其他乐句打节拍。

4. 学生们在唱歌的同时指出显示着每拍有几个音的图片或图标。我们相信此过程是给学生的一种体态活动；对这些符号代表的是什么并不需要多加解释；教师是要学生们在不对图标做任何解说的情况下指出意象符号。

5. 学生们以最基本的节拍表演新的节奏模式。将一个班分成两组：一组拍打节奏模式，另一组拍打节拍。这项活动可以以不同的组合方式练习。我们建议按以下顺序练习：教师/班级、班级/教师、分不同的组、两个单独的学生。练习这个概念的最难的活动是，让每个学生在唱这首歌的同时，按拍子行走，并以手拍打出节奏。

6. 学生们边用内心听觉歌唱（在脑中默默地唱着这首歌）一首包含新元素的四拍子乐句的歌曲，边拍打节奏或用内心听觉聆听这个新的元素。

关于旋律的动觉意识的活动例子

1. 学生边唱歌，边以手臂动作示范旋律线条的进行方向。这些动作要很自然并符合这首歌的歌词内容和节奏。

2. 学生们边唱歌边做一些简单的身体动作，如高音时触摸肩膀，低音时触摸腰。

3. 学生们唱这首歌，指出一个包含了旋律轮廓的呈现形式。

4. 学生们在唱到最低音时，做出屈膝的动作。

关于对节奏的听觉意识提问的例子

关于发生在一拍里的节奏元素的模拟问题：

（歌唱指定模式并提问）

1. 我们共拍了多少拍？

2. 在哪个拍子上，你听到了新的（声）音？（新的音也可能是特指的，比如在特定的节拍中的音的数量。教师可能会问："你在哪个拍子上唱了四个音？"）

3. 你在那个拍子上唱了几个音？

4. 你会如何来形容这些音？（比如，两个短音或一个长音跟着两个短音，等等。）

关于发生在长过一拍里的节奏的模拟问题：

1. 我们共打了几拍？

2. 在指定模式里，有哪个音是长过一拍的？

3. 这个音是从哪个拍子开始的？

4. 这个音要保持几拍？

5. 你会如何形容这些音？

关于发生在长过一拍里的不均匀节奏的模拟问题：

1. 我们共打了几拍？

2. 在指定模式里，是否有不平均的节奏？

3. 这个不平均模式在哪个拍子上？

4. 在那些拍子上共唱了几个音？

5. 说出在那些拍子上的音的位置。

6. 你会如何形容这些音？

关于旋律的听觉意识的问题例子

1. 我们共唱了几拍？

2. 你是在哪个字或音节或拍子上听到那个新的音高的？

3. 新的旋律音是高于还是低于所有我们唱过的音？

我们以一年级要学习的概念为例开始我们的教学策略。在此文中，我们假设学生们已经具备了节拍、快慢、高低、大声和小声、相同的和不同的、长短、节奏、对歌词的理解、音高和轮廓等概念的掌握；这些概念是在幼儿班时学的。我们为每个概念建议了曲目表，教师应该为学生们选择最适合他们的歌曲。请注意，我们在听觉意识的课程阶段模拟了师生的对话，我们相信在课堂上要求每个学生来回答这些问题可以使学生们的注意力更加集中。在以下环节中，我们使用"安迪"这个名字回答每一个问题，这不代表我们希望大家每次都叫同一个学生来回答问题，而只是用这个名字来作为个别学生的代名词。我们还建议对课堂上的学生们说"让我们来验证一下"去检验学生们的答案；让学生们在歌唱的同时拍打节拍以检验他们的答案是否正确。

一年级的教学策略

在一年级，我们建议教授以下七个概念。这些概念在节奏与旋律的概念之间交替。

1. 节拍的教学策略
2. 旋律轮廓的教学策略
3. 四分音符和八分音符的教学策略
4. 两音童谣 *so* – *mi* 的教学策略
5. 休止符的教学策略
6. 三音童谣 *la* – *so* – *mi* 的教学策略
7. 两拍子的教学策略

节拍的教学策略

表 8.1 节拍的教学策略

元素	概念	音节	理论	重点歌曲	补充歌曲
	当我们听音乐时所用的脉动等级；内在力量。			《蜗牛、蜗牛》	《跳得高，跳得低》《壁橱钥匙》《晚安，睡个好觉》《找拖鞋》《闪亮的星光》

认知阶段：准备

阶段一：开发动觉意识

在呈现阶段之前试图不用"节拍"这个词。

1. 唱《蜗牛、蜗牛》并演示节拍。用轻拍膝盖、触碰心脏位置、拍打脑袋等方式表演节拍。（我们建议不用拍手来打节拍。）孩子应该学会感觉歌曲和节奏的均匀脉动，并用步行和其他动作表达这种脉动。

2. 在表演歌曲和歌谣的同时使用动作表现脉动，诸如：

a. 《第九号发动机》，学生们表演车轮转动的动作。

b. 《蜜蜂、蜜蜂》，学生们舞动手臂表演蜜蜂拍动翅膀的动作。

c. 《找拖鞋》，学生们用锤打的动作演示节拍。

3. 歌唱并指出节拍的呈现。你也可以使用四个蜗牛和四个球。

图 8.1 用四个球来呈现节拍

● ● ● ●

4. 如果学生们要求得到帮助的话，尝试（1）在他们的肩膀上轻轻拍打节拍，（2）在他们面前的桌子上拍打节拍，或（3）拿起他们的手，跟随节拍移动。

5. 对节拍理解的最好方式是通过加快或减慢的速度变化来体现。这个概念与歌曲的速度很接近。

阶段二：开发听觉意识

让班上学生单独表演几个以上提到的活动来评定动觉意识的学习。听觉意识的特定乐句是《蜗牛、蜗牛》的第一个乐句。教师和学生一起用"loo"歌唱《蜗牛、蜗牛》的第一句，并在提问每个问题前轻拍他们的膝盖或课桌拍打节拍。

确定乐句中节拍的数量

教师："安迪，在我们指出蜗牛的时候你拍打了几次你的课桌？"

学生："四次。"

用同样的方式歌唱其他不同的歌曲。用一个中性音节歌唱一首歌曲的前四拍或前八拍，并拍打节拍。问个别的学生他们拍打了几拍。然后改变速度。

阶段三：开发视觉意识

让班上学生表演几个动觉意识和听觉意识的活动，来评定动觉意识和听觉意识的学习。

1. 教师用一个中性音节哼唱特定乐句，要求学生创造一个特定乐句的视觉呈现。学生们可以使用辅助的工具。

教师："你需要几个蜗牛？"或"你需要几个球或几个木块？"

2. 学生们与其他人分享他们的呈现。

3. 教师邀请一个学生到台前来与全班分享他的呈现。如果需要的话，可以依照回顾听觉意识的问题来纠正他们在呈现中的错误。

4. 学生们用一个中性音节唱《蜗牛、蜗牛》的第一个乐句，并同时指示出他们的呈现。

结合阶段：呈现

通过《蜗牛、蜗牛》和/或《雨点》的第一句评定动觉意识、听觉意识和视觉意识活动。

阶段一：为声音做标示

教师："当我们轻拍我们的膝盖时，我们是在拍打节拍或是在拍打心跳脉搏。"

"歌唱《蜗牛、蜗牛》并拍打其节拍。"

阶段二：学习记谱法

1．我们可以使用心跳脉搏体现节拍。

2．《蜗牛、蜗牛》的第一个乐句有四个心跳脉搏，《蜗牛、蜗牛》的第二个乐句也有四个心跳脉搏。

图8.2　《蜗牛、蜗牛》的第二个乐句也有四个心跳脉搏。

3．我们可以在我们歌唱时指出这个节拍型。

消化阶段：练习

阶段一：最初的练习

1．回顾听觉呈现。

2．回顾视觉呈现，将心跳脉搏作为脉动或节拍的呈现。

阶段二：练习

识读

藉由指示一个节拍图表和学生们一起歌唱已知歌曲，练习重点歌曲及补充歌曲。以四拍子乐句开始，扩展到八拍乐句和十六拍乐句。考虑采用以下歌曲练习：《跳得高，跳得低》和《闪亮的星光》。

写作

学生们可以在黑板上以视觉工具呈现节拍，从曲目中挑选适合他们的歌曲来练习。

即兴创作

1．进行一个内心听觉的游戏。例如，要求学生们按木偶的嘴型歌唱并拍打节拍；当木偶的嘴型是张开的，就大声歌唱并拍打节拍；当木偶的嘴型是闭着的，就无声歌唱并静静拍打节拍。

2．即兴创作一个动作，来展现或快或慢的已知或未知歌曲的节拍。

听力

柴科夫斯基：《胡桃夹子》"进行曲"（"March" from *The Nutcracker Suite*）；
亨德尔：《水上音乐》"角笛舞"（"Hornpipe" from *Water Music*）；
维瓦尔蒂：《四季》"春"（"Spring" from *The Four Seasons*）；

比才：《儿童的游戏》"球"（"The Ball" from *Children's Games*）；

丹尼尔·贝瑞特和丽贝卡·基尔果：《这个老人》（"This Old Man" from the al-bum *Being a Bear*，from *Jazz for the Whole Family* Arbors，2000）

学生可以在聆听的同时轻打节拍。

评估

学生们在歌唱《跳得高，跳得低》时指示一个节拍图表。

旋律轮廓的教学策略

表8.2　旋律轮廓的教学策略

元素	概念	音节	理论	重点歌曲	补充歌曲
旋律轮廓	表现旋律的形状		旋律轮廓或形状、音高	《蜗牛、蜗牛》	《小狗、小狗》《雨点》《鞋匠、鞋匠》

认知阶段：准备

阶段一：开发动觉意识

1. 学生歌唱并指出《蜗牛、蜗牛》视觉呈现中的旋律轮廓。

图8.3　《蜗牛、蜗牛》旋律轮廓

轮廓可以是与歌曲结合的图像或图画；而这些呈现必须是四拍子的长度。可以考虑使用《跳得高，跳得低》的前四拍和《热十字包》的前四拍练习。

2. 歌唱《蜗牛、蜗牛》，并用手臂的高低动作指出旋律轮廓。

3. 歌唱《蜗牛、蜗牛》和《热十字包》，并用手臂的高低动作指出旋律轮廓。

阶段二：开发听觉意识

让班上学生单独表演几个以上提到的活动来评定动觉意识的学习。听觉意识的特定乐句是《蜗牛、蜗牛》的第一个乐句；教师也可以歌唱《跳得高，跳得低》和/或《热十字包》的第一个乐句。教师用"*loo*"歌唱以上歌曲中的其中一首里的第一个乐句，但是不指出轮廓。这个任务是要学生在单独歌唱并指出意象图标的同时在空中划出旋律的形状。确定学生是否能够在唱那个乐句的同时划出正确的轮廓。

教师："安迪，唱《蜗牛、蜗牛》的第一个乐句，并比划出那些蜗牛。"

或者是《跳得高，跳得低》这首歌："唱那个句子，并比划出那些球。"

又或者是《热十字包》这首歌："唱那个句子，并比划出那些面包。"

阶段三：开发视觉意识

让班上学生表演几个动觉意识和听觉意识的活动，来评定动觉意识和听觉意识的学习。

1. 教师哼唱特定乐句，要求学生创造一个特定乐句的旋律的视觉呈现。学生们可以使用操作工具。教师可能说："给我看这首歌曲的图表。"

2. 学生们与其他人分享他们的呈现。

3. 教师邀请一个学生到台前来与全班分享他的呈现。如果需要的话，可以依照回顾听觉意识的问题来纠正他们呈现中的错误。

4. 学生们用一个中性音节唱《蜗牛、蜗牛》的第一个乐句，同时指出他们的呈现。

结合阶段：呈现

通过《蜗牛、蜗牛》和/或《雨点》的第一句评定动觉意识、听觉意识和视觉意识活动。

阶段一：为声音做标示

教师："当我们比划那些蜗牛时，我们是在划出旋律的形状；而形状就是旋律的轮廓，蜗牛的图像则是一个个单独的音高。当我们将这些音高放置在一起时，它们就构成了旋律的轮廓。"

阶段二：学习记谱法

我们可以使用点状体表示音高。《蜗牛、蜗牛》的第一句就变成了这样：

图8.4 《蜗牛、蜗牛》的第一句

消化阶段：练习

阶段一：最初的练习

1. 回顾听觉呈现。

2. 回顾视觉呈现。

3. 将特定乐句转变成学生歌曲素材中其他的四拍子旋律音型。

阶段二：练习

识读

使用抽认卡和学生们一起练习识读旋律轮廓；抽认卡上的旋律轮廓应该是从已知歌曲中选出的。

写作

教师可以歌唱已知歌曲中的旋律，学生们通过辅助工具展示这个旋律轮廓。

即兴/作曲

教师给学生们几个模型；让学生们排列模型并唱出其音型。一开始这个练习仅限于两个音：so 和 mi。当学生们具备了较多的音乐概念的知识后，再加入更多更广的识读、写作和即兴创作练习。

评估

学生们指出已知歌曲的旋律轮廓并歌唱。

四分音符和八分音符的教学策略

表8.3　四分音符和八分音符的教学策略

元素	概念	音节	理论	重点歌曲	补充歌曲
四分音符和八分音符	一个节拍上的一个音和两个音	Ta, Ta – di	符干和符头 ♫	《雨点》	《蜜蜂、蜜蜂》《卡罗琳王后》《跷跷板》《蜗牛、蜗牛》《找拖鞋》《小狗、小狗》

认知阶段：准备

阶段一：开发动觉意识

1. 歌唱《雨点》并拍打节拍。通过轻拍膝盖或触碰心脏来拍打节拍（我们建议这时不要用拍手来打节拍)。

2. 歌唱《雨点》并用手拍打节奏。教师："跟着歌词拍你们的手。"或"跟随歌词的走向来拍打"。

3. 歌唱并指出：

① 歌唱并指出节拍和节奏的呈现；

② 歌唱特定乐句并指出节拍；

③ 歌唱特定乐句并指出节奏。

图8.5 节拍和节奏的图表

●   ●   ●●   ●   ●● ●● ● ● ●

4. 在歌唱歌曲的同时脚踩节拍并用手拍打节奏。

5. 让两组学生或任何两个单独的学生使用两种不同的打击乐器表演节拍和节奏。

阶段二：开发听觉意识

让班上学生单独表演几个以上提到的活动来评定动觉意识的学习。听觉意识的特定乐句是《雨点》的第一个乐句。教师和学生一起用"*loo*"来歌唱《雨点》的第一句，并在提问每个问题前拍打节拍。

确定乐句中节拍的数量

教师："安迪，我们共打了几拍?"

学生："四拍。"

确定在哪个节拍上有不止一个音。

教师："安迪，我们在哪个节拍上听到了比一个音多的音?"

学生："第三拍。"

教师："安迪，第三拍上有几个音?"

学生："两个音。"

确定乐句中其他拍子上的音的数量。

教师："安迪，如果第三拍上有两个音，那么其他拍子上有几个音?"

学生："一个音。"

教师："用歌词唱第一句并拍打节拍，用内心聆听那个有两个音的节拍。"

教师可以在学习第二乐句时重复相同的过程。

阶段三：开发视觉意识

让班上学生表演几个动觉和听觉活动来评定动觉意识和听觉意识的学习。

1. 教师哼唱这个特定乐句，要求学生创造一个这个特定乐句的视觉呈现。学生们可以使用辅助工具。比如说，学生们可以使用接接小方块来呈现一个长－长－短－短－长的音型。我们可以用四个接接小方块连在一起表示一个长音，用两个接接小方块连在一起表示一个短音。

教师："拿取你需要的，重新创作你听到的"或者"画出你听到的"。教师评估学生们的理解程度。

2. 学生们与其他人分享他们的呈现。

3. 教师邀请一个学生到台前与全班分享他的呈现。如果需要的话，可以依照回顾听觉意识的问题纠正他们在呈现中的错误。

4. 学生们用一个中性音节唱《雨点》的第一个乐句，并指示出他们的呈现。

结合阶段：呈现

通过《雨点》的第一句评定动觉意识、听觉意识和视觉意识活动。

阶段一：为声音做标示

1. 教师："当我们听到一个拍上有一个音，我们叫它'ta'；当我们听到一个拍上有两个音，我们叫它'ta di'。ta 和 ta di 被我们称为节奏音节。"

2. 教师用节奏音节来歌唱"Rain，Rain go away"，学生们则以歌唱"ta ta ta－di ta"来回应。

3. 教师用"loo"歌唱乐句，学生们用节奏音节回应歌唱。

4. 重复前三个步骤练习其他相关歌曲。

阶段二：学习记谱法

1. 我们可以用传统记谱法呈现一个节拍上的一个音和两个音。我们可以使用一个四分音符表示一拍上一个音；一个四分音符有一个符头和一个符干。

2. 我们可以使用两个八分音符表示一个拍上有两个音；两个八分音符有两个符头、两个符干和一条符尾。

3.《雨点》的第一个乐句看起来是这样的：

谱8.1 《雨点》的第一个乐句

4. 我们可以使用节奏音节识读这个节奏音型。

5. 教师在唱出节奏音节的同时指出其节奏脉搏；让学生在用节奏音节歌唱的同时指出其节奏脉搏回应。

6. 符干（快速）记谱法是节奏记谱的一种简单方法。符干记谱法是一种传统的不用符头记写四分音符和八分音符的记谱法。《雨点》的第一个乐句用符干记谱法就像这样：

谱8.2 《雨点》的第一个乐句的符干谱

7. 用节奏音节歌唱《雨点》。当全班学生用节奏音节歌唱这个歌曲时，让个别学生边歌唱边指出黑板上的特定乐句（A乐句）。

消化阶段：练习

阶段一：最初的练习

1. 回顾听觉呈现的阶段，将音和节奏音节联结起来。
2. 回顾视觉呈现的阶段，将记谱法融入视觉教学中。
3. 将特定乐句转变成歌曲素材中其他的四拍子旋律音型。

阶段二：练习

识读

使用抽认卡和学生们一起练习从重点歌曲和补充歌曲中选出的节奏音型。

·说出曲名

教师拍打一首歌的节奏，让学生通过听到的节奏识别歌曲。

·配对和内心听觉

将曲名同黑板上的某一个节奏配对。

使用抽认卡的活动可以同时用在符干谱或五线谱上。

1. 连续识读抽认卡。
2. 将抽认卡放在黑板的边缘，按顺序识读它们。然后改变抽认卡的顺序或是通过变换卡片从一首歌转入另一首歌曲,从而让学生们识读出不同的音型。也可以抽掉其中一张抽认卡,让一个学生即兴创作一个节奏代替被抽掉的节奏型。随着活动中乐句的不断增加,可以开始练习其他不同的曲式。

3. 要求一个学生从盒子中拿出一张节奏卡,另一个同学告诉他如何表演这个节奏(如拍手、跳跃、轻打、踩踏、眨眼、点头等),全班同学一起回应拍打那个节奏。

4. 在乐器上演奏抽认卡上的节奏。

写作

《蜗牛、蜗牛》和《雨点》:

1. 学生们用歌词唱《蜗牛、蜗牛》,然后在黑板上写下节奏。

2. 学生们先用歌词唱《雨点》,然后再唱一遍,同时跟着歌词拍打节奏,与写在黑板上的节奏做对比。

3. 教师指出节奏,帮助学生们确认这两首歌曲是否拥有同样的节奏。

4. 学生们接着用歌词唱《雨点》。教师指出节奏,并问学生们那个节奏是否适合这个歌曲。

即兴创作

1. 在黑板上写下一首已知歌曲的一个乐句的节奏,要求学生们为一个四拍子句子的第二拍即兴创作一个新的节奏。

2. 在黑板上写下一首已知歌曲的一个乐句的节奏,要求学生们为第二个乐句即兴创作一个新的节奏。

3. 为一首已知歌曲中的一个或多个小节即兴创作一个新的节奏。

4. 使用以下歌曲即兴创作:《雨点》、《蜜蜂、蜜蜂》、《找拖鞋》、《小狗、小狗》(前两句)、《第九号发动机》、《蜗牛、蜗牛》、《我们在森林中跳舞》。

5. 在黑板上写下一个熟悉的八拍子歌曲的节奏,将最后两个小节放上空白。邀请一个学生拍打节拍,唱出节奏音节,并即兴创作最后两个小节。

6. 在黑板上写下一个十六拍子的四个乐句,将最后一个乐句放上空白。邀请一个学生即兴创作最后四拍并写在黑板上。这种类型的活动结合了即兴创作、识读和写作等练习。

7. "用节奏作问答对话"可以持续作为整个班级的活动。(教师拍打问题节奏,每个学生拍打回答节奏。)

听力

海顿:《第94交响曲》"小快板"。

谱8.3　《第94交响曲》"小快板"

英国民歌：《波比·沙夫透》（"Bobby Shaftoe" *from Watching the White Wheat*：*Folksongs of the British Isles*，The King's Singers，EMI，2003）

巴托克：《献给孩子们》第一册第4首"枕头舞"（"Pillow Dance" from *For Children* Vol. 1，No. 4，by Bartok）.

格里格：《培尔·金特》第一组曲"在山魔王的宫殿里"（"In the Hall of the Mountain King" from the *Peer Gynt Suite* No. 1 by Greig）.

巴托克：《献给孩子们》第二册第13首（*For Children* Vol. 2，No. 13，by Bartok）.

巴托克：《三首民歌回旋曲》第一首（*Three Rondos on Folk Tunes* No. 1 by Bartok）.

在诸如《波比·沙夫透》、《跳得高，跳得低》和《围着金凤花》等已知歌曲中找出四拍子模式，让学生们识别它们作为听力活动的准备。

评估

学生们拍打《波比·沙夫透》的节奏。

学生们拍打并说出歌曲《跳得高，跳得低》的节奏音节。

视唱

作者米侯·胡拉汉、菲利晋·塔卡，《声音的想象——为视唱练耳所作的音乐》（纽约布西和豪客斯出版社，1991，第1册第17页。）（Mícheál Houlahan and Philip Tacka. *Sound Thinking*：*Music for Sight – Singing and Ear Training*. New York：Boosey & Hawkes，1991，Vol. I. p. 17）.

两音童谣的教学策略

表8.4　两音童谣的教学策略

元素	概念	音节	理论	重点歌曲	补充歌曲
五声音阶中的两个音	两个音，一个高、一个低，间隔音。	s – m	乐谱 线和间 乐谱上的音头	《蜗牛、蜗牛》	《小狗、小狗》《雨点》《鞋匠、鞋匠》

认知阶段：准备

阶段一：开发动觉意识

1. 歌唱《蜗牛、蜗牛》，以手臂高低或指点肩膀表示高音、指点腰围表示低音（身体语言）的动作展现旋律轮廓。

2. 学生歌唱并指出《蜗牛、蜗牛》的旋律轮廓呈现。

图8.6　《蜗牛、蜗牛》的旋律轮廓呈现

3. 学生在展现旋律轮廓的同时，用节奏音节歌唱《蜗牛、蜗牛》。

阶段二：开发听觉意识

让班上学生单独表演几个以上提到的活动来评定动觉意识的学习。听觉意识的特定乐句是《蜗牛、蜗牛》的第一个乐句。教师和学生一起用"*loo*"歌唱《蜗牛、蜗牛》的第一句，并在提问每个问题之前拍打节拍。

确定乐句中节拍的数量

教师："安迪，我们共打了几拍？"

学生："四拍。"

确定不同音高的数量。（只让学生唱《蜗牛、蜗牛》的第一句可能会容易些。）

教师："安迪，我们刚才唱了几个不同的音？"

学生："两个。"

确定学生能否描述那两个音。

教师："安迪，请描述那两个音。"

学生："第一个是高的，第二个是低的。"

教师："安迪，我来唱歌词，你用高低来回应我。"

教师："*Snail Snail Snail Snail*"

学生："高低高低。"

阶段三：开发视觉意识

让班上学生表演几个动觉和听觉活动来评定动觉意识和听觉意识的学习。

1. 教师哼唱这个特定乐句，要求学生创造一个这个特定乐句的视觉呈现。学生们可以使用辅助工具。

教师："拿取你需要的重新创作你听到的"或者"画出你听到的"。教师评估学生们的理解程度。

2. 学生们与其他人分享他们的呈现。

3. 教师邀请一个学生到台前与全班分享他的呈现。如果需要的话可以依照回顾听觉意识的问题纠正他们在呈现中的错误。

4. 学生们用"高，低"这两个字来唱《蜗牛、蜗牛》的第一个乐句，并指出他们的呈现。

5. 识别这个乐句的节奏。

结合阶段：呈现

通过《蜗牛、蜗牛》的第一句评定动觉意识、听觉意识和视觉意识活动。

阶段一：为声音做标示

1. 教师："我们可以用唱名音节标示音高。我们叫高的那个音为'so'叫低的那个音为'mi'，展示出你们的手势语，要给足够的空间以便使用整条手臂。"

2. 用手势语歌唱"so - mi - so - mi"。(《蜗牛、蜗牛》的第一个乐句)。

图8.7 《蜗牛、蜗牛》第一个乐句的手势语

3. 教师用手势语回应每个唱"so - mi - so - mi"音型的学生。

4. 教师唱歌词，让学生回应唱"so - mi - so - mi"。

阶段二：学习记谱法

· 介绍"音级"

教师："so - mi 在我们的音级中看起来是这样的：从 so 到 mi 是一个跳进。"教师可以哼唱 so - fa - mi 来表现 so - mi 之间是一个跳进。

图 8.8 *so – mi* 的音级

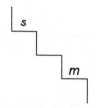

教师："我们可以用传统记谱法书写乐句，然后在音符下面放置唱名音节。"教师可以教学生们书写传统记谱标并添加唱名音节。

谱 8.4 传统记谱法和唱名音节

·介绍五线谱

我们读谱时容易出现的问题是五线谱上的那些线。当识读五线谱时，教师必须让学生们明白：（1）有五条线和四个间；（2）在数第几线和第几间的时候总是从最下面一条线向上数；（3）间和线上的音符。

谱 8.5 五线谱上的 *so – mi*

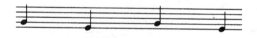

·音符位置的规则（教师把唱名音符转换到五线谱上）

教师可以将上面的音符写在五线谱上。如果 *so* 在间内，那么 *mi* 就在它的下一个间内；如果 *so* 在线上，那么 *mi* 就在它的下一条线上。

用唱名音节唱《蜗牛、蜗牛》。让每个学生单独歌唱并指出黑板上的指定乐句（A 乐句），全班同学用唱名音节和手势语唱。

在展示手势语的同时，用节奏音节唱《蜗牛、蜗牛》。（这个活动可能对刚学的学生来说有点难，但它是个易懂并具有价值的活动。）

消化阶段：练习

阶段一：最初的练习

1. 回顾听觉呈现，将声音与唱名音节联结起来。

2. 回顾视觉呈现，将五线谱融入视觉教学中。

3. 使用另一首已知歌曲重复练习以上的活动。

4. 将指定音型转变为歌曲素材中的相关的四拍子旋律音型。

转变：

《跷跷板》的第一句变成《雨点》的第一句

《跷跷板》的第二句变成《小狗、小狗》的第一句

《小狗、小狗》的第一句变成《鞋匠、鞋匠》的第一句

阶段二：练习

识读

1. 使用抽认卡和学生们一起练习从重点歌曲和补充歌曲中选出的旋律音型。

2. 在木琴上表演以上抽认卡的活动。

3. 识读 so－mi 固定音型，在木琴上将它们作为伴奏来演奏。

4. 学生们跟随教师的手势语，来唱出以下歌曲的第一个乐句：《雨点》、《找拖鞋》、《小狗、小狗》、《蜗牛、蜗牛》、《这个老人》、《苹果树》和《泰迪熊》。

5. 识读四拍子的 so－mi 音型，在木琴或铃铛上演奏。

6. 识读《帕拉帕利塔》并在一个乐器上演奏。

谱8.6 《帕拉帕利塔》

Pa － la, pa － li － ta, pa － lo － te, pa － li － tro － que

写作

1. 让学生们先用传统记谱法和唱名音节写下《蜗牛、蜗牛》的前四拍，再写在五线谱上。

谱8.7 传统记谱法和唱名音节

s   m   s   m

2. 学生们在黑板上的五线谱上写出一个已知歌曲的四拍子节奏。

3. 给五线谱上的音符注上唱名音节。

4. 给乐谱上的音符添加上符干（符干规则）。

5. 教师唱《蜗牛、蜗牛》并把第三拍上的一个音改成两个音，让学生们辨认出这个变化并写在黑板上。这时，学生们辨认出改过的节奏和歌曲《跷跷板》或是《雨点》中的节奏一样。

6. 教师再唱一遍以上音型，把第一拍的一个音改成两个音。现在的音型是 *so so – mi – so so – mi*。让学生们辨认出变化，写在黑板上。这时学生们辨认出改过的节奏和歌曲《泰迪熊》一样。

7. 教师再唱一遍以上的音型，把第二拍从一个音改成两个音。现在的音型是 *so so – mi mi – so so – mi*。让学生们辨认出变化，写在黑板上。这时学生们辨认出改过的节奏和歌曲《小狗、小狗》一样。

8. 写作 *so – mi* 的四拍子节奏模式，在木琴或铃铛上演奏。

9. 在五线谱上用 *do* 分别在 F 调、C 调和 G 调的位置写出 *so – mi* 音型。

图 8.9 木琴上的 *so – mi*

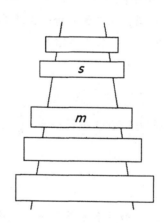

即兴创作

1. 用手势语或在木琴、铃铛上即兴创作一个四拍子 so – mi 的动机。

2. 即兴唱出或使用木琴即兴演奏一个简单的四拍子和八拍子的 so – mi 旋律。

3. 使用已知节奏和 so – mi 的旋律音型即兴创作问答动机。

4. 给像《这个老人》这样带有 so – mi 音型的已知歌曲即兴创作新歌词。

听力

海顿：《玩具交响曲》"快板""Allegro".

评价

让学生们使用手势语，并用唱名音节歌唱《蜗牛、蜗牛》或《雨点》。

视唱

《声音的想象——为视唱练耳所作的音乐》（作者米侯·胡拉汉、菲利普·塔卡，纽约布西和豪客斯出版社，1991，第1册第24页至第26页。）

休止符的教学策略

表8.5　休止符的教学策略

元素	概念	音节	理论	重点歌曲	补充歌曲
四分休止符	一个没有声音的节拍		𝄽 或一个 "Z"	《热十字包》	《汪汪汪》《围着金凤花》《皮斯的热粥》《落基山脉》《来了个高贵的女士》

认知阶段：准备

阶段一：开发动觉意识

1. 唱《热十字包》并拍打节拍。

2. 唱《热十字包》，并表演歌词"把文字放在你的手心里（*put the words in your hands*）"的节奏。

3. 歌唱并指出节奏的呈现（先写出心形脉搏，然后让学生把节奏放在心形脉搏的上面）。

图8.10　节奏的呈现

265

4. 将班级分为两个组。当一组拍打节拍时，另一组拍打节奏。

5. 边唱这首歌边拍打节奏并按拍子行走。

阶段二：开发听觉意识

让班上学生单独表演几个以上提到的活动来评定动觉意识的学习。教师用"loo"歌唱《热十字包》的第一句，并在提问每个问题前拍打节拍。

确定乐句中节拍的数量

教师："安迪，我们共打了几拍？"

学生："四拍。"

确定哪个节拍上没有音。

教师："安迪，你怎么看第四拍？"或"安迪，哪一拍上没有音？"

学生："第四拍。"

确定其他拍子上音的数量。

教师："安迪，其他拍上有几个音？"

学生："一个。"

阶段三：开发视觉意识

让班上学生表演几个动觉和听觉活动来评定动觉意识和听觉意识的学习。

1. 教师哼唱这个特定乐句，要求学生们创造一个这个特定乐句的视觉呈现。学生们可以使用辅助工具。

教师："拿取你需要的重新创作你听到的"或者"画出你听到的"。教师评估学生们的理解程度。

2. 学生们与其他人分享他们的呈现。

3. 教师邀请一个学生到台前来与全班分享他的呈现。如果需要的话，可以依照回顾听觉意识的问题来纠正他们在呈现中的错误。

4. 让学生们唱《热十字包》的第一个乐句，并指出他们的呈现。

5. 识别已知的节奏元素。

结合阶段：呈现

简要评定动觉意识、听觉意识和视觉意识活动。

阶段一：为声音做标示

1. 教师："我们称一个没有声音的节拍为一个休止符。"

2. 接着唱《热十字包》这首歌，当我们遇到休止符的候可以发出"嘘"的声音。

3. 歌唱《热十字包》，拍打它的节奏，当遇到"休止符"时，把手放在肩膀上。

阶段二：学习记谱法

用传统记谱法来阐明四分音符和四分休止符。在《热十字包》里，第一个乐句看起来是这样的：

谱8.8　《热十字包》的第一个乐句

当用符干谱时，使用"z"作为四分休止符：

谱8.9　使用"z"作为四分休止符

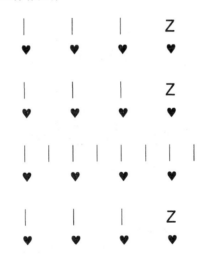

消化阶段：　练习

阶段一：最初的练习

1. 回顾听觉呈现的阶段，将音和节奏音节联结起来。

2. 回顾视觉呈现的阶段，将记谱法融入视觉教学中。

3. 将特定乐句转变成歌曲素材中其他的四拍子旋律音型。

阶段二：练习

识读

1. 将一首歌的节奏转变为另一首歌曲的节奏。例如，把《热十字包》的节奏改成《汪汪汪》的节奏。

2. 教师在黑板上写下《热十字包》的节奏，让学生们拍打这个节奏并用节奏音节唱出来。

3. 教师在《热十字包》的旁边写下《汪汪汪》的节奏；让学生们拍打《汪汪汪》的节奏，用节奏音节唱出来。

4. 让学生们识别出两首歌曲的第一个乐句和第四个乐句的节奏是相同的。

5. 教师问："在第二句中，哪个节拍是不同的？"

6. 教师问："在第三句中，哪个节拍是不同的？"

7. 识读被选择出来的乐句并在乐器上演奏它们。

8. 识读《这些人是谁》并在乐器上演奏。

谱 8.10　《这些人是谁》

写作

1. 将心形图样写在一首已知歌曲的节奏下。

2. 在练习写作的初期阶段，教师可以提供一个用破折号标写节奏音型的图表，让学生跟着描绘。

3. 让学生们唱《围着金凤花》的歌词，并在黑板上写下这首歌的节奏。

4. 让学生们用歌词唱《切蛋糕》的歌词；再唱一遍，拍打歌词的节奏并与写在黑板上的上一首歌的节奏做比较。

5. 让学生将《围着金凤花》的节奏改变成《切蛋糕》的节奏。

6. 听写。教师给学生们听写一个四拍或八拍的节奏音型。

即兴创作

1. 给一首已知歌曲的一个或几个小节即兴创作一段新旋律。

可以使用歌曲：《热十字包》、《围着金凤花》、《泰迪熊》、《知更鸟来了》、《汪汪汪》、《皮斯的热粥》、《来了个高贵的女士》或《落基山脉》。在即兴创作的过程中要使用一个四分音符、两个八分音符和/或一个休止符。

2. 利用一个已知作品的曲式即兴创作。例如《热十字包》是 AABA 曲式。引导学生们拍打 A 乐句的节奏，即兴创作 B 乐句的节奏。

听力

贝多芬：《第七交响曲》"小快板"（"Allegretto" from *Symphony No.* 7 *in A*，*Op.* 92）

巴尔克：《儿歌》，先自《献给孩子们》第一册第 2 首（"Children's Song" from *For Children* Vol. 1，No. 2）

格里格：《培尔·金特》组曲第一首第四章"在山魔王的宫殿里"（"In the Hall of the Mountain King" Movement 4 from the *Peer Gynt Suite* No. 1，Op. 46）

贝多芬：《第七交响曲》第二乐章"小快板"（"Allegretto" Movement 2 from *Symphony No.* 7 *in A*，*Op.* 92）

谱 8.11　贝多芬《第七交响曲》第二乐章主题的节奏

评估

让学生们拍打并用节奏音节唱出《热十字包》。

让学生们写出《热十字包》的节奏。

视唱

《声音的想象——为视唱练习所作的音乐》（作者米侯·胡拉汉、菲利普·塔卡，纽约布西和豪客斯出版社，1991，第 1 册第 18 页至第 19 页。）

三音童谣的教学策略

表 8.6　三音童谣的教学策略

元素	概念	音节	理论	重点歌曲	补充歌曲
五声音阶的三个音中	三个音；其中的一个音是跳进的。	*la – so – mi*	五线谱	《跳得高，跳得低》或《蜗牛、蜗牛》	

认知阶段：准备

阶段一：开发动觉意识

1. 歌唱《跳得高，跳得低》并指出旋律轮廓的呈现。
2. 歌唱《跳得高，跳得低》并用手臂或身体动作呈现出旋律轮廓。

图8.11 《跳得高，跳得低》的旋律轮廓

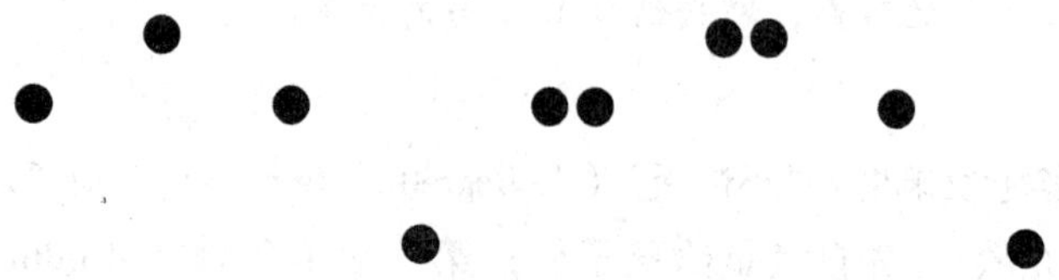

3. 在展现旋律轮廓的同时，用节奏音节歌唱《跳得高，跳得低》。

阶段二：开发听觉意识

让班上学生单独表演几个以上提到的活动来评定动觉意识的学习。听觉意识的指定乐句是《跳得高，跳得低》的第一个乐句。教师和学生一起在提问每个问题之前用"loo"来歌唱并拍打节拍。我们对年纪较小的学生常常用"so-mi 名字"来取代"唱名音节"的叫法，以便他们容易理解。

确定乐句中节拍的数量

教师："安迪，我们共打了几拍?"

学生："四拍。"

确定乐句中的内容。

教师："安迪，我们在这个乐句的最后两拍用的是什么'so-mi 名字（唱名音节）'?"

学生："so-mi。"

教师："我们对这些音用了什么样的手势语?（so 和 mi）"

用手势语歌唱。

教师："那么第一个音的'so-mi 名字（唱名音节）'是什么?"

学生："so。"

确定学生们是否能够描述出第二拍的音。

教师："安迪，你能给我描述第二拍上的音吗?"

学生："是高音。"

教师："我用歌词唱，你们用'*so - mi* 名字（唱名音节）'及手势语唱。"

教师示范："Bounce　high　bounce　low"

学生回应："*so*　　*high*　*so*　　*mi*"

唱出《跳得高，跳得低》的第一句，用内心听觉聆听最高音的那个。

教师："安迪，我们这个新的音比 *so* 高一个级进还是一个跳进？"

学生："一个级进。"

如果学生们不太清楚这个问题，教师可以通过唱出 *so - ti - so - mi*（用一个中性音节唱）来确定他们能否听出一个级进和一个跳进的区别。

重复以上的步骤练习第二句。

阶段三：开发视觉意识

让班上学生表演几个动觉和听觉活动来评定动觉意识和听觉意识的学习。

1. 教师哼唱这个特定乐句，要求学生创造一个这个特定乐句的视觉呈现。学生们可以使用辅助工具。

教师："拿取你需要的重新创作你听到的。"或者"画出你听到的。"教师评估学生们的理解程度。

2. 学生们与其他人分享他们的呈现。

3. 教师邀请一个学生到台前来与全班分享他在呈现。如果需要的话，可以依照回顾听觉意识的问题来纠正他们在呈现中的错误。

4. 让学生们用一个中性音节唱《跳得高，跳得低》的第一个乐句，并指出他们的呈现。

5. 识别已知的节奏元素。

结合阶段：呈现

用《跳得高，跳得低》的第一个乐句评定动觉意识、听觉意识和视觉意识活动。

阶段一：为声音做标示

教师："我们把第二拍上的高音称为 *la*。"并展现手势语。

教师对每个回应这个模式的学生歌唱，并用手势语展示 *so - la - so - mi*（《跳得高，跳得低》的第一个乐句）。

271

图 8.12　*la* 的手势语

教师唱：　"Bounce　high　bounce　low。"
学生回应："*so*　　　*la*　　*so*　　*mi*。"

阶段二：学习记谱法

在阶梯、符干谱和五线谱上展现 *la*。
教师："*la* 在我们的阶梯中是这样的。"

图 8.13　阶梯上的 *la*、*so* 和 *mi*

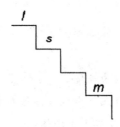

教师："我们可以用传统记谱法书写我们的乐句，然后在音符下面放置唱名音节。"

谱 8.12　传统记谱法和唱名音节

谱 8.13　五线谱上的音符

音符位置的规则："如果 *so* 在线上，那么 *la* 就在 *so* 上方的间内，*mi* 就在 *so* 的下一条线上；如果 *so* 在间内，则 *la* 就在 *so* 相临上方的线上，*mi* 就在 *so* 下方的

272

间内。"

将以上乐句呈现转移到另一首有相同模式的歌曲中去练习。

消化阶段：练习

阶段一：最初的练习

·回顾听觉呈现的阶段，将音和节奏音节联结起来。

·回顾视觉呈现的阶段，将记谱法融入视觉教学中。

·将指定模式转移到歌曲素材基本的四拍子模式中。教师可以歌唱以下乐句，学生歌唱唱名音节并使用手势语来回应。

图8.14

				《跳得高，跳得低》
s	*l*	*s*	*m*	
♥	♥	♥	♥	

s s	*l l*	*s*	*m*
♥	♥	♥	♥

s s	*l l*	*s s*	*m m*	
♥	♥	♥	♥	

s	*s l*	*s*	*m*
♥	♥	♥	♥

s s	*m l*	*s*	*m*
♥	♥	♥	♥

阶段二：练习

识读

1. 使用以上任何歌曲和旋律模式，通过手势语、传统记谱法或五线谱识读已知的旋律音型。以上的模式表明所有乐句的旋律轮廓都是相互关联的。*La* 是在第二拍上出现的。

2. 在五线谱上识读一首新歌曲。

3. 在木琴上演奏一首新的歌曲或已知的音型。

4. 练习多声部歌唱。教师可以使用右手和左手展现两个不同的 *so - mi - la* 音型。一组跟从教师的右手唱，另一组跟从教师的左手唱。

5. 说出曲名：教师拍打歌曲的节奏，让学生通过聆听节奏识别是哪首歌曲。

6. 配对和内在听觉：将曲名与写在黑板上的节奏配对；通过教师无声的手势语读懂乐句；可以让学生们用唱名音节和手势语大声地回应歌唱。

7. 通过手势语识读 *la - so - mi* 的歌曲。

8. 在木琴或铃铛上表演一首 *la - so - mi* 的歌曲。

9. 识读《转圈》并在乐器上演奏。

谱8.14 　《转圈》

写作

1. 用五线谱写下歌曲《我们在森林中跳舞》的前八拍。

2. 在学生们用唱名音节和手势语写作和歌唱这两个乐句之后，教师再唱一遍，将第七拍的两个音变成一个音。让学生识别出第七拍上的变化，并接着唱出那个变化。这时学生应该识别出旋律已经变成了《露西的钱袋》。

3. 为写在乐谱上的旋律音符加上节奏。

4. 让学生识读《露西的钱袋》的节奏，在其中的某一拍上把节奏变换成《我们在森林中跳舞》和/或《波比·沙夫透》的节奏。

5. 写作一个四拍子 *la - so - mi* 模式，然后在木琴上演奏；并使用此节奏音型来为已知歌曲伴奏。

6. 在听觉上识别《小莎莉水》指定乐句中的 *mi - la* 音程，将它们写在五线谱上，并在木琴上演奏。

图8.15 木琴上《小莎水》的指定乐句

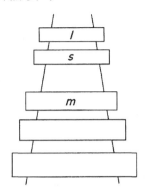

即兴创作

1. 使用手势语、手指记谱法或身体语言即兴创作短小的音乐动机（*la－so－mi*）。

2. 用歌唱或木琴即兴创作简单的四拍或八拍节奏的 *so－mi－la* 的旋律。

3. 为一首已知歌曲的一个或几个小节即兴创作一段新节奏和旋律。

4. 使用已知节奏和旋律音型即兴创作问答动机。

5. 在木琴上创造一个 *la－so* 和 *mi* 的固定低音。

视唱

《声音的想象——为视唱练耳所作的音乐》（作者米侯·胡拉汉、菲利普·塔卡，纽约布西和豪客斯出版社，1991，第 1 册第 28 页至第 32 页。）

评估

让学生们用唱名音节和手势语歌唱重点歌曲。

让学生们用符干谱和唱名音节或五线谱写出指定模式的乐谱。

$\frac{2}{4}$ 拍的教学策略

表8.7　拍的教学策略

元素	概念	音节	理论	重点歌曲	补充歌曲
$\frac{2}{4}$	强拍和弱拍的结构		重音、小节线、小节、双小节线、拍号	《跳得高，跳得低》	《找拖鞋》《再见，宝贝》《小莎莉水》

认知阶段：准备

阶段一：开发动觉意识

教师："我们来唱《跳得高，跳得低》并假装推着你的弟弟在秋千上摇荡。"

1. 教师和学生唱前四拍并使用下列动作：轻拍大腿、轻拍肩膀、轻拍大腿、轻拍肩膀。

2. 学生指出强拍和弱拍的呈现（不是节奏）。

图8.16 强拍和弱拍

● ○ ● ○ ● ○ ● ○

3. 用节奏音节唱《跳得高，跳得低》并做以下的动作：轻拍大腿、轻拍肩膀、轻拍大腿、轻拍肩膀。

阶段二：开发听觉意识

让班上学生单独表演几个以上提到的活动来评定动觉意识的学习。教师和学生一起唱《跳得高，跳得低》的前四拍并在提问每个问题之前拍打节拍。

确定乐句中节拍的数量

教师："安迪，我们共打了几拍？"

学生："四拍。"

确认学生们是否感受到强拍中的突出点。

教师："安迪，是否所有拍子都感觉相同？"

学生："有些拍子会强些。"

确认哪些是强拍，哪些是弱拍。

教师："安迪，哪些拍子更强些？"

学生："第一拍和第三拍。"

教师："如果第一拍和第三拍更强些，那么第二拍和第四拍则是？"

学生："弱些。"

教师："让我们一起唱并表现强拍和弱拍吧。"

教师："让我们一起唱、并用内心听觉感受那些弱拍。"

教师和学生们歌唱前四拍并做以下的动作：轻拍大腿、轻拍肩膀、轻拍大腿、轻拍肩膀。

阶段三：开发视觉意识

让班上学生表演几个动觉和听觉活动来评定动觉意识和听觉意识的学习。

1. 教师哼唱这个特定乐句，要求学生创造一个这个特定乐句的视觉呈现。学生们可以使用辅助工具。

教师："拿取你需要的重新创作你听到的"或者"画出你听到的"。学生们可以用接接小方块表现四拍子或八拍子；而强拍和弱则可以使用颜色区分。教师评估学生们的理解程度。

2. 学生们与其他人分享他们的呈现。

3. 教师邀请一个学生到台前来与全班分享他的呈现。如果需要的话，可以依照回顾听觉意识的问题来纠正他们在呈现中的错误。

4. 让学生们用一个中性音节唱《跳得高，跳得低》的第一个乐句，并同时指出他们的呈现。

5. 让学生们唱整首《跳得高，跳得低》，并指出强拍及弱拍的呈现。

结合阶段：呈现

用《跳得高，跳得低》的第一个乐句来评定动觉意识、听觉意识和视觉意识活动。

阶段一：为声音做标示

在音乐中，我们称强拍为重音。我们可以藉由指挥表现强拍。

歌唱《跳得高，跳得低》并指挥。

图8.17 在指挥中表现出强拍

阶段二：学习记谱法

教师："我们可以藉由两种方式表现强拍，使用重音或用小节线。"

教师："在音乐中，我们称'＞'为重音记号。"

教师："音乐家用另一种方法来取代标记重音。我们在每个强拍前画一条线，叫小节线。"（重音确定了小节线的形成。）

教师："在结尾时，我们画上双小节线。"

教师："安迪，每个小节线之间有几拍？"

学生："两拍。"

教师："音乐家称小节线的间距为一个'小节'。"

教师："音乐家们通过抹去第一条小节线并写上一个'拍号'来表现每个小节的节拍数量。当一个小节有两拍时，拍号就是 $\frac{2}{4}$。"

开始时，教师可以先在心形图案上方写上一个 2，然后再将 2 写在四分音符上，最后才变成 $\frac{2}{4}$。这个过程可能会经过很多堂课才能完成。

谱 8.15　$\frac{2}{4}$ 拍子

消化阶段：练习

阶段一：最初的练习

1. 回顾听觉呈现的阶段，将音和节奏音节联结起来。

2. 回顾视觉呈现的阶段，将记谱法融入视觉教学中。

3. 使用五线谱将《跳得高，跳得低》转变成《雨点》。

阶段二：练习

识读

1. 通过拍号和小节线识读以下歌曲：《雨点》、《跷跷板》、《蜗牛、蜗牛》、《露西的钱袋》。随后的活动就是给小节计数，并指导学生们按照特定的顺序演示这些节奏。

2. 在黑板上以不用小节线的传统节奏记谱法识读《小狗、小狗》。选择单个学生歌唱，其他学生在想象的手鼓上敲打强拍，或在真正的乐器上演奏（例如用声音大的乐器演奏第一拍，用声音小的乐器演奏第二拍）。

3. 在黑板上识读《小狗、小狗》之后。

教师："安迪，圈出强拍。"

教师："安迪，请为我们画上小节线。"

4. 识读选择出来的音型，并在乐器上演奏。

写作

1. 教师和学生用"loo"歌唱《雨点》。

教师:"安迪,过来,在我们唱歌的时候画8个心型节拍在黑板上。"

图8.18

教师和学生用"loo"来歌唱《雨点》。

教师:"安迪,哪些是强拍? 我们要如何演示强拍和弱拍呢?"

图8.19

在黑板上写完《雨点》的心型节拍后,在强拍上标记一个">"。

2.《露西的钱袋》

教师给学生听写《露西的钱袋》的节奏。让学生们在黑板上逐句写出这个节奏,并加上小节线和拍号。让一个学生确认唱名音节,并在节奏下方写下唱名音节。我们可以在五线谱上写下前面提到的歌曲并加上小节线。这个阶段,学生们可以在乐谱写作中练习 *do* 在不同位置的记谱。

即兴创作

1. 为一个四拍或八拍的节奏模式即兴创作一段旋律。教师要求学生们在《皮斯的热粥》的每个乐句中间使用 *ta*、*ta di* 和 Z 即兴创作一个四拍子的节奏。在每个学生打着拍子并说出节奏名称后,全班同学在这个歌曲的下个乐句部用四个拍子回应附和。

2. 全班拍打 A 乐句,一个学生单独拍打 B 乐句,全班再拍打 B 乐句两遍。让学生们使用小节线和拍号在黑板上写下 B 乐句的节奏。

听力

巴赫:《布兰登堡协奏曲》第二首"非常的快板"("Allegro Assai" from *Brandenburg Concerto No.* 2)

柴科夫斯基:《第四交响曲》"终曲"("Finale:from Symphony *No.* 4")

视唱

《声音的想象——为视唱练耳所作的音乐》（作者米侯·胡拉汉、菲利普·塔卡，纽约布西和豪客斯出版社，1991，第1册第17页。）

评估

教师给学生听写已知旋律的节奏；让学生们逐句写出这些节奏并加上小节线和拍号。

一年级的重点歌曲

四分音符和八分音符的重点歌曲

谱8.16 　《雨点》

两音童谣 *so—mi* 的重点歌曲

谱8.17 　《蜗牛、蜗牛》

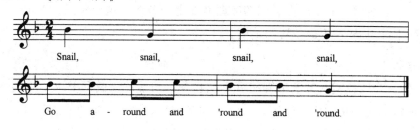

休止符的重点歌曲

谱8.18 　《热十字包》

三音童谣 $la - so - mi$ 的重点歌曲

两拍子的重点歌曲

谱8.19　《跳得高，跳得低》

二年级的教学策略

在二年级时，我们着重在七个音乐概念的教学上。当教授这些概念时，我们要交替运用节奏概念和旋律概念的教学策略。

1. 介绍大调五声音阶的主音 do 的教学策略
2. 半音的教学策略
3. 介绍大调五声音阶的第二级音 re 的教学策略
4. 三音音列 $mi - re - do$ 作为一个动机的教学策略
5. 介绍十六分音符的教学策略
6. 大调五声音阶的教学策略
7. 四拍子的教学策略

介绍大调五声音阶的主音 do 的教学策略

表8.8　介绍大调五声音阶的主音 do 的教学策略

元素	概念	音节	理论	重点歌曲	补充歌曲
大调五声音阶的主音	低于 mi 一个跳进的音；低于 so 五个音级的音；低于 la 六个音级的音。	Do	主音	《汪汪汪》	《爬墙花》《纽扣，你一定在想》《黛娜》《落基山脉》《敲钹》

认知阶段：准备

阶段一：开发动觉意识

1. 歌唱《汪汪汪》并用手臂或身体语言展示其旋律轮廓。

2. 歌唱《汪汪汪》并指出第三个乐句的旋律轮廓呈现。

图8.20 《汪汪汪》第三句的旋律轮廓

3. 在展现旋律轮廓的同时，用节奏音节歌唱《汪汪汪》。

阶段二：开发听觉意识

复习动觉意识。教师和学生在提问每个问题前一起用"*loo*"歌唱第三句并拍打节拍。

确定乐句中的节拍数量。

教师："安迪，我们共拍打了几拍?"

学生："四拍。"

确定哪个节拍有新的音乐元素，并确定那个节拍上新音乐元素的特征。

教师："安迪，告诉我们第四拍的音有什么特点?"

学生："它是低音。"

确定乐句内已知的音乐元素。

教师："安迪，我们一起用'loo'唱第一拍到第三拍的音，并称新出现的音为'低'（low）。"

教师用"loo"来歌唱（第三拍上的）*so - mi*。

教师："安迪，我们在这两个音上使用什么样的唱名音节?"

学生："*so - mi*。"

教师："让我们一起用 *so - mi - low* 唱最后两个拍子。"

教师："安迪，在乐句开始的时候，我们可以使用什么样的手势语?"

学生："*so so - so la*。"

教师："从第一拍到第三拍，让我们用唱名和手势语歌唱，在第四拍时让我们唱'low'并用手指向下方表现。"

教师："让我们一起歌唱这些乐句，用内心听觉聆听那个最低的音。"

阶段三：开发视觉意识

让班上学生表演几个动觉和听觉活动来评定动觉意识和听觉意识的学习。

1. 教师哼唱这个特定乐句，要求学生创造一个这个特定乐句的视觉呈现。学生们可以使用辅助工具。

教师："拿取你需要的重新创作你听到的。"或者"画出你听到的"。学生们可以用接接小方块表现四拍子或八拍子；强拍和弱拍可以使用颜色区分。教师评估学生们的理解程度。

2. 学生们与其他人分享他们的呈现。

3. 教师邀请一个学生到台前与全班分享他的呈现。如果需要的话，可以依照回顾听觉意识的问题纠正他们在呈现中的错误。

4. 让学生们用一个中性音节唱《汪汪汪》的第三个乐句，并同时指出他们的呈现。

5. 确定然后写下《汪汪汪》的节奏，并添加小节线和拍号。

结合阶段：呈现

简要回顾动觉意识、听觉意识和视觉意识活动。

阶段一：为声音做标示

1. 教师："我们称低音为 *do*。"演示手势语。

图 8.21 *do* 的手势语

2. 全班或单独学生用唱名音节和手势语歌唱《汪汪汪》的第三句。

3. 教师歌唱《汪汪汪》第三句的歌词，学生用唱名音节和手势语回应歌唱。

4. 教师和至少八个学生一起回应歌唱。

阶段二：学习记谱法

把 *do* 放在阶梯上。

图 8.22 阶梯上的 *do*

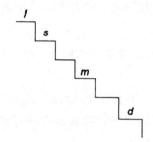

在黑板上写下传统的节奏记谱法及唱名音节。

谱 8.20 传统的节奏记谱法及唱名音节

在黑板上写下五线谱，学生们为其添加 *do*。让每个人边指边唱。

谱 8.21 五线谱

消化阶段：练习

阶段一：最初的练习

1. 回顾听觉呈现的阶段，将音和节奏音节联结起来（可以包括其他已知歌曲。）最低的音出现在哪里？我们称这个音为什么？

2. 回顾视觉呈现的阶段，将记谱法融入视觉教学中（可以包括其他已知歌曲。）画一幅重点乐句的图表。你们能够把所有已知的音包括新学的 *do* 写下来吗？

3. 将指定模式转移到歌曲素材中基本的四拍子模式中。

阶段二：练习

识读

1. 从符干谱和五线谱中识读《汪汪汪》。

2. 改变歌曲的几个小节，使其变成一个识读练习。

3. 识读并在木琴或铃铛上演奏选出来的指定乐句。

写作

1. 用符干谱及唱名写下《汪汪汪》。

2. 在五线谱上写下《汪汪汪》。

3. 根据手势语识读，在符干谱或五线谱上写出已知旋律音型。

4. 当写出以上音型后，用木琴或铃铛演奏出。

5. 考虑用《敲钹》、《国王的土地》、《落基山脉》中的乐句练习写作。

6. 用听觉在 $so-do$ 的音型中辨别出 do，将其写在五线谱上。

7. 用听觉在 $so-mi-do$ 的音型中辨别出 do，将其写在五线谱上。

图8.23 木琴上的旋律音型

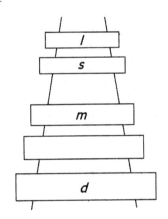

即兴创作

1. 即兴创作：教师唱一个问题乐句，让学生回应歌唱并结束在 do 音上。

2. 使用手势语、手指谱或身体语言，即兴创作一个短小的音乐动机（$la-so-mi-do$）。

3. 使用歌声或木琴即兴创作一个四拍子或八拍子节奏的 $la-so-mi-do$ 旋律。

4. 为一已知歌曲中一个或几个小节即兴创作一个新旋律。

听力

莫扎特：《第一交响曲》"快板"（"Allegro" from *Symphony No.* 1）

谱8.22 《第一交响曲》"快板"

视唱

《声音的想象——为视唱练耳所作的音乐》（作者米侯·胡拉汉、菲利普·塔卡，纽约布西和豪客斯出版社，1991，第1册第51页第6首和第7首。）

评价

学生们用唱名和手势语唱出《汪汪汪》的第三句。

二分音符的教学策略

表8.9 二分音符的教学策略

元素	概念	音节	理论	重点歌曲	补充歌曲
二分音符	一个持续两拍的音	ta – ah	两个四分音符的同音连线	《知更鸟来了》	《你睡着了吗》

认知阶段：准备

阶段一：开发动觉意识

1. 唱《知更鸟来了》并拍打节拍。
2. 唱《知更鸟来了》并拍打节奏。
3. 边唱边指出第二句和第四句的呈现。

图8.24

————— ——— —— — — — — — —

4. 将班级分成两组，一组拍打节拍，另一组拍打节奏。再互换角色。
5. 唱《知更鸟来了》，边随节拍走边拍打节奏。

阶段二：开发听觉意识

回顾动觉意识活动。教师和学生们在提问每个问题之前，用"loo"唱第二乐句并拍打节拍。

286

确定第二乐句的节拍数量。

教师:"安迪,我们共打了几拍?"

学生:"八拍!"

教师:"安迪,哪个拍子上没有音?"

学生:"最后一拍,第八拍。"

确定哪个拍子上有新的音乐元素。

教师:"安迪,我们唱的最长的那个音在什么地方?"

学生:"在一开始。"

教师:"安迪,在那个最长音上我们唱了几拍?"

学生:"两拍。"

教师:"安迪,那个最长音在哪些拍子上?"

学生:"第一拍和第二拍。"

教师和学生一起用"loo"唱第二乐句并拍打节拍。

教师:"让我们一起拍打节拍并用节奏音节唱整个乐句,在第一拍和第二拍时我们唱'长(long)'这个字"。

图 8.25

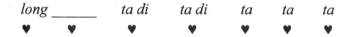

阶段三：开发视觉意识

让班上学生表演几个动觉和听觉活动来评定动觉意识和听觉意识的学习。

1. 教师哼唱这个特定乐句,要求学生创造一个这个特定乐句的视觉呈现。学生们可以使用辅助工具。

教师:"拿取你需要重新创作你听到的"或者"画出你听到的"。学生们可以用接接小方块表现四拍子或八拍子;强拍和弱拍可以使用颜色来区分。教师评估学生们的理解程度。

2. 学生们与其他人分享他们的呈现。

3. 教师邀请一个学生到台前与全班分享他的呈现。如果需要的话,可以依照回顾听觉意识的问题纠正它们在呈现中的错误。

4. 让学生们用一个中性音节唱《知更鸟来了》的第二个乐句,并指示出他们的呈现。

结合阶段：呈现

阶段一：为声音做标示

1. 尽快回顾动觉、听觉和视觉阶段的学习。

2. 教师："当我们听到一个音持续两拍时，我们称之为'ta－ah'。"

3. 教师用"loo"歌唱指定乐句，让个别学生用节奏音节回应歌唱。

4. 用以上步骤练习已知歌曲中的相关音型。

阶段二：学习记谱法

1. 我们可以使用一个二分音符来呈现一个持续两拍的音。一个二分音符有一个符头和一个符干。

2. 《知更鸟来了》的第二个乐句见下方谱例。我们可以使用节奏音节识读。

谱8.23　《知更鸟来了》的第二个乐句

3. 当我们书写这个指定乐句时，我们可以用传统节奏记谱法或符干记谱法书写。

谱8.24　《知更鸟来了》的第二个乐句的符干谱

4. 我们可以使用节奏音节识读这个节奏音型。

5. 教师以节奏音节歌唱并指出心形呈现，学生们用节奏音节回应歌唱并指出心形呈现。

消化阶段：练习

阶段一：最初的练习

1. 回顾听觉意识的阶段，将音和重点音型中的节奏音节联结起来。（可以包括其它已知歌曲。）

2. 回顾视觉意识活动，将标准记谱法融入视觉教学中。（可以包括其他已知歌曲。)

3. 将指定模式转移到歌曲素材中基本的四拍子模式中。

阶段二：练习

识读

1. 将一首歌曲变成另一首歌曲。学生识读并拍打《知更鸟来了》第二句的节奏（已经写在黑板上了）。教师在黑板上每次改变一拍，让学生拍打每个被改变的节拍，直到共八个拍子的节奏全部改变为《谁在敲窗》的前八拍为止。学生拍打节拍并说出节奏，识别出是哪首歌曲，再用歌词和节奏音节演唱。

2. 用传统记谱法识读。在黑板上用传统记谱法写下《你睡着了吗》的节奏，让学生指着并用节奏音节演唱。

3. 用卡农式识读。在黑板上写下《你睡着了吗》的节奏，让学生凭记忆歌唱并用卡农式在两拍之后识读并拍打节奏。

4. 歌曲名称和节奏的配对。在黑板上列出四首歌曲的名字，让学生们用节奏谱中的节奏和歌曲的名称配对。

《知更鸟来了》

《敲钹》

《你睡着了吗》

《谁在敲窗》

边唱边指挥以上歌曲。

写作

1. 回应歌唱：教师唱《你睡着了吗》的第一句，让学生们用节奏音节回应唱，并让学生们将这句的节奏写在黑板上。

2. 写出节奏：学生通过教师打拍子识别《敲钹》并写出每个乐句的节奏。教师邀请一个学生在黑板上写出最后一个乐句。

3. 用"loo"唱《谁在敲窗》，在学生拍打节拍的同时，教师拍打节奏。选四个学生用节奏名称回应歌唱其中八个拍子的乐句。请每个学生将他们的乐句写在黑板上。

4. 使用一个同音连线替代二分音符写作旋律。

5. 听写：学生通过听写写出已知歌曲的节奏。让学生复习格里格的《培尔·金特》中的歌曲《在山魔王的宫殿里》，并且按照以下步骤写出节奏。

① 演奏或歌唱即将要听写的音乐。

② 学生唱出乐句并拍打节拍。

③ 学生唱出乐句并拍打节奏。

④ 学生用节奏音节唱出乐句。

⑤ 让学生记忆这个音乐谱例。

⑥ 边唱边使用符干谱写出乐句。

即兴创作

1. 给《知更鸟来了》的 B 部分（第二乐句）即兴创作一个新节奏。教师用 "loo" 歌唱《知更鸟来了》，同时拍打节奏。教师引导学生在拍打节奏的同时用节奏音节歌唱第一句和第三句。让每个学生单独为第二句和第四句拍打一个八拍子的节奏型，至少使用一个二分音符。

2. 全班学生识读节奏抽认卡。让每个学生拍打抽认卡上的节奏，并让他们在抽到一张空卡时，创作一个新的节奏。

3. 抽认卡的即兴创作：教师将四张抽认卡放在黑板上。学生选择其中一张拍打，将其作为对教师问题的回答。最后，教师拿走所有的抽认卡，让学生即兴创作一个完整的答案乐句。

4. 问题与回答：要求学生即兴创作一个"回答"的节奏。在教师拍打一个至少使用了一个二分音符的"问题"节奏后，学生即兴一个回答节奏。一开始教师可以让学生只改变"问题"节奏中的一拍，然后全班立刻拍打这个即兴的节奏回应。

5. 问题与回答：教师使用《谁在敲窗》的前八拍作为一个节奏性的问题，让学生们拍打一个节奏性的回答回应。学生的回答中必须包含至少一个二分音符。

听力

贝多芬：《D 大调小提琴协奏曲》第一乐章（*Violin Concerto in D，Movement* 1 ）

格里格：《培尔·金特》组曲"亚瑟之死""（*Aase's Death*" *No.* 11 *from Peer Gynt suite*，*Op.* 46 ）

巴尔托克：《钢琴第一回旋曲》（ "*Rondo No.* 1" *for piano* ）

视唱

《声音的想象——为视唱练耳所作的音乐》（作者米侯·胡拉汉、菲利普·塔卡，纽约布西和豪客斯出版社，1991，第 1 册第 33 页至第 56 页。）

评估

用节奏音节识读重点歌曲。

用符干谱书写重点歌曲。

介绍大调五声音阶的第二级音 *re* 的教学策略

表8.10 介绍大调五声音阶的第二级音 *re* 的教学策略

元素	概念	音节	理论	重点歌曲	补充歌曲
五声音阶中的第二级音	一个 *mi* 和 *do* 之间的音	*re*	五声音阶三音音列 *mi - re - do*	《热十字包》	《汪汪汪》《围着金凤花》《落基山脉》《艾达·蕾德》《纽扣，你一定在想》

认知阶段：准备

阶段一：开发动觉意识

1. 歌唱《热十字包》并用手臂及身体动作展现其旋律轮廓。

2. 玩一个动觉游戏，让学生们用他们的身体表现旋律轮廓。在他们玩一个拍手游戏时，让学生们用以下动作表现高、中、低音。

    a. "*Hot*"——拍打同伴的手

    b. "*Cross*"——拍打自己的手

    c. "*Buns*"——轻拍大腿

3. 指出一整首歌曲的视觉表象。

图8.26 《热十字包》的视觉呈现

4. 在展现旋律轮廓的同时，用节奏音节歌唱《热十字包》。

阶段二：开发听觉意识

回顾动觉意识活动。在提问每个问题前歌唱指定乐句。教师和学生们用"loo"唱《热十字包》的第一句。

教师问："安迪，我们打了几拍?"

学生："四拍。"

教师和学生用"loo"音歌唱并问答。

教师："安迪，最高音在哪一拍上？"

学生："第一拍。"

教师："安迪，最低音在哪一拍上？"

学生："第三拍。"

教师："安迪，如果高音在第一拍上，低音在第三拍上，你要如何描述第二拍上的音。"

学生："这是个在它们中间的音。"

教师："安迪，这三个音是上行的还是下行的？"

学生："下行的。"

教师："安迪，这三个音是级进的还是跳进的？"

学生："级进的。"

教师："让我们一起用'loo'歌唱这些乐句，并隐去第二拍上的音。"

阶段三：开发视觉意识

让班上学生表演几个动觉和听觉活动来评定动觉意识和听觉意识的学习。

1. 教师哼唱这个特定乐句，要求学生创造一个这个特定乐句的视觉呈现。学生们可以使用辅助工具。

教师："拿取你需要的重新创作你听到的"或者"画出你听到的"。教师评估学生们的理解程度。

2. 学生们与其他人分享他们的呈现。

3. 教师邀请一个学生到台前与全班分享他的呈现。如果需要的话，可以依照回顾听觉意识的问题纠正他们在呈现中的错误。

4. 让学生们用一个中性音节唱《热十字包》的第一个乐句，并指出他们的呈现。

5. 确定节奏并用展现旋律轮廓和唱节奏音节的方式表演这个歌曲。

结合阶段：呈现

阶段一：为声音做标示

1. 简要回顾动觉、听觉和视觉阶段的学习。

2. 教师："我们可以称这三个级进的音级叫 *mi – re – do*。在 *mi* 和 *do* 之间的新的音叫作 *re*。" 示范手势语。

图8.27　*re* 的手势语

3. 用手势语歌唱 "*mi – re – do*"。

4. 教师用唱名音节和手势语歌唱《热十字包》的一个乐句，学生回应。和至少八个学生一起表演以上活动。

阶段二：学习记谱法

图8.28　被用来命名新的唱名音节的阶梯

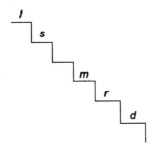

谱8.25　传统记谱法

谱8.26　五线谱

消化阶段：练习

阶段一：最初的练习

1. 回顾听觉意识的阶段，将音和重点音型中的节奏音节联结起来（可以包括其它已知歌曲）。

2. 回顾视觉意识活动，将标准记谱法融入视觉教学中（可以包括其他已知歌曲）。

3. 将指定模式转移到歌曲素材中基本的四拍子模式中。

阶段二：练习

识读

1. 用几堂课的时间在五线谱记谱法中练习识读 $mi-re-do$ 和 $do-re-mi$。考虑使用《围着金凤花》、《落基山脉》和《悌蒂欧》等歌曲的四拍子模式练习。

2. 在黑板上写下《落基山脉》、《热十字包》和《妈妈给我买个中国娃娃》的动机，让学生们确认哪种模式适合哪首歌曲。

3. 在黑板上写出唱名阶梯。教师指向不同的音，让学生们用手势语唱出这些音。这个活动是视谱的准备活动。

4. 通过五线谱来识读《草地里的青蛙》并识别出这个歌曲的曲名。

5. 通过五线谱并使用（反复的）第一和第二结尾识读《壁橱钥匙》。

6. 在听觉和视觉上辨别在 $mi-re-do$，$so-mi-re-do$ 和 $la-so-mi-re-do$ 等模式中的 re。

7. 在听觉上辨别在 $so-re$ 和 $re-so$ 模式中的 re，并在五线谱上识读这两个音程。

8. 识读《玛塔丽蒂》并在乐器上演奏它。

谱8.27　《玛塔丽蒂》

写作

1. 让学生们用歌词唱《围着金凤花》，并在黑板上书写节奏和唱名音节。

2. 让学生们用歌词唱《落基山脉》，并用五线谱写下第四个乐句。do 在五线谱上不同的位置可以被并入写作活动中。

3. 在木琴或铃铛上练习四拍子模式。

图8.29

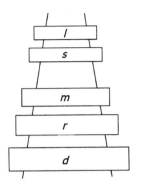

即兴创作

1. 教师将一个十二拍子的节奏写在黑板上，叫一个学生即兴创作另外四拍。然后将即兴创作后的整个乐句写在黑板上。这种类型的活动包括了即兴创作、读谱和记谱。

2. 在课堂上继续使用 mi – re – do、so – mi – re – do 和 la – so – mi – re – do 作为问答节奏对话的练习。

听力

mi – re – do 的听力谱例：

德莱根斯基：《热十字包》这是原曲的词，但重新谱的曲。

比才：《阿莱城的姑娘》第一组曲"钟"（"Carillon" from *L'Arlésienne Suite No. 1*）

la – so – mi – re – do 的听力谱例：

《谁在敲门》（"*Who's That Tapping at the Door?*" from the album *American Folk Songs fro Children*）

视唱

《声音的想象——为视唱练耳所作的音乐》（作者米侯·胡拉汉、菲利普·塔卡，纽约布西和豪客斯出版社，1991，第 1 册第 33 页至第 56 页。）

三音音列 *mi – re – do* 作为一个动机的教学策略

这个策略是把 *mi – re – do* 作为一个整体来教学，除了少许的改变，基本上和 *re* 的教学是一样的。

表8.11　三音和弦 *mi - re - do* 的教学策略

元素	概念	音节	理论	重点歌曲	补充歌曲
三音音列 *mi - re - do*	级进的三个音	*mi - re - do*	五声音阶的三音音列 *mi - re - do*	《热十字包》	《汪汪汪》《围着金凤花》《落基山脉》《艾达·蕾德》《纽扣，你一定在想》

认知阶段：准备

阶段一：开发动觉意识

这和 *re* 的教学是一样的。

图8.30　《热十字包》的视觉呈现

阶段二：开发听觉意识

在提问每个问题前歌唱指定乐句（《热十字包》的第一个乐句）。回顾动觉意识的学习。教师和学生用"loo"歌唱《热十字包》的第一句。

教师："安迪，我们共打了几拍?"

学生："四拍。"

教师和学生用"loo"歌唱《热十字包》的第一句。

教师："安迪，我们唱了几个不同音高的音?"

学生："三个。"

教师："安迪，你如何描述这三个音?"

学生："它们是下行的。"

教师："安迪，这三个音是级进的还是跳进的?"

学生："级进的。"

阶段三：开发视觉意识

这和 *re* 的教学是一样的。

结合阶段：呈现

阶段一：为声音做标示

1. 快速回顾动觉、听觉和视觉阶段的学习。
2. 教师："我们可以称这三个级进的音级叫 *mi – re – do*。" 示范手势语。
3. 用手势语歌唱 "*mi – re – do*"。
4. 教师用唱名音节和手势语歌唱《热十字包》的一个乐句，学生回应。

和至少八个学生一起表演以上活动。

阶段二：学习记谱法

图 8.31 命名新的唱名音节的阶梯

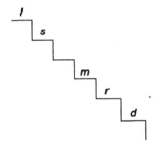

谱 8.28 传统记谱法

谱 8.29 五线谱

消化阶段：练习

和 *re* 的教学是一样的。

十六分音符的教学策略

表 8.12 十六分音符的教学策略

元素	概念	音节	理论	重点歌曲	补充歌曲
四个十六分音符	一个节拍上的四个音	*Ta – ka – di – mi*	♬♬ ┌┬┬┐ xxxx	《木瓜地》	《黛娜》《乔西来跳舞》《一辆破铜车》《悌蒂欧》《笑翠鸟》

认知阶段：　准备

阶段一：开发动觉意识

1. 歌唱《木瓜地》并拍打节拍。

2. 歌唱并拍打节奏。

3. 歌唱并指出第一乐句的呈现。

图 8.32

_____　_____　_____　　_____　_ _ _ _ _　　_____

4.《木瓜地》，边按拍子走边拍打节奏。

5. 两个学生在两个不同节奏乐器上同时演奏节拍和节奏。

阶段二：开发听觉意识

回顾动觉意识的学习。教师和学生在问每个问题前用"loo"唱第一句并拍打节拍。

教师："安迪，我们共打了几拍?"

学生："四拍。"

教师："安迪，哪个节拍上有最多的音?"

学生："第三拍。"

教师："第三拍上有几个音?"

学生："四个音。"

教师："如果第三拍有四个音的话，那么其他拍上各有几个音?"

学生："两个音。"

教师："用节奏音节唱出这个乐句，并拍打节拍，在第三拍上用'loo'唱出那四个音。"

阶段三：开发视觉意识

让班上学生表演几个动觉和听觉活动来评定动觉意识和听觉意识的学习。

1. 教师哼唱这个特定乐句，要求学生创造一个这个特定乐句的视觉呈现。学生们可以使用辅助工具。

教师："拿取你需要的重新创作你听到的。"或者"画出你听到的。"教师评估学生们的理解程度。

2. 学生们与其他人分享他们的呈现。

3. 教师邀请一个学生到台前与全班分享他的呈现。如果需要的话，可以依照回顾听觉意识的问题纠正他们在呈现中的错误。

4. 让学生们用一个中性音节唱《木瓜地》的第一个乐句，并指出他们的呈现。

结合阶段：呈现

阶段一：为声音做标示

1. 简要回顾动觉、听觉和视觉阶段的学习。

2. 教师："当我们听到一个节拍上有四个音时，我们称它为'ta - ka - di - mi'。"

3. 教师和学生们用节奏音节唱出整首歌，并拍打节奏。

4. 教师与至少八个学生一起进行回应唱。

阶段二：学习记谱法

1. 我们可以用四个十六分音符来呈现一个节拍上的四个音。一个十六分音符有一个符头、一个符干和两条符尾。四个十六分音符在一起时用两条横的符干连接。

2. 《木瓜地》的第一个乐句看起来可以是这样的：

谱 8.30　《木瓜地》的第一个乐句

3. 我们可以使用节奏音节识读这个节奏音型。

4. 教师在指出心形脉搏节拍的同时唱出节奏音节，让学生在指出心形脉搏节拍的同时用节奏音节进行回应歌唱。

5. 符干记谱法是一种标记节奏的简单方法。符干记谱法就是在标记四分音符和八分音符时不用符头的一种传统标记法。《木瓜地》的第一个乐句按照符干记谱法看起来是像这样的：

谱 8.31　《木瓜地》的第一个乐句的符干谱

消化阶段：练习

阶段一：最初的练习

1. 回顾听觉意识的阶段，将音和重点音型中的节奏音节联结起来（可以包括其它已知歌曲)。

2. 回顾视觉意识活动，将标准记谱法融入视觉教学中（可以包括其他已知歌曲)。

3. 将指定模式转移到歌曲素材中基本的四拍子模式中。

阶段二：练习

识读

1. 用节奏音节回应歌唱，并用传统节奏标记法书写：

①《悌蒂欧》的第 4 句至第 6 句；

②《一辆破铜车》的第 1 句至第 3 句；

③《乔西来跳舞》的第 1 句至第 3 句；

④《你睡着了吗》的第 3 句。

2. 识读以上乐句并在乐器上演奏。

3. 将写在黑板上的节奏与歌曲名称配对。

4. 用卡农演奏一个带有十六分音符的节奏作品。

写作

进行错误的识别练习；将一首歌曲的节奏转变成另一首歌曲。教师可以将一个十六拍子的模式写在黑板上，却拍打另一个不同的节奏模式；让学生们识别出其中的不同，并写出正确的答案。

凭记忆或通过老师的听写写下节奏模式。

即兴创作

1. 藉由拍手、使用节奏乐器或者边拍手边说出节奏音节来即兴创作一个四拍或八拍的节奏模式。

2. 使用十六分音符即兴创作一个新的节奏模型。

3. 用已知的节奏或旋律模式即兴创作问答动机。

4. 在课堂上持续练习节奏的即兴创作。

5. 根据特定的曲式即兴创作节奏音型。

A A A B

A B A B

A Av B Bv（Av 指的是 A 的变体，也可写作 A1）

A B A C

听力

巴赫：钢琴曲《视唱练耳》（"Solfegetto" for piano by C. P. E. Bach）

巴赫：歌唱版的《视唱练耳》（"Solfegetto" by C. P. E. Bach sung by *The Smingle Singers from the album Anyone for Mozart，Bach，Handel，Vivaldi*）

巴赫：爵士版的《视唱练耳》（"Solfegetto" by C. P. E. Bach，performed by Vernizzi Jazz Quartet and Corrado Giuffredi，Arts Crossing，2006）

巴赫：《c 小调前奏曲》，选自《平均律》第一册（"Prelude in C Minor" from Book 1 of the *Well‑Tempered Clavier*）

海顿：《第 94 交响曲》"行板"（第三变奏）"Andante"（Variation 3）from *Symphony No. 94*.

谱 8.32　海顿《第 94 交响曲》的节奏

谱 8.33　莫扎特《土耳其进行曲》的节奏

谱 8.34　莫扎特《土耳其进行曲》的节奏

《木瓜地》（"The Paw Paw Patch" from *Folksongs and Bluegrass for Children*，performed by Phil Rosenthal，Rounderkids，2000）

视唱

《声音的想象——为视唱练耳所作的音乐》（作者米侯·胡拉汉、菲利普·塔卡，纽约布西和豪客斯出版社，1991，第 1 册第 57 页至第 70 页。）

评估

用节奏音节识读《木瓜地》的节奏。用节奏音节和唱名音节识读《黛娜》。

大调五声音阶的教学策略

表 8.13　大调五声音阶的教学策略

元素	概念	音节	理论	重点歌曲	补充歌曲
大调五声音阶	在 *mi* 和 *so* 之间有一个跳进的五个音 *do – re – mi – so – la*	*do* 五声音阶	音阶	《落基山脉》	《切蛋糕》《敲钹》《纽扣，你一定在想》

认知阶段：准备

阶段一：开发动觉意识

1. 唱出《落基山脉》的第四个乐句，并在黑板上指出其旋律轮廓。
2. 歌唱《落基山脉》并展现第四乐句的旋律轮廓。

图 8.33　《落基山脉》第四个乐句的旋律轮廓

3. 在展现旋律轮廓的同时用节奏音节唱出《落基山脉》。

阶段二：开发听觉意识

通过重点歌曲《落基山脉》回顾动觉活动的学习。在提问每个问题前，歌唱最后一个乐句并拍打节拍。确定最低音和最高音。

教师:"安迪,唱出乐句中的最低音。"

学生:"*do*"。

教师:"安迪,唱出乐句中的最高音。"

学生:"*la*"。

确定从最低音到最高音的唱名音节。

教师:"安迪,在我们唱出最低音 *do* 的时候是在哪一拍?"

学生:"在第一拍和第七拍。"

教师用"loo"唱出最后四个拍子。

教师:"安迪,用唱名音节和手势语唱这四拍。"

学生:"*mi - mi - re - re - do*。"

教师用"loo"唱出这首歌中的五个不同音高 *do - re - mi - so - la*。

教师:"安迪,用唱名和手势语从最低音到最高音唱出那五个音。"

学生:"*do - re - mi - so - la*。"

教师和学生用唱名音节和手势语唱出这五个音。教师邀请几个学生用唱名音节和手势语回应唱。

阶段三：开发视觉意识

让班上学生表演几个动觉和听觉活动来评定动觉意识和听觉意识的学习。

1. 教师哼唱这个特定乐句,要求学生创造一个这个特定乐句的视觉呈现。学生们可以使用辅助工具。

教师:"拿取你需要的重新创作你听到的"或者"画出你听到的"。教师评估学生们的理解程度。

2. 学生们与其他人分享他们的呈现。

3. 教师邀请一个学生到台前与全班分享他的呈现。如果需要的话,可以依照回顾听觉意识的问题纠正他们在呈现中的错误。

4. 让学生们用一个中性音节唱《落基山脉》的第四个乐句,并同时指示出他们的呈现。

5. 让学生们识别出第四个乐句的节奏。

6. 学生们识别出这个乐句中使用的唱名音节。

结合阶段：呈现

阶段一：为声音做标示

1. 通过重点歌曲《落基山脉》复习动觉、听觉和视觉意识活动的学习。

2. 教师和学生们一起唱出《落基山脉》第四乐句中的五个音，并把它写成 *do* 五声音阶，这个音列也可以称为"大调五声音阶"。首先它有五声音阶中的五个不同的音，其中 *mi* 和 *so* 之间是一个跳进，并且最低音是 *do*，结束音也在 *do* 上。因此我们可以判断出 *do* 是这个大调五声音阶的主音。

3. 教师从低到高唱这个大调五声音阶，学生回应。

4. 教师从高到低唱这个大调五声音阶，学生回应。

阶段二：学习记谱法

在音级阶梯上呈现 *do* 五声音阶的模式。大调五声音阶在阶梯上看起来是像图 8.34 这样的。识别所有的级进和跳进。

图 8.34 音级阶梯上的大调五声音阶

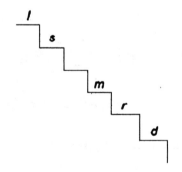

在五线谱上展现 *do* 五声音阶，识别级进和跳进。（根据学生的水平，识别出级进是二度而跳进是三度。）

谱 8.35 五线谱上的大调五声音阶

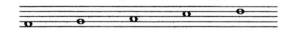

这个大调五声音阶也可以在其他调上练习。

消化阶段：练习

阶段一：最初的练习

1. 回顾听觉意识的阶段，将音和重点音型中的节奏音节联结起来。（可以包括其它已知歌曲。）

2. 回顾视觉意识活动，将标准记谱法融入视觉教学中（可以包括其他已知歌曲）。

3. 将指定模式转移到歌曲素材中基本的四拍子模式中。

阶段二：练习

识读

1. 在符干谱和五线谱上识读《落基山脉》。从最低音唱到最高音。

2. 识读《敲钹》的第一结尾和第二结尾，识别出从最低音到最高音的音高范围。

3. 在木琴和铃铛上识读并演奏所有已知的五声调式歌曲。

4. 将班级分成两个部分，教师的右手和左手展现不同的手势语，让学生们识读。

图 8.35　木琴上的五声音阶

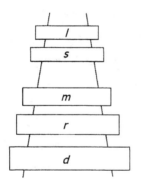

写作

1. 用符干记谱法和五线谱记谱法写下《落基山脉》，将其音高从最低音到最高音，再从最高音到最低音写出来。

2. 通过手势语、符干谱或五线谱识读和/或书写已知的旋律模式。在五线谱上写出音名。

3. 用下面的歌曲进行识读、书写及即兴创作活动：《落基山脉》、《新奥尔良的大房子》、《爬墙花》、《妈妈给我买了一个中国娃娃》。

4. 凭记忆或者由教师听写，用符干谱或五线谱写出能在歌曲曲目中找到的旋律音型。

5. 将识读和写作的旋律音型从四拍子扩展到八拍子乃至十六拍子。

6. 用唱名音节视唱旋律乐句以及歌曲。

7. 用听觉从已知动机中识别出唱名音节，用五线谱写下它们。

即兴创作

1. 教师使用 *do* 五声音阶以唱名音节歌唱一个提问的乐句，学生们用唱名音节回应一个答案乐句。

2. 使用手势语、手指谱或身体语言即兴创作短小的音乐动机（*la – so – mi – re – do*）。

3. 使用声乐或木琴，以简单的四或八拍子的节奏即兴创作 *la – so – mi – re – do* 旋律。

4. 为一首个已知歌曲即兴创作一个或几个小节的新旋律。

5. 为已知歌曲创作一个固定旋律音型的伴奏。

教授绝对音符名称（音名）

在介绍完大调五声音阶（*do – re – mi – so – la*）的五个唱名音节之后，教师应该开始教授绝对音符名称（音名）。在此之前，学生们应该能够将 *do* 模式的唱名音节移到 C 大调、F 大调、或 G 大调上。教授绝对音符名称的准备阶段需要对学生学习的各个部分深思熟虑。学生必须理解变调的理念。例如，学生们应该能够通过手势语变调。可以像以下这样完成：

1. 教师在学生用唱名歌唱的时候引导学生用右手展现手势语。

2. 在唱到随意的一个音时，教师停在特定的唱名音节上，改变手势语切换到左手上。在这个点上，教师引导学生转换到另一个调上唱（变调）。

例如：

C = *do*　右手　*do re mi so la so mi re do re mi so la*

G = *do*　左手　　　　　　　*do re mi so la so mi do*

这种类型的活动需要许多的练习。教师应该使用熟悉的旋律和音型，这些旋律和音型可以从课堂上使用的歌曲素材中选取。

在教授音符名称前，可以先在钢琴键盘上告诉学生音符的概念；也可以用竖笛、木琴或铃铛教学。

不同位置的 *do* 的概念必须在音符名称之前教授。这个教学可以通过歌唱、转调和写作完成。在呈现音符名称前，教师必须将重心放在某一个"*do*"的位置，并且一次最好呈现至少三个音符。教师可以在 G 调上教学。

1. 用 *do* 在 G 调上唱《热十字包》；
2. 在黑板上写下 *do – re – mi* 的唱名音节；
3. 教授高音谱号和音符 G；
4. 用音叉介绍音符 A；
5. 介绍音符 B 并识别 G、A、B 这三个音；
6. 在 G 调上用手势语和音符名称唱《热十字包》；
7. 用唱名和音名（将这个练习）转调到 F 调和 C 调上；
8. 教授学生在钢琴键盘上弹奏 C – D – E，F – G – A 和 G – A – B 这些音，并且歌唱这些音符的唱名音节。

在教授竖笛时可以使用下面的序列：

1. G A B = *do – re – mi*
2. A – G – E = *la – so – mi*
3. F – G – A = *do – re – mi*
4. G – A – B – D = *do – re – mi – so*
5. F – G – A – C = *do – re – mi – so*
6. G – A – B – D – E = *do – re – mi – so – la*
7. F – G – A – C – D = *do – re – mi – so – la*

最终，学习的范围应该是从中央 C 到小字二组的 E（共十度）。这十个音符足以完成我们教授 C 调、F 调和 G 调的五声音阶的程序。

听力

德沃夏克：《第九交响曲"自新大陆"》第二乐章"广板"（"Largo" Movement 2 from *Symphony No. 9* "*The New World Symphony*"）

谱 8.36　《第九交响曲》"广板"的节奏

柯普兰:《再见,旧漆》,选自《小伙子比利》组曲("Goodbye Old Paint" from *Billy the Kid Suite*)这是一首五声调式的音乐。

巴托克:《小宇宙》第三册第 78 首(*Mikrokosmos* Vol.3,No.78)

视唱

《声音的想象——为视唱练耳所作的音乐》(作者米侯·胡拉汉、菲利普·塔卡,纽约布西和豪客斯出版社,1991,第 1 册第 33 页至第 56 页。)

评估

学生分别在 *do* = F、*do* = G 和 *do* = C 的五线谱上用唱名音节和音名唱《落基山脉》的最后一句。

四拍子的教学策略

表 8.14　四拍子的教学策略

$\frac{4}{4}$元素	概念	音节	理论	重点歌曲	补充歌曲
$\frac{4}{4}$ 拍号	一个小节内有一个强拍和三个弱拍的四拍子的模式		小节线、小节、双小节线、拍号	《你睡着了吗》	《敲钹》《纽扣,你一定在想》

认知阶段:准备

阶段一:开发动觉意识

1. 唱《你睡着了吗》并拍打节拍。

2. 唱《你睡着了吗》并拍打节奏。

3. 唱《你睡着了吗》的同时拍打一个固定音型。

4. 学生指出第一乐句中的强拍和弱拍。

图 8.36　第一乐句中的强拍和弱拍

● ○ ○ ○ ● ○ ○ ○

阶段二:开发听觉意识

回顾动觉意识的学习。教师和学生一起歌唱第一乐句并拍打节拍。

教师问:"安迪,我们共打了几拍?"

学生:"八拍。"

教师问:"安迪,所有节拍都相同吗?"

学生："一些节拍更强些。"

教师问："安迪，哪些节拍更强些？"

学生："第一拍和第五拍。"

教师问："如果第一拍和第五拍是强拍，那么其它节拍是？"

学生："弱拍。"

教师："让我们一起歌唱并展现强拍和弱拍。"

阶段三：开发视觉意识

让班上学生表演几个动觉和听觉活动来评定动觉意识和听觉意识的学习。

1. 教师哼唱这个特定乐句，要求学生创造一个这个特定乐句的视觉呈现。学生们可以使用辅助工具。

教师："拿取你需要重新创作你听到的"或者"画出你听到的"。教师评估学生们的理解程度。

2. 学生们与其他人分享他们的呈现。

3. 教师邀请一个学生到台前与全班分享他的呈现。如果需要的话，可以依照回顾听觉意识的问题纠正他们呈现中的错误。

4. 学生们用中性音节歌唱《你睡着了吗》的第一个乐句，并指出他们的呈现。

5. 识别节奏音节。

6. 识别第一句的唱名音节。

结合阶段：呈现

简要地回顾动觉、听觉和视觉意识活动的学习。

阶段一：为声音做标示

在音乐中，我们称强拍为重音，我们可以通过指挥表现重音。歌唱《你睡着了吗》并指挥。

图8.37　指挥《你睡着了吗》

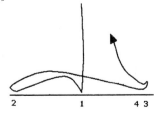

阶段二：学习记谱法

教师："这和我们在使用 $\frac{2}{4}$ 拍号时是一样的，先在每个强拍前画一条小节线。"

教师："然后在结束的时候我们画上双小节线。"

教师："安迪，小节线之间共有几拍?"

学生："四拍。"

教师："现在让我们擦去最开始的第一条小节线，并放上一个 $\frac{4}{4}$，这个叫做拍号。"

教师："开始的时候，我们可以在每个小节内写下节拍的数量。一个小节是两条小节线之间的距离。"

谱8.37　$\frac{4}{4}$ 节拍的节奏型（C是 $\frac{4}{4}$ 拍号的另一种写法）

教师："结束时我们划上双小节线。"

让学生在黑板上加上所有的小节线。

教师："当每小节只有两拍时，开头的拍号数字是几?"

学生："2"

教师："那么现在每个小节有几拍?"

学生："四拍。"

教师："每个小节有四拍。所以，我们把数字4放在拍号里。每个小节的第一拍是重拍，第二、三、四拍是弱拍。"

消化阶段：练习

阶段一：最初的练习

1. 回顾听觉意识的阶段，将音和重点音型中的节奏音节联结起来（可以包括其它已知歌曲）。

2. 回顾视觉意识活动，将标准记谱法融入视觉教学中（可以包括其他已知歌曲）。

3. 将《你睡着了吗》的节奏转变成《敲钹》的节奏。

阶段二：练习

识读

1. 在黑板上识读没有小节线的《敲钹》的符干谱。选择几个学生单独歌唱，其他学生在想象的手鼓上敲打强拍，或在真正的乐器上演奏（例如第一拍在较响的乐器上，而第二、三、四拍在较弱的乐器上）。

2. 识读《快睡觉》并在乐器上演奏。

谱8.38　《快睡觉》

写作

1. 在识读黑板上《你睡着了吗》的节奏之后：

教师："安迪，圈出强拍。"

教师："安迪，请为我们画上小节线。"

2. 在识读黑板上《纽扣，你一定在想》的节奏之后：

教师："安迪，圈出强拍。"

教师："安迪，请为我们画上小节线。"

3. 教师拍打四拍子节奏，学生在黑板上贴上布贴以表示每个节拍。

4. 让学生在黑板上逐句写上节奏，然后加上小节线。

5. 教师逐次修改《纽扣，你一定在想》中的节奏，每次改两拍，一直到整首歌曲修改成《你睡着了吗》。让学生在每次改变之后用节奏音节来歌唱新的节奏。

6. 在一个节奏性的即兴创作练习之后：

教师："安迪，过来在黑板上写下你的第一句的节奏。"

7. 完成一首已知歌曲中省略的小节，例如：《纽扣，你一定在想》或《你睡着了吗》。

8. 让学生建立一个工作表，可以练习为音符添加符干和小节线，来完成一首指定的歌曲。

9. 凭记忆写下《快睡觉》。

即兴创作

1. 用节奏音节歌唱并拍打《敲钹》的节奏。为这首曲子即兴创作一个新的节奏。

听力

普罗科菲耶夫：《进行曲》，选自《三个橙子的爱》（"March" from *The Love for Three Oranges* by Prokofiev）

圣桑：《动物狂欢节》"乌龟"（"Tortoises" from *The Carnival of the Animals* by Saint – Saëns）

视唱

《声音的想象——为视唱练耳所作的音乐》（作者米侯·胡拉汉、菲利普·塔卡，纽约布西和豪客斯出版社，1991，第1册。）

评估

歌唱《你睡着了吗》并指挥。

二年级重点歌曲

介绍大调五声音阶的主音 *do* 的重点歌曲

谱 8.39 《汪汪汪》

二分音符的重点歌曲

谱 8.40 《知更鸟来了》

介绍大调五声音阶的第二级音 *re* 的重点歌曲

谱8.41　　《热十字包》

介绍十六分音符的重点歌曲

谱8.42　　《木瓜地》

大调五声音阶的重点歌曲

谱 8.43 《落基山脉》

Rock - y moun - tain, rock - y moun - tain, rock - y moun - tain high,

When you're on that rock - y moun - tain, hang your head and cry.

Do, do, do, do, do re - mem - ber me,

Do, do, do, do, do re - mem - ber me.

四拍子的重点歌曲

谱 8.44 《你睡着了吗》

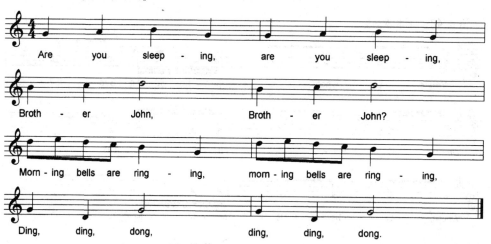

Are you sleep - ing, are you sleep - ing,

Broth - er John, Broth - er John?

Morn - ing bells are ring - ing, morn - ing bells are ring - ing,

Ding, ding, dong, ding, ding, dong.

三年级的教学策略

在三年级时，我们将教授七个音乐概念。在整个学年中，我们会在节奏概念和旋律概念之间不断切换。

1. 一个八分音符后紧跟着两个十六分音符的教学策略
2. 低音 la（la,）的教学策略
3. 两个十六分音符后紧跟着一个八分音符的教学策略
4. 低音 so（so,）的教学策略
5. 隐性的弱起拍的教学策略
6. 高音 do（do'）的教学策略
7. 显性的弱起拍的教学策略

一个八分音符后紧跟着两个十六分音符的教学策略

表8.15　一个八分音符后紧跟着两个十六分音符的教学策略

元素	概念	音节	理论	重点歌曲	补充歌曲
一个八分音符后紧跟着两个十六分音符。	一个节拍上有三个不平均的音；第一个音长于后两个音。	ta di – mi	节拍中十六分音符的划分	《喂我的马》	《艾达·蕾德》《妈妈给我买了个中国娃娃》《去巴比伦有多远》

认知阶段：准备

阶段一：开发动觉意识

1. 演唱《喂我的马》并轻指定乐句的拍子。
2. 演唱《喂我的马》并拍打指定乐句的节奏。
3. 演唱《喂我的马》并指出黑板上节奏的呈现。

图8.38

—— ——　　—— —— ——　　　　——　　—— ——

4. 演唱《喂我的马》，脚踏拍子并手拍节奏。
5. 请两个学生在打击乐器上演奏。一人打拍子，另一人打节奏。

阶段二：开发听觉意识

通过重点歌曲回顾动觉意识的学习。老师和学生在提问下列问题前先用中性音节演唱指定乐句并拍打节拍。

确认这个乐句的拍子数量。

教师："安迪，我们共打了几拍?"

315

学生："四拍。"

确认每个拍子中的音符数量。

教师："安迪，哪个节拍中只有一个音？"

学生："第四拍。"

教师："安迪，哪个节拍中有两个音？"

学生："第一拍和第三拍。"

教师："安迪，我们在第二拍唱了几个音？"

学生："三个音。"

教师："请用长和短描述这几个音符。"

学生："第一个音比较长，后两个音比较短。"

像这样来唱《喂我的马》的前两句：

ta di　　　长 短 短　　*ta di*　　　*ta*

阶段三：开发视觉意识

让班上学生表演几个动觉和听觉活动来评定动觉意识和听觉意识的学习。

1. 教师哼唱这个特定乐句，要求学生创造一个这个特定乐句的视觉呈现。学生们可以使用辅助工具。

教师："拿取你需要的重新创作你听到的。"或者"画出你听到的。"教师评估学生们的理解程度。

2. 学生们与其他人分享他们的呈现。

3. 教师邀请一个学生到台前来与全班分享他的呈现。如果需要的话，可以依照回顾听觉意识的问题来纠正他们在呈现中的错误。

4. 学生们用中性音节歌唱《喂我的马》的第一个乐句，并指出他们的呈现。

5. 学生们确认《喂我的马》的前四个乐句的唱名音节。

结合阶段：呈现

用重点歌曲《喂我的马》评定动觉、听觉和视觉意识活动的学习。

阶段一：为声音做标示

1. 教师："我们称一拍中有三个音，其中第一个音长而后两个音短的组合为 *ta di – mi*。"

2. 教师用节奏音节演唱《喂我的马》中的指定乐句，学生边打节奏边以节奏音节回应。

  ta - di ta di - mi ta - di ta

  3. 教师用歌词演唱《喂我的马》中的指定乐句，学生边打节奏边以节奏音节回应。

  4. 教师与至少八个学生一起进行回应歌唱。

  阶段二：学习记谱法

  我们可以用一个八分音符紧跟着两个十六分音符来呈现一个节拍上不平均的三个音。

  1.《喂我的马》的第一个乐句以传统的节奏记谱法看起来是这样的：

谱 8.45 《喂我的马》第一句的传统节奏记谱法

  2. 我们在《喂我的马》的第一个乐句以符干记谱法看起来是这样的：

谱 8.46 《喂我的马》第一句的符干记谱法

  3. 我们可以使用节奏音节识读这个节奏音型。

  消化阶段：练习

  阶段一：最初的练习

  1. 回顾听觉意识的阶段，将音和重点音型中的节奏音节联结起来。（可以包括其它已知歌曲。）

  2. 回顾视觉意识活动，将标准记谱法融入视觉教学中。（可以包括其他已知歌曲。）

  3. 将指定模式转移到歌曲素材中基本的四拍子模式中。

  阶段二：练习

  识读

  1. 用传统节奏记谱法识读《喂我的马》的第一句和第二句。

2．在节奏型乐器或打击乐器上演奏这个节奏。

3．用节奏音节识读《圣塞拉芬山》并在一件乐器上演奏其节奏。

谱8.47　《圣塞拉芬山》

写作

1．用符干记谱法写下《喂我的马》的第一句和第二句。

2．写下《艾达·蕾德》的第一句并在节奏型乐器上演奏。

即兴创作

教师用节奏音节拍打一个问题乐句，让学生用节奏音节拍打一个回答乐句来回应。可以使用以下歌曲：《艾达·蕾德》（第一句）、《妈妈给我买了个中国娃娃》和《去海洋远航》。

听力

柴科夫斯基：《胡桃夹子》"俄罗斯舞曲"（"Russian Dance" from the *Nutcracker Suite*，Op. 71a）

舒伯特：《罗莎蒙德芭蕾舞曲》（*Rosamunde Ballet Music*）

谱8.48　《罗莎蒙德》的节奏主题

A 主题

B 主题

C 主题

视唱

《声音的想象——为视唱练耳所作的音乐》（作者米侯·胡拉汉、菲利普·塔卡，纽约布西和豪客斯出版社，1991，第 1 册第 57 页至第 70 页。）

评估

用节奏音节歌唱重点歌曲《你睡着了吗》。

低音 *la*（*la,*）的教学策略

表 8.16 低音 *la*（*la,*）的教学策略

元素	概念	音节	理论	重点歌曲	补充歌曲
低音 *la*	比 *do* 低一个跳进的音	*la,*	*la*，可以是一个调的主音；扩展的五声调式音阶	《菲比的衬裙》	《吉米和乔茜》《老兔先生》《可怜的小猫》

认知阶段： 准备

阶段一：开发动觉意识

1. 歌唱《菲比的衬裙》并呈现指定乐句，即乐句一的旋律轮廓。

2. 歌唱《菲比的衬裙》并指出在黑板上的旋律轮廓的呈现。

319

图 8.39 《菲比的衬裙》的旋律轮廓呈现

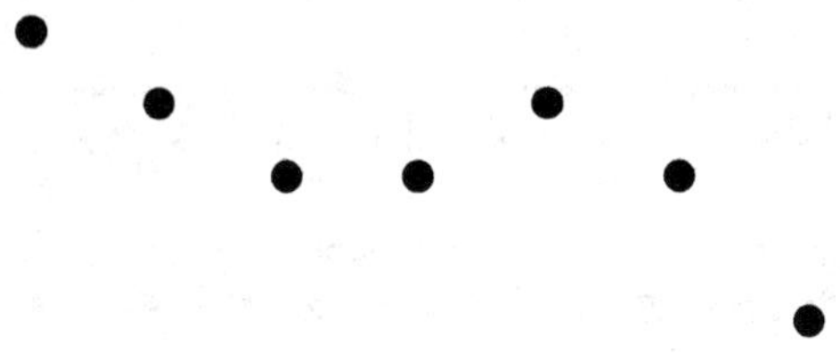

3. 用节奏音节歌唱《菲比的衬裙》并呈现其旋律轮廓。

阶段二：开发听觉意识

用重点歌曲《菲比的衬裙》回顾运动知觉，在提问每个问题前歌唱并拍打节拍。

确认节拍的数量。

教师："安迪，我们共打了几拍?"

学生："四拍。"

确认最低的音在哪个拍子上。

教师："安迪，最低的音在哪个节拍上?"

学生："第四拍。"

或者

教师："安迪，你可以给我描述一下第四拍上的音吗?"

学生："这是低音。"

教师："让我们用'loo'唱出这个句子，但用'low'唱出那个最低的音。"

确认已知信息中的唱名并用"low"唱出新的音符。

教师："让我们唱最开始的四个音。"

教师用"loo"唱出最开始的四个音，学生跟唱。

教师："安迪，用唱名及手势语唱出这几个音。"

学生："$mi - re - do - do$。"

教师用"loo"唱出第一个乐句，学生用唱名及手势语跟唱（$mi - re - do - do - re - do - low$）。学生当唱到"low"这个音时用手指向下方。

教师："安迪，这个新的音比 do 低一个级进还是跳进?"

学生："跳进。"

阶段三：开发视觉意识

让班上学生表演几个动觉和听觉活动来评定动觉意识和听觉意识的学习。

1. 教师哼唱这个特定乐句，要求学生创造一个这个特定乐句的视觉呈现。学生们可以使用辅助工具。

教师："拿取你需要的重新创作你听到的"或者"画出你听到的"。教师评估学生们的理解程度。

2. 学生们与其他人分享他们的呈现。

3. 教师邀请一个学生到台前与全班分享他的呈现。如果需要的话，可以依照回顾听觉意识的问题纠正他们在呈现中的错误。

4. 学生们用中性音节歌唱《菲比的衬裙》的第一个乐句，并指出他们的呈现。

5. 确认《菲比的衬裙》第一句的节奏。

结合阶段：呈现

用重点歌曲《菲比的衬裙》回顾动觉、听觉和视觉意识活动的学习。

阶段一：为声音做标示

1. 教师："当我们听到一个比 do 低一个跳进的音时我们称它为低音 la。"教师比出手势。

图 8.40　低音 la 的手势

2. 教师用唱名音节唱出《菲比的衬裙》的第一句，学生跟着唱。(mi - re - do - do - re - do - la,)

3. 教师与至少八个学生一起进行回应歌唱。

阶段二：学习记谱法

在音级阶梯上呈现低音 la 的位置。

321

图 8.41   音级阶梯上低音 *la* 的位置

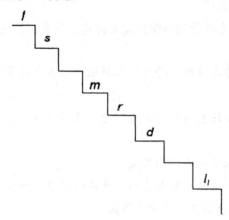

用传统记谱法呈现《菲比的衬裙》的指定乐句。确认 *do – la*，是一个三度的跳进。

谱 8.49   《菲比的衬裙》中指定乐句的传统记谱法

用五线谱呈现《菲比的衬裙》的指定乐句并指出记谱的规则。

谱 8.50   《菲比的衬裙》中指定乐句的五线谱

消化阶段：练习

阶段一：最初的练习

1. 回顾听觉意识的阶段，将音和重点音型中的节奏音节联结起来。

2. 回顾视觉意识活动，将标准记谱法融入视觉教学中。

3. 将指定模式转移到歌曲素材中基本的四拍子模式中。

阶段二：练习

识读

1. 用符干谱和五线谱识读《菲比的衬裙》。

2. 将歌曲《菲比的衬裙》中的几个小节变化一下，使其成为一个识读练习。

3. 用符干谱或五线谱识读《谁杀了公鸡罗宾》。

写作

1. 用符干谱和五线谱写出《吉米和乔茜》。

2. 用符干谱和五线谱写出《菲比的衬裙》。

3. 让学生们用五线谱弹出《菲比的衬裙》的第一句。

4. 当以这样的模式写完整首歌后，让学生们在木琴上演奏出来。

图8.42　木琴上的模式

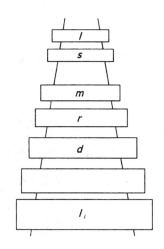

即兴创作

1. 教师用唱名音节唱出一个 *la* 五声音阶的问题乐句，学生用唱名音节唱出一个回答乐句来回应。

2. 用手势语、手指谱或身体语言即兴创作短小的音乐动机（*la - so - mi - re - do - la*）。

3. 用声乐或打击乐器即兴创作一个四至八拍的 *la - so - mi - re - do - la,* 的旋律。

4. 用新的旋律为一首歌曲即兴创作其中的一个或几个小节。

5. 为一首已知歌曲创作一个旋律低音作为伴奏。

听力

巴托克：《小宇宙》第五册第 127 首（"*Mikrokosmos*" Volume 5 No. 127）

巴托克：《小宇宙》第三册第 78 首（"*Mikrokosmos*" Volume 3 No. 78）

巴托克：《乡村的夜晚》，选自《匈牙利素描》（"An Evening in the Village" from *Hungarian Sketches*）

巴托克：《献给孩子们》第一册第 9 首《五声曲调》（"Pentatonic Tune" from

For Children Vol. 1，No. 29）

《孤独的旅行者》（"Wayfaring Stranger," recording by Anonymous 4 on the album *Gloryland*）

德彪西：《云朵》，选自《夜曲》（"Nuagtes" from *Nocturnes*）

视唱

《声音的想象——为视唱练耳所作的音乐》（作者米侯·胡拉汉、菲利普·塔卡，纽约布西和豪客斯出版社，1991，第 1 册第 71 页至第 76 页。）

评估

用唱名音节和手势语歌唱重点歌曲《菲比的衬裙》，并把这首歌曲在五线谱上分别以 *do* 在 F、C、G 等调上写出。

两个十六分音符后紧跟着一个八分音符的教学策略

表8.17　两个十六分音符后紧跟着一个八分音符的教学策略

元素	概念	音节	理论	重点歌曲	补充歌曲
两个十六分音符后紧跟着一个八分音符。	一拍里有三个不平均的音，头两个音比最后一个短。	*ta ka – di*		《玉米地里的猪》的第二乐句	《河对岸的查理》《松鼠》《吉米和乔茜》《跳绳歌》《去海洋远航》

认知阶段：准备

阶段一：开发动觉意识

1. 歌唱《玉米地里的猪》的第二乐句并拍打节拍。
2. 歌唱《玉米地里的猪》的第二乐句并拍打节奏。
3. 歌唱《玉米地里的猪》的第二乐句并指出节奏的呈现。

图 8.43

———　———　—— —— —— ——

4. 演唱《玉米地里的猪》的第二乐句用脚踏节拍并以手拍打节奏。
5. 将班级分为两组。一组打第二乐句的节拍，另一组拍打节奏。然后互换。
6. 唱《玉米地里的猪》，用脚踏节拍并以手随着歌词拍打节奏。

阶段二：开发听觉意识

用重点歌曲回顾动觉意识的学习。在问每个问题前，让大家用中性音节演唱《玉米地里的猪》的第二乐句并拍打节拍。

确认这个乐句中的拍子数量。

教师："安迪，我们共打了几拍？"

学生："四拍。"

确认每个节拍中的音符数量。

教师："安迪，哪些节拍上有两个音？"

学生："第一拍和第四拍。"

教师："安迪，我们在第三拍上唱了几个音？"

学生："三个音。"

教师："安迪，用长和短描述一下这些音。"

学生："长短短。"

教师："安迪，我们可以使用什么样的节奏音节？"

学生："*ta di – mi*。"

确认指定节拍中的音符数量。

教师："安迪，我们在第二拍唱了几个音？"

学生："三个音。"

教师："安迪，用长和短描述一下这些音。"

学生："短短长。"

歌唱以下的乐句：

ta di　　短短长　　*ta di mi*　　*ta di*

阶段三：开发视觉意识

让班上学生表演几个动觉和听觉活动来评定动觉意识和听觉意识的学习。

1. 教师哼唱这个特定乐句，要求学生创造一个这个特定乐句的视觉呈现。学生们可以使用辅助工具。

教师："拿取你需要的重新创作你听到的。"或者"画出你听到的。"教师评估学生们的理解程度。

2. 学生们与其他人分享他们的呈现。

3．教师邀请一个学生到台前与全班分享他的呈现。如果需要的话，可以依照回顾听觉意识的问题纠正他们在呈现中的错误。

4．学生们用中性音节来歌唱《玉米地里的猪》的第一个乐句，并指出他们的呈现。

结合阶段：呈现

简要地回顾动觉、听觉和视觉意识的学习。

阶段一：为声音做标示

教师："当我们听到一个节拍上有三个音，并且前两个是短，第三个是长的时，我们叫它"*ta ka di*。"

教师用"loo"歌唱《玉米地里的猪》中的指定乐句，学生边拍打节奏边用节奏音节回应。

阶段二：学习记谱法

我们可以用两个十六分音符加上一个八分音符来呈现一个节拍上的三个音：两个短的和一个长的。我们可以用节奏音节解读这个模式。

谱8.51 节奏音节的模式

ta   di   ta ka di   ta   di mi ta   di

我们也可以用符干记谱法写这个模式。

谱8.52 符干谱的模式

消化阶段：练习

阶段一：最初的练习

1．回顾听觉意识的阶段，将音和重点音型中的节奏音节联结起来。

2．回顾视觉意识活动，将标准记谱法融入视觉教学中。

3．将指定模式转移到歌曲素材中基本的四拍子模式中。

阶段二：练习

识读

1. 用传统的节奏记谱法识读《玉米地里的猪》的第一句和第二句。

2. 用传统的节奏记谱法识读《松鼠》。

3. 将《松鼠》的节奏改变为《玉米地里的猪》的节奏。

4. 让两个学生表演《玉米地里的猪》或者《松鼠》或者《河对岸的查理》的节拍和节奏。

写作

1. 写出《玉米地里的猪》的歌词。

2. 让学生们将正确的节奏记谱法写在歌词的上方。

3. 用符干记谱法写出《玉米地里的猪》的第一句和第二句。

4. 写出《艾达·蕾德》的节奏，在节奏型乐器上演奏出来。

即兴创作

教师拍打一个节奏名称的提问乐句，让学生拍打一个节奏名称的回答乐句回应。使用以下歌曲，练习这样的即兴创作：《艾达·蕾德》（第二句）、"《早晨》"（整首歌曲）或《吉米或乔茜》。

视唱

《声音的想象——为视唱练耳所作的音乐》（作者米侯·胡拉汉、菲利普·塔卡，纽约布西和豪客斯出版社，1991，第1册第57页至第70页。）

评估

用节奏音节歌唱《玉米地里的猪》。

低音 so（so，）的教学策略

表8.18　低音 so 的教学策略

元素	概念	音节	理论	重點歌曲	補充歌曲
低音 so	比低音 la 低一个级进的音	低音 so（so，）		《乔西来跳舞》的指定乐句：第二句	《去海洋远航》《把眼镜翻过来》《老麦当劳》《和约翰漫步》

认知阶段：准备

阶段一：开发动觉意识

1. 歌唱《乔西来跳舞》的第二句并指出黑板上的旋律轮廓。

2. 歌唱《乔西来跳舞》的第二句并呈现其旋律轮廓。

图8.44　《乔西来跳舞》第二句的旋律轮廓

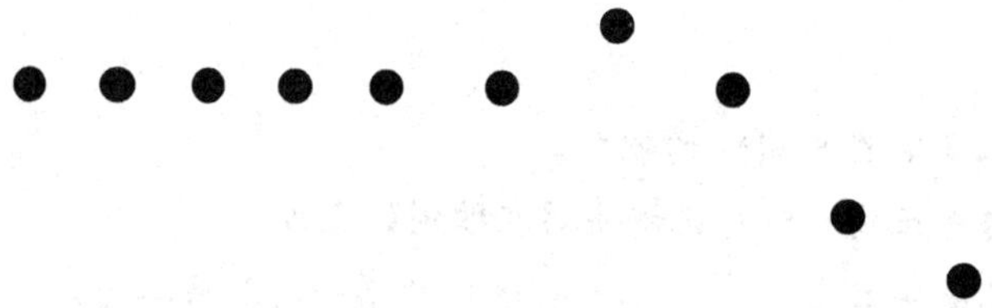

3. 用节奏音节演唱《乔西来跳舞》并呈现第二乐句的旋律轮廓。

阶段二：开发听觉意识

用重点歌曲《乔西来跳舞》回顾动觉意识的学习。在提问每个问题前歌唱并拍打节拍。确认乐句一的唱名（$do - do - do - do - do - do—mi—re—mi—so$）。

确认节拍的数量。

教师："安迪，我们共打了几拍？"

学生："四拍。"

确认最低的音在哪个拍子上。

教师："安迪，最低的音在哪个节拍上？"

学生："第四拍。"

教师："让我们用'loo'唱出这个句子。"

确认第四拍上有几个不同的音。

教师："安迪，我们在第四拍上唱了几个不同的音？"

学生："两个。"

用已知元素确认唱名，用"low"唱新的音符。

教师："安迪，既然这个乐句的开始像乐句一，那么用唱名和手势语来演唱它，但最后一个音符用"low"来唱。"

学生："$do - do - do - do - do - do - do—re—do—la，—low$。"

教师："安迪，这个新的音比低音 *la* 低一个级进还是跳进？"
学生："低一个级进。"

阶段三：开发视觉意识
让班上学生表演几个动觉和听觉活动来评定动觉意识和听觉意识的学习。

1. 教师哼唱这个特定乐句，要求学生创造一个这个特定乐句的视觉呈现。学生们可以使用辅助工具。
  教师："拿取你需要的重新创作你听到的"或者"画出你听到的"。教师评估学生们的理解程度。
2. 学生们与其他人分享他们的呈现。
3. 教师邀请一个学生到台前与全班分享他的呈现。如果需要的话，可以依照回顾听觉意识的问题纠正他们在呈现中的错误。
4. 学生们用中性音节歌唱《乔西来跳舞》的第一个乐句，并指出他们的呈现。
5. 确认《乔西来跳舞》第一、三、四句中的唱名音节。

结合阶段：呈现

阶段一：给声音做标示
用重点歌曲《乔西来跳舞》回顾动觉、听觉和视觉意识的学习。我们称比低音 *la* 低一个级进的音为低音 *so*。教师展示手势，跟 *so* 音一样，但是比低音 *la* 低。学生立即用唱名音节和手势语唱出《乔西来跳舞》中的第二乐句。

图8.45 低音 *so* 的手势语

教师用歌词演唱《乔西来跳舞》中的第二乐句，学生用唱名和手势语回应唱。

阶段二：学习记谱法
在音级阶梯上呈现低音 *so* 的位置。

图8.46　音级阶梯上低音 *so* 的位置

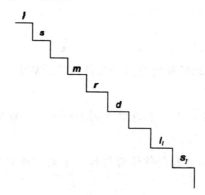

用传统节奏记谱法展现《乔西来跳舞》的特定乐句。

谱8.53　《乔西来跳舞》特定乐句的传统记谱法

将《乔西来跳舞》中的特定乐句用五线谱展示，并呈现记谱的规则。

谱8.54　《乔西来跳舞》特定乐句的五线谱

消化阶段：练习

阶段一：最初的练习

1. 回顾听觉意识的阶段，将音和重点音型中的节奏音节联结起来。

2. 回顾视觉意识活动，将标准记谱法融入视觉教学中。

3. 将指定模式转移到歌曲素材中基本的四拍子模式中。

4. 确认以 *do*、*la*、*so* 结束的各种模式。

阶段二：练习

识读

1. 用符干谱和五线谱识读《乔西来跳舞》。

2. 练习唱名音阶。教师指出《把眼镜翻过来》的音符，让学生用唱名音节和手势语演唱。

3. 用唱名音节，从传统节奏记谱法中识读《把眼镜翻过来》这首歌。

4. 阅读以下模式 *so*，- *la*，- *do*；*do* - *la*，- *so*,；*so*，- *do*；*so*，- *re*；*so*，- *mi*。

写作

1. 用符干谱和五线谱写出《乔西来跳舞》。

2. 提供给学生《乔西来跳舞》和/或《把眼镜翻过来》的五线谱，让学生在旋律上圈出所有级进部分，并把所有跳进部分用一个方块框起来。

在五线谱上写出《乔西来跳舞》的第二乐句后，让学生们用木琴或铃铛弹奏这个句子。

图 8.47　*木琴上的音符*

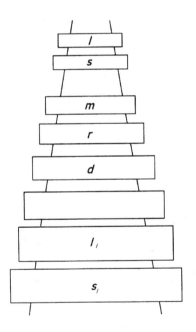

3. 用符干谱和五线谱写出《去海洋远航》。

4. 用听觉识别动机 *so*，- *la*，- *do* 和 *do*，- *la*，- *so*,中的 *so*,,用符干谱或五线谱写出这些动机模式。

5. 唱一个固定低音旋律为一首五声音阶的歌曲伴奏。在学习了这个固定低音旋律之后，用符干谱或者五线谱写出。可以参考以下例子：

谱 8.55　固定旋律低音谱例

d　d　d　d　l,　s,　　s,　s,　l,　d　m　r　d

即兴创作

1. 老师用唱名音节唱一句问题乐句，学生用唱名音节回应唱出答案乐句。

2. 识读、写作和即兴活动所使用的例子：《乔西来跳舞》（整首歌）、《把眼镜翻过来》（整首歌）、《去海洋远航》（整首歌）、《老麦当劳》（整首歌）。

3. 使用动机 so，-la，-do 和 do-la，-so，即兴创作句子模式。

4. 使用 la-so-mi-re-do-la，-so，即兴提问和回答。

听力

穆索尔斯基：《图画展览会》"漫步"（"Promenade" *Pictures at an Exhibition*）

视唱

《声音的想象——为视唱练耳所作的音乐》（作者米侯·胡拉汉、菲利普·塔卡，纽约布西和豪客斯出版社，1991，第 1 册第 77 页至第 86 页。）

评估

用唱名和手势语演唱《乔西来跳舞》。从不同的记谱法中识读《乔西来跳舞》。

隐性的弱起拍的教学策略

表 8.19　隐性的弱起拍的教学策略

元素	概念	音节	理论	重点歌曲	补充歌曲
单独的八分音符	出现在强拍之前的音	作品中间强拍之前的音	隐性的弱起拍	《老兔先生》	《来了个高贵的女士》《再见，宝贝》《做不好》

认知阶段：准备

阶段一：开发动觉意识

1. 歌唱《老兔先生》并在空中划出乐句。

2. 歌唱《老兔先生》并轻拍节拍。

3. 歌唱《老兔先生》并拍打固定音型"重拍、轻拍、轻拍、轻拍"。

4. 歌唱《老兔先生》并指出下面图表中四个乐句的节拍：

图 8.48　《老兔先生》的节拍

				或者				

5. 歌唱《老兔先生》并在黑板上指出乐句和节奏的呈现。让学生很清楚地歌唱每个句子是非常重要的。

谱 8.56　《老兔先生》的句子和节奏呈现

阶段二：开发听觉意识

用重点歌曲回顾动觉意识的学习。在提问每个问题前歌唱并轻打节拍。

确认每个乐句的强拍。

教师："安迪，我们在乐句一的哪个字上拍手？"

学生："Old"。

教师："安迪，我们在乐句二的哪个字上拍手？"

学生："Got"。

教师："安迪，我们在乐句三的哪个字上拍手？"

学生："Jumping"。

教师："安迪，我们在乐句四的哪个字上拍手？"

学生："Eating"。

教师："安迪，乐句二的第一个词是什么？"

学生："You've"。

教师："安迪，乐句三的第一个词是什么？"

学生："Of"。

教师："安迪，乐句四的第一个词是什么？"

学生：" And"。

教师："安迪，这些词都落在了强拍上还是弱拍上？"

学生："弱拍。"

阶段三：开发视觉意识

让班上学生表演几个动觉和听觉活动来评定动觉意识和听觉意识的学习。

教师要求学生创造一个显示句子的开始与结束的视觉呈现。

1. 学生们与其他人分享他们的呈现。

2. 教师邀请一个学生到台前与全班分享他的呈现。如果需要的话，可以依照回顾听觉意识的问题纠正他们在呈现中的错误。

3. 学生们用中性音节歌唱《老兔先生》的第一个乐句，并指出他们的呈现。

图8.49　《老兔先生》

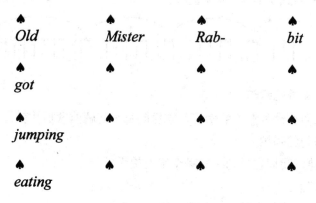

教师："我们应该在哪里写上'you've'、'of'及'and'？"这里的重点是让学生发现弱起拍的特点：

图8.50　《老兔先生》

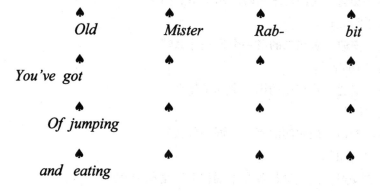

结合阶段：呈现

用重点歌曲《老兔先生》回顾动觉、听觉和视觉意识活动的学习。

阶段一：为声音做标示

1. 教师："我们把乐句开始所在的弱拍称作弱起拍。因为这个弱起拍出现在一首歌曲的中间而不是开始，我们称之为'隐性的弱起拍'。"

2. 教师用节奏音节演唱《老兔先生》，学生们用节奏音节来回应歌唱并指挥。

3. 教师与至少八个学生一起进行回应歌唱。

图 8.51　《老兔先生》的节奏音节

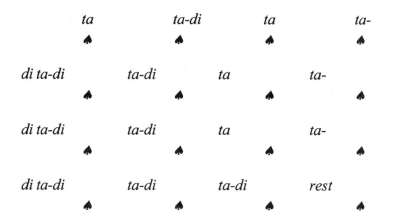

阶段二：学习记谱法

教师："当我们把两个以横梁状符干连起来的八分音符分开时，它看起来就会像这样（把符尾分开的八分音符），并且有时候我们会在节拍的中间做呼吸。我们可以称这个单一的八分音符为一个弱起拍或者起拍音。"

写下唱名音节和传统记谱法。用唱名音节识读。

谱 8.57　唱名音节及传统记谱法

消化阶段：练习

阶段一：最初的练习

1. 回顾听觉意识的阶段，将音和重点音型中的节奏音节联结起来。

2. 回顾视觉意识活动，将标准记谱法融入视觉教学中。

3. 将《老兔先生》的节奏转变成《来了个高贵的女士》的节奏，引导学生们发现最后的乐句有个弱起拍。

阶段二：练习

识读

1. 识读传统记谱法。把《老兔先生》的节奏用传统节奏记谱法写在黑板上，让学生们用节奏音节指明并识读。

2. 将一首歌曲转变为另一首歌曲：识读以符干记谱法写下的带有隐性弱起拍的《老兔先生》和《做不好》。

写作

让学生们用符干记谱法写下《来了个高贵的女士》的四个句子，他们必须在最后一句里写出带有隐性弱起拍的乐句（例如在最后一个乐句的开头放置一个单一的八分音符）。

即兴创作

1. 让学生们歌唱并拍打出任意一首已知歌曲的节奏作为开始，在黑板上写下这些节奏并要求他们创作隐性的弱起拍。

2. 引导学生们即兴一首已知歌曲的终结乐句，规定这个最后的乐句要以弱起拍开始。例如一个学生表演《落基山脉》或者《新奥尔良的大房子》的节奏，在他们唱到最后一个乐句时，他们必须即兴创作一个以弱起拍开始的新乐句。

视唱

《声音的想象——为视唱练耳所作的音乐》（作者米侯·胡拉汉、菲利普·塔卡，纽约布西和豪客斯出版社，1991，第1册第88页至第109页。）

高音 *do*（do'）的教学策略

表8.20 高音 do 的教学策略

元素	概念	音符	理论	重要歌曲	补充歌曲
高音 *do*	一个比 *la* 高一个跳进的音	*d'*	八度；五声音阶的延伸	《玉米地里的猪》	《丽莎和简》《我丢了牛圈的钥匙》《乘马车》《悌蒂欧》

认知阶段： 准备

阶段一：开发动觉意识

1. 歌唱《玉米地里的猪》并呈现指定乐句，即第二乐句的旋律轮廓。

2. 歌唱《玉米地里的猪》并指出在黑板上的旋律轮廓的呈现。

图8.52 《玉米地里的猪》的旋律轮廓

3. 用节奏音节歌唱《玉米地里的猪》并呈现其旋律轮廓。

阶段二：开发听觉意识

用重点歌曲《玉米地里的猪》回顾动觉意识的学习。在提问每个问题前用"loo"歌唱第二乐句并拍打节拍。

确认节拍的数量。

教师："安迪，我们共打了几拍?"

学生："四拍。"

确认最低的音和最高的音在哪个拍子上。

教师："安迪，最高的音在哪个节拍上?"

学生："第一拍。"

教师："安迪，最低的音在哪个节拍上？"

学生："第四拍。"

确认最后一个音的唱名音节。

教师："安迪，最后那个音是的唱名音节是什么？"

学生："do"

确认第三拍和第四拍中的唱名音节。

教师："让我们来唱第三拍和第四拍上的音。"

教师："安迪，用唱名唱出这几个音。"

学生："mi—re – re—do—do。"

确认第一拍和第二拍中的唱名音节。

教师："让我们一起来唱前三个音。"

教师："安迪，你将如何描述第一个音？"

学生："高音。"

教师："安迪，用'高'唱第一个音，用唱名唱其他的音。"

学生："高—la – so—so—so。"

教师："安迪，用手势语演唱整个乐句。"

学生："高—la – so—so—so—mi—re – re – do – – do。"

阶段三：开发视觉意识

让班上学生表演几个动觉和听觉活动来评定动觉意识和听觉意识的学习。

1．教师哼唱这个特定乐句，要求学生创造一个这个特定乐句的视觉呈现。学生们可以使用辅助工具。

教师："拿取你需要的重新创作你听到的。"或者"画出你听到的。"教师评估学生们的理解程度。

2．学生们与其他人分享他们的呈现。

3．教师邀请一个学生到台前与全班分享他的呈现。如果需要的话，可以依照回顾听觉意识的问题纠正他们在呈现中的错误。

4．学生们用中性音节来歌唱《玉米地里的猪》的第二个乐句，并指出他们的呈现。

5．确认这首歌的节奏，用节奏音节演唱它。

结合阶段：呈现

阶段一：为声音做标示

用重点歌曲《玉米地里的猪》回顾动觉、听觉和视觉意识的学习。

1. 教师："当我们听到一个比 *la* 高一个跳进的音，我们称之为'高音 *do*'。" 教师展示手势。

图 8.53 高音 *do* 的手势

2. 教师用唱名音节演唱《玉米地里的猪》的第二乐句，学生们回应唱（*do*'-*la* - *so* - *so* - *so* - *mi* - *re* - *re* - *do* - *do*）。

3. 教师与至少八个学生一起进行回应歌唱。

阶段二：学习记谱法

呈现高音 *do* 在音阶上的位置，确认 *la* - *do*' 的音程是一个三度的跳进。

图 8.54 音阶上高音 *do* 的位置

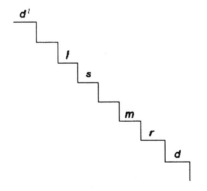

用节奏记谱法及唱名音节呈现《玉米地里的猪》的指定乐句。

谱 8.58 《玉米地里的猪》指定乐句的传统记谱法和唱名音节

339

将歌曲《玉米地里的猪》的指定乐句用五线谱呈现出来，并解释记谱的规则。

谱 8.59　《玉米地里的猪》指定乐句的五线谱

消化阶段：练习

阶段一：最初的练习

1. 回顾听觉意识的阶段，将音和重点音型中的节奏音节联结起来。

2. 回顾视觉意识活动，将标准记谱法融入视觉教学中。

3. 将《牛圈的钥匙》的最后一句从指定模式转变为的歌曲素材中的四拍子模式。

阶段二：练习

识读

1. 用符干谱和五线谱识读《玉米地里的猪》。

2. 用符干记谱法和五线谱识读《牛圈的钥匙》。

3. 识读并在木琴或铃铛上演奏《玉米地里的猪》的两个乐句。

图 8.55　木琴上的音符

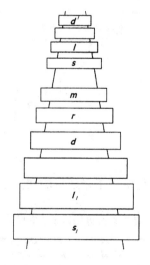

写作

1. 用符干谱和/或五线谱写出《玉米地里的猪》或《牛圈的钥匙》的最后一个乐句。

即兴创作

1. 教师用唱名音节唱出一个问题乐句，让学生用唱名音节唱出一个回答乐句来回应。一开始先用《玉米地里的猪》和《牛圈的钥匙》练习。

2. 逐渐将问题乐句转化为一个不同的乐句。学生们可以仍然用《玉米地里的猪》或《牛圈的钥匙》的最后一个乐句作为回声应答。

3. 一旦学生适应了以高音 do 为起始的答案乐句作为回声应答，便可以要求他们即兴创作出一个以高音 do 作为开头或者在句子中运用高音 do 的不同的乐句。

听力

拉威尔：《鹅妈妈组曲》"宝塔皇后"（"The Empress of Pagodas" from *Mother Goose Suite*）

视唱

《声音的想象——为视唱练耳所作的音乐》（作者米侯·胡拉汉、菲利普·塔卡，纽约布西和豪客斯出版社，1991，第 1 册第 15 页至第 24 页。）

显性的弱起拍的教学策略

表8.21　显性的弱起拍的教学策略

元素	概念	音节	理论	重点歌曲	补充歌曲
一个显性的八分音符起拍	在作品开始时的强拍之前的一个音	依赖于显性弱起拍落在的位置		《乔·米勒》	《平原上》《约翰的鞋》《天使乐团》

认知阶段：　准备

阶段一：开发动觉意识

1. 歌唱《乔·米勒》并拍打节拍。

2. 歌唱《乔·米勒》并拍打节奏。

3. 学生用拍手拍打每个乐句的第一拍，用拍腿拍打接下来的七个节拍。

图 8.56 如何拍打的节拍

拍手　拍腿　拍腿　拍腿　拍腿　拍腿　拍腿　拍腿
♠　　♠　　♠　　♠　　♠　　♠　　♠　　♠

4. 歌唱《乔·米勒》并指出黑板上的乐句呈现。

图 8.57 《乔·米勒》的句子呈现

♠　　♠　　♠　　♠　　♠　　♠　　♠　　♠
There was a jol-ly mil-ler and he lived by him-self,　(When the)

阶段二：开发听觉意识

通过重点歌曲回顾动觉意识的学习。在提问每个问题前歌唱。

教师："安迪，第一个乐句从哪个字开始？"

学生："*There*"。

大家一起唱。

教师："安迪，我们要在乐句的什么地方拍打第一拍？"

学生："在'*There*'之后，当我们唱'*was*'的时候。"

教师："安迪，'*There*'这个字是在强拍上还是在弱拍上？"

学生："弱拍上。"

阶段三：开发视觉意识

让班上学生表演几个动觉和听觉活动来评定动觉意识和听觉意识的学习。教师要求学生创立乐句中重点旋律的视觉呈现，来评定学生的理解水平。

1. 学生们分享他们的呈现。

2. 教师邀请一个学生到台前与全班分享他的呈现。如果需要的话，可以依照回顾听觉意识问题纠正他们的呈现。

3. 学生们用中性音节歌唱《乔·米勒》的第一个乐句，并示出他们的呈现。

图 8.58 《乔·米勒》句子中的节拍和歌词

♠　　♠　　♠　　♠　　♠　　♠　　♠　　♠
There　　was a jol-ly　mil-ler and he　lived　by him-self.　(When the)

结合阶段：呈现

阶段一：为声音做标示

教师："我们称一个以弱拍开始的乐句为弱起拍。因为这个弱起拍在音乐作品的最开始，我们称之为'显性弱起拍'。"

教师用节奏音节歌唱《乔·米勒》，学生用节奏音节回应唱。教师与至少八个学生一起进行回应歌唱。

阶段二：学习记谱法

教师："因为《乔·米勒》以弱拍开始，我们可以在歌曲开头用一个单独的八分音符。

谱8.60 《乔·米勒》

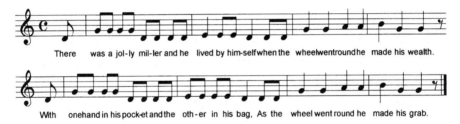

消化阶段：练习

阶段一：最初的练习

1. 回顾听觉意识的阶段，将音和重点音型中的节奏音节联结起来。

2. 回顾视觉意识活动，将标准记谱法融入视觉教学中。

3. 将《乔·米勒》的第一乐句的节奏转变成《约翰的鞋》的第一乐句的节奏。

阶段二：练习

识读

1. 用节奏记谱法识读每个乐句都以弱起拍开头的《乔·米勒》。

2. 用节奏记谱法识读每个乐句都以弱起拍开头的《约翰的鞋》。

3. 用节奏记谱法识读每个乐句都以弱起拍开头的《在平原上》。

写作

用符干记谱法写出每个乐句都以弱起拍开头的《乔·米勒》。对《在平原上》、

《天使乐团》和《约翰的鞋》这几首歌曲做同样的练习。

即兴创作

1. 以学生熟知的一首歌曲的节奏开始，例如用《乔西米跳舞》和《去海洋远航》中的节奏。

2. 引导学生按照以弱起拍开头的规则即兴创作歌曲的开头乐句。例如，一个学生演唱《乔西来跳舞》或《去海洋远航》或任何一首已知歌曲的节奏，但他们必须以弱起拍开始歌曲。这个弱起拍可以是一个单独的四分音符、两个八分音符或一个八分音符。

听力

科普兰：《阿巴拉契亚的春天》（*Appalachian Spring* by Copland）其中《夏克赞美诗》（*Shaker Hymn*）的 A 部分以弱起拍开始。

巴赫：《谐谑曲》，选自《b 小调第二组曲》（"Bandinerie" from *Suite No. 2 in b minor*）

巴赫：《谐谑曲》，选自《梦幻组曲》（"Bandinerie" from *Suite Dream*：*The Music of J. S. Bach for Flute and Jazz Orchestra*，performed by I – Chee Lee/Union Square Group）

巴赫：《醒来吧，长夜已尽》，选自《康塔塔》第 140 首（"Sleepers Wake" from *Cantata No.* 140）

谱 8.61 《谐谑曲》，选自巴赫《b 小调第二组曲》

谱 8.62 《醒来吧，长夜已尽》，选自巴赫《康塔塔》第 140 首

1.

2.

3.

视唱

《声音的想象——为视唱练耳所作的音乐》（作者米侯·胡拉汉、菲利普·塔卡，纽约布西和豪客斯出版社，1991，第 1 册第 87 页至第 109 页。）

三年级的重点歌曲

一个八分音符后紧跟着两个十六分音符的重点歌曲

谱 8.63　《喂我的马》

Fed my horse in a pop - lar trough, Fed my horse in a pop - lar trough,

Fed my horse in a pop - lar trough. And then he caught the whoop - ing cough.

Coy ma - lin - dow. Kill - ko. kill - ko. Coy may - lin - dow, Kill - ko me.

低音 la 的重点歌曲

谱 8.64　《菲比的衬裙》

Phoe - be in her pet - ti - coat, Phoe - be in her gown,

Phoe - be in her pet - ti - coat, Go - ing in - to town.

两个十六分音符后紧跟着一个八分音符的重点歌曲

谱8.65　《玉米地里的猪》

Hogs in thecorn-field, Cows in the clo-ver. Tell them pret-ty gals I'm com-ing o-ver.

低音 so 的重点歌曲

谱8.66　《乔米来跳舞》

Chi-cken on the fence-post can't dance Jos-ey, Chicken on thefence-post, can't dance Jos-ey,

Chicken on thefence-post, can't dance Jos-ey, Hel-lo Sus-an Brown-y-o.

隐性的弱起拍的重点歌曲

谱8.67　《老兔先生》

Old Mis-ter Rab-bit, you've got a might-y habi-it,

Of jump-ing in the gar-den, and eat-ing all my cab-bage.

高音 do 的重点歌曲

谱8.68　《玉米地里的猪》

Hogs in thecorn-field, Cows in the clo-ver. Tell them pret-ty gals I'm com-ing o-ver.

显性的弱起拍的重点歌曲

谱 8.69 《乔·米勒》

四年级的教学策略

我们有七个音乐概念要在四年级教学。

1. 切分音的教学策略
2. *la* 五声音阶的教学策略
3. 附点四分音符后紧跟着一个八分音符的教学策略
4. *fa* 的教学策略
5. 三拍子的教学策略
6. 低音 *ti* 的教学策略（*la* 五音音列和 *la* 六音音列）
7. 附点八分音符后紧跟着一个十六分音符的教学策略

切分音的教学策略

表 8.22 切分音的教学策略

元素	概念	音节	理论	重点歌曲	补充歌曲
八分音符跟着四分音符和八分音符	两拍子内三个不均匀分布的音	*Ta di – – di*	切分音	《独木舟歌》	《丽莎和简》《乘马车》《银桦木的土地》《阿拉巴马女孩》《被虫咬过的麦》《我的好朋友》

认知阶段：准备

阶段一：开发动觉意识

动觉意识的教学步骤可以经非言语交流来引导。教师引导学生做以下步骤：

1. 歌唱《独木舟歌》并拍打指定乐句的节拍。

2. 歌唱《独木舟歌》并拍打指定乐句的节奏。

3. 歌唱《独木舟歌》并在黑板上指出指定乐句的呈现但时拍打其他乐句的节拍。

图 8.59

4. 歌唱《独木舟歌》。教师拍打节拍，学生拍打节奏。然后互换。

5. 将全班分成两组。在唱的同时让一组拍打节拍，另一组拍打节奏。然后互换。

6. 歌唱《独木舟歌》，同时用脚踩节拍，并随着歌词用手拍打节奏。

7. 歌唱《独木舟歌》并指挥。

阶段二：开发听觉意识

通过重点歌曲回顾动觉意识的学习。教师在问每个问题前，用中性音节演唱指定乐句即乐句一并拍打节拍。

确认这个乐句中的拍子数量。

教师："安迪，你打了几拍？"

学生："四拍。"

教师："我们来数数看。"

确认每个节拍中的音符数量。

教师："安迪，哪个节拍上只有一个音？"

学生："第四拍。"

教师："我们来检查看看。"

教师："安迪，在第三拍上你听到几个音？"

学生："两个音。"

教师："我们来检查看看。"

教师："安迪，在第一拍和第二拍上你听到几个音？"

学生："三个音。"

教师："安迪，用长和短描述一下这三个音。"

学生："短长短。"

教师："让我们一起用'短长短'以及节奏音节歌唱第三拍和第四拍的乐句，

并拍打节拍。"

学生："短长短 *ta - di ta*。"

阶段三：开发视觉意识

让班上学生表演几个动觉和听觉活动来评定动觉意识和听觉意识的学习。

1. 教师哼唱这个特定乐句，要求学生创造一个这个特定乐句的视觉呈现。学生们可以使用辅助工具。

教师："拿取你需要的重新创作你听到的。"或者"画出你听到的。"教师评估学生们的理解程度。

2. 学生们与其他人分享他们的呈现。

3. 教师邀请一个学生到台前与全班分享他的呈现。如果需要的话，可以依照回顾听觉意识的问题纠正他们在呈现中的错误。

4. 学生们用中性音节来歌唱《独木舟歌》的第一个乐句，并指出他们的呈现。

5. 一旦学生们呈现出节奏音型，他们可以将心形节拍写在节奏下方来显示节拍。

6. 让学生们辨别指定乐句中的唱名（*mi - mi - re - do - la, - la,*）。

结合阶段：呈现

用《独木舟歌》的第一个乐句评定动觉、听觉和视觉意识的学习。

阶段一：为声音做标示

1. 教师："当我们听到两个节拍上有三个不均匀的音，其中第一个是短的、第二个是长的、第三个是短的时，我们可以其用节奏音节 *ta di - - di* 为这三个音做标示。"

2. 教师用节奏音节歌唱《独木舟歌》的指定乐句 *ta di - - di ta di ta*，学生用节奏音节回应并拍打节奏。

3. 学生们用节奏音节单独回应唱，并用整首歌曲的节奏练习这个活动。

4. 教师歌唱《独木舟歌》其中一个乐句的歌词，学生用节奏音节回应并拍打节奏。

5. 教师歌唱《独木舟歌》其中一个乐句的歌词，学生用节奏音节回应并指挥。

6. 学生用节奏音节歌唱《独木舟歌》并指挥。

阶段二：学习记谱法

教师："我们可以使用传统记谱法呈现两拍子上的三个音。"

谱 8.70　传统记谱法中两拍子上的三个音

指定乐句看起来将是这样的：

谱 8.71　传统记谱法中的指定乐句

"我们可以用节奏音节识读我们的指定音型。"
"当我们写作指定乐句时也可以使用符干记谱法。"

谱 8.72　指定乐句的符干谱

"用节奏音节歌唱《独木舟歌》。"在全体学生用节奏音节歌唱这首歌曲的同时，请学生单独上台歌唱并在黑板上指出指定乐句（A 乐句）的呈现。

消化阶段：训练

阶段一：最初的练习

1. 用歌曲《独木舟歌》中的 *ta di--di* 回顾听觉呈现。
2. 回顾视觉呈现。

阶段二：练习

使用 *ta di--di* 的节奏模式将《独木舟歌》中的指定乐句转变成一首类似的已知歌曲的四拍子乐句。考虑使用以下歌曲：

《快些穿过》
《你是我的爱》
《丽莎和简》

《骑士希尔和古力》
《乘马车》
《被虫咬过的麦子》

以下固定音型可以为歌曲《快些穿过》或《你是我的爱》或《丽莎和简》或《乘马车》或《被虫咬过的麦子》伴唱或伴奏。

谱 8.73 旋律固定音型

以下固定音型也可以用来为以上任何一首歌曲伴唱或伴奏。

谱 8.74 旋律固定音型

识读

1. 将《独木舟歌》转变成为《阿拉巴马女孩》。

2. 用传统的节奏记谱法并以节奏音节识读《阿拉巴马女孩》。

3. 识读《有人在敲门》的节奏。在学生们识读过节奏之后，再来教唱这首歌。

写作

1. 用符干谱写出《你是我的爱》。

2. 在符干谱下方添加心形节拍。

即兴创作

1. 教师边用节奏音节歌唱边拍打一个问题乐句，学生边用节奏音节歌唱边拍打一个回答乐句作为回应。

2. 教师用符干谱写作以下这些歌曲，但省略其中四个拍子的节奏。让学生使用切分节奏即兴创作那四个拍子的节奏。

3. 包含切分节奏的歌曲：《乘马车》《你是我的爱》《丽莎和简》《阿拉巴马女孩》《快些穿过》《骑士希尔和古力》《被虫咬过的麦子》。

听力

巴托克:《三首回忆曲》第3首（"Three Rondos" Movement 3）

巴托克:《小宇宙》第5册第122首（*Mikrokosmos* Vol.5，No.122）

本杰明:《牙买加伦巴舞》（"Jamaican Rumba" *Dances for Flute*）

葛里耶尔:《红木偶》，选自《俄罗斯水手舞》（"The Red Poppy" Op.70，from *The Russian Sailors'Dance*）

视唱

《声音的想象——为视唱练耳所作的音乐》（作者米侯·胡拉汉、菲利普·塔卡，纽约布西和豪客斯出版社，1991，第1册第87页至第109页。）

la 五声音阶的教学策略

表8.23　*la* 五声音阶的教学策略

元素	概念	音节	理论	重点歌曲	補充歌曲
结束在低音 *la* 的音阶	*la – do – re – mi – so* 共五个音，在 *la* 和 *do* 及 *mi* 和 *so* 之间是跳进。	*la* 五声音阶	音阶	《银桦木的土地》	《独木舟歌》

认知阶段：　准备

阶段一：开发动觉意识

1. 歌唱《银桦木的土地》并指出第三乐句的旋律轮廓的呈现。

2. 歌唱《银桦木的土地》并呈现每个乐句的旋律轮廓。

表8.60　《银桦木的土地》中第三乐句的旋律轮廓

3. 用节奏音节歌唱《银桦木的土地》并呈现其旋律轮廓。

阶段二：开发听觉意识

用重点歌曲《银桦木的土地》回顾动觉意识的学习。在提问每个问题前用中性音节歌唱并拍打节拍。

确认最低音和最高音。

教师："安迪，唱出乐句中的最低音。"

学生："*la*"。

教师："安迪，唱出乐句中的最高音。"

学生："*la*"。

确认最低音和最高音的唱名音节。

教师："安迪，在最低音上我们使用了什么唱名音节？"

学生："低音 *la*（*la,*）。"

教师："安迪，如果第一个音是 *la*，那么下一个音是什么？"

学生："*so*"。

教师用同样的方式教授全部的音（*la － so － mi － re － do － la,*），让学生从高到低再从低到高反复练习这些音。之后用唱名音节和手势语歌唱整首歌曲。

阶段三：开发视觉意识

让班上学生表演几个动觉和听觉活动来评定动觉意识和听觉意识的学习。

1. 教师哼唱这个特定乐句，要求学生创造一个这个特定乐句的视觉呈现。学生们可以使用辅助工具。

教师："拿取你需要的重新创作你听到的。"或者"画出你听到的。"教师评估学生们的理解程度。

2. 学生们与其他人分享他们的呈现。

3. 教师邀请一个学生到台前与全班分享他的呈现。如果需要的话可以依照回顾听觉意识的问题纠正他们在呈现中的错误。

4. 学生们用中性音节歌唱《银桦木的土地》的第三个乐句，并指出他们的呈现。

5. 用节奏音节歌唱《银桦木的土地》的第三个乐句。

结合阶段：呈现

阶段一：为声音做标示

用重点歌曲《银桦木的土地》回顾动觉、听觉和视觉意识的学习。

1. 教师和学生一起从低到高唱出 *la* 五声音阶的五个音。教师具体命名它为 "*la* 五声音阶"。之所以说它是五声音阶是指它有五个不同的音高，并且在 *la*, 和 *do* 之间有个跳进；而说它是 "*la* 五声音阶" 是指音乐结束在 *la* 上。

2. 教师从低到高唱出 *la* 五声音阶，学生用手势语回应。

3. 教师从高到低唱出 *la* 五声音阶，学生用手势语回应。

4. 学生用手势语唱出整首歌。

阶段二：学习记谱法

1. 在音级阶梯、符干谱和五线谱上分别呈现 *la* 五声音阶的模式。

2. 在五线谱上呈现 *la* 五声音阶，并展示其音符位置的规则。

谱 8.75　*五线谱上的 la 五声音阶*

消化阶段：练习

阶段一：最初的练习

1. 回顾听觉意识的阶段，将音和重点音型中的节奏音节联结起来。

2. 回顾视觉意识活动，将标准记谱法融入视觉教学中。

3. 将《银桦木的土地》中的指定模式转变为其它相关模式。

阶段二：练习

识读

1. 用唱名音节识读在传统节奏记谱法上的《银桦木的土地》。

2. 用五线谱识读《银桦木的土地》。

写作

1. 用传统记谱法和唱名音节写作《银桦木的土地》。

2. 在五线谱上写作。

3. 在木琴或铃铛上演奏《银桦木的土地》的乐句。

即兴创作

1. 学生用 "loo" 歌唱以传统乐谱和唱名音节写下的这首歌曲的前四拍子，在它旁边有四拍的节奏线。教师用 "loo" 即兴创作这后面的四个节拍。

2. 学生们再一次识读前四个拍子，这次由一个学生用"loo"即兴创作后面四个节拍。

3. 让学生们用唱名音节识读前四个拍子，教师用唱名音节即兴创作后四个拍子。

4. 学生们用唱名音节识读前四个拍子，让单独的学生用唱名音节即兴创作后四个拍子。

5. 让每个学生重复即兴创作来练习这两个步骤。

视唱

《声音的想象——为视唱练耳所作的音乐》（作者米侯·胡拉汉、菲利普·塔卡，纽约布西和豪客斯出版社，1991，第1册第71页至第76页。）

so 五声音阶的教学策略

so 五声音阶的教学策略是为那些想要教授 *so* 五声音阶的音乐教师提供的。

表8.24 *so* 五声音阶的教学策略

元素	概念	音节	理论	重点歌曲	补充歌曲
结束在低音 *so* 的音阶	音阶	*So，－la，－do－re－mi－so*		《河对岸的查理》	《骑山羊》

认知阶段：准备

阶段一：开发动觉意识

1. 歌唱《河对岸的查理》，指出在黑板上第三和第四乐句的旋律轮廓的呈现。

2. 歌唱《河对岸的查理》的第三和第四乐句，展现其旋律轮廓的呈现。

图8.61 《河对岸的查理》第三和第四乐句的旋律轮廓呈现

3. 用节奏音节歌唱《河对岸的查理》并呈现旋律轮廓。

阶段二：开发听觉意识

用重点歌曲《河对岸的查理》回顾动觉意识的学习。在提问每个问题前歌唱并保持节拍。

确认最低音和最高音。

教师："安迪，唱出乐句中的最低音。"

学生："*so,*"。

教师："安迪，唱出乐句中的最高音。"

学生："*mi*"。

确认最低音和最高音的唱名音节。

教师："安迪，在最低音上我们使用什么唱名音节？"

学生："低音 *so*（*so,*）。"

教师："安迪，如果第一个音是 *so*，那么下一个音是什么？"

学生："低音 *la*（*la,*）。"

教师用同样的方式教授全部的音（*so, – la, – do – re – mi*）。用唱名音节和手势语歌唱整首歌曲。

阶段三：开发视觉意识

让班上学生表演几个动觉和听觉活动来评定动觉意识和听觉意识的学习。

1. 教师哼唱这个特定乐句，要求学生创造一个这个特定乐句的视觉呈现。学生们可以使用辅助工具。

教师："拿取你需要的重新创作你听到的"或者"画出你听到的"。教师评估学生们的理解程度。

2. 学生们与其他人分享他们的呈现。

3. 教师邀请一个学生到台前与全班分享他的呈现。如果需要的话，可以依照回顾听觉意识的问题纠正他们在呈现中的错误。

4. 学生们用中性音节来歌唱《河对岸的查理》的第一个乐句，并指出他们的呈现。

5. 用节奏音节来歌唱《河对岸的查理》的第四个乐句。

结合阶段：呈现

阶段一：为声音做标示

用重点歌曲《河对岸的查理》回顾动觉、听觉和视觉意识的学习。

1. 教师和学生一起从低到高唱出 *so* 五声音阶的五个音。教师命名它为"*so* 五声音阶"。之所以说它是五声音阶是指它有五个不同的音高，并且在 *la*，和 *do* 之间有个跳进；说它是"*so* 五声音阶"是指最低音是 *so*，且音乐结束在 *so* 上。

2. 教师从低到高唱出 *so* 五声音阶，学生回应。

3. 教师从高到低唱出 *so* 五声音阶，学生回应。

阶段二：学习记谱法

1. 呈现 *so* 五声音阶的模式。

2. 识别 *so* 五声音阶中的级进和跳进音程。

图 8.62 *so* 五声音阶中的级进和跳进音程

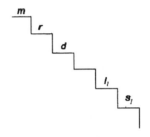

3. 在五线谱上呈现 *so* 五声音阶，并呈现记谱的规则。

谱 8.76 五线谱上的 *so* 五声音阶

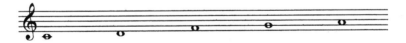

4. 用传统记谱法呈现《河对岸的查理》的第二个乐句。让学生在传统谱下方写出唱名音节。

谱 8.77 传统记谱法《河对岸的查理》的第二个乐句

5. 在五线谱上呈现《河对岸的查理》的第二个乐句。

谱8.78 五线谱《河对岸的查理》的第二个乐句

消化阶段：练习

阶段一：最初的练习

1. 回顾听觉意识的阶段，将音和重点音型中的节奏音节联结起来。

2. 回顾视觉意识活动，将标准记谱法融入视觉教学中。

3. 将《河对岸的查理》的指定乐句转变为《骑山羊》的开头乐句。

阶段二：练习

识读

1. 用唱名音节在传统记谱法上识读整首《河对岸的查理》。

2. 用五线谱识读《河对岸的查理》。

3. 在符干谱或五线谱上识读《河对岸的查理》和《骑山羊》的乐句，并在木琴或铃铛上演奏它们。

图8.63 木琴上的音符

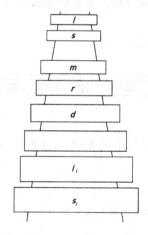

写作

1. 用传统记谱法和唱名音节写作《河对岸的查理》和/或《骑山羊》。

2. 用五线谱写作《河对岸的查理》和/或《骑山羊》。

即兴创作

1. 学生们用"loo"歌唱以传统乐谱和唱名音节写下的这首歌曲的前四拍子，在它旁边有四拍的节奏线。教师用"loo"即兴创作这后面的四个节拍。

2. 学生们再一次识读前四个拍子，但这次由一个学生用"loo"即兴创作后面四个节拍。

3. 让学生们用唱名音节识读前四个拍子，教师用唱名音节即兴创作后四个拍子。

4. 学生们用唱名音节识读前四个拍子，让单独的学生用唱名音节即兴创作四个拍子。

5. 让每个学生重复即兴创作来练习这两个步骤。

听力

穆索尔斯基：《图画展览会》"漫步"（"Promenade" *Pictures at an Exhibition*）

亨德尔：《水上音乐》"角笛舞"（"Hornpipe" *Water Music*（Theme A））

柯达伊：《为黑键所作的 24 首卡农曲》第 1 首（24 *Canons for the Black Keys No. 1*）

巴尔托克：《献给孩子们》第 3 册第 21 首（*For Children* Vol. 3. No. 21）

视唱

《声音的想象——为视唱练耳所作的音乐》（作者米侯·胡拉汉、菲利普·塔卡，纽约布西和豪客斯出版社，1991，第 1 册第 71 页至第 76 页。）

附点四分音符后紧跟着一个八分音符的教学策略

表 8.25　附点四分音符后紧跟着一个八分音符的教学策略

元素	概念	音节	理论	重点歌曲	补充歌曲
附点四分音符后紧跟着一个八分音符。	分布在两拍上的两个音，第二个音在第二拍之后才出现。	*ta – –di*	一个音后跟着的一个附点的规则。	《丽莎和简》	《约翰·卡纳卡》《甜美的威廉》《要修的椅子》《长长的铁路》《音乐万岁》《在平原上》

认知阶段：准备

阶段一：开发动觉意识

1. 歌唱《丽莎和简》的指定乐句即第四乐句并拍打节拍。

2. 歌唱《丽莎和简》的指定乐句即第四乐句并拍打节奏。

3. 歌唱《丽莎和简》并指出黑板上的节奏呈现。

图 8.64

4. 歌唱《丽莎和简》的同时演奏以下固定音型。

谱 8.79 《丽莎和简》的固定音型

阶段二：开发听觉意识

利用重点歌曲回顾动觉、知觉活动。在问每个问题前，用中性音节演唱指定乐句并拍打节拍。

确认第四个乐句中的前半句的拍子数量。

教师："安迪，我们共打了几拍？"

学生："四拍。"

确认每个节拍中的音符数量。

教师："安迪，在哪些节拍上只有一个音？"

学生："第三拍和第四拍。"

教师："安迪，我们在第一拍和第二拍上各唱了几个音？"

学生："两个音。"

教师："安迪，描述一下第一拍和第二拍上的两个音。"

学生："第一个音是长的，第二音是短的。"

教师："安迪，我们在什么地方唱第一个音？"

学生："在第一拍上。"

教师："安迪，我们在什么地方唱第二个音？"

学生："在第二拍之后。"

阶段三：开发视觉意识

让班上学生表演几个动觉和听觉活动来评定动觉意识和听觉意识的学习。

1. 教师哼唱这个特定乐句，要求学生创造一个这个特定乐句的视觉呈现。学生们可以使用辅助工具。

教师："拿取你需要的重新创作你听到的"或者"画出你听到的"。教师评估学生们的理解程度。

2. 学生们与其他人分享他们的呈现。

3. 教师邀请一个学生到台前与全班分享他的呈现。如果需要的话，可以依照回顾听觉意识的问题纠正他们在呈现中的错误。

4. 学生们用中性音节来歌唱《丽莎和简》的第一个乐句，并指出他们的呈现。

5. 识别《丽莎和简》第四个乐句中的唱名音节，并用唱名音节歌唱整首歌曲。

结合阶段：呈现

通过重点歌曲《丽莎和简》回顾动觉、听觉和视觉意识的学习。

阶段一：为声音做标示

1. 教师："当我们听到两拍上的两个不均匀的音，第一个是长音，第二个音是短音时，我们称它为 *ta – – di*。"

2. 教师用节奏音节歌唱《丽莎和简》的指定乐句。

3. 学生用节奏音节回应并指挥：

图 8.65 《丽莎和简》的指定乐句的节奏音节

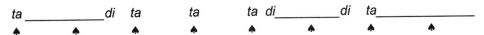

4. 学生们用节奏音节歌唱最后两个乐句；让班上一半同学在用节奏音节歌唱的同时拍打节奏，而另一半学生在用节奏音节歌唱的同时拍打节拍。然后互换练习。

阶段二：学习记谱法

用符干谱，然后再用传统记谱法在黑板上呈现 *ta – – di* 的符号。学生立即边拍打边用节奏音节回应歌唱《丽莎和简》的指定乐句。

图 8.66 《丽莎和简》的指定乐句的节奏音节

消化阶段：练习

阶段一：最初的练习

1. 回顾听觉意识的阶段，将音和重点音型中的节奏音节联结起来。

2. 回顾视觉意识活动，将标准记谱法融入视觉教学中。

3. 将指定模式转变为歌曲素材中的四拍子模式。将《丽莎和简》第四乐句的节奏转变为《约翰·卡纳卡》第二个乐句的节奏。

阶段二：练习

识读

1. 用传统的节奏记谱法识读《丽莎和简》。

2. 用传统的节奏记谱法识读《约翰·卡纳卡》。

3. 在木琴或铃铛上演奏《约翰·卡纳卡》《丽莎和简》或《独木舟歌》的乐句。

写作

1. 用符干谱写作《丽莎和简》。

2. 用符干谱写作《约翰·卡纳卡》。

3. 在木琴或铃铛上演奏这两首歌曲的乐句。

图 8.67 木琴上的音符

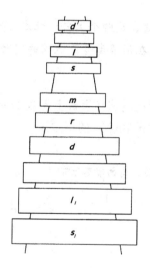

即兴创作

1. 教师拍打问题乐句的节奏名称，学生拍打一个回答乐句作回应，学生要用到一个新的节奏名称并说出所有节奏的名称。

2. 即兴创作以下歌曲中的任何一个乐句的最后四个拍子的节奏：《在平原上》、《当娜》、《钻洞》、《嘘，再见》、《约翰·卡纳卡》、《长长的铁路》、《音乐万岁》。

听力

巴尔托克：《游戏歌》，选自（44 首二重唱）第 9 首（"Play Song" from 44 *Duet*, No. 9）

柴科夫斯基：《桦树》，选自《F 大调第四交响曲》第四乐章主题（"The Birch Tree" theme from Symphony No. 4 in F Minor，Op. 36 Movement 4 *Allegro con fuoco*）

西贝柳斯：《芬兰颂》（"Finlandia"）

柯普兰：《阿帕拉契亚的春天》（*Appalachian Spring*. Section B of the Shaker Hymn，*Simple Gifts*）

谱 8.80 《夏克赞美诗》的 B 段

视唱

《声音的想象——为视唱练耳所作的音乐》（作者米侯·胡拉汉、菲利普·塔卡，纽约布西和豪客斯出版社，1991，第 1 册第 71 页至第 76 页。）

评估

学生们用节奏音节歌唱《丽莎和简》并拍打节拍。

fa 的教学策略

表8.26 *fa* 的教学策略

元素	概念	音节	理论	重点歌曲	补充歌曲
fa	*so* 下方一个全音级，及 *mi* 上方一个半音级的音。	*fa*	降 B；五音和弦；六音和弦。	《匈牙利卡农》	《罗娣阿姨》《阿拉巴马女孩》《要修的椅子》《在山上》《红鸟与黑鸟》

认知阶段： 准备

阶段一：开发动觉意识

1. 歌唱《匈牙利卡农》并指出黑板上第二乐句的旋律轮廓的呈现。

图8.68 《匈牙利卡农》第二乐句的旋律轮廓

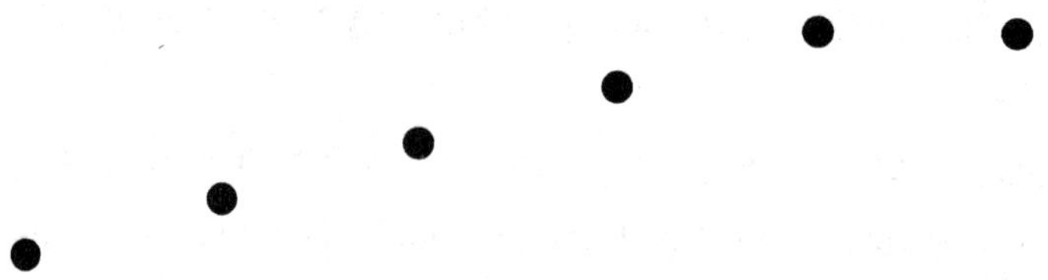

2. 歌唱《匈牙利卡农》并呈现第二乐句的旋律轮廓。

3. 用节奏音节歌唱《匈牙利卡农》的同时随着旋律轮廓拍手。

阶段二：开发听觉意识

用重点歌曲《匈牙利卡农》回顾动觉意识的学习。在提问每个问题前歌唱并拍打节拍。

确认《匈牙利卡农》的第二乐句中节拍的数量。

教师："安迪，我们共打了几拍?"

学生："四拍。"

确认旋律线条的走向。

教师："安迪，这个旋律线的走向是什么?"

学生："是上升的。"

确认这个乐句中有几个不同的音高。

教师："安迪，我们在第二个乐句中唱了多少个音?"

学生："五个。"

教师："安迪，这些音是级进的还是跳进的?"

学生："级进。"

确认这五个音级之间的距离是一样的还是不一样的。

教师："安迪，所有音级之间的距离是一样的吗?"

学生："不是，第三个与第四个音级之间的距离比较小。"

阶段三：开发视觉意识

让班上学生表演几个动觉和听觉活动来评定动觉意识和听觉意识的学习。

1. 教师哼唱这个特定乐句，要求学生创造一个这个特定乐句的视觉呈现。学生们可以使用辅助工具。

教师："拿取你需要的重新创作你听到的"或者"画出你听到的"。教师评估学生们的理解程度。

2. 学生们与其他人分享他们的呈现。

3. 教师邀请一个学生到台前与全班分享他的呈现。如果需要的话可以依照回顾听觉意识的问题纠正他们在呈现中的错误。

4. 学生们用中性音节来歌唱《匈牙利卡农》的第二个乐句，并指出他们的呈现。

5. 用节奏音节来歌唱这个乐句。识别那个"距离比较近"的音程。

结合阶段：呈现

用重点歌曲《匈牙利卡农》回顾动觉、听觉和视觉意识的学习。

阶段一：为声音做标示

1. 教师："当我们听到一个在 *mi* 和 *so* 之间的音时我们称之为 *fa*。"教师比出手势。

图8.69　*fa* 的手势

2. 教师用唱名音节来歌唱《匈牙利卡农》的第二个乐句，学生回应歌唱（*do - re - mi - fa - so - so*）。

3. 教师与至少八个学生一起进行回应歌唱。

阶段二：学习记谱法

1. 在音阶阶梯上呈现 *fa* 的位置。

2. 识别乐句中大音程和小音程的音级。

图8.70 音级中的 *fa*

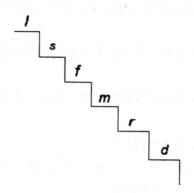

3. 用唱名音节在传统乐谱上呈现《匈牙利卡农》的指定乐句。

谱8.81 传统乐谱上《匈牙利卡农》的指定乐句

4. 在五线谱上呈现《匈牙利卡农》的指定乐句，并展示 C = *do* 的记谱规则。

谱8.82 五线谱上《匈牙利卡农》的指定乐句（C = *do*）

5. 在五线谱上呈现《匈牙利卡农》的指定乐句，并展示 G = *do* 的记谱规则。

谱8.83 五线谱上《匈牙利卡农》的指定乐句（G = *do*）

当我们用上述手法写作《爱上某人》的音高时，我们发现总共有五个相邻的音高。我们可以用唱名音节（*do – re – mi – fa – so*）或数字（1 – 2 – 3 – 4 – 5）标示这些音。由于作品的最后一个音是 *do*，我们可以将其视为主音。我们将这组音视为 *do* 五音音列或大调五音音列。*do* 五音音列是 *do – re – mi – fa – so*。

表 8.27 大调五音音列

唱名音节	度数
so	5
fa	4
mi	3
re	2
do	1

表 8.28 大调五音音列及各音之间的级数

全音大二度	半音小二度
do – re	*mi – fa*
re – mi	
fa – so	

用你的手来解释音与音之间的全音或半音关系。

图 8.71 全音或半音关系的手势

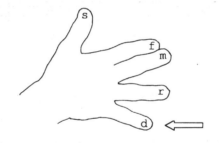

消化阶段：练习

阶段一：最初的练习

1. 回顾听觉意识的阶段，将音和重点音型中的节奏音节联结起来。

2. 回顾视觉意识活动，将标准记谱法融入视觉教学中。

3. 将指定模式转变为歌曲素材《红鸟与黑鸟》中的四拍子模式。

4. 识别大二度和小二度的音程。

阶段二：练习

识读

1. 用传统的节奏记谱法识读《匈牙利卡农》。

2. 用五线谱识读《匈牙利卡农》。

3. 用传统的节奏记谱法或五线谱识读《这个老人》。

4. 用传统的节奏记谱法或五线谱识读《罗娣阿姨》。

5. 用符干谱或五线谱识读《罗娣阿姨》和《匈牙利卡农》，然后在木琴或铃铛上演奏它们。

6. 识读《灌木丛》并在一件乐器上演奏它。

谱8.84　《灌木丛》

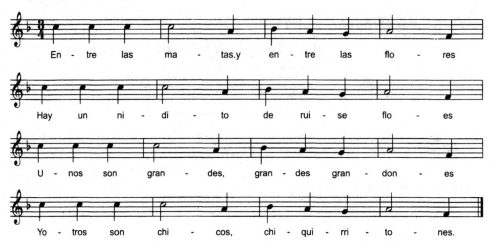

写作

1. 在符干谱或五线谱上写作《匈牙利卡农》和《红鸟与黑鸟》。

2. 在半音上做标记，并在你所写作的调上添加适当的升降记号。

3. 在五线谱上写作 *do* 五音音列。在半音上做标记，并添加适当的升降记号。

4. 在五线谱上写作 *do* 六音音列。在半音上做标记，并添加适当的升降记号。

5. 在木琴或铃铛上演奏《匈牙利卡农》。

图8.72　*木琴上的音符*

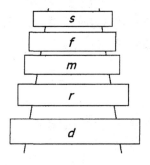

6. 在以下调性区域内写作五音音列和六音音列：C、F、G、D 和降 B。这需要几个星期时间的练习。

即兴创作

教师用唱名音节歌唱一个问题乐句和新的音符 *fa*，让学生将 *fa* 融入他们的回答乐句中来回应。问题乐句可以使用上行进行，回答乐句可以使用下行进行。

教授降号（♭）

教授在降号（♭）前，学生应该熟悉不同的五音音列的位置。在教降号时，可以使用视觉工具诸如钢琴和木琴的键盘或黑板上画的阶梯来训练听觉练习中的具体音高。要求学生可以识别钢琴或木琴上的音符名称。

1. 学生应该在有五音音列范围的歌曲中练习，并在听觉上识别歌曲中的大二度和小二度。

2. 让这些学生在木琴或其他乐器上演奏这些歌曲以清楚地展现全音和半音。

3. 学生们应该在用音符名称歌唱的同时演奏这些歌曲。教师应该教授学生同时掌握音符名称和唱名音节。使用 *do* 在 C 或 G 的位置，因为这两个调的位置不会有升降音符。之后六音音列便可以用数字（1、2、3、4、5、6）的方式训练：

① 要求学生歌唱从 G 音开始的 *do* 五音音列，强调 *mi* 和 *fa* 之间是半音距离。学生将注意到从 G 音开始的 *do* 音阶上 B 和 C 两个音之间的距离是很近的（半音）。

② 要求学生歌唱从 F 音开始的 *do* 五音音列。要学生发现音符 B 必须要移动以更加靠近音符 A。演奏或歌唱音符 A－B，要求学生确定其间的距离是一个半音还是一个全音。

③ 让学生们发现这里需要降低音高。教师应该通过使用钢琴的黑键来显示如何降低音高。

④ 给降低的音命名为降 B。

⑤ 画上一个降号：♭。

⑥ 展示它在五线谱上是如何书写的。

谱 8.85　五线谱上的降 B

369

解释这个记号要放在音的前面。给这个新的记号命名为"降"，在用绝对音符名称歌唱时使用。

在学习的开始不要使用调号。在每个单独的音前面添加降号的做法需要持续几节课。之后在作品的开头加上降号，然后解释调号的用法。下面是练习的步骤：

1. 用手势语和音符名称识读歌曲。
2. 教师用手势语展现旋律乐句，学生用音符名称歌唱这些乐句。
3. 教师用唱名音节歌唱，学生用音符名称回应歌唱。
4. 学生藉由听觉并使用唱名音节记住一个旋律音型，用在 F = do 的位置记谱。

听力

大调五音音列谱例：

巴托克：《小宇宙》第 1 册第 1、2、6、17、26 首及第 3 册第 74、86 首（*Mikrokosmos*, Vol. 1, Nos. 1, 2, 6, 17, 26; Vol. 3, Nos. 74 and 86）

巴托克：《操练歌》，选自《为小提琴所作的 44 首二重奏》（"March Making Song" from 44 *Duets for Two Violins* No. 1）

巴托克：《枕头舞》，选自《献给孩子们》第 1 册第 4 首（"Pillow Dance" from *For Children* Vol. 1, No. 4）

巴托克：《献给孩子们》第 2 册第 1 首（Vol. 2, No. 1, from *For Children*）

巴托克：《第一回旋曲》，选自《献给孩子们》第 2 册第 6 首（"Rondo Dance I" from *For Children* Vol. 2, No. 6）

斯特拉文斯基：《八首简易五音五指旋律》（"The Five Fingers Eight Very Easy Melodies on Five Notes"）

大调六音音列谱例：

莫扎特：《妈妈变奏曲》（"Ah! vous dirai – je maman" Variations *on Twinkle Twinkle Little Star* K. 265）

多南依：《童谣变奏曲》（"Variations on a Nursery Song" Op. 25）

巴托克：《五朔节舞曲》，选自《为两个小提琴所作的 44 首二重奏》（"Maypole Dance" from 44 *Duets for Two Violins*）

巴托克：《游戏中的孩子们》，选自《献给孩子们》第 1 册第 1 首（"Children at Play" from *For Children* Vol. 1, No. 1）

巴托克：《献给孩子们》第 2 册第 13 首（Vol. 2，Nos. 12 and 3，from *For Children*）

视唱

《声音的想象——为视唱练耳所作的音乐》（作者米侯·胡拉汉、菲利普·塔卡，纽约布西和豪客斯出版社，1991，第 2 册第 25 页至第 44 页。）

三拍子的教学策略

表 8.29　三拍子的教学策略

元素	概念	音节	理论	重点歌曲	补充歌曲
$\frac{3}{4}$拍子	一个强拍和两个弱拍的组合。		小节线、小节、双小节线、拍号。	《美丽的夜晚》	《围绕着绿碎石》《升起的火焰》《派克来的甜妞见面》《再见、旧漆》

认知阶段：准备

阶段一：开发动觉意识

1. 学生用一拍腿、拍手、拍手的固定节奏型以慢速歌唱《美丽的夜晚》。这首歌曲如果唱得太快，容易让人误会它是一首复节奏的歌曲。教师也可以选择带有弱起拍的较短的歌曲教学。

谱 8.86　《美丽的夜晚》

2. 学生指出强拍和弱拍（但不是节奏）的呈现。

图 8.73　强拍和弱拍的呈现

3. 歌唱这首歌曲的同时用手轻拍节奏，用脚打节拍。

阶段二：开发听觉意识

回顾动觉意识的学习。教师要记得在提问每个问题前歌唱这个乐句。

教师："安迪，所有节拍都一样吗？"

学生："不是，一些拍子比较重，而另一些拍子比较轻。"

确认强拍和弱拍。

教师："安迪，你能够描述一下轻重的状况吗？"

学生："重，轻，轻。"

教师："让我们一起用拍腿、拍手、拍手的固定节奏型歌唱。"

教师和学生一起用以上固定旋律音型歌唱。

阶段三：开发视觉意识

让班上学生表演几个动觉和听觉活动来评定动觉意识和听觉意识的学习。

1. 教师哼唱这个特定乐句，要求学生创造一个这个特定乐句的视觉呈现。学生们可以使用辅助工具。

教师："拿取你需要的重新创作你听到的"或者"画出你听到的"。教师评估学生们的理解程度。

2. 学生们与其他人分享他们的呈现。

3. 教师邀请一个学生到台前与全班分享他的呈现。如果需要的话，可以依照回顾听觉意识的问题纠正他们在呈现中的错误。

4. 学生们用中性音节歌唱《美丽的夜晚》的第一个乐句，并指出他们的呈现。

结合阶段：呈现

阶段一：为声音做标示

1. 回顾动觉、听觉和视觉意识的学习。

2. 教师："当我们有一个三拍子音型，其中第一个是强拍，接下来两个是弱拍，我们就有了一个每小节三拍的音型。这个可以写作 $\frac{3}{4}$ 拍。每个小节被划分成三拍。"

3. 教师呈现三拍子的指挥动作。

阶段二：学习记谱法

教师可以如下书写《美丽的夜晚》。

谱 8.87　《美丽的夜晚》

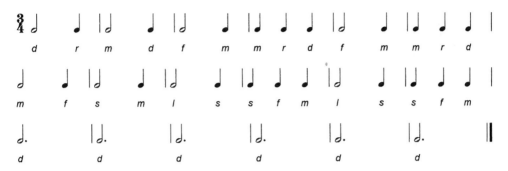

谱 8.88　《美丽的夜晚》在 G 调的五线谱

消化阶段：练习

阶段一：最初的练习

1. 回顾听觉意识的阶段，将音和重点音型中的节奏音节联结起来。

2. 回顾视觉意识活动，将标准记谱法融入视觉教学中。

3. 将指定模式转移到歌曲素材中基本的四拍子模式中。

阶段二：练习

识读

1. 用传统节奏记谱法和节奏谱下方的唱名音节识读《美丽的夜晚》和《升起火焰》。

2. 在五线谱上识读《美丽的夜晚》和《升起火焰》。

3. 用传统节奏记谱法和节奏谱下方的唱名音节识读《再见，旧漆》。

写作

用传统节奏记谱法及在节奏谱下方的唱名音节和/或五线谱写作《美丽的夜晚》以及《升起的火焰》。

即兴创作

以学生熟悉的歌曲节奏作为开始。例如，采用《美丽的夜晚》来练习。引导学生为第二乐句和/或第三乐句即兴创作一个不同的节奏。他们可以保留相同唱名音节的基础音型，但节奏需要改变。

听力

巴赫:《G 大调小步舞曲》（Minuet in G）

视唱

《声音的想象——为视唱练耳所作的音乐》（作者米侯·胡拉汉、菲利普·塔卡，纽约布西和豪客斯出版社，1991，第 1 册第 16 页至第 19 页。）

低音 *ti* 的教学策略（*la* 五音音阶和 *la* 六音音阶）

表 8.30　低音 *ti* 的教学策略

元素	概念	音节	理论	重点歌曲	补充歌曲
ti 小调五音音阶和六音音阶的二度音	比 *do* 低一个半音的音	低音 *ti*	小调五度音阶和小调六度音阶；（大调中的导音）	《桦树》	《当我初次踏上这片土地》《三个歹徒》

认知阶段：准备

阶段一：开发动觉意识

1. 歌唱《桦树》并呈现乐句一的旋律轮廓。
2. 歌唱《桦树》并指出在黑板上的旋律轮廓的呈现。

图 8.74　《桦树》乐句一的旋律轮廓

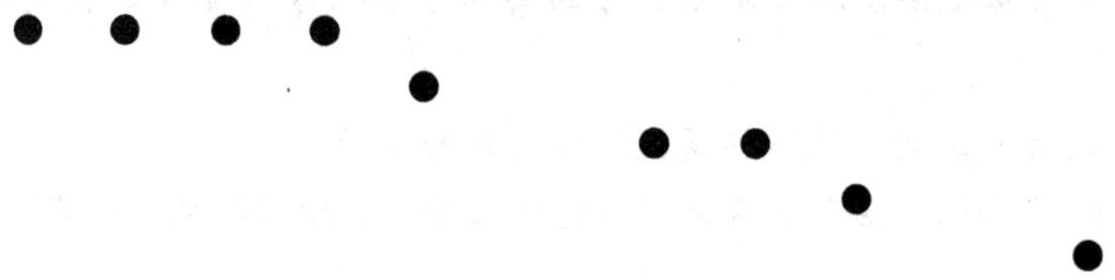

3. 用节奏音节歌唱《桦树》，并呈现旋律轮廓。

阶段二：开发听觉意识

用重点歌曲《桦树》回顾动觉意识的学习。在提问每个问题前歌唱并拍打节拍。教师有时要用"loo"唱《桦树》的第一乐句，有时要用"loo"唱小调五音音列（$mi - re - do - ti, - la,$）来帮助学生回答以下问题：

确认节拍的数量。

教师："安迪，我们共打了几拍?"

学生："六拍。"

确认旋律线的走向。

教师："安迪，这些音是如何移动的?"

学生："是下降的。"

确认这个乐句中不同音高的数量。

教师："安迪，我们唱了多少个不同音高的音?"

学生："五个。"

教师："安迪，用"loo"从高到低唱出这些音。"

学生：用"loo"从高到低唱出这些音。

确认最低音和最高音。

教师："安迪，最低音的唱名是什么?"

学生："低音 la（$la,$）。"

教师："安迪，如果低音 la 是最低音的话，那么最高音的唱名是什么?"

学生："mi"

确认乐句中的起始音和结束音的唱名音节。

教师："安迪，描述这五个音的唱名音节，用'loo'唱新的音。"（提醒安迪我们已经学习过的音符并用'loo'唱新的音符。）

学生："$mi - re - do -$'loo'$- la,$"

教师："安迪，你要如何描述新的音与 la 的关系?"

学生："比 la 高。"

教师："安迪，你要如何描述新的音与 do 的关系?"

学生："比 la 低。"

阶段三：开发视觉意识

让班上学生表演几个动觉和听觉活动来评定动觉意识和听觉意识的学习。

1. 教师哼唱这个特定乐句，要求学生创造一个这个特定乐句的视觉呈现。学生们可以使用辅助工具。

教师："拿取你需要的重新创作你听到的"或者"画出你听到的"。教师评估学生们的理解程度。

2. 学生们与其他人分享他们的呈现。

3. 教师邀请一个学生到台前与全班分享他的呈现。如果需要的话可以依照回顾听觉意识的问题纠正他们在呈现中的错误。

4. 学生们用中性音节来歌唱《桦树》的第一个乐句，并指出他们的呈现。将半音用圆圈圈出来。

5. 用节奏音节歌唱这个乐句。

结合阶段：呈现

用重点歌曲《桦树》回顾动觉、听觉和视觉意识的学习。

阶段一：为声音做标示

1. 教师为新的音高命名为"低音 *ti*"。教师用手势语为学生展示。

图 8.75 　*ti* 的手势语

2. 学生立即用《桦树》的第一句来回应歌唱，并使用唱名和手势语（*mi – mi – mi – mi – re – do – do – ti，– la，*）。

3. 教师与至少八个学生一起进行回应歌唱。

阶段二：学习记谱法

1. 在音阶阶梯上呈现 *la*，（低音 *la*）的位置。讨论它们音程的大小关系，并将它们作为大二度和小二度或全音和半音识别。

图8.76　*la* 在音阶阶梯上的位置

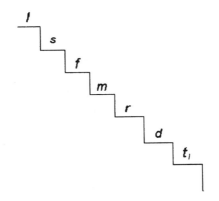

2. 在传统节奏谱上用唱名音节来呈现《桦树》的指定乐句。

谱8.89　《桦树》的指定乐句的传统谱及唱名音节

3. 在符干谱上写作《桦树》的指定乐句。

谱8.90　《桦树》的指定乐句的符干谱

4. 在五线谱上呈现《桦树》的指定乐句，并呈现其记谱规则。

谱8.91　《桦树》的指定乐句的五线谱

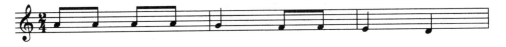

当我们以下行的顺序写作《桦树》的音高时，我们发现，在小调五音音列中，有五个相邻的音高。我们可以用唱名音节 *mi – re – do – ti, – la,* 标示这些音高，或

是分别用数字 5－4－3－2－1 标示。作品的最后一个音是低音 *la*，我们将其作为主音。我们可以将这类音的组合称为 *la* 五音音列或小调五音音列。

表 8.31　小调五音音列

唱名音节	相对应的数字
m	5
r	4
d	3
t,	2
l,	1

小调五音音列中音的音程距离

请注意：*la*，－*ti,*、*do－re* 和 *re－mi* 的音程都是一个全音；而 *ti*，－*do* 之间是一个半音。我们将全音的音程称为大二度（M2），半音的音程称为小二度（m2）。

表 8.32　小调五音音列的大二度和小二度

全音　大二度	半音　小二度
la，－*ti,*	*ti*，－*do*
do－re	
re－mi	

用你的手来解释音与音之间的全音或半音的关系。

图 8.77　全音或半音关系的手势

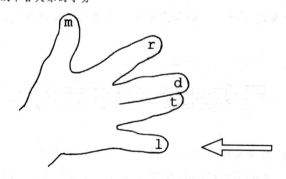

消化阶段：练习

阶段一：最初的练习

1. 回顾听觉意识的阶段，将音和重点音型中的节奏音节联结起来。

2. 回顾视觉意识活动，将标准记谱法融入视觉教学中。

3. 通过 *la*，*–ti*，*–do–re–mi* 这些音来转变指定乐句，并识读《升起的火焰》这首歌曲的开头。

4. 识别大二度和小二度的音程。

5. 识读并表演五音音列和六音音列的同音大小调及关系大小调音型。

阶段二：练习

识读

1. 在符干谱和五线谱上识读《桦树》和《升起的火焰》。

2. 使用小调五音音列的音来创作一个识读练习。

3. 识读《钟点》并在一件乐器上演奏。

谱8.92　　《钟点》

4. 在木琴或铃铛上演奏《桦树》。

图8.78 木琴上的音符

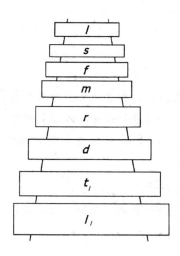

写作

1. 在符干谱上写作《桦树》和《升起的火焰》，并写出唱名音节。

2. 书写《艾达·蕾德》的第一个乐句，并在节奏乐器上演奏。

即兴创作

教师用唱名音节唱一个问句，让学生们用唱名音节唱一个答句来回应。开始的问题乐句应该在小调五音音列范围内并且上行，回答乐句用下行乐句。引导学生为《桦树》即兴创作一个不同的第二乐句。

教授升号（#）

我们可以使用教授降号的方式来教授升号。

1. 学生们从音符D开始唱 la 五音音列。

2. 教师在黑板上写出 la 五音音列并标示出半音的音级。

3. 教师标示出 d 小调或五音音列的音符名称及唱名音节。

4. 教师在学生展示手势语的同时以音符名称唱这个音阶。

5. 重复步骤1至步骤3来练习从音符E开始的 la 五音音列。

6. 让学生从听觉上分辨 la-ti 之间的音程是全音，所以音符E到F之间的距离就太近了，必须升高一个半音。

7. 教师教授升F。

在这个阶段的概念顺序里，可以采用一种简单的形式教授升号。记住，当一个谱号在音乐旋律的开头使用时，学生们应该用音符名称歌唱。用作品给予的调歌唱，并用带有全音阶的歌曲练习。其中的一些歌曲应该由学生在木琴或其他能够清楚看见全音和半音的乐器上演奏并歌唱。

在练习大调或小调音阶的音符名称前，应该通过带有 *la* 五音音列或六音音列的歌曲练习以下活动：

1．用手势语和音符名称识读歌曲。

2．教师使用手势语呈现旋律乐句，学生用音符名称歌唱这些乐句。

3．学生用音符名称回应歌唱由教师用唱名歌唱的内容。

4．学生藉由听觉并使用唱名音节记住一个旋律音型，使用记忆在 F 音＝*la*、E 音＝*la*D 音＝*la* 和 G＝双 *la*、等位置把旋律音型写下来。

听力

小调五音音列谱例：

巴尔托克：《献给孩子们》第 1 册第 3 首：(*For Children*. Vol. 1，No. 3)

巴尔托克：《左手练习》，选自《献给孩子们》第 1 册（ "Study for the Left Hand" from *For Children*. Vol. 1)

巴尔托克：《圆圈舞》，选自《献给孩子们》第 1 册（ "Round Dance" from *For Children*. Vol. 1)

小调六音音列谱例：

巴尔托克：《舞曲》，选自《献给孩子们》第一册 (Dance from *For Children*. Vol. 1 by Bartok)

视唱

《声音的想象——为视唱练耳所作的音乐》（作者米侯·胡拉汉、菲利普·塔卡，纽约布西和豪客斯出版社，1991，第 2 册第 45 页至第 56 页。）

附点八分音符后紧跟着一个十六分音符的教学策略

表 8.33　附点八分音符后紧跟着一个十六分音符的教学策略

元素	概念	音节	理论	重点歌曲	补充歌曲
附点八分音符后紧跟着一个十六分音符。	一个拍上的两个音，第一个音长，而第二个音短。	*ta – mi*	将节拍细分为十六分音符	《骑驴》	《航海的女士》《夏洛特镇》《围着数字转圈》《扬基小调》《阴暗的小树林》

认知阶段：准备

阶段一：开发动觉意识

1. 歌唱《骑驴》并拍打指定乐句，即乐句一的节拍。
2. 歌唱《骑驴》并拍打指定乐句，即乐句一的节奏。
3. 歌唱《骑驴》并指出在黑板上的节奏的呈现。

图8.79

4. 歌唱《骑驴》，演奏以下固定音型。

谱8.93 固定音型

阶段二：开发听觉意识

在问每个问题前，让大家用中性音节演唱指定乐句并拍打节拍。利用重点歌曲回顾动觉意识的学习。

确认这个乐句中的拍子数量。

教师："安迪，我们在第一乐句共打了几拍？"

学生："八拍。"

确认前四拍中每个节拍的音符数量。

教师："安迪，哪些节拍上只有一个音？"

学生们："第四拍和第八拍。"

教师："安迪，我们在第一拍上唱了几个音？"

学生："两个音。"

教师："安迪，我们在第二拍和第三拍上唱了几个音？"

学生："两个音。"

教师："安迪，描述一下第一拍上的两个音。"

学生："第一个是长的，而第二个是短的。"

教师："让我们一起用'长'和'短'来唱这句的第一拍，然后用节奏音节唱其它拍。"

阶段三：开发视觉意识

让班上学生表演几个动觉和听觉活动来评定动觉意识和听觉意识的学习。

1. 教师哼唱这个特定乐句，要求学生创造一个这个特定乐句的视觉呈现。学生们可以使用辅助工具。

教师："拿取你需要的重新创作你听到的"或者"画出你听到的"。教师评估学生们的理解程度。

2. 学生们与其他人分享他们的呈现。

3. 教师邀请一个学生到台前与全班分享他的呈现。如果需要的话，可以依照回顾听觉意识的问题纠正他们在呈现中的错误。

4. 学生们用中性音节歌唱《骑驴》的第一个乐句，并指出他们的呈现。

5. 确认指定乐句的唱名音节。

结合阶段：呈现

通过重点歌曲《骑驴》来回顾动觉、听觉和视觉意识的学习。

阶段一：为声音做标示

1. 教师："我们称一个拍上的两个不均匀的音，其中第一个长音，第二个短音的为 ta – mi。"

2. 教师用节奏音节歌唱《骑驴》的第一个乐句。

谱8.94 《骑驴》第一个乐句的节奏音节

ta   mi   ta di   ta di   ta   ta di   ta di   ta di   ta

3. 学生用节奏音节回应，并拍打节奏。

阶段二：学习记谱法

在黑板上用传统节奏记谱法写出"ta – mi"的呈现。学生立即拍打，并用节奏名称回应歌唱《骑驴》的指定乐句。

1. 在传统谱上呈现《骑驴》的指定乐句。

谱8.95 传统谱上《骑驴》的指定乐句

d   r m m   f r m   m r r d m r   r

2. 在五线谱上呈现《骑驴》的指定乐句。

谱8.96　五线谱上《骑驴》的指定乐句

消化阶段：练习

阶段一：最初的练习

1. 回顾听觉意识的阶段，将音和重点音型中的节奏音节联结起来。

2. 回顾视觉意识活动，将标准记谱法融入视觉教学中。

3. 将指定模式转变为歌曲素材中的四拍子模式。将《骑驴》第三句和第四句转变为《夏洛特镇》的第三句和第四句。

阶段二：练习

识读

1. 在传统节奏记谱法上识读《骑驴》。

2. 在传统节奏记谱法上识读《夏洛特镇》。

写作

1. 用符干谱写作《骑驴》，并写出唱名音节。

2. 用符干谱写作《夏洛特镇》，并写出唱名音节。

即兴创作

1. 教师用节奏名称拍打问题乐句，学生用节奏名称拍打回答乐句。

2. 即兴创作以下歌曲中的任何乐句的最后四个节拍:《航海的女士》《夏洛特镇》《围着数字零转圈》《扬基小调》。

听力

《伦敦桥要倒了》("London Bridge Is Falling Down").

巴托克:《小宇宙》第3册第80首"缅怀舒曼"("Hommage a Robert Schumann" in *Mikrokosmos* Vol.3,No.80)

马勒:《第一交响曲》"菲尔莉赫和杰莫森"("Feirlich und Gemessen" from *Symphony No.*1)

德沃夏克:《第九交响曲》"缓板"(Largo from *Symphony No.*9)

海顿:《第九十四交响曲》"行板"(Andante from *Symphony No.*94)

谱8.97 《第九十四交响曲》"行板"

视唱

《声音的想象——为视唱练耳所作的音乐》(作者米侯·胡拉汉、菲利普·塔卡,纽约布西和豪客斯出版社,1991,第1册第62页至第64页。)

四年级的重点歌曲

切分音的重点歌曲

谱8.98 《独木舟歌》

so 五声音阶的重点歌曲

谱8.99　《河对岸的查理》(最后两句)

O - ver the riv - er to feed my sheep, O - ver the riv - er to Char - lie,

O - ver the riv - er to feed my sheep, to feed them well on bar - ley.

附点四分音符后紧跟着一个八分音符的重点歌曲

谱8.100　《丽莎和简》

Come my love and go with me, Little 'Li - za Jane,

Come my love and go with me, Little 'Li - za Jane.

O, E - liz - za! Little 'Li - za Jane.

O, E - li - za! Little 'Li - za Jane

fa 的重点歌曲

谱8.101　《匈牙利卡农》

三拍子的重点歌曲

谱 8.102 《美丽的夜晚》

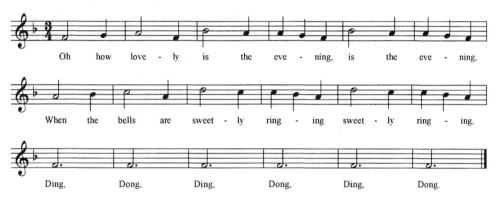

低音 *ti* 的重点歌曲

谱 8.103 《桦树》

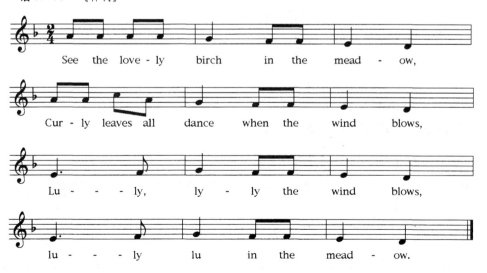

附点八分音符后紧跟着一个十六分音符的重点歌曲

谱 8.104　《骑驴》

1.Were　you ev-er　in Que-bec,　stow-ing tim-ber　on　a　deck,

Where　there's　a　king　with　a　gold-en crown　rid-ing　on　a　don-key?

Refrain
Hey,　ho!　A-way　we　go,　don-key rid-ing,　don-key rid-ing.

Hey,　ho!　A-way　we　go　rid-ing　on　a　don-key.

五年级的教学策略

我们将在五年级教学七个音乐概念。

1. 高音 *ti*（大调音阶）的教学策略

2. 一个八分音符后紧跟着一个附点四分音符的教学策略

3. 自然小调音阶的教学策略

4. *si*（升 *so*，和声小调）的教学策略

5. 复合拍子（$\frac{6}{8}$节拍）的教学策略

6. *fi*（升 *fa*，多利安调式）的教学策略

7. *ta*（降 *ti*，混合利底亚调式）的教学策略

高音 *ti*（大调音阶）的教学策略

表 8.34　**高音 *ti*（大调音阶）的教学策略**

元素	概念	音节	理论	重点歌曲	补充歌曲
高音 *ti*	在第三级音和第四级音，以及第七级音和第八级音之间是半音的七个音的系列。	*ti*	大调全音阶	《哈利路亚》	《帅气的屠夫》《罗马士兵》《永不返回的船》《笑翠鸟》《欢乐世界》《强尼去当兵》《音乐万岁》

388

认知阶段：准备

阶段一：开发动觉意识

1. 歌唱《哈利路亚》的第二乐句并指出在黑板上的旋律轮廓的呈现。

图 8.79　《哈利路亚》第二乐句的旋律轮廓

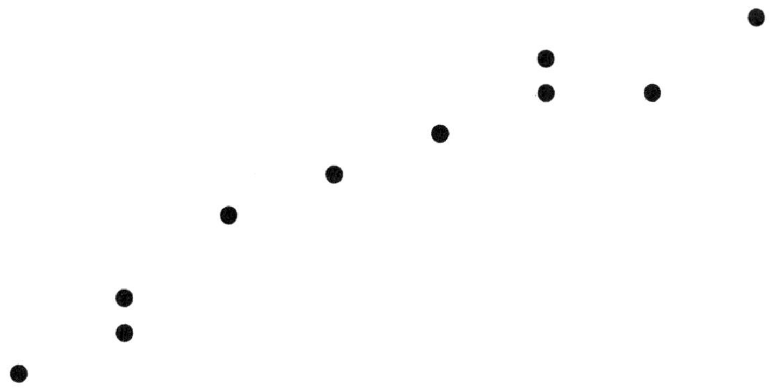

2. 歌唱《哈利路亚》并呈现第二乐句的旋律轮廓。

3. 用节奏音节歌唱《哈利路亚》的第二乐句，呈现旋律轮廓。

阶段二：开发听觉意识

用重点歌曲《哈利路亚》回顾动觉意识的学习，在提问每个问题前用"loo"歌唱并拍打节拍。

确定每个乐句的节拍数量以及旋律的总体走向。

教师："安迪，我们在第二句中共打了几拍?"

学生："八拍。"

教师："安迪，旋律轮廓的总体走向是什么?"

学生："向上行。"

确认最低音和最高音。

教师："安迪，唱出乐句的最低音。"

学生用"loo"唱出 do。

教师："安迪，最低音在哪个节拍上?"

学生："在第一拍上。"

教师："安迪，这个音的唱名音节是什么?"

学生："do"

教师："安迪，唱出乐句的最高音。"

学生用"loo"唱出高音 *do*。

教师："安迪，最高音在哪些拍子上?"

学生："在第六拍和第八拍上。"

教师："安迪，从低到高唱出所有的音。"

学生从低到高哼出所有的音。

教师："安迪，我们唱了几个不同的音?"

学生用"loo"唱出 *do – re – mi – fa – so – la – ti – do'*。

确认小二度音程。从低到高唱出所有的音。

教师："安迪，如果第一个音是 *do*，那么接下来的音是?"

学生："*re*"

教师以同样的方式唱出所有的音（*do – re – mi – fa – so – la – ti – do'*）。用唱名和手势语歌唱整个乐句。

阶段三：开发视觉意识

让班上学生表演几个动觉和听觉活动来评定动觉意识和听觉意识的学习。

1. 教师哼唱这个特定乐句，要求学生创造一个这个特定乐句的视觉呈现。学生们可以使用辅助工具。

教师："拿取你需要的重新创作你听到的"或者"画出你听到的"。教师评估学生们的理解程度。

2. 学生们与其他人分享他们的呈现。

3. 教师邀请一个学生到台前与全班分享他的呈现。如果需要的话，可以依照回顾听觉意识的问题纠正他们在呈现中的错误。

4. 学生们用中性音节歌唱《哈利路亚》的第二个乐句，并指出他们的呈现。

5. 用节奏音节来歌唱这个乐句.

结合阶段：呈现

用重点歌曲《哈利路亚》回顾动觉、听觉和视觉意识的学习。

阶段一：为声音做标示

1. 教师与学生用唱名音节一起从低到高唱"大调音阶"的八个音。教师将之命名为"大调全音阶"。

2. 教师从低到高哼唱大调全音阶，学生用唱名音节和手势语回应唱。

3. 教师从高到低歌唱大调全音阶，学生用唱名音节和手势语回应。

阶段二：学习记谱法

呈现大调全音阶的音型，并标记所有半音的音程位置。

图 8.80　阶梯上的唱名

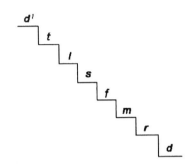

谱 8.105　C 大调音阶

当我们按照上行的顺序书写《哈利路亚》的音高时，我们发现共有七个相邻的音。我们可以用唱名音节 do – re – mi – fa – so – la – ti – do' 或数字 1 – 2 – 3 – 4 – 5 – 6 – 7 – i 给这些音高命名。这个音阶称为大调音阶。把 mi – fa 和 ti – do 之间的半音做出标记。

表 8.35　给音符用唱名音节和数字做标记

唱名音节	相对应的数字
d'	i
t	7
l	6
s	5
f	4
m	3
r	2
d	1

大调音阶之间的音程关系

请注意：$do-re$、$re-mi$、$fa-so$、$so-la$ 和 $la-ti$ 之间是全音，而 $ti,-do$ 和 $mi-fa$ 之间是半音。我们将这些全音视为大二度（M2），半音视为小二度（m2）。

消化阶段：练习

阶段一：最初的练习

回顾《哈利路亚》中大调全音阶的听觉和视觉呈现。在两个不同的调上识读《哈利路亚》中的两个乐句。

阶段二：练习

识读

1. 在符干谱和五线谱上识读《哈利路亚》。

2. 使用《笑翠鸟》中的结构性音级（每个在拍子上都有的同样的音）作为开始，构造一个识读练习。逐渐为每个节拍添加音符，直到整首歌被建立完成。

3. 识读以下歌曲：《帅气的屠夫》《罗马士兵》《笑翠鸟》《欢乐世界》，并在木琴和铃铛上演奏它们。

4. 在木琴或铃铛上演奏《哈利路亚》的第二句。

图 8.81 木琴上的音符

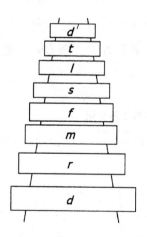

写作

1. 在符干谱或在五线谱上书写《哈利路亚》。在五线谱上书写时，使用至少两个调来练习。

2. 书写以下歌曲的音型：《帅气的屠夫》《罗马士兵》《笑翠鸟》《欢乐世界》。

即兴创作

1. 教师或一个学生可以用一个特定的节奏唱大调音阶的下行，让另一个学生用相同或不同的节奏即兴创作这个大调音阶的上行。

谱 8.106　教师用一个特定的节奏唱大调音阶的下行

谱 8.107　学生即兴创作这个大调音阶的上行

2. 教师使用大调音阶的音并用唱名音节歌唱一个问题乐句，学生用唱名音节唱一个回答乐句为回应。

听力

巴尔托克：《献给孩子们》第 1 册第 11 首（*For Children*，Vol. 1. No. 11）

《通宵达旦》，选自南希·维尔森的《圣诞歌集》（"All Through the Night" recorded by the Mormon Tabernacle Choir；also on the recording *A Nancy Wilson* Christmas，sung by Nancy Wilson）

叙事诗《它在 5 月》（"Ce fut en May" Trouvere Song）

《在杜赛尔居布里娄》（"In Dulce Jublilo，" recorded by the King's College Choir of Cambridge，conducted by Simon Preston and David Wilcox）

勃拉姆斯：《海顿主题变奏曲》，作品 56a（"Variations on a Theme by Haydn" Op. 56a）

《冬青和常春藤》（"The Holly and the Ivy，" sung by Anonymous 4 from their recording *Wolcum Yule*）

普赛尔：《利加洞》（"Rigadoon"，from the recording *Purcell：Works for Harpsichord*，played by John Gibbons）

巴赫：《G 大调小步舞曲》（Minuet in G from *The Notebook of Ana Magdalena*）

郝斯特：《星球》"木星"，作品 32 号（"Jupiter" from *The Planets* Op. 32）

《塔利斯卡农》（"*Tallis Canon*" from the album *Into the Light* by Harry Christophers，Karori Muraji，and The Sixteen）

一个八分音符后紧跟着一个附点四分音符的教学策略

表8.36　一个八分音符后紧跟着一个附点四分音符的教学策略

元素	概念	音节	理论	重点歌曲	补充歌曲
八分音符后紧跟着附点四分音符。	两拍上的两个音，而这两个音都是在第一拍上的。	*Ta di——*		《夏洛特镇》	《黑夜白天》《伊利运河》《比利小子》《大狗》《和约翰漫步》《去吧，摩西》

认知阶段：准备

阶段一：开发动觉意识

1. 歌唱《夏洛特镇》并拍打指定乐句即乐句一的节拍。
2. 歌唱《夏洛特镇》的指定乐句即乐句一并拍打节奏。
3. 歌唱《夏洛特镇》并在黑板上指出节奏的呈现。

图8.82

4. 歌唱《夏洛特镇》，同时演奏以下固定音型。

谱8.108　《夏洛特镇》的固定音型

阶段二：开发听觉意识

利用重点歌曲回顾动觉意识的学习。在问每个问题前，用中性音节演唱指定乐句并拍打节拍。

确认乐句一中的拍子数量。

教师："安迪，我们共打了几拍？"

学生："八拍。"

确认每个节拍中的音符数量。

教师："安迪，哪些节拍上只有一个音？"

学生："第二拍和第四拍上。"

教师："安迪，哪些节拍上有两个音？"

学生："第一拍、第三拍、第五拍和第七拍上。"

教师："安迪，我们唱第五拍和第七拍的两个音时有什么不同？听我唱。"教师用"loo"歌唱（第二音比较长）。

用节奏音节及"短—长"歌唱这个乐句。

图 8.83

ta　di　ta　　ta di　ta　　　短 长—　　　短 长—

阶段三：开发视觉意识

让班上学生表演几个动觉和听觉活动来评定动觉意识和听觉意识的学习。

1. 教师哼唱这个特定乐句，要求学生创造一个这个特定乐句的视觉呈现。学生们可以使用辅助工具。

教师："拿取你需要的重新创作你听到的"或者"画出你听到的"。教师评估学生们的理解程度。

2. 学生们与其他人分享他们的呈现。

3. 教师邀请一个学生到台前与全班分享他的呈现。如果需要的话，可以依照回顾听觉意识的问题纠正他们在呈现中的错误。

4. 学生们用中性音节来歌唱《夏洛特镇》的第一个乐句，并指示出他们的呈现。

5. 确认《夏洛特镇》中第一个乐句的唱名音节。

结合阶段：呈现

通过重点歌曲《夏洛特镇》回顾动觉、听觉和视觉意识的学习。

阶段一：为声音做标示

1. 教师："我们称在两拍上的两个不均匀的音，且第一个音短，第二个音长的节奏为 *ta di*。"

2. 教师用节奏音节歌唱《夏洛特镇》的指定乐句。

3. 学生在拍打节奏或节拍的同时用节奏音节回应唱。

图 8.84

ta di　　*Ta*　　　*ta di*　　　*ta di*　　　*ta di*_____　　　*ta di*_____

♠　　　　♠　　　　♠　　　　♠　　　♠　　　　♠　　　♠　　　　♠

阶段二：学习记谱法

在黑板上用传统记谱法、符干记谱法呈现 *ta di* 的符号。学生立即拍打并用节奏名称回应歌唱《夏洛特镇》的指定乐句。

教师："我们可以用一个八分音符后紧跟着一个附点四分音符来写作这个节奏。"

谱 8.109　《夏洛特镇》的传统记谱法

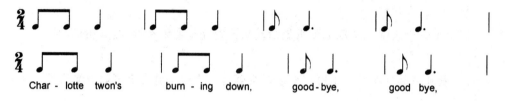

教师："我们也可以用符干记谱法和唱名音节写作这个乐句。"

谱 8.110　《夏洛特镇》的符干谱

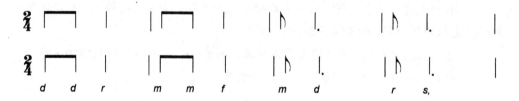

消化阶段：练习

阶段一：最初的练习

1. 回顾听觉意识的阶段，将音和重点音型中的节奏音节联结起来。

2. 回顾视觉意识活动，将标准记谱法融入视觉教学中。

3. 将指定模式转移到歌曲素材中基本的四拍子模式中。将《夏洛特镇》第一句的节奏转变为《白天黑夜》第二句的节奏。

阶段二：练习

识读

1. 在符干谱上识读《夏洛特镇》。

2. 在符干谱上识读《白天黑夜》。

写作

1. 在符干谱上写作《夏洛特镇》。

2. 在符干谱上写作《白天黑夜》。

即兴创作

1. 教师用节奏音节拍打一个问题乐句，学生用节奏音节拍打一个回答乐句回应。

2. 即兴创作以下歌曲的任何乐句的最后四个节拍的节奏：《在平原上》《当娜》《钻洞》《嘘，再见》《约翰·卡纳卡》《金刚凯奇》《长长的铁路》《音乐万岁》。

视唱

《声音的想象——为视唱练耳所作的音乐》（作者米侯·胡拉汉、菲利普·塔卡，纽约布西和豪客斯出版社，1991，第1册第71页至第76页。）

听力

巴托克：《小宇宙》第3册第95首（*Mikrokosmos* Vol.3，No.95）

巴托克：《匈牙利印象》中的第二主题"村庄的夜晚"（"*An Evening In the Village*" from *Hungarian Sketches* Theme 2）

谱8.111　《村庄的夜晚》的主题

自然小调音阶的教学策略

表8.37　**自然小调音阶的教学策略**

元素	概念	音节	理论	重点歌曲	补充歌曲
	自然小调音阶	*la，-ti，-do-re-mi-fa-so-la*	小调音阶结构	小调的《哈利路亚》	《汤姆的鬼魂》《当娜》《钻洞》《在铁轨上工作》《甜美的威廉》《带我们回去》（用唱名音节）《来吧》《让我们欢乐吧》

认知阶段：准备

阶段一：开发动觉意识

1. 用小调歌唱《哈利路亚》，并指出在黑板上最后两句的旋律轮廓的呈现。

图8.85 《哈利路亚》最后两句的旋律轮廓

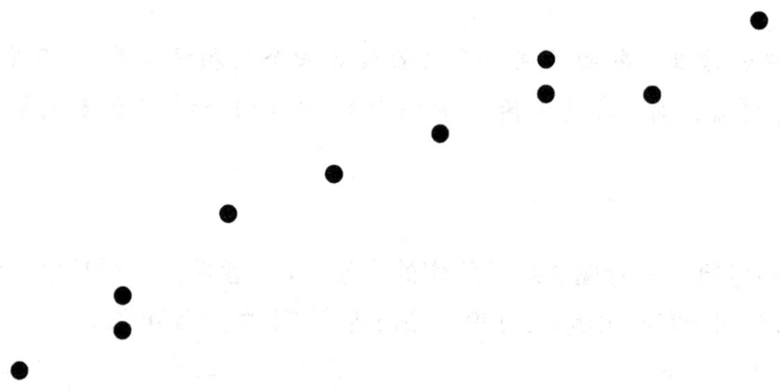

2. 用小调歌唱《哈利路亚》，并呈现整首歌的旋律轮廓。
3. 用小调和节奏音节歌唱《哈利路亚》，并呈现旋律轮廓。

阶段二：开发听觉意识

在问每个问题前，边唱边拍打节拍。利用重点歌曲小调《哈利路亚》回顾动觉意识的学习。

确认最低音和最高音。

教师："安迪，唱出这首歌的最低音。"

学生："$la,$"。

教师："安迪，唱出这首歌的最高音。"

学生："la"。

确认从最低音到最高音的每个唱名音节。

教师："安迪，最低音用哪个唱名音节？"

学生："$la,$"。

教师："安迪，如果第一个音高是低音 la，那么下一个音高是什么？"

学生："$ti,$"。

教师通过同样的方式教授所有的音（$la, - ti, - do - re - mi - fa - so - la$）。学生们用唱名音节和手势歌唱整首歌。

阶段三：开发视觉意识

让班上学生表演几个动觉和听觉活动来评定动觉意识和听觉意识的学习。

1. 教师哼唱这个特定乐句，要求学生创造一个这个特定乐句的视觉呈现。学生们可以使用辅助工具。

教师："拿取你需要的重新创作你听到的"或者"画出你听到的"。教师评估学生们的理解程度。

2. 学生们与其他人分享他们的呈现。

3. 教师邀请一个学生到台前与全班分享他的呈现。如果需要的话，可以依照回顾听觉意识的问题纠正他们在呈现中的错误。

4. 学生们用中性音节歌唱小调《哈利路亚》，并指出他们的呈现。

5. 确认小调《哈利路亚》的唱名音节。

结合阶段：呈现

通过重点歌曲小调《哈利路亚》来回顾动觉、听觉和视觉意识的学习。

阶段一：为声音做标示

1. 教师和学生一起用唱名和手势语从低到高歌唱自然小调音阶的七个音。

2. 因为它有七个音，从低音 la 开始到 la 结束，其中 $mi - fa$ 以及 ti，$- do$ 之间是半音音级，因而教师为此命名为"自然小调音阶"。

3. 教师从低到高歌唱自然小调音阶，学生用唱名和手势语回应唱。

4. 教师从高到低歌唱自然小调音阶，学生用唱名和手势语回应唱。

阶段二：学习记谱法

1. 在音阶阶梯上呈现自然小调音阶的音型。

2. 在 $fa - mi$ 以及 $do - ti$，之间标记半音的音级。

图 8.86　唱名音级

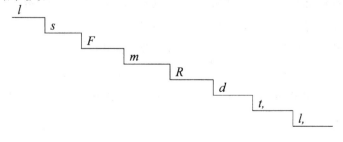

3. 在五线谱上呈现自然小调音阶，并展示它的记谱规则。

4. 在符干谱上写出小调《哈利路亚》。

5. 在五线谱上写出小调《哈利路亚》

消化阶段：练习

阶段一：最初的练习

1. 回顾听觉意识的阶段，将音和重点音型中的节奏音节联结起来。

2. 回顾视觉意识活动，将标准记谱法融入视觉教学中。

3. 将指定模式转移到歌曲素材中基本的四拍子模式中。

阶段二：练习

识读

1. 在符干谱和五线谱上识读小调《哈利路亚》。

2. 在符干谱或五线谱上识读任何以下的歌曲：《带我们回去》《汤姆的鬼魂》《当娜》《甜美的威廉》《来吧》《让我们欢乐吧》。

写作

1. 在符干谱和五线谱上写作小调《哈利路亚》。

2. 在符干谱或五线谱上写作任何以下的歌曲：《带我们回去》《汤姆的鬼魂》《当娜》《甜美的威廉》《来吧》《让我们欢乐吧》。

即兴创作

教师以唱名音节用自然小调音阶歌唱一个问题乐句，学生用唱名音节回应一个回答乐句。”

听写

《甜美的威廉》（“Sweet William，” similar version sung by Alasdair Roberts on the recording *No Earthy Man*）

《沙洛姆沙维林》（“Shalom Chaverim，” sung by the Weavers on the recording *The Album at Carnegie Hall*, Vanguard Records，1988）

《当耶稣哭了》（“When Jesus Wept” by William Billings）

《当娜》（“Dona Dona” on the album *From Jewish Life*, Signum Classics，performed by John Lenehan and Paul Marleyn；also on the album *Amulet*, sung by Nikitov, Chamsa Records，2004）

《嘘，再见》（"Hushabye" by Mike and Peggy Seeger on *Album for Children*；also found on the album *So Many Stars*，as "The Little Horses," sung by Kathleen Battle）

柯达伊：《匈牙利诗篇》（Theme from "Psalmus Hungaricus"）

柯达伊：《孔雀变奏曲》的主题（Theme from the "Peacock Variations"）

视唱

《声音的想象——为视唱练耳所作的音乐》（作者米侯·胡拉汉、菲利普·塔卡，纽约布西和豪客斯出版社，1991，第2册第84页至第85页。）

si（升*so*，和声小调）的教学策略

表8.38 *si*（升*so*，和声小调）的教学策略

元素	概念	音节	理论	重点歌曲	补充歌曲
si（升*so*）	*si* 比 *la* 低一个小二度的音	*si*	音阶结构	《哦，可怜的鸟》	《去吧，摩西》《葡萄树和无花果树》

认知阶段：准备

阶段一：开发动觉意识

1. 歌唱《哦，可怜的鸟》并指出在黑板上的旋律轮廓的呈现。

图8.87 《哦，可怜的鸟》的旋律轮廓

2. 歌唱《哦，可怜的鸟》并展现整首歌曲的旋律轮廓。
3. 用节奏音节歌唱《哦，可怜的鸟》，并呈现旋律轮廓。

阶段二：开发听觉意识

通过重点歌曲《哦，可怜的鸟》回顾动觉意识的学习。在问每个问题前，边唱边拍打节拍。

确认最低音和最高音。

教师："安迪，唱出歌曲的最低音。"

学生："*la*,"。

教师："安迪，唱出歌曲的最高音。"

学生："*la*"。

确认第三个乐句的唱名音节。

教师："安迪，第三个乐句起音的唱名是什么?"

学生："*mi*"。

教师："安迪，第三个乐句中最高者的唱名音节是什么?"

学生："*la*"。

教师通过相同的方式教授所有音，并哼鸣那个未知的元素 *si*（*mi - la - la -* 哼鸣 *la - mi - mi - re*）。注意：确保音阶中包括 *la - si - la* 的级进而不是跳进到 *si*。

阶段三：开发视觉意识

让班上学生表演几个动觉和听觉活动来评定动觉意识和听觉意识的学习。

1. 教师哼唱这个特定乐句，要求学生创造一个这个特定乐句的视觉呈现。学生们可以使用辅助工具。

教师："拿取你需要的重新创作你听到的"或者"画出你听到的"。教师评估学生们的理解程度。

2. 学生们与其他人分享他们的呈现。

3. 教师邀请一个学生到台前与全班分享他的呈现。如果需要的话可以依照回顾听觉意识的问题纠正他们在呈现中的错误。

4. 圈出所有半音的音级。

5. 学生们用中性音节歌唱《哦，可怜的鸟》并指出他们的呈现。

6. 用节奏音节歌唱《哦，可怜的鸟》。

结合阶段：呈现

通过重点歌曲《哦，可怜的鸟》来回顾动觉、听觉和视觉意识的学习。

阶段一：为声音做标示

1. 因为这个音更偏向 *la*，教师便把这个音命名为 *si*（升 *so*），然后将这个新的小调音阶称为和声小调，因为它包含了导音 *si* 而不是 *so*。

2. 教师用手势语呈现 *si*，学生们用手势语回应（这个手势通常是用手指轻微张开来表示）。

图 8.88　*si* 的手势语

3. 教师从低到高歌唱完整的和声小调音阶，学生用唱名和手势语歌唱音阶回应。

4. 教师从高到低歌唱完整的和声小调音阶，学生用唱名和手势语歌唱音阶回应。

阶段二：学习记谱法

1. 呈现和声小调音阶的音型。

图 8.89　和声小调音阶的音型

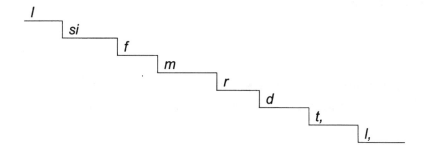

2. 在五线谱上呈现和声小调音阶，并展现其记谱规则。

谱 8.112　五线谱上的和声小调音阶

3. 在传统谱上呈现《哦，可怜的鸟》。

谱8.113　传统谱上的《哦，可怜的鸟》

4. 在五线谱上呈现《哦，可怜的鸟》。

谱8.114　五线谱上的《哦，可怜的鸟》

消化阶段：练习

阶段一：最初的练习

1. 回顾听觉意识的阶段，将音和重点音型中的节奏音节联结起来。

2. 回顾视觉意识活动，将标准记谱法融入视觉教学中。

3. 将指定模式转变为一个和声小调音阶并用卡农演奏这个音阶。

4. 回顾《哦，可怜的鸟》中和声小调音阶的听觉和视觉呈现。

5. 选自曲目集的识读、写作以及即兴创作活动所用的例子：《去吧，摩西》、《葡萄树和无花果树》。

阶段二：练习

识读

1. 用带唱名音节的节奏记谱法和五线谱识读《哦，可怜的鸟》。

2. 用带唱名音节的节奏记谱法和五线谱识读《去吧，摩西》和/或《葡萄树和无花果树》。

写作

1. 用带唱名音节的节奏记谱法和五线谱写作《哦，可怜的鸟》。

2. 用带唱名音节的节奏记谱法和五线谱写作《去吧，摩西》和/或《葡萄树和无花果树》。

即兴创作

教师使用唱名音节及和声小调音阶即兴创作一个问题乐句，学生用唱名音节作一个回答乐句为回应。

视唱

《声音的想象——为视唱练耳所作的音乐》（作者米侯·胡拉汉、菲利普·塔卡，纽约布西和豪客斯出版社，1991，第 2 册第 80 页至第 82 页。）

听力

《哦，可怜的鸟》（"Ah Poor Bird" from Mark Gilston's Album *American Roots*，2007）

《玫瑰》（"Rose Rose" from the album *Bosed Psaltery Psongsters*）

巴赫：《g 小调小赋格》（*Little Fugue in g minor*）

贝多芬：《E 大调第九奏鸣曲》第二乐章（Sonata No. 9 in E major Movement 2）

《约书亚大战杰立克》（"Joshua Fit the Battle of Jericho," recorded by Chris Barber's Jazz Band，1957）

巴赫：《c 小调帕萨卡里亚》，作品 582 号（Passacaglia in C minor，BWV 582）

舒曼：《狂野的骑士》，选自《少年曲集》（"The Wold Rider" from *Album for the Young*）

《日出日落》（"Sun Rise Sun Set" from the musical *Fiddler on the Roof*，music by Jerry Bock，lyrics by Sheldon Harnick）

复合拍子（节拍）的教学策略

表 8.39　复合拍子（节拍）的教学策略

元素	概念	音节	理论	重点歌曲	补充歌曲
♩ ♪♪♪ ♪♩ ♪♪	每小节两个大拍子；每个大拍子里有三个小拍子	*ta* *ta ki da* *ta da* *ta ki*	大调全音阶	《划船》	《美丽的夜晚》

认知阶段：准备

阶段一：开发动觉意识

1. 歌唱《划船》并拍打整首歌曲的节拍。

2. 确认大拍子和小拍子的使用（分拍）。

3. 歌唱《划船》并拍打整首歌曲的节奏。

4. 歌唱《划船》并指出黑板上节奏的呈现。

图8.90 《划船》的节奏呈现

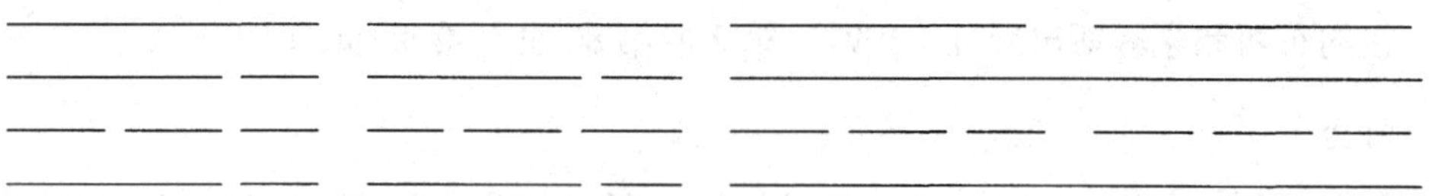

5. 将班级分为两个小组。第一组拍打指定乐句的节拍，第二组拍打节奏。然后互换。

6. 歌唱《划船》，用脚踩节拍并用手拍节奏。

阶段二：开发听觉意识

利用重点歌曲回顾运动知觉活动。在问每个问题前，演唱指定乐句并拍打节拍。

确认乐句中的拍子数量。

教师："安迪，我们共打了几拍？"

学生："四拍。"

关于指定乐句三的问题。

教师："安迪，我们在每个节拍上唱了几个音？"

学生："三个。"

教师："安迪，描述一下这些音。"

学生："它们是平均的。"

关于指定乐句二的问题。

教师："安迪，我们在第二个乐句中打了几拍？"

学生："四拍。"

教师："安迪，有哪个音是持续两拍的吗？"

学生："有，在第三拍和第四拍上。"

教师："安迪，第一拍上我们唱了几个音。"

学生："两个。"

教师："安迪，描述一下这些音。"

学生："一长一短。"

教师："安迪，我们在第二拍上唱了几个音。"

学生："两个。"

教师："安迪，描述一下这些音。"

学生："一长一短。"

确认乐句四拥有和乐句二相同的节奏。

关于指定乐句一的问题。

教师："安迪，我们在乐句一中打了几拍。"

学生："四拍。"

教师："安迪，第一拍和第二拍上有几个音。"

学生："一个。"

教师："安迪，我们在第四拍上唱了几个音。"

学生："一个。"

教师："安迪，我们在第三拍上唱了几个音。"

学生："两个。"

教师："安迪，描述一下这两个音。"

学生："一长一短。"

阶段三：开发视觉意识

让班上学生表演几个动觉和听觉活动来评定动觉意识和听觉意识的学习。

1. 教师哼唱这个特定乐句，要求学生创造一个这个特定乐句的视觉呈现。学生们可以使用辅助工具。

教师："拿取你需要的重新创作你听到的。"或者"画出你听到的。"教师评估学生们的理解程度。

2. 学生们与其他人分享他们的呈现。

3. 教师邀请一个学生到台前与全班分享他的呈现。如果需要的话，可以依照回顾听觉意识的问题纠正他们在呈现中的错误。

4. 学生们用中性音节来歌唱《划船》，并指出他们的呈现。

5. 确认乐句中的唱名音节。

结合阶段：呈现

通过《划船》的乐句一来评定动觉、听觉和视觉意识的学习。

阶段一：为声音做标示

1. 在复合节拍中，我们把一拍上只有一个音的叫 ta。

2. 一个节拍上有三个均匀分布的音叫做 ta ki da。

3. 一个节拍上有两个音，一个长的音后紧跟着一个短的音叫做 ta da。

4. 用节奏音节歌唱《划船》，并轻打节拍。

5. 用节奏音节歌唱《划船》，并指挥。

图8.91 《划船》的节奏音节

Row,	*row,*	*row, your*	*boat*
ta	ta	ta da	ta
/	/	/	/

Gen-tly	*down the*	*stream*	--
ta da	ta da	ta	
/	/	/	/

Mer-ri-ly,	*mer-ri-ly,*	*mer-ri-ly,*	*mer-ri-ly,*
ta ki da	ta ki da	ta ki da	ta ki da
/	/	/	/

Life is	*but a*	*dream*	--
ta da	ta da	ta	
/	/	/	/

阶段二：学习记谱法

附点四分音符

在复合节拍中的附点四分音符被当作一个大拍子使用。

三个八分音符

一个拍子上三个均匀的音，节拍等于一个附点四分音符的组合叫做三个八分音符。

谱8.115 节拍中的符点四分音符

附点二分音符

这是一个占了两个大拍子的音，每个大拍子等于一个附点四分音符的音叫做附点二分音符。

谱8.116　$\frac{6}{8}$节拍中的符点二分音符

四分音符后紧跟着一个八分音符

一个大拍子上的两个音，第一个音是第二音的两倍长，即一个四分音符后紧跟着一个八分音符。

谱8.117　$\frac{6}{8}$节拍中的一个四分音符后紧跟着一个八分音符

八分音符后紧跟着一个四分音符

一个拍上的两个音，第一个音是短音，第二音是长音，体现出的形式是一个八分音符后紧跟着一个四分音符。

谱8.118　$\frac{6}{8}$节拍中的一个八分音符后紧跟着一个四分音符

消化阶段：练习

阶段一：最初的练习

1. 用《划船》中的 *ta ki da* 来回顾听觉呈现的学习。

2. 使用$\frac{6}{8}$拍中的附点四分音符、三个八分音符、一个附点二分音符和一个四分音符后紧跟着一个八分音符来回顾视觉呈现的学习。

阶段二：练习

识读

1. 将《划船》中的节奏转变成《美丽的夜晚》中的节奏。

2. 在传统节奏记谱法中用节奏音节识读《划船》。

3．用节奏记谱法识读《美丽的夜晚》。

写作

1．用符干记谱法写作《划船》。

2．在符干谱下方添加心形节拍。

即兴创作

1．教师歌唱节奏音节拍打一个问题乐句，学生歌唱节奏音节拍打一个回答乐句为回应。

2．教师用符干谱写作一首歌曲，空出四个拍子。让学生用切分节奏即兴创作这个四拍子节奏。

听力

巴赫：《耶稣，人们仰望喜悦》（*Jesu Joy of Man's Desiring* from Cantata No. 147）

贝多芬：《小提琴协奏曲》第三乐章（Movement 3 Violin Concerto）

莫扎特：《♭E 大调第四圆号协奏曲》第三乐章的"回旋曲"Horn Concerto No. 4 in E flat major. K. 495，Movement III，Rondo）

《当约翰迈步回家时》"When Johnny comes Marching Home" from *Songs of the Civil War*，played by the United States Military Academy Band）

视唱

《声音的想象——为视唱练耳所作的音乐》（作者米侯·胡拉汉、菲利普·塔卡，纽约布西和豪客斯出版社，1991，第 2 册第 15 页至第 24 页、第 45 页至第 56 页、第 105 页到第 120 页。）

fi（升*fa*，多利安调式）的教学策略

表8.40　*fi*（升*fa*，多利安调式）的教学策略

元素	概念	音节	理论	重点歌曲	补充歌曲
fi（升*fa*）	多利安调式和旋律小调	*fi*	音阶结构	《醉酒的水手》	

认知阶段：　准备

阶段一：开发动觉意识

1．歌唱《醉酒的水手》的第四个乐句并在黑板上指出旋律轮廓的呈现。

图 8.92　《醉酒的水手》第四个乐句的旋律轮廓

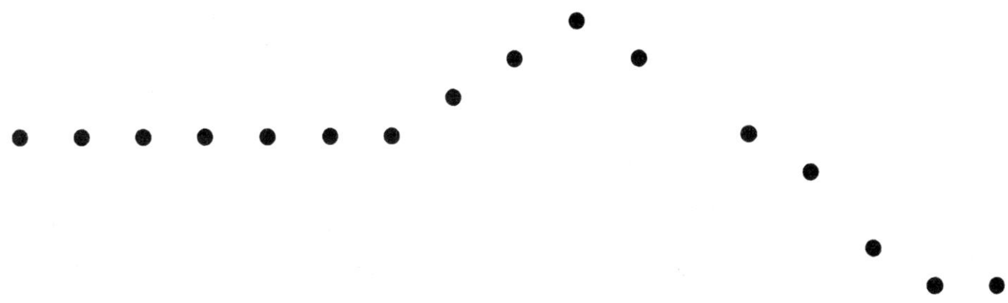

2. 歌唱《醉酒的水手》的第四乐句并展现其旋律轮廓。

3. 用节奏音节唱出《醉酒的水手》的第四个乐句，并展现其旋律轮廓。

阶段二：开发听觉意识

用重点歌曲《醉酒的水手》评定动觉意识的学习。在问每个问题前，边唱边保持节拍。

教师："安迪，我们在第四乐句中共打了几拍？"

学生："八拍。"

确认最低音和最高音。

教师："安迪，用'loo'唱出乐句中的最低音。"

学生："*la*,"。

教师："安迪，你听到的乐句最低音在哪个拍子上？"

学生："在第七拍和第八拍上"。

教师："安迪，告诉我最后两拍的唱名音节是什么？"

学生："*la*,"。

教师："安迪，唱出这个乐句的最高音。"

学生："*la*"。

教师："安迪，最高音在哪个拍上？"

学生："在第四拍的后半拍上。"

教师："安迪，告诉我那个音的唱名音节是什么。"

学生："*la*"。

确认指定乐句的前四拍的唱名音节。

教师："安迪，乐句开始的音是哪个唱名音节？"

学生："*mi*。"

教师："安迪，如果第一个音高是 *mi*，那么在开始的乐句中我们共唱了几次这个音？"

学生："七次。"

教师用"loo"歌唱前四拍。

教师："安迪，描述这些音的走向。"

学生："是上行级进的走向。"（学生们很可能描述这些音是 *mi – fa – so – la*）

教师歌唱 *mi – fa – so – la*，然后再哼唱 *mi – fi – so – la*，让学生描述其不同。教师要求学生命名从 *mi* 到 *la* 上行级进的音。学生意识到第二个音比教师刚才唱的 *fa* 音要高。学生们应该可以描述出乐句起始于 *mi* 但第二个音高不是 *fa*，而是比 *mi* 高一个全音的音。

阶段三：开发视觉意识

让班上学生表演几个动觉和听觉活动来评定动觉意识和听觉意识的学习。

1. 教师哼唱这个特定乐句，要求学生创造一个这个特定乐句的视觉呈现。学生们可以使用辅助工具。

教师："拿取你需要的重新创作你听到的"或者"画出你听到的"。教师评估学生们的理解程度。

2. 学生们与其他人分享他们的呈现。

3. 教师邀请一个学生到台前与全班分享他的呈现。如果需要的话，可以依照回顾听觉意识的问题纠正他们在呈现中的错误。

4. 学生们用中性音节来歌唱《醉酒的水手》的第四个乐句，并指示出他们的呈现。

5. 用节奏音节歌唱《醉酒的水手》的第四个乐句。

结合阶段：呈现

通过《醉酒的水手》的第一句来评定动觉、听觉和视觉意识的学习。

阶段一：为声音做标示

1. 教师和学生们一起从低到高歌唱多利安调式的八个音。

2. 教师命名新音节"*fi*"在音阶中的位置，并展示手势语。

图 8.93 *fi* 的手势语

3. 教师具体命名多利安调式的音阶顺序。

4. 教师从低到高歌唱多利安调式，并在下行时（从高到低）用唱名音节和手势语唱回。学生回应唱。

5. 起码让八个学生用手势语和唱名音节歌唱多利安调式。

阶段二：学习记谱法

呈现多利安调式的音型。多利安调式听起来是一个小调调式。用唱名音节歌唱多利安调式有两种方法。多利安调式可以在不改变唱名音节的情况下从 *re* 到 *re'* 地歌唱。因为多利安调式的前三个音包含一个大二度和一个小二度。如果我们把升高六级音，多利安调式也可以在 *la* 上开始，并在 *la* 上结束。

谱 8.119　多利安调式

消化阶段：练习

阶段一：最初的练习

多利安调式的音与音之间的音程关系

注意：*la*，－*ti*、、*do－re*、*re－mi*、*mi－fi*、*so－la* 之间都是全音，而 *ti*，－*do* 和 *fi－so* 之间是半音。我们可以称全音为大二度（M2），半音为小二度（m2）。

阶段二：练习

识读

用唱名音节在节奏谱和五线谱上识读《醉酒的水手》。让学生同时学习在 *re* 为主音的多利安调式上识读这首歌曲。

写作

用唱名音节在节奏谱和五线谱上写作《醉酒的水手》。

即兴创作

教师或一个学生用特定的节奏歌唱一个下行的多利安音阶。让另一个学生用相同或不同的节奏即兴创作一个上行的多利安音阶。学生们为多利安调式的民歌创作一个不同的结尾。

听力

巴托克:《小宇宙》第1册第31首、第2册第65首 （*Mikrokosmos* Vol. 1，No. 31 和 Vol. 2，No. 65）

巴托克:《第二圆舞曲》，选自《献给孩子们》第1册第31首 （"Round Dance II" from *For Children* Vol. 1，No. 31）

ta（降 *ti*，混合利底亚调式）的教学策略

表8.41　*ta*（降 *ti*，混合利底亚调式）的教学策略

元素	概念	音节	理论	重点歌曲	补充歌曲
ta（降 *ti*）	混合利底亚调式	*ta*	混合利底亚音阶结构	《老乔·克拉克》	

认知阶段：准备

阶段一：开发动觉意识

1. 歌唱《老乔·克拉克》的最后一句并指出在黑板上的旋律轮廓的呈现。

图8.94　《老乔·克拉克》最后一句的旋律轮廓

2. 歌唱《老乔·克拉克》的最后一个乐句，拍打出旋律轮廓。
3. 用节奏音节唱出最后一个乐句，同时呈现旋律轮廓。

阶段二：开发听觉意识

用重点歌曲《老乔·克拉克》回顾动觉意识的学习。在提问每个问题前歌唱并保持节拍。

教师："安迪，最后一个乐句有几拍？"

学生："八拍。"

教师："安迪，旋律轮廓的总体走向是什么？"

学生："先上后下。"

确认指定乐句的结束音和起始音。

教师："安迪，唱出这个乐句的最低音。"（学生用"loo"唱出 *do*。）

教师："安迪，乐句的起始音是什么？"

学生："*so*"。

确认前三个音高的唱名音节。

教师："安迪，如果起始音是 *so*，那下一个音是什么？"

学生："*la*"。

教师："安迪，如果下一个音高是 *la*，那么再下一个音是什么？"（学生很可能将回答 *ti*。）

教师用"真正的 *ti*"来唱出最后一个乐句的开头（*so* − *la* − *ti* 而不是 *so* − *la* − *ta*）。

教师："安迪，乐句是这个走向吗？"

学生："不是。"

教师："第三个音比 *ti* 高还是低呢？"

学生："比 ti 低。"

教师用 *so* − *la* − *ta*（哼唱）歌唱前三个音。学生应该能够辨认并描述出乐句的第三个音高比 *la* 高一个半音而不是一个全音。

阶段三：开发视觉意识

让班上学生表演几个动觉和听觉活动来评定动觉意识和听觉意识的学习。

1. 教师哼唱这个特定乐句，要求学生创造一个这个特定乐句的视觉呈现。学生们可以使用辅助工具。

教师："拿取你需要的重新创作你听到的。"或者"画出你听到的。"教师评估学生们的理解程度。

2. 学生们与其他人分享他们的呈现。

3. 教师邀请一个学生到台前与全班分享他的呈现。如果需要的话，可以依照回顾听觉意识的问题纠正他们在呈现中的错误。

4. 学生们用中性音节歌唱《老乔·克拉克》的最后一个乐句，并指示出他们的呈现。

5. 学生们用节奏音节歌唱《老乔·克拉克》的最后一个乐句。

结合阶段：呈现

用重点歌曲《老乔·克拉克》的最后一个乐句评定动觉、听觉和视觉意识的学习。

阶段一：为声音做标示

1. 教师与学生歌唱混合利底亚调式（*do – re – mi – fa – so – la – ta – do'*）并展现 *ta* 的手势语。

图 8.95 *ta* 的手势语

2. 教师将之命名为"混合利底亚调式"，并从起始音 *do* 开始唱起，将 *ti* 变成 *ta*。

3. 教师："在 *la* 和 *ti* 之间的这个音，我们称之为 *ta*。"

4. 教师从低到高歌唱混合利底亚调式，学生以唱名音节及手势语回应歌唱。

阶段二：学习记谱法

1. 在 G 调上用唱名音节和手势语歌唱呈现在五线谱上的音阶。

2. 教师在黑板上画出音级阶梯，让学生在阶梯上写出唱名音节。

3. 教师叫学生在黑板上，用符干记谱法写作并在乐谱下方标出唱名音节。

谱 8.120 C 混合利底亚音阶

我们可以用两个调性识读混合利底亚音阶。

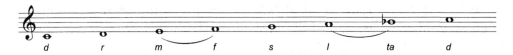

416

或者

混合利第亚调式中的音程关系

注意：*ta – do'* 之间的音程是一个全音。*mi – fa* 和 *la – ta* 之间的半音关系仍然维持不变。我们把全音关系称为大二度（M2），而把半音关系称之为小二度（m2）。

消化阶段：练习

阶段一：最初的练习

回顾《老乔·克拉克》中混合利第亚调式音阶的听觉和视觉呈现。

阶段二：练习

识读

用唱名音节在节奏谱和五线谱上识读《老乔·克拉克》。同时让学生在 *so* 为主音的混合利底亚调式上识读这首歌曲。

写作

用唱名音节在节奏谱和五线谱上写作《老乔·克拉克》。

即兴创作

教师或一个学生可以用特定的节奏歌唱一个下行的混合利底亚调式音阶。让另一个学生用相同或不同的节奏即兴创作一个上行的混合利底亚调式音阶。学生们为混合利底亚调式的民歌创作一个不同的结尾。

听力

《老乔·克拉克》（"Old Joe Clark" from the aibum *Bluegrass Mandolin Extravaganza*）

巴托克：《小宇宙》第2册第40首和第48首（*Mikrokosmos* Vol. 2，Nos. 40 and 48）

五年级的重点歌曲

高音 *ti*（大调音阶）的重点歌曲

谱8.121 《哈利路亚》

一个八分音符后紧跟着一个附点四分音符的重点歌曲

谱8.122 《夏洛特镇》

自然小调音阶的重点歌曲

谱8.123 大调的《哈利路亚》

谱8.124 小调的《哈利路亚》

si（升 *so*，和声小调）的重点歌曲

谱8.125 《哦，可怜的鸟》

复合拍号（$\frac{6}{8}$ 拍子）的重点歌曲

谱8.126 《划船》

fi（升fa，多利安调式）的重点歌曲

谱 8.127 《醉酒的水手》

What shall we do with the drunk-en sai-lor, What shall we do with a drunk-en sai-lor

What shall we do with a drunk-en sai-lor, Ear-ly in the morn-ing.

Way hey up she ri-ses, Way hey up she ri-ses,

Way hey up she ri-ses, Ear-ly in the morn-ing.

ta（降ti，混合利底亚调式）的重点歌曲

谱 8.128 《老乔·克拉克》

Round and round, Old Joe Clark, Round and round, I say

Round and round, old Joe Clark, I ain't got long to stay.

Old Joe Clark, he had a house, Six-teen sto-ries high.

Ev-'ry sto-ry in that house was full of chick-en pie.

·讨论问题

1. 我们如何为第六章中以每个元素为基础呈现的学习模式建立一个教学策略？

2. 教学策略促进了听写技能和视唱技能。讨论之。

3. 讨论在开发认知技能时提问的重要性。

4. 使用教学策略时，探论不断积累的评估时机。

5. 教学策略的履行如何促进课堂上的独立学习？

6. 这章呈现的教学策略，可能对教师来说过于繁琐。若将讯息以更理论化的方式呈现，再使用这些讯息练习音乐技能中的识读和写作会更有效。讨论之。

　·持续进行的作业

1. 为你的教学组合研发一个以本章提供的模式为基础的教学策略。展示你如何将创意注入教学策略中。

章参考书目

Lois Choksy. *The Kodály Method Comprehensive Music Education*. 3rd ed. （Upper Saddle River, New Jersey：Prentice Hall, 1999）.

Micheal Houlahan and Philip Tacka. *Sound Thinking Developing Musical Literacy* Vols. 1 and 2 （New York：Boosey & Hawkes, 1995）.

Ann Eisen and Lamar Robertson. *An American Methodology*. （Lake Charles Louisiana：Sneaky Snake Publications, 1997）.

第九章　课程计划的安排

每一堂课都应该在结束的时候，让孩子感受到他的能力加强了，而不是感到疲惫；而且他应该非常期盼下一堂课。①

关键问题

· 一个音乐教育思想是如何影响具体的音乐课程的？

· 课程计划的主要组成部分有哪些？

· 音乐课程计划、课程目标、月计划以及教学策略之间的关系是什么？

· 课程计划和认知阶段的教学之间的联系是什么？

· 课程计划和结合阶段的教学之间的联系是什么？

· 课程计划和消化阶段的教学之间的联系是什么？

· 我们如何能够很音乐化地衔接一个课程里的不同部分？

· 我们如何评估一份课程计划？

· 教授一种特定的音乐概念或音乐元素需要几节课？

· 为什么我们认为教授音乐概念比教授特定的音乐元素更加重要？

· 有没有哪些活动或步骤可以在每节课上使用？

· 什么可以构成每节音乐课中新的学习内容？

· 哪些活动可以被用来练习已知的音乐概念和音乐元素？

· 如何能够让练习活动千变万化、变得有趣，而不仅仅是不断重复的枯燥训练？

· 我们如何用儿童感知音乐的方式定义音乐元素？

· 音乐教师如何才能懂得年轻学生的思维？

· 音乐教师如何引导学生有感知地了解声音？

· 年轻学生最普遍的学习和理解模式是什么？

· 学生用来理解特定的音乐概念所需要的学习模式是什么？

---

① Zoltán Kodály "Preface to the Volume 'Musical Reading and Writing by Erzsébet Sz？nyi" *The Selected Writings*. 204.

在本书的后半部分，我们以儿童游戏及童谣呈现了教授音乐基础的模式，以及教授特别元素的各种各样的策略。在每章的结尾，我们也提供了不同课程所需的课程计划结构的样本以供使用。本章的目的，是回顾不同类型的课程计划，以及如何将它们（课程计划）与各年级需要达到的课程目标联系起来。

简　介

很多教师认为柯达伊概念就是一些技术，像手势、节奏音节以及使用可移动的"*do*"。然而这些，仅仅只是用于开始和强化音乐辨识能力的工具。柯达伊概念不仅是一种方法，更是一种哲学思想。

柯达伊很及时地提醒我们，在教学过程中要努力把重点放在音乐而不是过程上："艺术的精华并不是技术，而是灵魂。只要灵魂能够自由地交流，没有障碍了，完整的音乐效果就达到了。学校中的一个好老师，一旦能够让孩子的灵魂自由发挥，那么孩子们就能很容易地掌握音乐中的技术。"

本章最主要的目的是为了给教师提供发展和执行课程计划的技巧。同时我们也关心孩子"思维"认知的发展，并引导他们通过表演、批判性思维、音乐作品、聆听、作曲以及即兴创作更深入地理解和欣赏音乐。

课程计划的组成：概述

课程目标

教师应当制定教学的行动目标。行动目标直接与学生在课程上的表现活动相联系。目标应当被特别地指明，且每个目标都需要一个重点，每个目标还应当涉及一首特定的歌曲或是一首歌曲中的一个乐句。在一系列音乐课程中，要包括歌唱、动作、乐器演奏、指挥、通过音乐读写来发展批判性思维能力、聆听以及即兴创作/作曲等表演的目标。

下面就是一些主要的目标范例，教师可以在制定课程计划时修改、变更。切记，这些目标制定得越具体，教师就越容易让学生参与到整个教学过程中并发展他们的认知技能。

学生将会：

·在拍打节拍或默打节拍的同时运用准确音准及美丽音色歌唱，这可以帮助学生集中注意力学习新的元素。

· 在准备过程和呈现过程中，从听觉上辨在哪个拍子上出现了新的节奏或旋律元素。

· 制作一个有新元素的指定乐句的视觉呈现。

· 用符干谱或五线谱写出不熟悉的歌曲旋律动机。

· 通过聆听歌曲的旋律模式辨认一首已知歌曲。

· 演唱选出的歌曲并示意出强拍和弱拍。

· 演唱选出的歌曲并用手拍出节奏。

· 通过聆听歌曲的节奏辨认一首已知歌曲。

· 使用节奏音节演唱选出的歌曲。

· 通过符干谱和五线谱识读已知歌曲。

· 通过符干谱和五线谱识读新的歌曲。

· 用节奏音节识读已知歌曲。

· 用节奏音节识读新的、不熟悉的歌曲。

· 用符干谱和五线谱写下已知歌曲的节奏动机。

· 用新的音乐元素即兴创作音乐。

把课程计划和行动目标、课程目标、月计划以及教学策略联系起来

我们建议最少使用五节课来有意识地准备及教授每个音乐元素。每类课程的行动目标，都是从第八章列出的教学策略所给出的建议中衍生出来的。尽管在三个阶段的学习过程中，课程各有不同，但所有的准备课程在结构上都大体相同。呈现课程和练习课程也同理可证。本章提供了可供选择并针对每个元素的五堂课程的教学活动。这些课程包括：

表9.1　每个元素的五堂课的教学

学习阶段	课程计划
学习的认知阶段	动觉意识的准备课程
	听觉意识的准备课程
	视觉意识的准备课程
学习的结合阶段	呈现课程
学习的消化阶段	练习课程

当然附加的针对新元素的练习也可以在下一个准备/练习课程中实行。

424

关于教授和学习认知阶段的课程计划

认知阶段的教学目标，是让学生做好准备以在歌曲素材中学习的认知模式。与此同时，教师应当同步发展学生的语音发声和音乐修养技能。认知阶段的教学过程强调了以下三种学习模式：

· 发展动觉意识
· 发展听觉意识
· 发展视觉意识

认知阶段的教学不能操之过急；投入足够的时间能够帮助学生避免出现一知半解的情况。

准备/练习的课程

在准备/练习的课程中，我们将发展歌唱的技能、演奏乐器的技能、教授新的曲目以及发展动作的技能。准备/练习课程的首要目标，是准备教授一个新的概念和练习已知的音乐元素。每节准备的课程中，都有一段结构性（准备）的教学和一段强化性（练习）的教学。这一准备课程的双重结构，给了学生消化动觉、听觉和视觉上有关新概念的理解时间，同时提供机会，用所学过的音乐元素，发展他们的音乐技能。在第七章中我们定义了三种主要的技能领域：阅读、写作和即兴创作，并且展示了它们是如何与其他音乐技巧相联系的。这三种技能成为准备/练习课程中练习部分的重点。

有三种类型的准备/练习课程：

1. 教授一个新的旋律或者节奏的概念，并专注于练习已知的旋律元素或节奏元素的开发动觉意识的识读课程计划。

2. 教授一个新的旋律或者节奏的概念，并专注于练习已知的旋律元素或节奏元素的开发听觉意识的写作课程计划。

3. 教授一个新的旋律或者节奏的概念，并专注于练习已知的旋律元素或节奏元素的开发视觉意识的即兴创作和作曲课程计划。

通过识读教授一个新的旋律或者节奏的概念，并专注于练习已知的旋律元素或节奏元素的开发动觉意识的课程计划

在开发动觉意识的准备/练习课程中，教师应该带领学生们使用正确的风格方式，复习一些包含各种模式的新元素的歌曲。同时，教师应该示范一个动觉意识的动作使学生们的注意力集中在新的元素上。这样的学习给学生们足够的时间来懂得和回应音乐的结构。诸如拍手、踏脚或指出黑板上的呈现等动作强化了学生们对音乐元素的理解。在活动开始时，教师应该引导学生，直至学生们可以独立的演唱和表演。

在这个课程的练习部分，教师应当通过一系列的阅读活动，强化并深入发展学生对音乐元素的理解。课程的练习部分还应该包括评估活动，以帮助教师找出那些需要特别帮助的学生。

通过识读教授一个新的旋律或者节奏的概念，并专注于练习已知的旋律元素或节奏元素的开发动觉意识的课程目标样本

以下是开发动觉意识的准备/练习课程的目标样本。所有这些目标都需要结合特定的歌曲和乐句做适当的修改。

课程目标

1. 演唱（奏）已知的音乐概念和元素：

① 学生通过课程引子部分的演唱、乐器演奏、动作和指挥复习已知曲目。

② 学生通过课程引子部分的演唱复习已知的节奏和旋律元素及音乐技巧。例如：如果教师准备教授一个节奏元素，那么课程引子部分中的所有节奏元素都要复习。

2. 曲目的获取：学习一首新歌和/或一个游戏来准备学习下一个元素。学生们要学习一首新歌的歌词并辨认曲式。

3. 演唱和准备新的元素：新的节奏概念或旋律概念的动觉意识学习的准备。学生们通过以下途径展示他们对于新节奏或新旋律的动觉意识概念的理解：

·演唱并拍打节拍；

·演唱并拍出节奏；

·演唱并指出新节奏或新旋律概念在指定乐句中的呈现；

·演唱并同时拍打节拍和节奏，或者对于旋律概念的表现来说，在唱出节奏音节的同时指出旋律的轮廓。

4. 动作开发：学生们将会在演唱……的同时练习……的动作技巧。

5. 表演和发展音乐技巧：已知元素的练习。学生们练习识读以前学过的节奏或旋律元素。

6. 聆听：教师应该通过演唱或演奏一首歌曲为学生们提供一个聆听的练习。

表9.2 动觉意识的学习课程计划的框架

重点	活动、程序和评估
介绍 已知音乐概念和元素的表演和示范	通过美妙歌唱、发声热身练习以及呼吸练习开发歌唱技能。 复习已知的节奏或旋律元素。
核心活动 曲目的获取 新元素的表演和准备	教师向学生提供一系列探索学习活动，这些活动将会通过已知歌曲开发学生们关于一拍上四个音（十六分音符）的知识信息。 发展动觉意识： ① 演唱《木瓜地》并拍打节拍。 ② 演唱并拍出节奏。 ③ 演唱并指示出乐句一的呈现。 — — — — — — — — — — ④ 演唱《木瓜地》，用脚踩出拍子并用手拍出节奏。
动作开发 音乐技巧的表演和发展	学生们用符干谱和五线谱识读《霜冻天》。
结束语 回顾与总结	

通过写作教授一个新的旋律或者节奏的概念，并专注于练习已知的旋律元素或节奏元素的开发听觉意识的课程计划

在听觉意识的准备阶段，学生们从听觉上建构对新的音乐概念的理解。学生们从听觉上辨认并描述新的音乐概念，并将它与以前熟悉的概念相区别。听觉意识上的准备有赖于学生们从之前的动觉课程中获得的知识信息。需要提出一些问题让学生们的注意力集中于歌曲的乐句结构，并慢慢向描述新的音乐概念的乐句转换。

听觉上的准备课程中的主要练习活动是写作。课程的练习部分还应该包括评估活动，以帮助教师找出在学习某种特别概念的时候需要额外帮助的学生。

427

通过写作教授一个新的旋律或者节奏的概念，并专注于练习已知的旋律元素或节奏元素的开发听觉意识的课程目标样本

以下是开发听觉意识的准备/练习的课程目标样本。所有这些目标都需要结合特定的歌曲和乐句做适当的修改。

课程目标

1. 演唱（奏）已知的音乐概念和元素：

① 学生通过课程引子部分的演唱、乐器演奏、动作和指挥复习已知曲目。

② 学生通过课程引子部分中的演唱复习已知的节奏和旋律元素及音乐技巧。例如：如果教师准备教授一个节奏元素，那么课程引子部分中的所有节奏元素都要复习。

2. 曲目的获取：学习一首新歌和/或一个游戏来准备学习下一个元素。学生们要学习一首新歌的歌词并辨认曲式。

3. 演唱和准备新的元素：新的节奏概念或旋律概念的听觉意识学习的准备：

· 单独演唱并拍打节拍。

· 单独演唱并拍出节奏。

· 单独演唱并指出新节奏或新旋律概念在指定乐句中的呈现。

· 单独演唱并同时拍打节拍和节奏，或者对于旋律概念的表现来说，在唱出节奏音节的同时指出旋律的轮廓。

· 用语言描述新概念的特征。

4. 动作开发：学生们将会在演唱……的同时练习……的动作技巧。

5. 表演和发展音乐技巧：已知元素的练习。学生们用符干谱和五线谱练习写作已知的节奏或旋律元素。

6. 聆听：教师应该通过演唱或演奏一首歌曲为学生们提供一个聆听的练习。

表9.3　听觉意识的学习课程计划的框架

重点	活动、程序和评估
介绍 已知音乐概念和元素的表演和示范	通过美妙歌唱、发声热身练习以及呼吸练习开发歌唱技能。 复习已知的节奏或旋律元素。

（续表9.3）

重点	活动、程序和评估
核心活动 曲目的获取 新元素的表演和准备 动作开发 音乐技巧的表演和发展	听觉意识阶段： 已知歌曲：《木瓜地》 ① 回顾动觉意识的学习。 ② 教师和学生演唱乐句一并拍打节拍。 ③ 教师："安迪，我们打了几拍?"（四拍） ④ 教师："安迪，哪一拍上的音最多?"（第三拍） ⑤ 教师："第三拍有几个音?"（四个音） ⑥ 教师："如果第三拍有四个音，那么其它拍上有几个音?"（两个音） 学生通过记忆并用符干谱和唱名音节书写《新泽西的大房子》的最后乐句。
结束语 回顾与总结	

通过即兴创作和作曲教授一个新的旋律或者节奏的概念，并专注于练习已知的旋律元素或节奏元素的开发视觉意识的课程计划

在视觉阶段，需要要求学生们使用新的概念创造一个视觉呈现；这一呈现应该基于之前在动觉和听觉阶段学习到的信息以及直觉。在这一方式的引导下去感知概念上的信息及最终对音乐的理解。通过听觉阶段与视觉阶段的教学的联系，学生们可以把他们听到的音乐同如何表述听到的音乐联系起来。即兴创作/作曲是视觉课程中主要的练习活动。课程的练习部分还应该包括评估活动，以帮助教师找出在学习某种特殊概念时需要额外帮助的学生。

通过即兴创作和作曲教授一个新的旋律或者节奏的概念，并专注于练习已知的旋律元素或节奏元素的开发视觉意识的课程目标样本

以下是视觉意识准备/练习的课程目标的样本。所有这些目标都需要结合特定的歌曲和乐句做适当的修改。

课程目标

1. 已知音乐元素的表演与示范：
① 学生通过课程引子部分的演唱、乐器演奏、动作和指挥复习已知曲目。
② 学生通过课程引子部分中的演唱复习已知的节奏和旋律元素及音乐技巧。

2. 曲目的获取：学习一首新歌和/或一个游戏来准备学习下一个元素。学生们要学习一首新歌的歌词并辨认曲式。

3. 演唱和准备：新的节奏概念或旋律概念的视觉意识学习的准备：

·单独演唱并拍打节拍。

·单独演唱并拍出节奏。

·单独演唱并指出新节奏或新旋律概念在指定乐句中的呈现。

·单独演唱并同时拍打节拍和节奏，或者，对于旋律概念的表现来说，在唱出节奏音节的同时指出旋律的轮廓。

·用语言描述新概念的特征。

·为指定乐句创造一个视觉呈现。

4. 动作开发：学生们将会在演唱……的同时练习……的动作技巧。

5. 表演和发展音乐技巧：已知元素的练习。学生们通过即兴创作和作曲练习以知的节奏或旋律元素。

6. 聆听：教师应该通过演唱或演奏一首歌曲为学生们提供一个聆听的练习。

表9.4 视觉意识的学习课程计划的框架

重点	活动、程序和评估
介绍 已知音乐概念和元素的表演和示范	通过美妙歌唱、发声热身练习以及呼吸练习开发歌唱技能。 复习已知的节奏或旋律元素。
核心活动 曲目的获取 新元素的表演和准备	① 用歌曲《木瓜地》回顾动觉意识活动和听觉意识活动。 ② 让学生基于听觉意识创造一个视觉意识。学生需要确认一个乐句中有多少个节拍及每个节拍中有几个音。可以使用道具（如磁铁、积木等）。 ③ 学生演唱并指出他们的呈现。 ④ 教师可以询问一些关于他们的呈现的问题。 ⑤ "辨认出任何你们认得出的节奏或旋律元素。"
动作开发 音乐技巧的表演和发展	让学生们用 re 给歌曲《霜冻天》创作一个新的结尾。
结束语	

结合阶段教学的课程计划

在结合阶段将有两堂呈现的课程。第一个呈现课程的目标是给新的音符标注节奏或唱名音节。第二个呈现课程的目标是呈现新元素的记谱法。以下是第一个呈现课程计划目标的样本。所有这些目标都需要结合特定的歌曲和乐句做适当的修改。

呈现课程计划一的课程目标

1. 已知音乐元素的表演与示范：

① 学生通过课程引子部分的演唱、乐器演奏、动作和指挥复习已知曲目。

② 学生通过课程引子部分的演唱复习已知节奏和旋律元素及音乐技巧。

2. 曲目的获取：学习一首新歌和/或一个游戏来准备学习下一个元素。学生们要学习一首新歌的歌词并辨认曲式。

3. 新的音乐概念的节奏或旋律音节的表演和呈现：

① 通过……评估学生对于新的动觉性元素的理解。

② 复习在……歌曲的……乐句中的新元素的听觉意识学习。

③ 创造一个指定乐句中的新音乐元素的视觉呈现：

a. 教师将从听觉上呈现唱名/节奏音节（以手势语展示歌曲中的指定音型）并让学生们用唱名/节奏音节和手势语歌唱这个指定乐句。至少和八个学生单独演示这一活动。

b. 教师从听觉上呈现唱名/节奏音节（以手势语展示重点歌曲中的相关音型）并让学生们用唱名/节奏音节和手势语歌唱这个指定乐句。至少和八个学生单独演示这一活动。

4. 动作开发：学生们在演奏……的同时练习……的动作技巧。

5. 聆听：教师通过演唱或演奏一首歌曲为学生们提供一个聆听的练习。

表9.5　呈现课程计划一的框架

重点	活动、程序和评估
介绍 已知音乐概念和元素的表演和示范	通过美妙歌唱、发声热身练习以及呼吸练习开发歌唱技能。

重点	活动、程序和评估
核心活动 曲目获取 指定乐句中的新元素的表演和呈现	阶段一：听觉呈现 ① 教师：当我们听到一拍中有四个音的时候我们可以叫它"*ta – ka – di – mi*"。 ② 教师和学生一起用节奏音节唱整首歌并打出节奏。 ③ 每个学生都用节奏音节演唱指定乐句。
动作开发 相关音型中新元素的表演和呈现	将《大房子》的节奏转变成《黛娜》的节奏。 学生们用唱名和手势语演唱。 学生们用五线谱识读《黛娜》。
结束语	

以下是第二个呈现课程计划目标的样本。所有这些目标都需要结合特定的歌曲和乐句做适当的修改。

呈现课程计划二的课程目标

1. 已知音乐元素的表演与示范：

① 学生通过课程引子部分的演唱、乐器演奏、动作和指挥复习已知曲目。

② 学生通过课程引子部分的演唱复习已知节奏和旋律元素及音乐技巧。

2. 曲目的获取：学习一首新歌和/或一个游戏来准备学习下一个元素。学生们要学习一首新歌的歌词并辨认曲式。

3. 新的音乐概念的节奏或旋律音节的表演和呈现：

① 教师从听觉上呈现唱名/节奏音节（以手势语展示歌曲中的指定音型）并让学生们用唱名/节奏音节和手势语歌唱这个指定乐句。至少和八个学生单独演示这一活动。

② 教师通过使用音级阶梯、符干谱和五线谱呈现节奏或旋律的记谱法。

4. 动作开发：学生们在演奏……的同时练习……的动作技巧。

5. 聆听：教师通过演唱或演奏一首歌曲为学生们提供一个聆听的练习。

表9.6　呈现课程计划二的框架

重点	活动、程序和评估
介绍 已知音乐概念和元素的表演和示范	通过美妙歌唱、发声热身练习以及呼吸练习开发歌唱技能。
核心活动 曲目获取 指定乐句中的新元素记谱法的表演和呈现	回顾听觉呈现 阶段二：视觉呈现 ① 我们可以用四个十六分音符来呈现一拍中的四个音。一个十六分音符包括一个音头、一个符干和两个符尾。四个十六分音符由两个横的符干相连。 ②《木瓜地》的第一乐句看起来就像这样： ③ 我们可以用节奏音节识读这个节奏型。 ④ 教师用节奏音节演唱的同时指出这首歌的心形节拍；学生们跟着老师用节奏音节演唱并指出心形节拍。 ⑤ 符干记谱法是一种书写节奏的简单方法。符干谱是一种传统的记谱法，在四分音符和八分音符等音符上省略音头。《木瓜地》的第一乐句的符干谱看起来是这样的：
动作开发 相关音型中新元素记谱法的表演和呈现	将《大房子》的节奏转变成《黛娜》的节奏。 学生们用唱名和手势语演唱。 学生们用五线谱识读《黛娜》。
结束语	

消化阶段的课程计划

在最初的练习课程中，呈现阶段的歌曲曲目和模式可以被重新使用来强化新的音乐概念和元素的学习。这些歌曲可以被整首地用来做强化练习，但是还是应当先使用那些包含新元素的乐句。应当给学生们很多从听觉上判断已知音乐材料中新的音乐元素的练习。

新节奏或新旋律概念的最初练习课程目标

以下是最初练习课程计划目标的样本。所有这些目标都需要结合特定的歌曲和乐句做适当的修改。

最初练习课程目标

1. 已知素材的表演

① 学生通过课程引子部分的演唱、乐器演奏、动作和指挥复习已知曲目。

② 学生通过课程引子部分的演唱复习已知节奏和旋律元素及音乐技巧。

2. 曲目的获取：学习一首新歌和/或一个游戏来准备学习下一个元素。学生们要学习一首新歌的歌词并辨认曲式。

3. 新的音乐元素的演奏和复习：

① 教师复习新的音乐元素的听觉呈现。

② 教师复习新的音乐元素的视觉呈现。

③ 教师呈现新元素的记谱法。

4. 动作开发：学生们在演奏……的同时练习……动作的技巧。

5. 新元素的表演和练习：

① 学生们在听觉和视觉上辨识已知歌曲四拍或八拍构造中的元素。

② 教师呈现这些模式的记谱法。

6. 聆听：教师通过演唱或演奏一首歌曲为学生们提供一个聆听的练习。

简要回顾新的音乐元素的呈现，练习相关歌曲中与指定乐句相类似的乐句里的指定模式和替代模式中的新音乐元素。这可能包括一些不同音乐技巧领域中的新元素的练习。

表9.7　练习课程的框架

重点	活动、程序和评估
介绍	通过美妙歌唱、发声热身练习以及呼吸练习开发歌唱技能
核心活动 曲目获取 新元素呈现的表演和复习 动作开发 新元素的表演和练习	·用歌曲《木瓜地》复习节奏音节并辨认新元素。 ·复习传统记谱法。用节奏音节识读。 ·辨认另一首包括指定模式动机或者相关联模式的歌曲。复习以上听觉意识和视觉意识活动。 将指定模式转变成其他歌曲素材中的四拍模式。例如将《木瓜地》中的节奏转变为《坎伯兰峡口》的节奏，并在识读、写作、即兴创作/作曲和聆听等领域多加练习。
结束语	

通过过渡的方式，从课程的一个部分转向另一个部分

过渡就是一种连接，它把课程的各个不同部分的内容连接在一起。接下来就是一些在课程中会使用到的不同种类的过渡的例子。最好的过渡是有音乐性的过渡。如果你要过渡到课程中的一个节奏部分，那么就要把重心放在节奏上；如果你要过渡到一个旋律部分，那么就把重心放在旋律上。

故事脉络的连接

在早期儿童教育的课堂中可以使用故事脉络连接不同的课程。教师可以用这堂课所有要使用的歌曲素材构建一个故事；在课堂上要教授的每首歌曲都要编入这个故事脉络中。

使用特定的引导方式

1. 不使用任何语言引导学生。例如，学生们也许正在演唱一首已知民歌，教师则可以示意学生组成一个可以做游戏的圈，以方便他们做游戏。

2. 用学生正准备演唱的歌曲旋律引导学生。

下意识的节奏或旋律的连接

1. 演唱几首调性相同的歌曲。

2. 演唱几首拍号和速度相同的歌曲。

3. 演唱几首曲式相同的歌曲。

4. 演唱几首特征或情感相同的歌曲。

5. 在课堂上和学生一起指挥一首歌曲；当你唱下一首歌时，要求学生们继续指挥。

有意识的节奏的连接

1. 演唱几首拍号相同的歌曲。

2. 演唱几首特征或情感相同的歌曲。

3. 演唱几首速度相同的歌曲。

4. 演唱几首节奏动机相同的歌曲：像《独木舟》和《丽莎和简》。

5. 一首歌曲的节奏缩谱可以被用作另一首歌曲的伴奏。

6. 过去使用过的节奏动机可以成为另一首歌曲的固定低音伴奏。

7. 把一首歌曲的节奏转变成另一首歌曲的节奏。

8. 演唱几首曲式相同的歌曲。

有意识的旋律的连接

1. 演唱一些调性相同的歌曲。在这之前要通过指出音调阶梯和乐谱的间线作为准备。

2. 教师通过使用相同的旋律动机把两首歌连接在一起，例如：

①《汪汪汪》和《热十字包》使用相同的 $mi - re - do$ 动机。

②《悌蒂欧》和《大房子》使用相同的 $mi - so - so - la - mi - so - so$ 动机。

3. 教师可以利用民歌的结构缩谱练习不同的歌曲。创作一个结构性的缩谱，即取每个乐句的强拍上的音，省略其他经过音和重复音。比如《露西的钱袋》的结构缩谱和《跳得高，跳得低》的第一行是一样的。

4. 一首歌曲的结构缩谱可以和其他歌曲结合在一起比如《丽莎和简》同《乘马车》。

5. 把一首歌曲的旋律动机转变成另一首歌曲的动机。

6. 使用过去的旋律动机，使之成为另一首歌曲的固定旋律低音。

表9.8　展示课程不同部分的旋律连接的课程计划

重点	活动、程序和评估 重点是 $so - mi - la$ 三个音的课程计划的练习
介绍	通过美妙歌唱、发声热身练习以及呼吸练习开发歌唱技能 已知歌曲《落基山脉》 学生用《落基山脉》表演他们先前学到的知识 齐唱 用节奏音节演唱 用卡农演唱
核心活动 曲目的获取 新元素的表演和复习	用一种合适的呈现方式教唱《悌蒂欧》。 让学生重点注意第一乐句的旋律：$m - s - s - l - m - s - s$。 已知歌曲：《露西的钱袋》（和《悌蒂欧》是相同的调） 学生们从教师的 $la - so - mi$ 的手势语中辨认出《新泽西的大房子》。 用歌词演唱整首歌曲 在黑板上写出如下旋律： 　　　　　　　　　　*la* 　　*so*　*so*　　　　　*so*　*so* *mi*　　　　　　*mi*

动作开发	慢慢过渡到《蜗牛、蜗牛》的第二乐句： 通过把《大房子》中的第二个音 *mi* 改为 *la* 来改变旋律，并把这个句子倒着读。用这个过渡方式让学生辨认出这个旋律就是《蜗牛、蜗牛》中的旋律。 玩《蜗牛、蜗牛》的游戏，要求学生用唱名音节演唱。 教师哼出《蜗牛、蜗牛》的第二乐句，问学生这段旋律是否让他们想起了另外一首歌曲（《我们在森林中跳舞》）。 教师哼出《我们在森林中跳舞》，让学生辨认出这首歌曲，并用手势语和唱名音节演唱。教师用五线谱识读这首歌，并让学生即兴创作另外一个结尾。
新元素的表演和复习	
结束语	教师给学生们弹奏另外一首基于 $m-s-l$ 曲调的民歌（《小莎莉水》）。

评估一堂课程

1. 所有的学习都应该于演唱歌曲、演唱童谣以及玩游戏的乐趣。音乐课程的目标应该是演唱、演奏乐器、聆听并享受音乐。音乐概念和元素的学习应该加深学生对音乐的乐趣。

2. 每节课都应该包括识读和写作的学习。如果学生们能够识读和写作哪怕只是一首歌的小小动机，他们就会对这首歌曲有更深入的理解和欣赏。课堂上应该有更多练习不断强化音乐的元素和概念。

3. 一个好的课程计划应该能为以下问题提供清晰的答案：

① 这堂课有足够的音乐上的呈现吗？

② 课程的主要及次要目标分别是什么？

③ 如何达到课程的目标？

④ 课程中包含了几首歌曲和几个游戏？应该采取什么活动连接不同的音乐素材，以引导学生朝着理解课程目标的方向努力？有没有特别注重歌唱和音乐性的表现？课堂中是否运用了有针对性且多样化的歌曲？

⑤ 课程的目标都达到了吗？

⑥ 新的素材有没有好好准备，并在课堂上呈现？课堂上使用了什么样的练习？课程中准备的音乐练习是否能帮助学生达到目标？

⑦ 课程有逻辑次序和步调吗？

⑧ 课堂的气氛够热烈吗？

⑨ 课堂上有没有特定的阶段，用来给学生放松和集中精神？

⑩ 课上学习了什么样的音乐技巧？

⑪ 无论是集体活动还是独立表演，学生们有没有积极参与？

⑫ 课程计划为评估学生的进步提供了什么方法？

⑬ 课程是否给了学生们一个享受？

⑭ 课程是以歌唱开始并结束的吗？

教学评估

1. 我选择了最适合的曲目来教授新的元素吗？

2. 我选择了正确的音乐元素来教学吗？

3. 一首歌转向另一首歌的过渡用得适合吗？

4. 学生们具备了理解新元素的先决条件吗？

5. 我的教学目标明确吗？

6. 我的教学策略适用于每个特定目标的教学吗？我是否让学生复习了已经学过的东西并强化了新的信息？

7. 学生能够独立展示他们对新学习的理解吗？

8. 在学习一首歌的节奏和旋律元素时，我有没有为课程中音乐性的表现让学生多练习一次演出式的歌唱？

课程计划中的几点注意事项

1. 每节课的目标都应该来源于计划中列出的概念教学的大纲，但歌唱的音准应该是每节课的首要目标。

2. 每节课要选择最好的也是你最喜欢的音乐素材。在一节30分钟的课程中，你应该至少需要三至五首歌曲。将所有的歌曲素材背下来。在选择曲目单时要包括各种情绪和速度的歌曲。

3. 在课堂上要选择最恰当的时机与方法教授所有新的歌曲。

4. 当你使用一首适当的歌曲教授一个新元素时，是否运用了许多已知的模式配合这个新元素的教学？

5. 每节课的教学都要同时使用一个节奏元素和一个旋律元素。当你把一首歌中的其中一个模式或动机抽出来作为教学之后，一定要让全班把整首歌曲再唱一遍，以让每个学生都感受到表演这首歌曲的乐趣。

6. 你为准备、呈现和练习课程中的每个特定元素的教学都选对歌曲了吗？

7. 应该在课程的每个部分都有重心，这样才会张弛有度地达到教学效果。

8. 了解你的教学素材。从分析的角度、表演的角度以及教学法的角度研究每节课的素材。

9. 为每节课选择多样性的歌曲素材。

10. 一个活动也应该成为下一个活动的准备。

11. 课堂要包括集中精神和放松身心两个阶段。你的课堂气氛热烈吗？课堂中的教学节奏是很重要的。

12. 在课堂上为学生提供足够的个人感受的机会。无论集体活动还是个人表演都是非常重要的。

·讨论问题

1. 我们如何使用这个学习理论发展课程计划，以教授我们的学生？

2. 课程目标是如何与课程的每个部分联系起来的？

3. 讨论课堂中不同种类的过渡，为每种过渡提供一个具体的范例。

4. 教学应该是有趣的。这些课程计划的结构能让教师们高枕无忧吗？

·持续进行的作业

1. 为一年级选择一个概念来准备，并选择一个元素来练习。为每一类课程定出目标。包括你要使用的每首歌曲的名字。

2. 为三年级选择一个概念来准备，并选择一个元素来练习。为每一类课程定出目标。包括你要使用的每首歌曲的名字。

3. 回顾你设计的课程计划。试着指出你将如何顺畅地从一个活动引向另一个活动。

本章参考书目

Ruth Boshkoff, "Lesson Planning the Kodály Way," *Music Educators Journal* 79, no. 2 (October 1991), 30—34.

Lorna Zemke Sr, "How to Get Started with Lesson Planning," *Keeping Up with Kodály Concepts in Music Education* 1, no. 1 (November – December 1974), 3—8.

Thomas A. Regelski, "On 'methodolatry' and Music Teaching as 'critical' and Reflective Praxis," *Philosophy of Music Education Review* 10, no. 2 (2002), 102—124.

Zoltán Kodály, "Children's Choirs" in *The Selected Writings*, 121—122.

第十章　如何将音乐素养技能传授给
年长初学者

无论是谁如果认真学习了这100堂课都不会缺乏良好的音乐素养；也不必因为未在12岁前学完而感到失望；他们依然能赢得荣誉。即便是成年的音乐学习者通过学习这些课程也能够有新的发现，从而弥补自身专业领域的缺陷。①

关键问题

· 我们怎样为年长的初学者选择歌曲？

· 我们怎样对年长的初学者教授歌曲？

· 对于节奏和旋律元素的教学顺序，年长的初学者和一般初学者有何不同？

· 对年长初学者的教学，我们采用什么样的教学计划？

想要了解完整的对年长的初学者的基础音乐教学法请参阅胡拉汉和塔卡的另一部著作：《从声音到符号》（纽约牛津大学出版社，2008）。这本书包括了著作、教师手册、音乐谱例的CD录音以及可供网上练习的附加CD练习。

前几章我们已经描述了如何向学生提供音乐的教育，并让他们从一年级开始按照年级顺序完成小学的学习。老师偶尔会在教授二年级到五年级的从没被柯达伊理念的音乐教学影响过的学生时遇到一些麻烦。因为他们在歌唱的表演技能和音乐读写的知识上都有所欠缺。在教授年长的初学者时，音乐老师的目标是提供给学生一个较快速的学习计划，让他们能够赶上已经连续接受音乐教育的人。

在为年长的初学者制定教学目标的过程中，教师有可能在授课过程中不得不多次地修改教学目标。例如，一个从未接受过持续的音乐读写训练的四年级班级，

---

① Zoltán Kodály "Preface to the Volume 'Musical Reading and Writing by Erzsébet Szönyi" *The Selected Writings.* 204.

440

绝不可能像同年级的曾接受过持续的音乐读写训练的班级一样，能够听懂相同的科目。歌曲曲目的选择应该保持四年级应有的水平，但教学中的概念及音乐元素则需要包含像一拍上一个音或一拍上两个音和简易的旋律概念等在内的初级概念。因此音乐教师的第一步，就是评估班上学生的知识水平，并为班级制定教学计划。

为年长的初学者选择曲目

如何选择音乐素材是能否成功教授年长初学者的关键。曲目素材的选择目标有很多，包括开发学生的：

- 曲目知识
- 声乐技能
- 音乐读写技能
- 通过挑选歌唱游戏的动作技能
- 弹奏乐器的基本技能
- 创新技能
- 听力技能

曲目选择标准：

- 歌曲必须要有最高的音乐质量
- 歌曲必须有美学和音乐上的感染力
- 歌曲必须适合学生们的学习发展
- 歌曲选择必须反映出班级中不同文化的构成
- 歌曲必须为教授特定的音乐概念而挑选。

年长初学者的曲目

基于以上标准，我们可以给年长的初学者制定一份曲目表。曲目表应包含选择歌曲的解释、歌曲来源和游戏类型。这些元素的序列必须由曲目出现的频率决定。元素可从歌曲的乐句或动机中挑选。简单的民歌可以不唱歌词只教授节奏和旋律概念。

表10.1　年长初学者的曲目表

按字母排列的曲目	歌曲解释	歌曲来源	游戏类型

声乐的发声练习

发声法和哼唱是对开发优美的歌声非常有用的练习。学生们的发音应该高低轻重兼顾才能有广阔的音域。用"呜"音来演唱歌曲对音准的进步有特别好的作用。发声练习应是每节音乐课程的前奏。以下是练习例子：

表10.2　发声练习例子

打哈欠状	这样会使喉后部打开，放松声带。
似叹气轻唱	这是一种柔和的、使用比我们平时说话高一些的音调的方式。试着轻唱几次，每次比上一次高半音。用元音轻唱。
哼唱	这是柔且轻的发音方式。在歌唱前哼唱一首学生喜欢的歌曲也是给学生练习歌曲旋律的机会，使学生不至于为了记住歌词而分心。
音阶的下行模式	在歌唱前先用中性音节唱音阶的下行模式，可让音准更精确，也有助于头腔共鸣。
口哨滑音	学生模仿一些口哨上的滑音来帮助开发头腔共鸣。
电筒光柱	学生跟随投在墙上或黑板上的电筒光柱，并跟着光点的轮廓歌唱。
警报器或云霄飞车	学生模仿警报器和云霄飞车的声音。
问答歌曲	重复简单的旋律帮助学生培养音准。

对年长初学者的教学

歌曲教学的七个流程

1. 给同学们展示歌曲的乐谱。

2. 用头腔音给同学们展示唱，但不要过多使用颤音。

3. 再唱这首歌曲并让学生们跟着乐谱识读；让他们把注意力放在歌词和旋律轮廓上。

4. 提问关于歌词和特定音乐元素的问题。这会加强学生听力、分析能力和记忆力的发展。对于年长的初学者来说，听觉技能和分析技能也能同时得到发展。

5. 提问题必须要明确。提问之前先唱这首歌或其中的乐句。这让学生们在自己唱之前可以先听几遍，使他们对旋律轮廓和复杂的节奏能有很好的掌握。

6. 让学生们重复练习选择出来的乐句。这可以让他们的注意力集中在较困难的音程或节奏模式上。区别旋律和节奏的能力将在歌唱中得到培养和锻炼。

7. 督促年长的初学者尽可能集中注意力。老师歌唱时请学生们表演节奏或旋律的固定低音乐句。

开 始

一开始老师给学生们唱歌，学生们准备笔纸来标记每首歌曲乐句的分句及节拍；让老师可以在学生们单独歌唱之前多唱几次。老师在唱一首新歌时，学生应注意听并同时做出以下动作中的一种：（1）敲打拍子；（2）在空中划出乐句的走向；（3）按拍号指挥。老师可让同学在第一次听这首歌曲时划出乐句并标出节拍，这会使他们在听的时候非常专心。这些步骤要求学生们同时做两样事：听和写。

之后，尽快教授学生们乐句的概念及乐句分句、拍子、拍号和曲式。

歌唱的培养必须先于旋律元素的教学，因而节奏元素可以在纠正学生发声技巧的同时讲授。基本上来说，节奏元素的教学方法同教授年纪小的学生的方法非常类似。但旋律元素的教学却是不一样的。因为 *mi－re－do* 在年长学生的曲目中频繁出现，所以最先介绍给学生的应该是 *mi－re－do* 这个模式，而不是 *so－mi* 模式。在下面的节奏和旋律元素的教学系列中我们给大家建议了一些歌曲；通常，简单的歌曲使概念要点的学习更加容易。

课程范例

以下是适合年长初学者的节奏元素和旋律元素的教学顺序表。给年轻学生的教学策略（见第九章）也可以同样适用于年长初学者。很重要的一件事是，教师在教授年长初学者旋律概念或元素之前可能需要花很多时间去培养他们的歌唱技巧。

表 10.3 和节奏元素有关的概念

节奏/理论	相关概念	节奏音节	歌曲
节拍			《落基山脉》 《手拉锯》 《悌蒂欧》 《去海洋远航》
简单的二拍子、三拍子和四拍子			
曲式			
力度变化			
节奏			《悌蒂欧》 《大房子》
教学四分音符、八分音符以及休止符 ♩ ♫ 𝄽 𝄾	一个节拍上的一个或两个均匀的音	*ta, ta - di*	《你睡着了吗》 《落基山脉》 《大房子》 《丽莎和简》 《我曾到过哈林市》 《苏格兰在燃烧》 《在亚维农的桥上》 没有歌词的歌曲： 《蜗牛、蜗牛》 没有歌词的《露西的钱袋》
$\frac{2}{4}$ $\frac{3}{4}$ $\frac{4}{4}$	强拍和弱拍模式、小节线、小节数		$\frac{2}{4}$《落基山脉》 $\frac{3}{4}$《美丽的夜晚》 $\frac{4}{4}$《大房子》
二分音符和二分休止符 ♩ 𝄬	一个音持续两拍 两个没有音的拍子	*ta - a*	《谁在敲窗》 《你睡着了吗》 《嘿，没人在家》 《长腿水手》
全音符 ♩	一个音持续四拍		《我有封信》
符点二分音符 ♩.	一个音持续三拍		《美丽的夜晚》
用数字数拍子			
十六分音符 ♬♬	一个节拍上的四个均匀的音	*ta - ka - di - mi*	《黛娜》 《悌蒂欧》 《笑翠鸟》 《谁在敲窗》

（续表10.3）

节奏/理论	相关概念	节奏音节	歌曲
十六分音符组合：这个组合由一个八分音符加两个十六分音符或者两个十六分音符加一个八分音符组成 ♪♪♪♪	一拍上的三个音：第一个音比后两个音长，一个长音后紧跟着两个短音； 一拍上的三个不均匀的音：最后一个音比前两个音长，两个短音后紧跟随着一个长音。	*ta—di-mi* *ta-ka-di—*	《车曲》 《布谷鸟强尼》 《笑翠鸟》 《给我画一桶水》 《工作歌》 《吉米和乔茜》
隐性的弱起拍	乐曲中间以弱拍开始的乐句		《喂我的马》 《河对岸的查理》
显性的弱起拍	以弱起拍开始的乐曲		《再见、旧漆》
切分音 ♪ ♩ ♪	两个拍子上的三个不均匀的音，一个短音、一个长音再一个短音。	*ta-di—di*	《骑士希尔和古力》 《阿拉巴马女孩》 《银桦木的土地》
附点四分音符后跟着八分音符 ♩. ♪	两个拍子上的两个不均匀的音，第一个音持续一拍半。	*ta— - di*	《丽莎和简》
附点八分音符后跟着十六分音符 ♪♩	一拍上的两个不均匀的音，第一个音是第二音的三倍长。	*ta-mi*	《阴暗的小树林》
十六分音符后跟着一个附点八分音符 ♪♪.	一拍上的两个不均匀的音，第一个音比第二音短。	*ta-ka*	
八分音符后跟着一个附点四分音符 ♪ ♩.	两个拍子上的两个不均匀的音，第一个音持续半拍，而第二个音持续一拍半。	*ta-di——*	
八分休止符 ♪			
均等分的 **6/8** 节拍 ♪♪♪ ♩ ♪ ♩.		*ta-ki-da* *ta—da* *ta——*	
不均等分的 **6/8** 拍 ♪♪♪ ♪♪♪♪		*ta-di-da—*	
三连音	单节拍中一个拍子上的三个音。	*ta-ki-da*	
二连音	复合节拍中一个拍子上的两个音。	*ta-da*	

表10.4 和旋律元素有关的概念

元素	概念	唱名	歌曲
大调三音音列	三个相邻的音	*do – re – mi*	《大房子》 《月光》 《长腿水手》 《船夫》 《黛娜》 《喂我的马》
五声四音音列		*do – re – mi – so*	《黛娜》
五声音阶		*do – re – mi – so – la*	《落基山脉》 《骑士希尔和古力》
开始学习音列			
大调五音音列 六音音列		*do – re – mi – fa – so* *do – re – mi – fa – so – la*	《老妇》 《阿拉巴马女孩》 《当我初次踏上这片土地》 教学降 *b*
扩延的大调五音音列、六音音列和五声音阶		*la – so – mi – re – do – la, – so,*	《乔西来跳舞》 《把眼镜翻过来》
小调五音音列 六音音列		*la, – do – re – mi – so*	新的调性中心
小调五声音阶 扩延的小调五声音阶 根据五声音阶排列的音阶		*so, – la, – do – re – mi – so – la – do'* *so* 五声音阶	
大调音阶	八个相邻的音，其中第三个和第四个音以及第七个和第八个音之间是半音。	*do – re – mi – fa – so – la – ti – do'*	《哈利路亚》 《笑翠鸟》 《音乐万岁》
小调音阶	八个相邻的音，其中第二个和第三个音以及第五个和第六个音之间是半音。	*la, – ti – do – re – mi – fa – so – la'*	《甜美的威廉》 《钻洞》
和声小调音阶		*la, – ti – do – re – mi – fa – si – la'*	《哦，可怜的鸟》
旋律小调音阶		*la, – ti, – do – re – mi – fi – si – la'* *la' – so – fa – mi – re – do – ti, – la,*	《谁去航海》

（续表 10.4）

元素	概念	唱名	歌曲
多里安调式	八个相邻的音，其中第二个和第三个音以及第六个和第七个音之间是半音级。	$re - mi - fa - so - la - ti - do' - re'$ 或者 $la, - ti, - do - re - mi - fi - so - la$	《醉酒的水手》《斯卡布罗集市》
混合利第亚调式	八个相邻的音，其中第三个和第四个音以及第六个和第七个音之间是半音。	$so, - la, - ti, - do - re - mi - fa - so$ 或者 $do - re - mi - fa - so - la - ta - do'$	《老乔·克拉克》《每晚日落时》
和声功能			
主要和弦			转位
属七和弦			

针对年长初学者的旋律和节奏元素的教学系列范例

以下是年长初学者学习系列的范例。根据学生的歌唱能力，音乐教师在一开始培养学生唱功的同时经常花更多时间教授他们节奏元素。一旦学生的唱功有了长足的进步，老师便可以按照我们第五章所推荐的准备、练习和呈现的系列来教学了。

年长初学者学习系列的范例

1. 注重音准的歌唱

2. 稳定的节拍

3. 节奏/理论

4. 两拍的节拍和复合节拍

5. 指挥简单的两拍、三拍和四拍的节拍

6. 曲式

7. 力度变化

8. 节奏

9. 教授四分音符、八分音符以及休止符

10. 教授单拍、两拍、三拍和四拍的拍号

11. 大调三音音列 $do - re - mi$

12. 五声二音和三音音列

13. 五声四音音列

14. 五声音阶

15. 开始学习音名

16. 大调五声音阶

17. 大调六声音阶

18. 二分音符和二分休止符

19. 全音符

20. 附点二分音符

21. 用数字数拍子

22. 十六分音符

23. 教授由一个八分音符和两个十六分音符或两个十六分音符和一个八分音符组成的十六分音符组合

24. 继续学习音名

25. 扩延的大调五音音列、六音音列和五声音阶

26. 切分音

27. 小调五音音列

28. 附点四分音符后跟着一个八分音符

29. 小调六音音列

30. 小调五声音阶

31. 大调音阶

32. 附点八分音符后跟着一个十六分音符

33. 小调音阶

34. 复合节拍

课程设计

在第九章提到的相同类型的课程模式也可运用于年长的初学者，但在上课时要更加注重发声技巧的培养。可以把准备/练习的课程计划加以修改，使老师在教授特定节奏的概念和元素的同时注重训练学生的音准。

课程计划大纲的框架

表 10.5 中的课程计划大纲是为年长的初学者制定的。这是所有初学者教学计划的综合。每个音乐元素的教学都要在教学计划的每一个部分得到加强，这样才能使学生们在练习歌唱技巧、视唱、记忆、听写、重唱等方面时得以巩固新的概念。

表 10.5　课程计划大纲

介绍	1. 发声热身 2. 用节奏音节和唱名音节歌唱已知歌曲 3. 复习
主要部分	1. 教授一首新歌 2. 持续给学生们教授新歌。让他们划出乐句、识别曲式并边唱边创造一个节拍图表。不断的重复会让学生的音准越来越好。 3. 新音乐元素的准备与呈现 4. 动作 5. 在被选择了的技能范围内练习新元素。可从以下方面挑选： 开发音乐记忆 内心听觉 视唱 听写 合唱 即兴创作技能 乐器演奏技能 听觉技能
结束	复习在课堂上听到的音乐素材 听力

节奏和旋律的准备和练习活动

表 10.6　准备节奏元素教学的步骤

拍手回应	拍打一个旋律或节奏模式的节奏
旋律轮廓与节奏	在拍打节奏时显示歌曲的旋律轮廓
边打节拍边打节奏	将班级分为两个组；一组拍打节奏，另一组拍打节拍。这个活动可以按照不同的组合练习： 1. 教师/学生 2. 学生/教师 3. 班级分为两组 4. 两个单独的学生 5. 学生用一只手拍打节拍，用另一只手拍打节奏 6. 在拍打节拍的同时拍打节奏
指挥	边唱边指挥
听觉分析	辨别哪一拍或哪些拍子上包含了新的节奏元素
视觉呈现	绘制一个节拍图表，在每个节拍下写出唱名音节，以表示每个节拍上音符的数量。

表 10.7　准备旋律元素教学的步骤

旋律轮廓	通过手臂动作表现一段旋律的旋律轮廓；动作应该要自然，要适合歌曲的歌词和速度。
旋律轮廓与节奏	在拍打一段旋律的节奏的同时呈现其旋律轮廓。
回应歌唱	歌唱由教师演唱或演奏的旋律模式。
写作	在空中划出一段旋律的节奏。
听觉分析	识别哪一拍或哪些拍子上包含了新的旋律元素。
视觉呈现	在空中划出一个唱名音节的呈现，以表示新的旋律元素的位置。

开发并能很好地掌握视唱练耳能力需要花费许多个小时的练习。可以通过使用各种各样的技巧使练习更加有效。分成小组练习对于各种不同程度的学生而言都是有效的。除了通过评定每个人的表演来提高他们自身的听力技能之外，与课堂上的单独歌唱相比，和同伴们一起练习的学生在演唱中会更加有把握。

表 10.8　练习节奏元素的步骤

节奏音节	敲打节拍的同时用节奏音节歌唱一段旋律。
指挥	指挥的同时用节奏音节歌唱。
回应歌唱	用节奏音节回应教师歌唱的节奏模式。
听写	识别教师拍打或歌唱的节拍和节奏模式。
写作	将教师给的节奏模式变成一个新的节奏模式；一个人写下一个十六分音符音型，然后拍打与之稍有不同的音型，其他人识别是哪里发生了变化。
即兴创作节奏模式	选择一个拍号以及长度的音型，选择一个节奏结构（例如 ABA 或 AB-AB）。
写作	记住一段旋律的其中一个乐句，凭记忆写下来。
演唱节奏卡农	① 在拍打节奏的同时唱出节奏音节。 ② 想着节奏音节并拍打节奏。 ③ 和其他人一起用卡农拍打节奏。 ④ 独立表演节奏卡农。用一只手拍打一个声部，另一只手拍打另一个声部。

表 10.9　练习旋律元素的步骤

指挥	用唱名音节歌唱，然后指挥。
手势语	用唱名音节歌唱，然后展现手势语。
节奏和手势语	在展现手势语的同时用唱名音节歌唱。
手势语中的视唱	用唱名音节歌唱或用手势语展现一个音型，叫其他学生回应歌唱出来。
记忆	记住一个练习，在不看谱的情况下写下来。要首先通过观察重复和相似的模式来分析结构，这种分析对完成记忆有很大帮助。
错误的发现	选择一个音乐乐句。一个人演唱这个乐句，并故意制造一个旋律的错误，另一个人跟着谱子唱，并指出错误的位置。

培养音乐记忆力

音乐记忆在准确地歌唱以及听写时发挥着重要作用。以下技巧可能会对大家有所帮助。通常，凭听觉记忆比通过看谱记忆更难，因为它没有视觉上的辅助。我们拿来用作听觉记忆的旋律要比看谱记忆的旋律简单。被选择用来记忆的旋律应该要在钢琴或其他乐器上演奏并且反复歌唱数次。以下步骤可以在节奏和旋律的记忆上使用。

当学生们已经可以记忆单声部后，便可以开始记忆两个声部的旋律了。伴奏的部分可以从一个节奏型、一个固定节奏或固定旋律型和弦根音、对位旋律线或教会调式及和声调式的终止式中截取。

表 10.10　开发音乐记忆力

从手势语中记忆	1. 展现常见的旋律音型，让学生们歌唱这些音型。从短小的音型如 *so – la – so – mi* 或者 *mi – fa – mi – re – mi* 开始。 2. 一旦旋律音型能够被轻松回应唱出，就开始歌唱四拍子或八拍子的旋律。 3. 用手势语展现一段旋律。选择五声调式或卡农式的旋律。让学生们使用唱名或音名，以卡农式歌唱那段旋律，并凭记忆写下这个旋律。 4. 在使用手势语的同时，用音名歌唱一段已知歌曲。
从五线谱中记忆	1. 使用手势语记忆一个乐谱的一小段。 2. 教师歌唱音乐谱例中的未知部分，学生记忆并唱出其动机。 3. 学生在五线谱上写下这个旋律。程度更深的学生可以使用不同的谱号并在另一调上写下这个旋律。

(续表 10.10)

凭听觉记忆	教师在键盘上演奏一段旋律，学生： 1. 识别节拍。 2. 识别结束音和起始音。 3. 学生们歌唱并指挥。 4. 学生们用手势语歌唱。 5. 学生们用音名和手势语歌唱。 6. 学生们用节奏音节歌唱。 7. 学生们写出或在钢琴上演奏这个旋律。这个旋律还可以拿来做转调练习。
记忆两个声部的音乐	1. 歌唱两个声部的谱例。 2. 使用唱名默默记忆其中的一个声部。 3. 大声地唱出这个声部并同时指挥。 4. 使用步骤 1 到步骤 3 来练习另一个声部。 5. 用唱名音节或音名以小组然后个人的形式练习这两个声部。 6. 写下这两个声部的旋律。 7. 唱其中的一个声部，在钢琴上弹奏另一个声部；或者，唱其中的一个声部，用手势语展现另一个声部。
找出错误	选择一个乐句。一个人表演这个乐句，并故意制造一个旋律的错误，另一个人看着乐谱，指出错误的位置。

视 唱

可以让学生们记忆和写出视唱练习。

表 10.11 视唱练习

视唱前	在学生们看着五线谱上的视唱练习时，和学生们一起练习基本的节奏和旋律型。有难度的节奏应该用合适的固定节奏型或细分的节奏进行练习。用同之后视唱的音乐例子相同的调歌唱这些预备练习。练习应该使用唱名、音名和中性音节歌唱。
视唱	1. 讨论其节拍和调性，并找到一个合适的速度。 2. 确定其曲式结构；找出重复的音型。 3. 让学生跟着旋律默唱一遍。在默唱旋律的同时，学生们可以指挥或用手势语。 4. 学生在指挥的同时歌唱这个练习。
记忆	如果可能的话记住并写下这段谱例。
练习	识读没有节奏的旋律音型。识读乐谱上的一系列音符或是一系列唱名音节。教师应该设计各种各样的方法进行识读练习。例如：从最后一个音倒着唱出旋律、在拍打固定节奏音型时识读一个单音旋律、用五度歌唱一段旋律的卡农（只识读第一个声部）。

听　写

听写与音乐记忆、内心听觉和读谱写作技能的开发密切相关。记忆对是否能够自在地掌握音乐听写而言至关重要。开始的听写应该建立在已经被学生们记忆过的音型的基础上。随着学生们的记忆力慢慢被开发，教师可以开始更正式的听写练习。最初，学生们应该在尝试记谱之前先歌唱这段旋律；以这种方法，教师可以确定学生是否能够准确地听到这段音乐。初步的听写素材可以建立在简单的民歌的基础上。随后，可以加入其他风格的音乐。

表10.12是旋律听写时可以用到的步骤。

表10.12　旋律听写的步骤

调性的准备	用手势语和五线谱识别调性
歌唱典型的旋律音型	歌唱在听写练习中找到的典型的旋律音型，让学生用唱名和音名歌唱。在正式听写的开始阶段，教师可以给学生一个标有小节数并带有一些音符和节奏的乐谱作为提示，帮助学生们记忆。
演奏旋律	在钢琴或其他乐器上演奏这个旋律。
听觉分析	让学生们确定结束音和起始音，可能的话再确认调式、旋律终止式、旋律轮廓、旋律音型和节拍。
学生表演	学生们用唱名和音名歌唱旋律。
学生表演	学生们用节奏音节和手势语歌唱旋律。
学生写作	学生们凭记忆写下旋律。
学生表演	学生们使用乐谱歌唱旋律。这个旋律也可以用在训练其他技能上；将其转到其它调上或练习旋律中的音程。

表10.13是节奏听写的步骤。

表10.13　节奏听写的步骤

准备音乐谱例	教师在钢琴上弹奏一段旋律，学生们确定节拍和小节数。
教师表演	教师弹奏一段音乐的同时让学生们跟着指挥。
学生表演	学生指挥并用节奏音节歌唱。
学生写作	学生用符干谱或传统记谱法写下这段听写练习。
教师弹奏音乐例子	教师再次弹奏这个音乐谱例，让学生检查他们的听写练习。

多声部音乐

多声部的歌唱和演奏是音乐训练的重要组成部分。它能使学生们学会同时聆听几个声部的旋律。

图 10.14 是学习二声部歌唱的步骤。

表 10.14 学习二声部歌唱的步骤

演唱	在拍打节拍或节奏的同时歌唱民歌或者其它练习。
演唱	唱民歌,用问答的方式将歌曲划分乐句。使一组能够听到另一组的歌唱。
合唱	增加一段固定节奏音型,并使用节奏音节歌唱。
学习二声部歌唱	1. 教师拍打节奏的同时学生歌唱。 2. 学生和教师互换角色。 3. 将学生分成两组,一组歌唱,另一组表演节奏。 4. 让两个学生完成以上这个步骤。 5. 让一个学生在唱一个声部的同时在钢琴上弹奏另一个声部。 6. 学生在歌唱一首已知歌曲的同时拍打一个系列的节奏音型。 7. 用手势语唱两个声部,这能帮助学生们看出音程上的间隔。 8. 用卡农式歌唱简单的五声调式民歌。 9. 歌唱已知歌曲的同时拍打教师指示的各种各样的节奏。学生也可以在歌唱的同时识读老师即兴创作的一个加长的固定节奏型。学生必须边唱边听,然后试着回想节奏型。以简单及熟悉的节奏型开始练习。 10. 歌唱第一声部,同时拍打第二声部。
表演唱二声部音乐	1. 如果这个二声部是个民歌,先以模唱式学习或读谱教学第一声部,然后教学第二声部。 2. 将班级分成两组。一组唱高声部,另一组唱低声部。然后互换。 3. 一组唱低声部,另一组拍打高声部。然后互换。 4. 先以合唱形式再以独唱形式演唱。每个学生都可以自由选择任一声部歌唱,同时拍打另一声部节奏;或者歌唱一个声部,在钢琴上弹奏另一声部。

·讨论问题

1. 为年长的初学者教唱歌曲时,我们一般要考虑什么?

2. 在教年长的初学者时,你选择的歌曲是如何实现课堂上节奏和旋律元素的连续性教学的?

3. 我们应避免教授年长初学者歌唱及培养其音乐读写技能;他们需要智力上的

挑战。因为他们之前没学过关于音乐理论的基础概念，老师需要教授他们音乐理论、音乐鉴赏和音乐历史等。讨论之。

·持续进行的作业

1. 学校校长刚刚通知你下一个学年要教授五年级的音乐课。不幸的是，这些学生没有一个有过学习音乐的经历。请针对这些学生制定一个教学计划和课程目标。

2. 建立一个适合年长学生的歌曲和游戏曲目表。

3. 建立一个教授年长学生四分音符和八分音符、四分休止符以及有音准的歌唱的课程计划。

4. 建立一个教授年长学生 *do* 五声音阶，并使用四分音符、八分音符和二分音符练习 $\frac{2}{4}$ 拍的课程计划。

本章参考书目

Lois Choksy. *The Kodály Method Comprehensive Music Education*. 3rd ed. （Upper Saddle River, New Jersey：Prentice Hall, 1999）.

Micheal Houlahan and Philip Tacka. *Sound Thinking Developing Musical Literacy Vols 1 and 2* （New York：Boosey & Hawkes, 1995）.

Micheal Houlahan and Philip Tacka. *Sound Thinking Music for Sight Singing and Ear Training. Vols 1 and 2* （New York：Boosey & Hawkes, 1991）.

Ann Eisen and Lamar Robertson. *Directions to Literacy.* （Lake Charles Louisiana：Sneaky Snake Publications, 2005）.

Bacon, Denise. 46 *Two – Part American Folk Songs for Elementary Grades*. Wellesley, Massachusetts：The Kodály Center of America, 1973. 51 p. M1997 . B126 F7.

Bacon, Denise. 50 *Easy Two – Part Exercises：First Steps in A Cappella Part Singing Using Sol – fa and Staff Notation*. 3rd ed. Clifton, NJ：European American Music Corporation, 1980. 51p.

Originally published as 50 *Easy Two – Part Pentatonic Exercises*, published by European – American Music Corporation, 1977. Contains exercises written in both solfa and staff notation.

Bacon, Denise 185 *Unison Pentatonic Exercises：First Steps in Sight – Singing Using Sol – fa and Staff Notation According to the Kodály Concept*. West Newton：The Kodály Center of America, 1978. 112p.

Bidner, Sara Baker. "A Folk Song Approach to Music Reading for Upper Elementary

Levels Based on the Kodály Method. " Ph. D. , Louisiana State University and Agricultural and Mechanical College, 1978. 191 p. Order no. 78—15613.

Herboly – Kocsár, Ildikó. *Teaching of Polyphony*, *Harmony and Form in Elementary School*. trans. Alexander Farkas, revised by Lilla Gábor. Kecskemét: Zoltán Kodály Pedagogical Institute, 1984. 95 p. ISBN 963 01 5727 6.

Houlahan, Mícheál, and Philip Tacka. "Sound Thinking: A Suggested Sequence for Teaching Musical Elements Based on the Philosophy of Zoltán Kodály for a College Music Theory Course. " *Journal of Music Theory Pedagogy* 4. 1 (1990): 85—110. ISSN 0891—7639. 780 MT10. ML1 . J782. A discussion of an approach to college – level theory instruction based on teaching melodic and rhythmic patterns in association with musical compositions rather than a subject – logic sequence. Includes philosophical considerations and a discussion of materials.

——. "Sequential Order for the Preparation, Presentation, Practice and Evaluation of Rhythmic and Melodic Concepts. " *Journal of Music Theory Pedagogy* 4. 2 (1990): 243—268. ISSN 0891—7639. ML1 . J782. A detailed sequence of musical concepts and elements extending from two and three – note melodic and rhythmic groupings through harmonic concepts.

第十一章　评价与评估

评价与评估二者之间有一个重要的区别：音乐教育中评估的主要功能，是给学生们提供一个音乐修养成长过程中的回馈。学习者需要建设性的回馈意见，来了解为什么、何时以及他们如何面对正在或者还未面临到的与音乐标准和传统相关的挑战。总体而言，通过学生成果信息总和的建设性回馈意见的评估对学生来说有着直接的好处。评估也同样能为老师、家长以及教育社区提供有用的数据。以连续累积的评估作为基础，评价主要着重于评分、排名和其他综合程序，目的是为了学生的提高和对课程的评价。①

关键问题

· 对学生评估的目的是什么？

· 学生档案的组成部分是什么？

· 我们如何建立一个评分准则来评估学生在音乐课堂上的学习进展？

· 对教师评估的目的是什么？

· 对教师的评价考核应该包括哪些内容？

本章旨在尝试和制定考核评估活动，以便在所有柯达伊音乐课程中评估学生和教师的表现，并且为教师提供信息回馈。我们在此为教师提供了一些有关评价的方法。教育工作者都希望能通过教育影响学生们的生活，所以我们花费了许多时间考虑如何教授我们的课程，并且十分注重如何实践我们自己的研究方案。大部分教师想知道：我做得如何？我有改变了什么吗？学生是否受益？对教师和学生的评价结果是否对我的音乐课程的发展有所帮助？很显然，从音乐课程开始的第一天就应该建立评估体系，并且必须持续下去。

---

① David J. Elliot, *Praxial Music Education: Reflections and Dialogues* (New York: Oxford University Press, 2005).

对音乐教师的评定通常由主管或校长担任。但音乐教师却常常不向他们的主管提供顺利评价他们工作所需的信息。我们认为，教学资源的组合将成为校长评估音乐教师工作的重要工具。当教师向主管传达了他们音乐课程的理念和目标后，一个有建设性的评估将进行得更加顺利，而这个评估也将促进音乐课程的成长。

课程规划与音乐课程的评估工具

下面是用来评估一个教师在课堂上的表现的专项评估工具。这个音乐教学的评价工具分为五个部分：

第一部分：课程规划
第二部分：课程设计结构的评定
第三部分：教师的音乐修养
第四部分：课程评价
第五部分：对学生学习的评定

第一部分（课程规划）是评估教师做长期教学计划的能力。如第一章所述的教育资源组合的运用，为评估者的评估提供了大量信息。

第二部分（课程设计结构的评定）是评估教师计划每节课程的能力。如何将课程计划建立在学生已有的知识基础上对设计一个结构良好的课程计划非常重要的，同时还要在整个课程教学中运用多样化的教学策略。教师的音乐教学理念与每节课的课程目标之间应该是有所联系的。

第三部分（教师的音乐修养）是评估教师将课本上的知识转化为实践的能力。这项评估要求评估者实际观摩课程的教学。

第四部分（课程评价）是评价教师在课程中采取的教学决定，以确保学生能够学习到尽可能多的知识。这项评定需要在课堂教学中进行。

第五部分（对学生学习的评定）是评估教师在课堂中用来评价学生学习知识的程度的评价工具，同时也评价学生对课程的参与度。

以下是教师或主管在评价音乐教学时可能用到的音乐教学的评估工具。

姓名：   学区：

观摩的年级：   主管：

日期：

表 11.1 音乐教学的评估工具

第一部分：课程规划

	标准	评价
4	课程规划能够达到适当的学习目标，并能够实施教学资源组合中提到的各种活动。	
3	课程规划并不总是能达到适当的学习目标及各种活动，偶尔会遗漏一些教学资源组合中提到的活动。	
2	课程规划并不总是能达到适当的学习目标及各种活动，常常会遗漏一些教学资源组合中提到的活动。	
1	课程规划不能达到适当的学习目标并实施各种活动。	

第二部分：课程设计机构的评定

行为/目标

	标准	评价
4	行为/目标能够阐述课堂中适当且活跃的音乐活动。	
3	行为/目标并不总是能够阐述课堂中适当且活跃的音乐活动，课程中偶尔会遗漏一些活动。	
2	行为/目标并不总是能够阐述课堂中适当且活跃的音乐活动，课程中常常会遗漏一些活动。	
1	行为/目标并不能够阐述课堂中适当且活跃的音乐活动。	

音乐素材的选择

	标准	评价
4	音乐素材的选择始终是恰当的。	
3	音乐素材的选择并不总是恰适的，偶尔会有遗漏。	
2	音乐素材的选择并不总是恰适的，会有很多遗漏。	
1	音乐素材的选择不恰当。	

教师对学生已有知识的了解

	标准	评价
4	证据充分表明，行为/目标以学生已有的知识为基础。	
3	证据并不充分表明，行为/目标以学生已有的知识为基础，行为/目标偶尔会不准确。	
2	证据并不充分表明，行为/目标以学生已有的知识为基础，行为/目标常常不准确。	
1	行为/目标不以学生已有的知识为基础。	

教学策略的顺序

	标准	评价
4	教学策略的顺序始终是显而易见的。	
3	教学策略的顺序并不总是显而易见的，偶尔会有偏差。	
2	教学策略的顺序并不总是显而易见的，常常会有偏差。	
1	教学策略的顺序不清楚。	

音乐教学各部分之间的过渡

	标准	评价
4	音乐教学的过渡总是显而易见的。	
3	音乐教学的过渡并不总是显而易见的，偶尔会不清楚。	
2	音乐教学的过渡并不总是显而易见的，常常会不清楚。	
1	音乐教学的过渡不清楚。	

精力集中阶段与放松阶段的交替转换

	标准	评价
4	具备平衡地在课堂中转换精力集中和放松阶段的技巧。	
3	在课堂中转换精力集中和放松阶段的技巧不够平衡，偶尔会忘记转换。	
2	在课堂中转换精力集中和放松阶段的技巧不够平衡，常常会忘记转换。	
1	在课堂中转换精力集中和放松阶段的技巧不平衡。	

第三部分：教师的音乐修养

音乐性

	标准	评价
4	音乐性是显而易见的。	
3	偶尔会出现有损课程的音乐性错误。	
2	常常会出现有损课程的音乐性错误。	
1	持续出现音乐性错误并偏离课程。	

正确音准的歌唱

	标准	评价
4	歌唱时音准非常好。	
3	歌唱时音准不总是很好，偶尔会走音。	
2	歌唱时音准不是很好，走音的情况比较多。	
1	歌唱时音不准。	

指挥

	标准	评价
4	指挥技巧很好。	
3	偶尔会出现指挥错误。	
2	常常会出现指挥错误。	
1	指挥技巧很不好。	

键盘技巧

	标准	评价
4	键盘技巧很好。	
3	偶尔会出现键盘技巧错误。	
2	常常会出现有损课程的键盘技巧错误。	
1	键盘技巧很不好。	

乐器演奏技能

	标准	评价
4	乐器演奏技能很好。	
3	偶尔会出现乐器演奏技能的错误。	
2	常常会出现有损课程的乐器演奏技能的错误。	
1	乐器演奏技能很不好。	

第四部分：课程评价

适当的歌曲起始音

	标准	评价
4	非常适当的歌曲起始音。	
3	偶尔会给出不很适当的歌曲起始音。	
2	常常会给出不很适当的歌曲起始音。	
1	歌曲起始音总是不恰当。	

适当的歌曲速度

	标准	评价
4	非常适当的歌曲速度。	
3	歌曲速度偶尔会不恰当。	
2	歌曲速度常常会不恰当。	
1	歌曲速度总是不恰当。	

教授准确音准的歌唱

	标准	评价
4	非常清楚的一系列歌唱音准的教学策略。	
3	一系列歌唱音准的教学策略偶尔不够清楚。	
2	一系列歌唱音准的教学策略常常不够清楚。	
1	完全没有一系列歌唱音准的教学策略。	

学生的音乐技能的发展

	标准	评价
4	课堂中各种音乐技能的教学非常平衡。	
3	课堂中各种音乐技能的教学偶尔不太平衡。	
2	课堂中各种音乐技能的教学常常不平衡。	
1	课堂中各种音乐技能的教学完全不平衡。	

教案的灵活性和适应性

	标准	评价
4	教案的灵活性和适应性总是很恰当。	
3	教案的灵活性和适应性不总是恰当。	
2	教案的灵活性和适应性常常不恰当。	
1	教案的灵活性和适应性完全不恰当。	

适当的课堂节奏

	标准	评价
4	课堂的教学节奏总是很恰当。	
3	课堂的教学节奏不总是很恰当。	
2	课堂的教学节奏常常不是很恰当。	
1	课堂的教学节奏完全不恰当的。	

提问技巧

	标准	评价
4	提问总是很有效。	
3	提问并不总是有效的，偶尔会有偏差。	
2	提问并不总是有效的，常常会有偏差。	
1	提问总是无效的。	

纠正学生的错误

	标准	评价
4	对学生的错误纠正总是及时有效。	
3	对学生的错误纠正不够及时有效，偶尔会有遗漏。	
2	对学生的错误纠正不够及时有效，常常会有遗漏。	
1	对学生的错误完全没有及时有效地纠正。	

课堂管理/纪律

	标准	评价
4	明显是成功的课堂管理。	
3	课堂管理不够成功，稍有损课堂纪律。	
2	课堂管理不够成功，有损课堂纪律。	
1	课堂管理不成功。	

第五部分：对学生学习的评定

对学生参与度的评定

	标准	评价
4	75%以上的学生成功地参与到被观摩的活动中。	
3	50%或更多的学生成功地参与到被观摩的活动中。	
2	25%以上的学生成功地参与到被观摩的活动中。	
1	少于25%的学生成功地参与到被观摩的活动中。	

教师对学生的评价

	标准	评价
4	总是很恰当地运用评价工具。	
3	偶尔不恰当地运用评价工具。	
2	常常不很恰当地运用评价工具。	
1	总是不能运用恰当的评价工具。	

提要/总结

教案	表扬	建议

学生的评估和评价：学生档案

本章介绍几种评估和评价学生的指标以及评分标准。在音乐课堂中，评估的目的是要评价学生的：

音乐曲目的知识：儿童作为文化守护人

表演技巧：儿童作为表演者

音乐文学素养技能：儿童作为批评思想家

创作技巧：儿童作为作曲家和即兴表演者

听力技巧：儿童作为听众

请记住，有两种的评价形式：系统性评价和总结性评价。系统性评价运用于课程进行时，总结性评价运用于学期结束时。

数据收集：系统性评估

系统性评估的数据收集需要基于几个方面。系统性评估是学生在课堂时间的非正式评估。学生的学习不是在系统性评估的过程中得到评分或评定的。一个音乐教师可以边教学边评估学生的进步状况，这样可以帮助教师在教学中不断地改进。一般来说，教师在评价整个课堂表现的同时要特别关注那些需要更多帮助的学生。本书所描述的教学类型为评价提供了很多机会。当教师在上一堂课时，可以评估以下几个方面：

· 曲目

在一节课中，教师可以通过学生演唱歌曲片段或整首歌的表现，观察学生具备多少音乐曲目的知识。

· 表演

在教学的核心活动阶段，教师可以评价学生的表演能力。

· 创意技巧

在表演和音乐技巧的发展阶段，教师可以评价学生用已知的节奏和旋律的音乐元素即兴或作曲的能力。

　　·批判性思维：音乐读写技巧

　　课堂上，在表演和准备新的音乐概念，以及表演和发展音乐技巧的教学中，教师可以评价学生的音乐读写技能。例如，准备教授一个新的音乐元素的视觉认识时，教师可以要求学生创造一个包含了这个元素的特定乐句的图表或展示。教师可以检查并评价这些展示。

　　总而言之，教师应该在系统性评价的基础上写下对课程的评估。

数据收集：总结性评估

　　总结性评估是在教授一个新的概念之后进行的，这是对学生理解这个概念较正式的评定。学生们的图表档案可以用来记录对他们的评定。

　　可以考虑为整个班级（班级档案）及你班上的每一个学生（学生档案）制定一个资料的图表，用来记录有关学生进步的信息。以下是可能包含在学生档案中的评估领域的样本，这些档案是基于国家标准和本书展示的音乐课程制定的。我们现在提供的只是学生档案的样本，在每个个别的教学情况中都应做适当的修改。以下是学生个人资料档案的组成部分。

曲　目

　　音乐教师可以记录学生对音乐曲目的学习。评鉴标准的设定应该做到可以让学生评价自己或同伴的表现。

表　演

　　音乐教师可以记录学生的歌唱、动作和演奏乐器的能力。评鉴标准的设定应该做到可以让学生评价自己或同伴的表现。学生的个人资料还可以包括个人或集体的歌唱或器乐演奏的录音。

音乐读写技能

　　音乐教师通过识读和写作活动，评估学生们节奏和旋律元素知识的掌握程度。评估的重点应涉及各年级的节奏和旋律的元素，并包括对旋律和节奏的视觉呈现的创作工作、在传统的节奏谱和五线谱上所做的写作工作以及在计算机上完成的写作工作等方面。

创意技巧

对创造能力的评估将有助于记录学生即兴和/或谱曲的能力。这种评估的评鉴标准是要用来评估学生在特定曲式下利用已知的节奏和旋律元素创作的能力，其中应该包括在传统的节奏谱、五线谱或者计算机上完成作曲任务的能力。

听力和描述

听力评估能够让教师对学生的听觉分析和视觉分析技能做出评定。教师不妨记录学生是否能通过使用听力图表或特定的音乐作品唱出一个音乐作品的主题。

跨学科教学

可以设定一项评估，用来评测学生识别和理解他们通常所表演的曲目之外的音乐与其他学科领域之间联系的能力。跨学科教学还可以包括由相关学科领域的教师提供的信息。

教师需要创建一个包括了所有或部分我们建议的学生档案的评估工具。例如：教师们需要为每个年级建立评估读写技能的评分标准。表11.2中的评分标准是为一年级所做的，可以修改以为各年级所用，其中包括了表演、识读和写作的评估。

表11.2　学生的评价与评估

姓名 年级 学期		
结果	活动	标准
音乐曲目的知识	表演	学生能够凭记忆无错误地表演指定曲目。
		学生能够表演指定曲目，偶尔犯一些有损整体表演的错误。
		学生能够表演指定曲目，犯一些有损整体表演的错误。
		学生无法表演指定曲目。
表演（国家标准1、2、7、8、9）	歌唱	学生能够无错误地表演。
		学生偶尔犯一些有损整体表演的错误。
		学生犯一些有损整体表演的错误。
		学生无法表演。

结果	活动	标准
集体表演	合唱	学生能够无错误地表演。
		学生偶尔犯一些有损整体表演的错误。
		学生犯有一些有损整体表演的错误。
		学生无法表演。
	动作	学生能够无错误地表演。
		学生偶尔犯一些有损整体表演的错误。
		学生犯有一些有损整体表演的错误。
		学生无法表演。
	乐器演奏	学生能够无错误地表演。
		学生偶尔犯一些有损整体表演的错误。
		学生犯有一些有损整体表演的错误。
		学生无法表演。
	音乐表演的评价	学生能够对自己的表演做出评价。
		学生能够评价表演但描述缺乏某些细节。
		学生能够评价表演好或不好，但缺乏细节描述。
		学生无法评价自己的表演。
音乐读写技能（国家标准5）	节奏	学生能够无错误地表演。
		学生偶尔犯一些有损整体表演的错误。
		学生犯有一些有损整体表演的错误。
		学生无法表演。
	旋律	学生能够无错误地表演。
		学生偶尔犯一些有损整体表演的错误。
		学生犯有一些有损整体表演的错误。
		学生无法表演。
	识读	学生能够无错误地识读。
		学生偶尔犯一些有损整体识读的错误。
		学生犯有一些有损整体识读的错误。
		学生无法识读。
	写作	学生能够无错误地写作。
		学生偶尔犯一些有损整体写作的错误。
		学生犯有一些有损整体写作的错误。
		学生无法写作。

结果	活动	标准
	电脑技巧	学生能够无错误地谱曲。
		学生能够谱曲但偶尔犯一些有损整体谱曲的错误。
		学生能够谱曲但犯有一些有损整体谱曲的错误。
		学生无法谱曲。
创意技能（国家标准3、4）	即兴节奏	学生能够无错误地创作。
		学生偶尔犯一些有损整体创作的错误。
		学生犯有一些有损整体创作的错误。
		学生无法创作。
	即兴旋律	学生能够无错误地创作。
		学生偶尔犯一些有损整体创作的错误。
		学生犯有一些有损整体创作的错误。
		学生无法创作。
	节奏创作	学生的作品能够符合一个优秀作品的所有要求。
		学生的作品能够符合一个优秀作品的要求，但偶尔犯一些有损整体创作的错误。
		学生的作品能够符合一个优秀作品的要求，但犯有一些有损整体创作的错误。
		学生无法创作。
	旋律创作	学生的作品能够符合一个优秀作品的所有要求。
		学生的作品能够符合一个优秀作品的要求，但偶尔犯一些有损整体创作的错误。
		学生的作品能够符合一个优秀作品的要求，但犯有一些有损整体创作的错误。
		学生无法创作。
听力、分析和描述音乐（国家标准6）	听觉分析	学生能够无错误地进行听觉分析。
		学生能够进行听觉分析，但偶尔犯一些有损整体分析的错误。
		学生能够进行听觉分析，但犯有一些损整体分析的错误。
		学生无法进行听觉分析。
	视觉分析	学生能够无错误地进行视觉分析。
		学生能够进行视觉分析，但偶尔犯一些有损整体分析的错误。
		学生能够进行视觉分析，但犯有一些损整体分析的错误。
		学生无法进行视觉分析。

468

结果	活动	标准
	学生能够唱出音乐主题	学生能够无错误地表演。
		学生偶尔犯一些有损整体表演的错误。
		学生犯有一些有损整体表演的错误。
		学生无法表演。
	学生能够遵循一个听力图表或曲式图表	学生能够无错误地遵循一个听力图表或曲式图表。
		学生能够无错误地遵循一个听力图表或曲式图表，但偶尔犯一些有损整体表演的错误。
		学生能够无错误地遵循一个听力图表或曲式图表，但犯有一些有损整体表演的错误。
		学生无法遵循一个听力图表或曲式图表。

表11.3　评估识读和写作技能的评分标准

评价悦耳优美且具有音准的歌唱

	标准	评价
4 优秀	学生能够无错误地演唱所有《蜗牛、蜗牛》。	
3 良	学生能够演唱《蜗牛、蜗牛》，犯有一些稍有损整体表演的错误。	
2 及格	学生能够演唱《蜗牛、蜗牛》，犯有一些有损整体表演的错误。	
1 不及格	学生无法演唱《蜗牛、蜗牛》。	

评价学生对一拍上的一个音和一拍上的两个音的理解

节奏音节的演唱评价

	标准	评价
4 优	学生能够用节奏音节演唱《跷跷板》或《雨点》并能无错误地用手打出节奏。	
3 良	学生能够用节奏音节演唱《跷跷板》或《雨点》并用手打出节奏，犯有一些稍有损整体表演的错误。	
2 及格	学生能够用节奏音节演唱《跷跷板》或《雨点》并用手打出节奏，犯有一些有损整体表演的错误。	
1 不及格	学生无法用节奏音节演唱《跷跷板》或《雨点》并拍打节奏。	

识读的评价

	标准	评价
4 优秀	学生能够通过节奏音节识读《跷跷板》或《雨点》的符干谱或五线谱，并能无错误地用手打出节奏。	
3 良	学生能够通过节奏音节识读《跷跷板》或《雨点》的符干谱或五线谱并用手打出节奏，犯有一些稍有损整体表演的错误。	
2 及格	学生能够通过节奏音节识读《跷跷板》或《雨点》的符干谱或五线谱并用手打出节奏，犯有一些有损整体表演的错误。	
1 不及格	学生无法用节奏音节识读《跷跷板》或《雨点》的符干谱或五线谱并同时用手打出拍子。	

写作评价

	标准	评价
4 优秀	学生能够无错误地用符干谱或五线谱写出《跷跷板》或《雨点》。	
3 良	学生能够用符干谱或五线谱写出《跷跷板》或《雨点》，犯有一些稍有损整体写作的错误。	
2 及格	学生能够用符干谱或五线谱写出《跷跷板》或《雨点》，犯有一些有损整体写作的错误。	
1 不及格	学生无法用符干谱或五线谱写出《跷跷板》或《雨点》。	

评价学生对 *so* 和 *mi* 的理解

评价唱名音节的表演

	标准	评价
4 优秀	学生能够准确无误地运用唱名音节演唱《跷跷板》或《雨点》。	
3 良	学生能够运用唱名音节演唱《跷跷板》或《雨点》，犯有一些稍有损整体表演的错误。	
2 及格	学生能够运用唱名音节演唱《跷跷板》或《雨点》，犯有一些有损整体表演的错误。	
1 不及格	学生无法运用唱名音节演唱《跷跷板》或《雨点》。	

识读评价

	标准	评价
4 优秀	学生能够无错误地识读《跷跷板》或《雨点》的符干谱或五线谱并用唱名音节演唱，同时展示出手势语。	
3 良	学生能够识读《跷跷板》或《雨点》的符干谱或五线谱并用唱名音节演唱，同时展示出手势语，犯有一些稍有损整体表演的错误。	
2 及格	学生能够识读《跷跷板》或《雨点》的符干谱或五线谱并用唱名音节演唱，同时展示出手势语，犯有一些有损整体表演的错误。	
1 不及格	学生无法识读《跷跷板》或《雨点》的符干谱或五线谱并用唱名音节演唱，同时展示出手势语。	

写作评价

	标准	评价
4 优秀	学生能够运用唱名音节无错误地写出《跷跷板》或《雨点》的符干谱或五线谱。	
3 良	学生能够运用唱名音节写出《跷跷板》或《雨点》的符干谱或五线谱，犯有一些稍有损整体写作的错误。	
2 及格	学生能够运用唱名音节写出《跷跷板》或《雨点》的符干谱或五线谱，犯有一些有损整体写作的错误。	
1 不及格	学生无法运用唱名音节写出《跷跷板》或《雨点》的符干谱或五线谱。	

·讨论问题

1. 讨论音乐课程中评估的作用。

2. 我们如何评估学生在音乐课堂中学到的音乐知识？举出每一种评估方式的例子。

3. 每周两次30分钟的教学是不会有时间评估学生的学习的。音乐应该是一个有趣的活动，而评估并不应该是音乐课程的一部分。请就这个表述谈一谈你的看法。

·持续进行的作业

1. 请为你明年将要教授的所有班级创建一个学生个人档案表以及正式的附有评鉴标准的评价活动计划。在你的教学计划中请包括个人档案和评价方式。

2. 试想一下，你要与你明年将要教授的新的学校中三年级的某个学生家长有一个期末家长会。为此你应该准备一份该学生的详细个人资料。要向家长解释这个学生在你的课堂上取得了怎样的进步以及这些进步的含义。将班级分成两组，分角色扮演家长与教师的角色，模拟一个家长会。

3. 因为你在课堂上令人难以置信的成功，你将被提拔为新学校明年第二学期的音乐科系主任。作为你的职责的一部分，你必须评估教师的教学资源组合能力、教案、音乐修养，并观摩教师教授的一节课。你准备如何对你所监管的音乐教师做出评估？

本章参考书目

Paul Black, Chris Harrison, Clare Lee, Bethan Marshall and Dylan Wiliam, *Assessment for Learning: Putting it into Practice* (Buckingham, UK: Open University Press, 2003).

David J. Boyle and Rudolf E. Radocy. *The Measurement and Evaluation of Musical Experiences* (New York: Schirmer Books, 1987).

Richard Colwell, "Preparing Student Teachers in Assessment," *Arts Education Policy Review* 99, no. 4 (1987), 29—36.

J. Freed – Garrod, "Assessment in the Arts: Elementary – Aged Students as Qualitative Assessors of their Own and Peer's Musical Compositions," *Bulletin of the Council for Research in Music Education* 139 (1999), 50—63.

Ildikó Herboly – Kocsár, *Aching of Polyphony*, *Harmony and Form in Elementary School*, ed. Lilla Gábor, trans. Alexander Farkas (Kecskemét: Zoltán Kodály Pedagogical Institute, 1984).

Joan L. Herman, Pamela R. Aschbacher and Lynn Winters, *A Practical Guide to Alternative Assessment* (Alexandria, VA: Association for Supervision and Curriculum Development, 1992).

Maude Hickey, "Assessment Rubrics for Music Composition," *Music Educators Journal* 85, no. 4 (1999), 26—33.

K. Kassner, "Would Better Questions Enhance Music Learning?" *Music Educators Journal* 84, no. 4 (1998), 29—36.

P. Lehman, "Curriculum and Program Evaluation" in *Handbook of Research on Music Teaching and Learning*, ed. R. Colwell (New York: Schirmer, 1992).

S. J. Scott, "Sessing Student Learning Across the National Standards for Music Education," *General Music Today* 13, no. 1 (1999), 3—7.

Sheila J. Scott, "The Construction and Preliminary Validation of a Criterion Referenced Music Achievement Test Formulated in Terms of the Goals and Objectives of a Kodály – Based Music Curriculum," *Bulletin of the International Kodály Society* 17, no. 1 (1992), 26—32.

J. Smith, "Using Portfolio Assessment in General Music," *General Music Today* 9, no. 1 (1995), 8—12.

Ellen Winner, *Arts Propel: An Introductory Handbook* (Boston: Harvard Project Zero and Educational Testing Service, 1991).

Ellen Winner, Lyle Davidson and Larry Scripp, eds., *Arts Propel: A Handbook for Music.* (Boston: Harvard Project Zero and Educational Testing Service, 1992).

Harvard University, "Harvard Project Zero," http://www. pz. harvard. edu.

Harvard University, "Arts in Education Program" http://www. gse. harvard. edu/ ~ aie_ web.

附录一　课程目标

一年级的课程目标

曲目：儿童作为文化和音乐遗产的守护人

拓展歌唱曲目以增长学生关于儿歌、游戏、童谣、艺术音乐和新创作音乐的知识。

演唱：儿童作为演唱（奏）家

扩展表演技巧，包括：

歌唱

1. 熟知一个包括 30 首民歌、歌唱游戏、古典音乐和新创作的作品的曲目单。
2. 记忆并能够以唱名及节奏名称演唱 10 到 15 首作品。
3. 用准确的音高、清晰的歌词、清晰的发音、歌曲的分句与呼吸、适当的强弱对比与速度演唱每一首歌曲。

分声部合唱

1. 多声部演唱。
2. 练习音程的同时使用手势语。
3. 使用四分音符、八分音符和四分休止符的固定节奏型为歌曲伴奏。
4. 使用 la、so、或 mi 的固定旋律音型为歌曲伴奏。
5. 用简单的节奏或者旋律卡农歌唱熟悉的歌曲。
6. 表演基于已知歌曲的节奏动机的二声部节奏练习。

动作

1. 表演有追逐性的游戏。
2. 表演大风吹游戏。

3．表演简单的直线游戏。

4．表演圆圈游戏。

5．为已知歌曲即兴创作歌词和动作。

乐器

1．学生们用教室里的乐器展示一年级所学的旋律和节奏的概念。

2．学生们用教室里的乐器为歌唱伴奏。

3．学生们用两拍子的节奏指挥。

文学素养：儿童作为有判断力的分析家

节奏元素

1．理解四分音符、八分音符、四分休止符、重拍及小节线的名称和写作标志。用 $\frac{2}{4}$ 拍指挥。

2．有意识地用四分音符和八分音符演奏固定音型。

3．表演二声部的节奏练习和卡农。

4．用四分音符、八分音符和四分休止符即兴创作短小的动机。

5．从拍打的节奏中识别曲调。

6．分辨出一首跳跃歌曲和一首进行曲。

旋律元素

1．用儿歌演唱唱名和手势语（五声音阶的二音音列和三音音列）：

　　　so、*mi*、*la* 和由它们形成的音程

　　　（*so - mi*、*mi - so*、*so - la*、*la - so*、*mi - la*、*la - mi*）

2．学习通过传统节奏谱和五线谱识读 *so*、*mi* 和 *la*。

识读与写作

1．通过手势语、传统的节奏谱和五线谱，读或写出已知的节奏或旋律片段。

2．靠记忆或老师的口述写出节奏型。

3．依靠记忆或通过老师听写，使用符干谱或五线谱写出重点歌曲里的旋律型。

内心听觉

1．通过老师的手势语默唱。

2．用旋律音节默唱已知歌曲。

3．默读部分或全部的用符干谱或五线谱书写的节奏或旋律。

4. 用歌词、节奏音节及唱名音节默唱背过的短小的旋律或节奏动机。

曲式

1. 靠听力或识读识别一首歌曲中相同、相似或不同的乐句。

2. 使用字母描述一种曲式：AABA。

3. 在识读和写作中正确地使用反复记号。

音乐记忆

1. 附和由教师拍打的四拍或者八拍的节奏。

2. 通过手势语记住短小的旋律。

3. 记忆用符干谱或五线谱记谱的已知歌曲中的四拍到八拍的乐句。

4. 说出正确的节奏音节来回应老师拍打的节奏型。

5. 通过符干谱记忆节奏型。

即兴创作/作曲：儿童作为有创意的人群

1. 用节奏乐器即兴创作四或八拍的节奏型。

2. 用拍手或说出节奏音节的形式即兴创作四或八拍的节奏型。

3. 用手势语、手谱或者肢体动作即兴创作短小的音乐动机（*la - so - mi*）。

4. 用人声或者打击乐器为简单的四到八拍的节奏即兴创作五声音阶的二音音列或三音音列旋律（*so - mi - la*）。

5. 为一首已知歌曲中一个或数个小节即兴创作新的节奏和旋律。

6. 用已知节奏型或者旋律型即兴创作问答的动机。

听力：作为聆听者的儿童

拓展听力曲目并复习幼儿园时所学到的音乐概念。

1. 识别课堂曲目、民歌和名曲中的音乐特征。

2. 识别课堂曲目、民歌和名曲中的节奏特征，包括四分音符、八分音符和四分休止符。

3. 开发表现意识的控制力，也就是力度、速度、音色和不同音乐历史时期的名作的鲜明特色。

4. 识别课堂曲目、民歌和名曲中（相同或不同）的曲式。

二年级的课程目标

曲目：儿童作为文化和音乐遗产的守护人

拓展歌唱曲目以增加学生关于儿歌以及相关的文化、艺术音乐和新创作作品的知识。

演唱：儿童作为演唱（奏）家

扩展表演技巧，包括：

歌唱

1. 通过学习 30 至 35 首新的民歌、游戏、卡农和简单的两声部歌曲增加曲目。
2. 能够用节奏名和旋律唱名法歌唱 15 至 20 首歌曲。
3. 通过视唱学习 5 首歌曲。
4. 了解并演唱 3 至 5 首卡农、重唱或简单的两声部的改编歌曲。
5. 以准确的音高、清晰的歌词、清晰的音头、音乐分句/换气、适当的力度和速度演唱所有歌曲。

分声部合唱

1. 唱一首已知歌曲，用卡农拍打其节奏。
2. 分别演唱一首简单的二声部歌曲。
3. 通过以下方式歌唱二声部：
① 五线谱；
② 符干谱；
③ 手势语并分声部转换。
4. 歌唱简单的改编二声部歌曲。

动作

1. 表演选择的游戏。
2. 表演追逐游戏。
3. 表演带有追逐性的圆圈游戏。
4. 表演以拍手和拍身体为打击乐的搭档游戏。
5. 为已知歌曲即兴创作歌词和动作。

6. 用单二拍子、复二拍子和四拍子指挥歌曲曲目。

乐器

1. 学生们用教室里的乐器展示二年级所学的节奏和旋律的概念。

2. 学生们用教室里的乐器为课堂上的歌唱伴奏。

3. 学生们用简单的木琴为课堂上的歌唱伴奏。

文学素养：儿童作为有判断力的分析家

节奏元素

1. 识别和演奏二分音符、全音符、二分休止符和全休止符。数出拍数并用节奏音节识读。

2. 表演二声部的节奏练习和卡农。

旋律元素

1. 复习五声音阶的二音音列和三音音列（ so – mi – la ）。

2. 学习大调五声音阶的唱名音节、手势语以及书写符号。

识读与写作

1. 通过手势语、符干谱和五线谱，识读和写出知名的节奏型或旋律型。

2. 靠记忆或老师的听写写出节奏型。

3. 凭借记忆或通过老师听写，使用符干谱或五线谱写出重点歌曲中找到的旋律音型。

4. 拓展从四拍子到八拍子再到十六拍子的节奏型和旋律型的识读与写作。

5. 用唱名音节视唱旋律性的乐句和歌曲。

内心听觉

1. 默唱已知歌曲，

① 同时表演歌曲的节拍或节奏；

② 不表演歌曲的节拍或节奏。

2. 从符干谱或五线谱里识别出歌曲、节奏型、或旋律型。

曲式

1. 通过识谱来识别一首歌曲中相同、相似或者不同的乐句。

2. 使用字母描述一种曲式：AABA。

3. 运用反复记号 ‖: :‖ 。

4. 学会识读带有第一结尾和第二结尾的谱例。

5. 识别节奏与旋律的变奏。

6. 创造简单的变奏乐句，例如：a a' b a、a a a' a 或 a b a' c 等。

音乐记忆

1. 通过老师的手势语记忆短小的旋律。

2. 记忆符干谱或五线谱记谱的已知歌曲中的四拍到八拍的乐句。

3. 回应教师拍打的节奏型。

4. 回应老师用节奏音节拍打的节奏型。

5. 通过识读符干谱记忆节奏型。

6. 记忆简单的二声部练习。

即兴创作/作曲：儿童作为有创意的人群

1. 通过拍打并使用节奏乐器，或是拍打并说出节奏音节来即兴创作四拍或八拍的节奏型。

2. 使用五声音阶中的二音音列或三音音列（*la - so - mi*）并以手势语、手指谱或身体语言即兴创作短小的音乐动机。

3. 使用人声或者打击乐器为简单的四到八拍的节奏，即兴创作使用了五声音阶的二音音列和三音音列（*so - mi - la*）的旋律。

4. 为已知歌曲中一个或数个小节即兴创作新的节奏和旋律。

5. 用已知节奏型或者旋律型即兴创作问答动机。

6. 在课堂上让学生们轮流即兴创作节奏。

7. 为简单的民歌曲式即兴创作节奏。

8. 为熟悉的歌曲即兴创作节奏型伴奏。

听力：作为聆听者的儿童

拓展听力曲目，并且加强二年级的音乐概念。

1. 识别课堂曲目、民歌和包括五声音阶在内的名曲中的音乐特征。

2. 识别课堂曲目、民歌和名曲中的节奏特征，包括二分音符、全音符、二分休止符和全休止符。

3. 开发表现意识的控制力，也就是力度、速度、音色和不同音乐历史时期的名

479

作的鲜明特色。

4．识别课堂曲目、民歌和名曲中的曲式。

三年级的课程目标

曲目：儿童作为文化和音乐遗产的守护人

拓展歌唱曲目以增长儿童的关于民歌、艺术歌曲和新创作音乐的知识。

演唱：儿童作为演唱（奏）家

扩展表演技巧，包括（1）个人或小组进行和谐优美的歌唱，（2）二声部歌唱，（3）动作，（4）使用课堂乐器，如有音高和没有音高的打击乐器等。

歌唱

1．学习30至50首新的民歌、卡农、游戏和二声部改编歌曲。

2．用唱名和手势语演唱15至20首歌曲。

3．通过视唱学习10至15首歌曲。

4．单独及在小组中演唱歌曲中的问答、回应、游戏等。

合唱

1．多声部演唱。

2．练习音程的同时用上手势语。

3．用包括四分音符、八分音符、四分休止符、一个八分音符后跟着两个十六分音符的组合及两个十六分音符后跟着一个八分音符的组合等固定节奏音型为歌曲伴奏。

4．用带有 *la*、*so*、*mi*、*re*、*do*、低音 *la*、低音 *so* 和高音 *do* 的旋律固定音型为歌曲伴奏。

5．歌唱来源于熟悉的歌曲中的简单节奏卡农和旋律卡农。

6．用已知歌曲中的节奏演唱二声部节奏练习。

动作

1．表演带有追逐性的圆圈游戏。

2．表演选择性的圆圈游戏。

3．表演方向相反的双圆圈游戏。

4．表演可以变换方向及变换搭档的搭档游戏。

5. 表演带有简单方形舞的圆圈游戏。

6. 表演带有行列舞的排排舞。

7. 表演不同文化的游戏与舞蹈。

8. 表演以拍手和拍身体为打击乐的搭档游戏。

9. 为已知歌曲即兴创作歌词或动作。

10. 练习拔河或跳棋等游戏。

11. 指挥简单的单二拍子和复二拍子，还有简单的四拍子。

乐器

1. 学生们用教室里的乐器展示三年级所学的节奏和旋律的概念。

2. 学生们用教室里的乐器为课堂的歌唱伴奏。

3. 学生们用简单的木琴为课堂的歌唱伴奏。

文学素养：儿童作为有判断力的分析家

节奏元素

1. 在四拍子和八拍子的节奏型中练习十六分音符，十六分音符可以是先一个八分音符后跟着两个十六分音符，也可以是先两个十六分音符后跟着一个八分音符。

2. 演唱带有隐性弱起拍和显性弱起拍的歌曲。

旋律元素

1. 复习大调五声音阶的唱名。

2. 能够用扩展的五声音阶的音型表演视唱和手势语。

3. 能够为小调五声音阶表演唱名及手势语。

识读和写作

1. 视谱识读两个声部（最多32拍）。

2. 读出在以 G 为 *do*、F 为 *do* 和 C 为 *do* 的五线谱上的简单的旋律练习的绝对音名。

3. 写作一个简单的旋律，创作一个节奏型或者固定音型作为伴奏。

4. 用传统的节奏记谱法和五线谱记谱法在以 G 为 *do*、F 为 *do* 和 C 为 *do* 等不同调上写出已知歌曲。

5. 在以 G 为 *do*、F 为 *do* 和 C 为 *do* 的五线谱上，为简单的旋律练习写下绝对音名。

内心听觉

1．用唱名音节或节奏名称在脑中默唱歌曲。

2．通过手势语、符干谱或者五线谱用唱名音节或者节奏音节默记简单的两声部练习。

3．不听音高，在老师或者其他学生之后，继续唱出已知歌曲的下一个音的正确音名或唱名音节。

旋律概念中包括：

1．低音 *la*

2．低音 *so*

3．高音 *do*

4．小调五声音阶

节奏概念中包括：

1．十六分音符

2．十六分音符的组合

3．隐性和显性的弱起拍

4． $\frac{6}{8}$ 拍

曲式

1．辨别简单的歌曲曲式（ABAC、AABC、AA'BC）。

2．学会识读音乐谱例中的第一结尾和第二结尾。

3．识别节奏与旋律的变奏。

4．创作简单的曲式表现乐句变奏的形式，例如 AA'BA、AAA'A、ABA'C 等。

记忆

扩展记忆技巧，包括记忆较长段落（8－32 拍）、阅读和写作已经背好的作品、即兴创作、通过音符的唱名写出正确的音名。学生们将可以：

1．通过谱子记忆一个最多 32 拍的节奏型。

2．从记忆中写出 16 拍的歌曲旋律中的简单节奏。

3．给节奏练习加上绝对音名。

4．即兴创作动作表现歌曲的不同部分，如曲式、歌词、旋律或节奏。

5．凭记忆默写音乐文献的主题。

即兴创作/作曲：儿童作为有创意的人群

扩展即兴创作和作曲的技巧，包括三年级程度的歌唱、演奏乐器和动作。学生们将可以：

1. 使用已知的音乐元素，为诗歌或韵律诗即兴创作短小的旋律。

2. 用已知的旋律音节，以简单的歌曲曲式（ABA、AAAB、ABAB）即兴创作旋律（*so*、*la*、*do－re－mi*、*so－la* 和高音 *do*）。

3. 即兴创作反映歌曲曲式的动作。

4. 写下一个简单的旋律，并且创作一个节奏型伴奏或固定音型。

听力：作为聆听者的儿童

拓展听力曲目，加强三年级的音乐概念。学生们将可以：

1. 辨认各种各样的乐器、声音和力度。

2. 辨认在听力例子和熟悉的歌曲中的五声音阶和音调组合。

3. 互相表演。

4. 听别人（其他学生、家长、教师、艺术家）的表演。

5. 聆听和表演三年级概念和元素的民歌、名作、声乐作品、器乐作品。

四年级的课程目标

曲目：儿童作为文化和音乐遗产的守护人

拓展歌唱曲目以增长儿童的关于民歌、艺术歌曲和新创作音乐的知识。

演唱：儿童作为演唱（奏）家

扩展表演技巧，包括（1）个人或小组进行和谐优美的歌唱，（2）二声部歌唱，（3）动作，（4）使用课堂乐器，如有音高和没有音高的打击乐器、木琴和竖笛等。

歌唱

1. 单独及在小组中歌唱问答歌曲、诗歌和副歌以及游戏歌曲。

2. 学习 20 至 25 首以多种文化为基础改编的新歌、卡农、二声部及三声部歌曲。

3. 用唱名歌唱 10 至 15 首歌曲。

4. 视唱学习 10 至 15 首歌曲。

5. 学习 5 至 7 首二声部歌曲。

合唱

1. 多声部演唱。

2. 练习音程的同时用上手势语。

3. 用包括四分音符、八分音符、四分休止符及在一个八分音符后跟着两个十六分的音符或两个十六分音符后跟着一个八分音符的组合中的十六方音符、切分节奏、符点四分音符后跟着八分音符的固定节奏音型为歌曲伴奏。

4. 用带有 *la*、*so*、*mi*、*re*、*do*、低音 *la*、低音 *so*、高音 *do* 和 *fa* 的固定旋律音型为歌曲伴奏。

5. 唱出由熟悉的歌曲衍生而来的简单的节奏或旋律卡农。

6. 演唱基于已知歌曲的节奏的二声部节奏练习。

7. 歌唱和识读二声部歌曲。

动作

1. 表演双圆圈游戏。

2. 表演带有方形舞的圆圈游戏。

3. 表演带有行列舞的排排舞。

4. 表演简单的方形舞。

5. 表演不同文化的游戏与舞蹈。

6. 指挥简单的单二拍子、复二拍子、单三拍子和单四拍子。

乐器

1. 学生们用教室里的乐器例如木琴、钟琴、节奏乐器和竖笛展示四年级所学的节奏和旋律的概念。

2. 学生们用教室里的乐器为课堂的歌唱伴奏。

文学素养：儿童作为有判断力的分析家

扩展在识读和写作音乐时的音乐读写能力。

节奏元素

1. 认识切分节奏中符点四分音符后跟着八分音符和符点八分音符后跟着十六分音符等节奏组合的名称和写法。

2．用上述音符演奏固定音型。

3．表演二声部节奏练习与卡农。

4．从拍打的节奏中辨认出曲调。

5．单三拍子。

旋律元素

1．以 *so* 为主音的五声音阶。

2．以 *do* 为主音的五音音列、六音音列及大调音阶。

3．半音与全音。

4．降 B 和升 F。

识读和写作

1．视谱识读两个声部（最多 32 拍）。

2．用以 G 为 *do*、F 为 *do* 和 C 为 *do* 等不同调，在五线谱上为简单的旋律练习读出绝对音名。

3．写作一个简单的旋律，并创作一个节奏型或者固定音型作为伴奏。

4．用传统的节奏记谱法和五线谱记谱法在以 G 为 *do*、F 为 *do* 和 C 为 *do* 等不同调上写作已知歌曲。

5．用以 G 为 *do*、F 为 *do* 和 C 为 *do* 等不同调，在五线谱上为简单的旋律练习写下绝对音名。

内心听觉

1．用旋律音节或者音名在脑中默唱歌曲。

2．在没有听到音响的情况下，通过手势语、符干谱和五线谱记忆简单的二声部旋律。

3．在没有听到音响的情况下，分别记忆两个声部，并且互换声部。

4．在唱一首歌时，当老师随机停下的时候歌唱下一个音符的正确的唱名音节或音名。

5．用内心听觉歌唱歌曲中指定的小节。

6．在一件打击乐器上演奏老师刚刚唱过的节奏。

7．从老师哼唱的或用乐器演奏的旋律中，识别出以 *do* 为主音的五音音列或六音音列。

曲式

继续识别乐句的曲式。

记忆

1. 从乐谱中记忆最多 32 拍的节奏练习。

2. 凭记忆写出最多 16 拍的简单节奏或旋律。

3. 即兴创作一些包含曲式、旋律、歌词或节奏的音乐。

4. 从音乐作品中记忆节奏或旋律主题。

5. 记忆两声部的歌曲和练习。

即兴创作/作曲：儿童作为有创意的人群

扩展即兴创作和作曲的技巧，包括四年级程度的歌唱、演奏乐器和动作。

1. 用所给的曲式即兴创作几个乐句。

2. 即兴创作一个旋律链，每一个乐句都要从前一个学生结束的音节开始。

3. 用已给的节奏且包含已选择的旋律元素识读一个练习，并即兴创作一个不同的结尾。

① 识读一个练习，在两个指定的地方重新即兴创作。

② 表演四拍和八拍的问答乐句。

③ 在一个四小节的乐句内为空缺的小节即兴创作。

④ 在所给的曲式里，为空缺的部分即兴创作/作曲。

⑤ 用二声部的手势语即兴创作/作曲。

⑥ 即兴创作/作曲短小的节奏卡农。

⑦ 练习 8 拍和 16 拍的问答句型。

⑧ 玩一个"填（小节）空"的游戏。

听力：作为聆听者的儿童

拓展听力曲目，加强四年级的音乐概念。

1. 辨认课堂曲目、民间音乐和名曲中的重要旋律元素，包括五声调式、五音音列和六音音列。

2. 辨认课堂曲目、民间音乐和名曲中的重要节奏元素，包括切分音及附点四分音符和符点八分音符的组合。

3. 开发表现意识的控制力，也就是力度、速度、音色和不同音乐历史时期的名作的鲜明特色。

4. 识别课堂曲目、民歌和名曲中的曲式。

5. 辨认主音、属音和下属音的功能。

五年级的课程目标

曲目：儿童作为文化和音乐遗产的守护人

拓展歌唱曲目以增长儿童的关于民歌、艺术歌曲和新创作音乐的知识。

演唱：儿童作为演唱（奏）家

扩展表演技巧，包括（1）个人或小组进行和谐优美的歌唱，（2）二声部歌唱，（3）动作，（4）使用课堂乐器，如有音高和没有音高的打击乐器和竖笛。

歌唱

1. 学习 20 至 25 首融合各种文化的新歌、卡农及二声部、三声部的改编歌曲。

2. 用唱名演唱 10 至 15 首歌曲。

3. 通过视唱学习 10 至 15 首歌曲。

4. 学习 5 首二声部或三声部的歌曲。

5. 演唱季节性或者假日歌曲。

6. 学习 15 首游戏歌曲。

7. 学习为六年级音乐概念做准备的歌曲。

合唱

1. 练习音程的同时用上手势语。

2. 为一首歌曲伴奏，用上有节奏的固定音型，例如♫；♫；♪♩。

3. 用细分的复节拍为歌曲伴奏。

4. 用带有 *la*、*so*、*mi*、*re*、*do*、低音 *la*、低音 *so*、高音 *do*、*fa*、*ti* 和 *si* 的固定旋律音型为歌曲伴奏。

5. 歌唱来源于熟悉歌曲中的简单的节奏或旋律卡农。

6. 用已知歌曲中的节奏演唱二声部节奏练习。

7. 识读并歌唱二声部歌曲。

动作

1. 表演双圆圈游戏。

2. 表演双直线游戏。

3. 表演简单的方形游戏。

4. 表演简单的方形舞。

5. 表演不同文化的游戏与舞蹈。

6. 指挥单二拍子和复二拍子，以及单三拍子和单四拍子。

乐器

1. 学生们用教室里的乐器展示五年级所学的节奏和旋律的概念。

2. 学生们用教室里的乐器为课堂的歌唱伴奏。

文学素养：儿童作为有判断力的分析家

节奏元素

1. ♫；♫；♪♩。

2. 复拍子（在一拍上的一个音、两个音和三个音）－ $\frac{6}{8}$ 拍。

3. 细分的不规则的复拍子（附点八分音符、十六分音符和八分音符）。

4. 细分的 $\frac{6}{8}$ 拍。

5. 三连音。

旋律元素

1. 高音 *ti*（*la* – *ti* – *do'*）（*do'* – *ti* – *la*）和大调音阶。

2. 自然小调。

3. 多利亚音阶（fi）。

4. 和声小调（si）。

5. 旋律小调。

6. 混合利底亚音阶。

识读和写作

1. 视谱识读两个声部（最多32拍）。

2. 以不同的调在五线谱上为简单的大调、小调及教会调式练习读出绝对音名。

3. 写作简单的大调、小调及教会调式旋律，并创作一个节奏型或者固定音型作为伴奏。

4. 用传统的节奏记谱法和五线谱记谱法在以 G 为 *do*、F 为 *do* 和 C 为 *do* 等不同调上写作已知歌曲。

5. 以不同的调在五线谱上为简单的大调、小调及教会调式旋律练习写下绝对音名。

内心听觉

1. 用旋律音节或者音名在脑中默唱歌曲。

2. 在没有听到音响的情况下，通过手势语、符干谱和五线谱记忆简单的二声部旋律。

3．在没有听到音响的情况下，分别记忆两个声部，并且互换声部。

4．在唱一首歌时，当老师随机停下的时候歌唱下一个音符的正确的唱名音节或音名。

曲式

让学生们分析特定的古典曲式，例如二部曲式、三部曲式、奏鸣曲式和回旋曲式等。

音乐元素

1．和声的功能，大调的一级（I）、四级（IV）和五级（V）。

2．和声的功能，小调的一级（i）和五级（V）。

3．说出音程名称：如大三度、小三度等。

即兴创作/作曲：儿童作为有创意的人群

扩展即兴创作和作曲的技巧，包括五年级程度的歌唱、演奏乐器和动作。

1．用所给的曲式即兴创作乐句。

2．即兴创作一个旋律链，每一个乐句都要从前一个乐句的最后一个音节开始创作。

3．用小调唱简单的大调旋律。

4．用已给的节奏且包含已选的旋律元素识读一个练习，并即兴创作一个不同的结尾。

5．识读一个练习，在两个指定的地方即兴创作。

6．四拍和八拍的问与答。

7．在四个小节乐句内为空缺的小节即兴创作。

听力：作为聆听者的儿童

拓展听力曲目，加强五年级的音乐概念。

1．辨认课堂曲目、民间音乐和名曲中的重要音乐元素，包括五声音阶、三拍子和简单的复拍子。

2．发展表现意识的控制力，也就是力度、速度、音色和不同音乐历史时期的名作的鲜明特色。

3．辨认课堂曲目、民间音乐和名曲中的曲式，包括复二部曲式、复三部曲式、回旋曲式和快板奏鸣曲式。

附录二 按字母顺序排列的列表

一年级歌曲曲目表

歌曲表

A la Ronda Ronda

A Tisket a Tasket

All Around the Buttercup

Bee Bee Bumble Bee

Bobby Shaftoe

Bounce High Bounce Low

Bow Wow Wow

Button You Must Wander

Bye Baby Bunting

Chini, Mini

Clap Your Hands Together

Cobbler Cobbler

Doggie Doggie

Down Came a Lady

Engine #9

Frog in the Meadow

Fudge Fudge

Good Night

Here Comes A Bluebird

Hot Cross Buns

Hush Baby Hush

I Climbed up the Apple Tree

In and Out

It's Raining it's Pouring

Jack And Jill

Johnny's It

Johnny's It

Lemonade

Little Sally Water

Little Sally Water

Lucy Locket

Nanny Goat

Naughty Kitty Cat

No Robbers Out Today

Pala Palita

Pease Porridge Hot

Pica Perica

Pipirigallo

Pipis y Ganas

Queen Queen Caroline

Quien es esa gente?

Rain Rain

Ring Around the Rosie

See Saw

Snail Snail

Starlight, Starbright

Teddy Bear

This Old Man

Tinker Tailor

Two Four Six Eight

We are Dancing in the Forest

歌曲/游戏表

A Tisket a Tasket

All Around the Buttercup

Bounce High Bounce Low

Bow Wow Wow

Button You must Wander

Clap Your Hands Together

Doggie Doggie

Down Came a Lady

Frog in the Meadow

Fudge Fudge

Here comes a Bluebird

In and Out

Johnny's It

Lemonade

Little Sally Water

Lucy Locket

Nanny Goat

Naughty Kitty Cat

No Robbers Out Today

Rain Rain

Ring Around the Rosie

Tinker Tailor

We Are Dancing In The Forest

二年级歌曲曲目表

歌曲表

A Tisket a Tasket

All Around the Buttercup

Are You Sleeping

Blue

Boatman, The

Bounce High Bounce Low

Bow Wow Wow

Button You Must Wander

Bye Baby Bunting

Bye Bye Baby

Clap Your Hands Together

Closet Key, The

Cobbler Cobbler

Cocky Robin

Cumberland Gap

Dance Josey

Deedle Deedle Dumpling (rhyme)

Dinah

Do, Do Pity

Doggie Doggie

Down Came a Lady

Duerme Nino

Duerme Pronto

Fed My Horse

Firefly

Frog in the Meadow

Frosty Weather

Fudge Fudge

Grandma Grunts

Great Big House

Here Comes A Bluebird

Hop Old Squirrel

Hot Cross Buns

Hunt the Cows

Hush Baby Hush

Hush Little Minnie

Ida Red

It's Raining it's Pouring

Johnny's It

Juan Pirulero

Kings Land

Knock the Cymbals

Let Us Chase the Squirrel

Little Sally Water

Long Legged Sailor

Lucy Locket

Mama, Buy Me A Chiney Doll

Matarile

Michael Row the Boat

Mother, Mother

Nanny Goat

No Robbers Out Today

Old Aunt Dinah

Old Brass Wagon

Old Woman

Over in the Meadow

Paw Paw Patch

Rain Rain

Ring around the Rosie

Rocky Mountain

Sammy Sackett

Sea Shell

See Saw

Shanghai Chicken

Starlight, Starbright

Teddy Bear

Ten in the Bed

This Old Man

Tideo

Two Rubble Tum

Wallflowers

Walter Jumped A Fox

Who's that Tapping

歌曲/游戏表

All Around the Buttercup

Are You Sleeping

Bow Wow Wow

Button You Must Wander

Closet Key, The

Dance Josey

Do, Do Pity

Doggie Doggie

Down Came a Lady

Frog in the Meadow

Frosty Weather

Fudge Fudge

Great Big House

Here Comes A Bluebird

Hunt the Cows

Hush Little Minnie

Ida Red

Kings Land

Knock the Cymbals

Let Us Chase the Squirrel

Little Sally Water

Long Legged Sailor

Nanny Goat

No Robbers Out Today

Old Brass Wagon

Old Woman

Over in the Meadow

Paw Paw Patch

Rain Rain

Ring around the Rosie

Rocky Mountain

Two Rubble Tum

Wallflowers

Who's that Tapping

三年级歌曲曲目表

歌曲表

Above the Plain

Acitron de un Fandango

A Don Chin Chino

A Madru Senores

Band of Angels

Band of Angels

Big Fat Biscuit

Billy Boy

Blow Ye winds

Bought Me A Cat

Bow Wow Wow

Bye, Baby Bunting

C – Line Woman

Cape Cod Girls

Charlie Over the Ocean

Chickalileelo

Circle Round the Zero

Cock Robin

Cotton Eye Joe

Cumberland Gap

Cumberland Gap

Dance Josey

Deedle Deedle Dumpling

Deer Chase, The

Dinah

Do, Do Pity

Drunken Sailor

El Coyotito

Fed My Horse

Fire in the Mountain

Firefly

Gallows Pole, The

Golden Ring

Grandma Grunts (variant)

Great Big House

Hambone

Head and Shoulders

Here Comes A Bluebird

Hogs in the Cornfield

Hold My Mule

Hop Old Squirrel

How Many Miles to Babylon?

Hush Little Baby

I Lost the Farmer's Dairy Key

Ida Red

I'll Sell My Hat

Iroquois Lullaby

Jim Along Josie

Jim Along Josie

John Kanaka

Johnny Cuckoo

Johnson Boys

Jolly Miller

Jolly Miller

Kansas Boys

King Kong Kitchie

King's Land

Knock the Cymbals

Land of the Silver Birch

Las Estatuas de Marfil

La Patita

Liza Jane

Lullaby, Little Papoose

Mama, Buy Me A China Doll

Mister Rabbit

Mush Toodin

Oh, Fly Around

Old Betty Larkin

Old Brass Wagon

Old Gray Mare

Old House

Old Molly Hare

Old Mr. Rabbit

Old Sow, The

Old Texas

Over the River

Paw Paw Patch

Phoebe

Poor Little Kitty Cat

Porquoi

Riding in the Buggy

Riding of a Goat

Rocky Mountain

Rosie, Darling Rosie

Sailing on the Ocean

San Serafin del Monte

Santo Domingo

Scotland's Burning

Shanghai Chicken

Shortnin' Bread

Skin and Bones

Skip to my Lou

Skip to the Barbershop

Skipping Rope Song

Swapping Song

Tideo

Turn the Glasses Over

Turn the Glasses Over

Wallflowers

Walter Jumped a Fox

What'll We Do With the Baby – o?

Wildcat

Yangtze Boatman's Chantey

四年级歌曲曲目表

歌曲表

Above the Plain

Ah! Vous Dirai – Je, Mamam

Alabama Gal

All God's Children

Among the Plants (Entra las Matas)

Are You Sleeping

Around the Green Gravel

At the Gate of Heaven

Auld Lang Syne

Autumn Canon

Big Fat Biscuit

Birch Tree

Blow Ye Winds

Boat Drifts Away（Se Va la Barca）

Bound for the Promised

Canoe Round

Ceadar Swamp

Chatter with the Angels

Chicks（Los Pollitos）

Cindy

Circle Round the Zero

Clementine

Cock Robin

Come On（Al Animo）

Come Thru'Na Hurry

Debka Hora

Doll（La Muneca）

Dona，Dona，Dona

Donkey Riding

Donkey Riding

Down in the Valley

Drill Ye Terriers Drill

Drunken Sailor

Gallows Pole，The

Ghost of Tom

Goose Round，The

Greenland Fisheries

Hashivenu

Hey，Ho，Nobody Home

Hill and Gully Rider

Hills of Arraing

Hogs in the Cornfield

Hours（Las Horas）

How My Finger Hurts！（Ay！Que me duele un dedo，tilin）

Hungarian Canon

Hunt the Cows

Hush a Bye

Hush－A－Bye

Hushabye，My Wee One（Arrorro mi nino）

I am the Lamplighter（Yo Soy Farolero）

I Got a Letter

I Lost the Farmer's Dairy Key

I Saw You（Yo te vi）

John Kanaka

Johnson Boys

King Kong Kitchie

Land of the Silver Birch

Let it Rain（Que llueva）

Liza Jane

Long Road of Iron

MammaLama

Matarile Rile Ro

Matarile Rile Ro

May Day Carol

Obwisanna

Oh How Lovely Is The Evening

Oh, Susanna

Old Gray Mare

Old Molly Hare

Old Texas

Over the River (Charlie)

Paw Paw Patch

Pick a Bale of Cotton

Pourquoi

Pretty Saro

Redbirds and Blackbirds

Riding in the Buggy

Round and Round We Go (Toron Toron Jil)

Sail Away, Ladies

Sailing on the Ocean

A Sardine (La Sardina)

Sea Lion Woman

She'll Be Coming'Round the Mountain

Shoo My Love

Sioux Indian Lullaby

Skelaton (La Calavera)

Sour Grapes

Sourwood Mountain

Swapping Song, The

The Streets of Laredo

Tideo

Tom Dooley

Turn the Glasses Over

Viva la Musica

Walter Jumped a Fox

Weevily Wheat

What'll We Do with the Baby – O

When I First Came to This Land

Where are You Going, Vain One? (A'nde va nina coqueta)

Whistle, Daughter, Whistle

Yankee Doodle

歌曲/游戏表

Big Fat Bisquit

Ceadar Swamp

Circle Round the Zero

Come Thru'Na Hurry

Hill and Gully Rider

Hogs in the Cornfield

Hunt the Cows

I Lost the Farmer's Dairy Key

John Kanaka

MammaLama

Obwisanna

Over the River

Paw Paw Patch

Tideo

Turn the Glasses Over

Weevily Wheat

五年级歌曲曲目表

歌曲表

Above the Plain

Ah Poor Bird

Ah! Vous Dirai – Je, Mamam

Alabama Gal

Alleluia

All Day All Night

All God's Children

An Angel Descended (Bajo un Angel del Cielo)

Are You Sleeping

Around the Green Gravel

As I Roved Out

At the Gate of Heaven

Auld Lang Syne

Autumn Canon

Avondale Mine Disaster

Big Fat Biscuit

Birch Tree

Blow Ye Winds

Blue Tail Fly

Boston Beans

Bound for the Promised

Bow Belinda

Canoe Round

Carrion Crow

Cedar Swamp

Charlie Over the Ocean

Charlotte Town

Chatter with the Angels

Chickama Craney Crow

Cindy

Circle Round the Zero

City of Nowhere (La Cuidad "No Se Donde")

Clementine

Cock Robin

Come Thru'Na Hurry

Dance to the Tambourine (Baile de Pandero)

Daughter, Will You Marry?

Debka Hora

De Colores

Dona, Dona, Dona

Donkey Riding

Down in the Valley

Drill Ye Terriers Drill

Drunken Sailor

Dying Cowboy

Early To Bed

Erie Canal

Every Night When the Sun Goes Down

Fly Fly Fly

Gallows Pole, The

Ghost of Tom

Git Along Little Doggies

Go Down, Moses

Goose Round, The

Go To Sleep (Duermete)

Great Big Dog

Greenland Fisheries

Handsome Butcher

HenAy Ma Tov

Hashivenu

Hey, Ho, Nobody Home

Higher the Plan

Hill and Gully Rider

Hills of Arraing

Hogs in the Cornfield

Hungarian Canon

Hunt the Cows

Hush a Bye

Hush – A – Bye

Hushabye My Darling（Duermete mi nino）

I Got a Letter

I Lost the Farmer's Dairy Key

I'm Goin'Home On a Cloud

Inez

Jam on Gerry's Rock

John Kanaka

Johnson Boys

Just Born in Bethlehem（En Belen Acaba de Nacer）

Kings From the East（Los Reyes de Oriente）

King Kong Kitchie

La Bella Hortelana

La Vibora de I Mar

Land of the Silver Birch

Let's Sing, Dance, Learn to Love（Vamos Cantando, bailando…）

Liza Jane

Long Road of Iron

MommaLamma

May Day Carol

Morning is Come

My Good Old Man

My Old Hen

Now Kiss the Cup

Obwisanna

Oh How Lovely Is The Evening

Oh, Susanna

Old Gray Mare

Old Joe Clark

Old Molly Hare

Old Texas

One, Two, Three O'Leary

Over the River（Charlie）

Paw Paw Patch

Pick a Bale of Cotton

Pompey

Pourquoi

Pretty Saro

Quant il rossignols

Redbirds and Blackbirds

Riding in the Buggy

Rise Up, O Flame

Rise Up, Shepherds（Vamos, Pastorcitos）

Row, Row, Row Your Boat

Sail Away, Ladies

Sailing on the Ocean

Sally Go Round the Sun

Scarborough Fair

Sea Lion Woman

Shanghai Chicken

She'll Be Coming Round the Mountain

The Ship That Never Returned

Shoo My Love

Sing and Rejoice

Sioux Indian Lullaby

Sir Eglamore

Skating Away

Skin and Bones

Song of Courtship

Soon (Hasta Pronto)

Sour Grapes

Sourwood Mountain

The Streets of Laredo

The Swapping Song

Sweet Betsy From Pike

Swing Low, Sweet Chariot

Tallis Canon

Three Rogues

This Little Girl (Esta Muchachita)

Tideo

Tom Dooley

Turn the Glasses Over

Underneath the Button (Dejabo un boton)

Viva la Musica

Wake Up Canon

Walk Along John

Walter Jumped a Fox

Weevily Wheat

What'll We Do with the Baby – O

When I First Came to This Land

Whistle, Daughter, Whistle

Who Can Sail

With Laughter and Singing

Wonderous Love

Yankee Doodle

La Zanduga

歌曲/游戏表

Big Fat Bisquit

Ceadar Swamp

Circle Round the Zero

Come Thru'Na Hurry

Hill and Gully Rider

Hogs in the Cornfield

Hunt the Cows

I Lost the Farmer's Dairy Key

John Kanaka

MammaLama

Obwisanna

Over the River

Paw Paw Patch

Tideo

Turn the Glasses Over

Weevily Wheat

附录三　教学歌曲列表

供一年级教学法使用

歌曲名称	重点歌曲

心跳般的简单节拍

Bee Bee Bumble Bee

Bounce High Bounce Low　　　　　　　　　　　☆

Cobbler Cobbler

Engine，Engine #9

Snail Snail　　　　　　　　　　　　　　　　☆

Tinker tailor

心跳般的复合节拍

Here We Go Round the Mulberry Bush

No Robbers Out Today

节奏

Bounce High Bounce Low　　　　　　　　　　　☆

I Climbed Up the Apple Tree

Lucy Locket

Nanny Goat

Rain Rain　　　　　　　　　　　　　　　　　☆

Starlight，Starbright

四分音符和八分音符

♩ ♩ ♩ ♩

Bounce High Bounce Low　　　　　　　　　　　☆

Button

Good Night

Snail Snail ☆

Starlight，Starbright

Tinker tailor

Two Four Six Eight

♩♩♩♫♩

Bee Bee Bumble Bee

Queen Queen Caroline

Rain Rain ☆

See Saw

♫♫♫♩

All Around the Buttercup

Bee Bee Bumble Bee

Bobby Shaftoe

Bow Wow Wow ☆

Cobbler Cobbler

Doggie Doggie

Engine，Engine #9

Good Night

I Climbed Up the Apple Tree

Johnny's It

In and Out

Nanny Goat

Rain Rain ☆

See Saw

Snail Snail

Starlight，Starbright

We Are Dancing in the Forest

♫♫♩♩

Bobby Shaftoe

Bounce High Bounce Low ☆

Button

Clap Your Hands Together

Frog in the Meadow

Here Comes a Bluebird

Little Sally Water

Lucy Locket

Ring Around the Rosie

Shovel Little Shovel

（Pala Palita）

♩♫♩♩

Bye Baby Bunting

Down Came a Lady

Frog in the Meadow

Here Comes a Bluebird

so – mi

so mi so mi

Good Night

A Nip and a Peck（Pica Perica）

Pipis y Ganas

Snail Snail   ☆

Tinker tailor

Who are These People（Quien es esa Gente?）

so mi so – so mi

Rain Rain   ☆

See Saw

Lemonade

so – so mi – mi so – so mi

Doggie Doggie

Good Night

See Saw

so – mi so so – mi so

In and Out

This Old Man

休止符

♩ ♩ ♩ ♪

All Around the Buttercup

Bow Wow Wow

Down Came a Lady

Hot Cross Buns   ☆

Pease Porridge Hot

♩ ♫ ♩ ♪

Frog in the Meadow

Peas Porridge Hot

♫ ♫ ♩ ♪

Clap Your Hands Together

Naughty Kitty Cat

Who are These People（Quien es esa Gente？）

la

so mi – la so mi

Little Rooster（Pipirigallo）

so la so mi

Bounce High Bounce Low   ☆

Starlight，Starbright

so – so la – la so mi

Bobby Shaftoe

Bounce High Bounce Low   ☆

Lucy Locket

Round and Round（A la Ronda Ronda）

so – so la – la so – so mi

Bobby Shaftoe

Chini，Mini

Snail Snail   ☆

Starlight，Starbright

We Are Dancing in the Forest

so – so la – la so – so mi – mi

Lucy Locket

We Are Dancing in the Forest

so so – la so mi

Bye Baby Bunting

Here Comes a Bluebird

so – so so – la so mi

A Tisket a tasket

Bye Baby Bunting

Doggie Doggie

Fudge Fudge

Here Comes a Bluebird

Hush Baby Hush

It's Raining it's Pouring

Johnny's It

Little Sally Water

Nanny Goat

No Robbers Out Today

Rain Rain   ☆

Ring around the Rosie

两拍子

Bounce High Bounce Low   ☆

Button

Nanny Goat

See Saw

Starlight，Starbright

This Old Man

双复合节拍

Jack and Jill

No Robbers Out Today

供二年级教学法使用

歌曲名称   **重点歌曲**

两拍子的复习

Bounce High Bounce Low

Button

Nanny Goat

See Saw

Starlight，Starbright

This Old Man

Clap Your Hands Together

Cobbler Cobbler

Johnny's It

Lucy Locket

Teddy Bear

do

so mi do

Old Woman

Wallflowers

Mother，Mother

Bow Wow Wow   ☆

do－mi－so

Dinah

Knock the Cymbals   ☆

Michael Row the Boat

Rocky Mountain   ☆

so do

Hunt the Cows

Juan Pirulero

Kings Land

Over in the Meadow（第三乐句）

Ring around the Rosie

Sleep, Little One（Duerme nino）

Two Rubble Tum

do so

Grandma Grunts

Sea Shell

Who's that Tapping

do mi so la

Michael Row the Boat

Rocky Mountain   ☆

二分音符

♩

Are You Sleeping

Let Us Chase the Squirrel

Bye Bye Baby

Blue

Here Comes A Bluebird   ☆

Who's that Tapping

re

mi re do

Frog in the Meadow

Hop Old Squirrel

Hot Cross Buns   ☆

Ten in the Bed

do re mi

Boatman，The

Closet Key，The

Long Legged Sailor

so mi re do

Blue

Bye Bye Baby

Frosty Weather

do re mi so

Go To Sleep Now（Duerme Pronto）

Grandma Grunts

Let Us Chase the Squirrel

Matarile

Old Aunt Dinah

Sammy Sackett

Who's that Tapping

la so mi re do

Cocky Robin

Do，Do Pity

Great Big House

Here Comes A Bluebird

Hush Little Minnie

Rocky Mountain   ☆

do re mi so la

Bow Wow Wow   ☆

Button You Must Wander

Juan Pirulero

Knock the Cymbals

Sleep，Little One（Duerme nino）

$\frac{6}{8}$拍子

$\frac{6}{8}$

Here we go round the Mulberry bush   ☆

No Robbers out today

十六分音符

♩♩♩♩

第一拍上的十六分音符

Dance Josey

507

Deedle Deedle Dumpling（押韵）

Dinahó

Old Brass Wagon

Tideo

第三拍子的十六分音符

Cumberland Gap

Paw Paw Patch ☆

第二拍子上的十六分音符

Paw Paw Patch ☆

Shanghai Chicken

第一拍、第二拍或第三拍上的十六分音符

Walter Jumped a Fox

do 五声音阶（为音符名称所用）

Bow Wow Wow ☆

Fed My Horse

Firefly

Great Big House

Here Comes A Bluebird

Ida Red

Knock the Cymbals

Mama，Buy me A Chiney Doll

Rocky Mountain ☆

$\frac{4}{4}$拍子

$\frac{4}{4}$

All Around the Buttercup

Bow Wow Wow ☆

Down Came A Lady

Here Comes A Bluebird

Hot Cross Buns ☆

Knock the Cymbals　　　　　　　　　　　　☆

Sammy Sackett

Who's That Tapping

全音符

。

Alabama Gal

Au Clair de la Luna

All God's Children

I Got A Letter　　　　　　　　　　　　☆

May Day Carol

Tom Dooley

供三年级的教学法使用

歌曲名称　　　　　　　　　　　　重点歌曲

do 五声音阶

Rocky Mountain　　　　　　　　　　　　☆

Bow Wow Wow

Fed My Horse

Firefly

Great Big House

Here Comes A Bluebird

Ida Red

Knock the Cymbals

Mama，Buy Me A Chiney Doll

Sailing on the Ocean

Dance Josey　　　　　　　　　　　　☆

Chatter with the Angels

Turn the Glasses Over

一个八分音符后紧跟着两个十六分音符

♪♫

在第二拍上的一个八分音符后紧跟着两个十六分音符

Fed My Horse   ☆

Mama, Buy Me A Chiney Doll   ☆

Johnny Cuckoo

Walter Jumped A Fox

在第一拍上的一个八分音符后紧跟着两个十六分音符

Chickalileelo

Drunken Sailor

Fire in the Mountain

Golden Ring

How Many Miles to Babylon?

Hogs in the Cornfield

Oh, Fly Around

St. Serafin of the Mount (San Serafin del Monte)

Wallflowers

Wildcat

第三拍上的一个八分音符后紧跟着两个十六分音符

Deer Chase, The

Hush Little Baby

Skipping Rope Song

Swapping Song

Hogs in the Cornfield

低音 *la*

la,

re - do - la,

Grinding Corn

Phoebe in her Petticoat   ☆

Poor Little Kitty Cat

Skin and Bones

Walter Jumped A Fox

Yangtze Boatman's Chantey

510

do − la , − do

Big Fat Biscuit

Cock Robin

Gallows Pole, The

Hambone

Jim Along Josie

Land of the Silver Birch

Lullaby, Little Papoose

Mush Toodin

Old House

Old Mr. Rabbit

Rosie, Darling Rosie

Sioux Indian Lullaby

Skip to the Barbershop

re − la , − do

C − Line Woman

Iroquois Lullaby

la 五声音阶

C − Line Woman

Cock Robin

Gallows Pole, The　　　　　　　　　　　　　　☆

Land of the Silver Birch

Walter Jumped A Fox

两个十六分音符后紧跟着一个八分音符

♫♪

第三拍上的两个十六分音符后紧跟着一个八分音符

Do, Do Pity　　　　　　　　　　　　　　　　☆

Cumberland Gap

Grandma Grunts（变奏）

Hop Old Squirrel

Jim Along Josie

第一拍上的两个十六分音符后紧跟着一个八分音符

Kansas Boys

Old Betty Larkin

Over the River

Walter Jumped a Fox

第二拍上的两个十六分音符后紧跟着一个八分音符

Bought Me A Cat

Hogs in the Cornfield   ☆

Ida Red

Old Molly Hare

Skip to my Lou

Skipping Rope Song

低音 s

s,

do – la , – so ,

Dance Josey   ☆

Band of Angels

Chatter with the Angels

Cotton Eye Joe

Head and Shoulders

Hold My Mule

King Kong Kitchie

Old Gray Mare

Over the River

Riding of a Goat

Sailing on the Ocean

Turn the Glasses Over

do – so ,

Charlie Over the Ocean

Jolly Miller

Little Leg（La Patita）

Old McDonald

Old Sow，The

Old Texas

Scotland's Burning

so，－do－mi

Ivory Statues（Las Estatuas de Marfil）

Little Coyote（El Coyotito）

so，－do－re－mi

Acitron de un Fandango

Santo Domingo

St. Serafin of the Mount（San Serafin del Monte）

so，－la，

C－Line Woman

单个八分音符的隐性弱起拍

♪

Old Mr. Rabbit   ☆

Bye，Baby Bunting

Do，Do Pity

Fed My Horse

King's Land

Over the River

单个四分音符的隐性弱起拍

♩

Turn the Glasses Over   ☆

高音 d

d'

do'－la－so

Hogs in the Cornfield   ☆

Cape Cod Girls

John Kanaka

Porquoi

Riding in the Buggy

Shortnin'Bread

What'll We Do With the Baby – o ?

do'– so – la

Circle Round the Zero

I Lost the Farmer's Dairy Key

Liza Jane

Tideo

单个四分音符的显性弱起拍

♩

I'll Sell My Hat   ☆

Blow Ye winds

两个八分音符的显性弱起拍

♫

Band of Angels   ☆

Billy Boy

Mister Rabbit

单个八分音符的显性弱起拍

♪

Jolly Miller   ☆

Above the Plain

$\frac{6}{8}$拍子

$\frac{6}{8}$

Row，Row，Row Your Boat   ☆

供四年级教学法使用

歌曲名称   重点歌曲

切分音

♪ ♩ ♪
♪♪ ♪♪ ♩

Come Thru'Na Hurry

Canoe Round　　　　　　　　　　　　　　☆

Tom Dooley

Weevily Wheat

♪♩ ♪♫♩

Canoe Round　　　　　　　　　　　　　　☆

Riding in the Buggy

Shoo My Love

♪♩ ♪♩

All God's Children

Canoe Round　　　　　　　　　　　　　　☆

Lil Liza Jane

Riding in the Buggy

♪♩ ♪♩ ♩

Hill and Gully Rider

Riding in the Buggy

la 五声音阶

C – Line Woman

Cock Robin

Gallows Pole，The　　　　　　　　　　　☆

Land of the Silver Birch

Walter Jumped A Fox

附点四分音符后紧跟着一个八分音符

♩♪♫♫

John Kanaka

Hush a bye

其他音型

Liza Jane　　　　　　　　　　　　　　　☆

Above the Plain

Big Fat Biscuit

fa

so – fa mi

Ah！Vous Dira – Je Mamam

Goose Round

Hungarian Canon   ☆

Mamalama

Redbirds and Blackbirds

Whistle Daughter Whistle

mi – fa – so

Are You Sleeping

La Calavera（Skelaton）

Redbirds and Blackbirds

do – re – mi – fa – so

Ay！Que me duele un dedo, tilin（How My Finger Hurts！）

Entra las Matas（Among the Plants）

La Muneca（Doll）

Matarile Rile Ro

Que llueva（Let it Rain）

Se Va la Barca（Boat Drifts Away）

Yo Soy Farolero（I am the Lamplighter）

Yo te vi（I Saw You）

do – re – mi – fa – so – la

Al Animo（Come On）

A'nde va nina coqueta（Where are You Going, Vain One？）

Arrorro mi nino（Hushabye, My Wee One）

Los Pollitos（Chicks）

Toron Toron Jill（Round and Round We Go）

其他音型

Old Molly Hare

When I First Came to This Land

516

$\frac{3}{4}$ 拍子

$\frac{3}{4}$

Around the Green Gravel

Down in the Valley

Hills of Arriang

La Calavera（Skelaton）

Oh How Lovely Is the Evening   ☆

Streets of Laredo，The

$\frac{6}{8}$ 拍子

$\frac{6}{8}$

Early To Bed

供五年级教学法使用

歌曲名称   重点歌曲

低音 t,

t,

do ti, do

At the Gate of Heaven

When I First Came to This Land

do ti, la,

Autumn Canon

Birch Tree   ☆

Blow Ye Winds

Bound for the Promised Land

Debka Hora

Drill Ye Terriers

Drunken Sailor

Greenland Fisheries，The

Hunt the Cows

Hush – A – Bye

Sour Grapes

Viva la Musica

la，– ti，do

Dona，Dona，Dona

Ghost of Tom

Hey，Ho，Nobody Home

Hashivenu

Swapping Song

Yankee Doodle

so，– ti，– do

Las Horas（Hours）

Old Molly Hare

Paw Paw Patch

Pick a Bale of Cotton

附点八分音符后紧跟着一个十六分音符

♪♫

Donkey Riding   ☆

Circle Round the Zero

Sail Away Ladies

ti 的大调音阶歌曲

la，– ti，– do

Alleluia

An Angel Descended（Bajo un Angel del Cielo）

Wake Up Canon

Blue Tail Flywhole song

Hushabye My Darling（Duermete mi nino）

Rise Up，O Flame

Soon（Hasta Pronto）

Three Rogues

Let's Sing，Dance，Learn to Love（Vamos Cantando，bailando…）

do – ti，– la，

Ship That Never Returned，The

Handsome Butcherwhole song

Alleluia

Wake Up Canon

Birch Tree，The

Three Rogues

ti – so

Sweet Betsy from Pike

ti，– do

Just Born in Bethlehem（En Belen Acaba de Nacer）

City of Nowhere（La Cuidad "No Se Donde"）

mi'– ti

Bound for the Promised Land

My Old Hen

so – ti – do

Go To Sleep（Duermete）

Rise Up，Shepherds（Vamos，Pastorcitos）

Do 五声音阶

This Little Girl（Esta Muchachita）

Underneath the Button（Dejabo un boton）

八分音符后紧跟着一个附点四分音符

♪ ♩.

Charlotte Town　　　　　　　　　　　　　☆

Shanghai Chicken

All Night All Day

♪ ♩. ♩ ♩

Erie Canal

♪ ♩. ♩

My Good Old Man

All Night All Day

Erie Canal

其他音型

Erie Canal

Great Big Dog

Go Down, Moses

Swing Low, Sweet Chariot

Walk Along John

When I First Came to this Land

自然小调

Autumn Canonwhole song

Hush a Bye

Boston Beanswhole song

Hashivenuwhole song

Fly Fly Fly

复合节拍

$\frac{6}{8}$

An Angel Descended (Bajo un Angel del Cielo)

City of Nowhere (La Cuidad "No Se Donde")

Row, Row, Row Your Boat

Charlie Over the Ocean

Chickama Craney Crow

One, two, three O'Leary

Pompey

Skin and Bones

Skating Away

De Colores

Early to Bed

Henry Ma Tov

Sing and Rejoice

fi 多利安唱名音节

Scarborough Fair

Bow Belinda

Carrion Crowwhole song

Dance to the Tambourine（Baile de Pandero）

Drunken Sailor

Kings From the East（Los Reyes de Oriente）

Song of Courtship

Wondrous Loved

不均等的 $\frac{6}{8}$ 拍子

♪♪♪

Row, Row, Row Your Boat

Hashevinu

Sir Eglamore

Git Along Little Doggies

Now Kiss the Cup

O How Lovely

si 和声小调

Ah, Poor Bird   ☆

Dance to the Tambourine（Baile de Pandero）

Go Down Moses

Inez

Kings From the East（Los Reyes de Oriente）

La Zanduga

复合节拍

♫♫ ♫

Troubadour Song "Quant il rossignols"

With Laughter and Singing

Higher the Plan

Morning is Come

旋律小调

Tallis Canon

Who Can Sail?

三连音

Daughter, Will You Marry?

Every Night When the Sun Goes Down

La Bella Hortelana

La Vibora de l Mar

Sally Go Round the sun

混合利地亚调式

As I Roved Out

Avondale Mine Disaster

Dying Cowboy

Git Along Little Doggies

I'm Goin'Home On a Cloud

Jam on Gerry's Rock

Old Joe Clark

附 录 四

一年级月计划

月份	歌曲目录	准备	呈现	练习	识读	写作	即兴创作	合作训练	记忆	内心听觉	曲式	听力	检测错误
九月	复习幼儿园时学过的概念和元素，并学习新的曲目。												
十月	蜜蜂蜜蜂 跺得高、跺得低 鞋匠鞋匠 第九号发动机 蜗牛、蜗牛 铁匠、掷毽					老师：在黑板上画出句子。学生：把心形节拍标注在句子下方。				复习：用内心听复习已知的歌曲。	复习已知曲式。	发展表现方面的元素，例如节奏、力度、和音色等意识。	
					学生：当一部分人拍打节拍的时候另一些人拍节拍打心形心跳脉搏，使用：①自己的身体②乐器。		学生：为节拍即兴创作动作。	老师或学生：当其他学生在乐器上表现节拍的同时用以下方式唱已知歌曲：①小组②个人		学生们在头脑中同时默唱歌曲的同时根据老师的变换指示在藤盖上或用木上来敲打练习心跳脉搏。	学生：确认歌曲的曲式并用不同的形状标示不同的形状或不同的曲式。		
	晨间正 喔、小鸡 航海的查理 鸡、鹅与马驹 奥利弗克伦威尔 农夫在小溪谷				学生：在唱已知歌曲的同时①在黑板上或练习本上②在乐器上拍打心形心跳脉搏的图表	老师：歌唱或是在钢琴或竖笛上演奏已知歌曲并让小学生在黑板上写出节拍。学生：在黑板上写出节拍。	学生：在身体的不同部位即兴拍打已知旋律的节拍。	学生：唱已知歌曲的同时根据老师的变换指示在身体的不同位置打节拍。		老师：用"loo"歌唱歌曲的同时让学生们在藤盖上或木器上敲打节拍并确认是什么歌曲。	学生：在黑板上的已知歌曲上画出每个句子的下拍并写出正确的节拍数字。		
							学生：在其他学生打节拍的同时轮流在鼓上即兴创作。	学生：歌唱的同时跺出节拍。					
								学生：合唱（多声部）歌唱。					

523

月份	歌曲	节奏	音准	音准最好的歌唱		复习：用内心所复习已知歌曲的方式复习已知歌曲。	发展表现方面的元素：例如节奏、力度和音色等意识。
十月	图着金风光、蜜蜡蜜蜡、波比·沙夫逊、跳得高，跳得低、汪汪汪、纽扣、你一定在想、鞋匠鞋匠、小狗，小狗、发动机，第九号发动机、晚安、睡个好觉、我爬上了苹果树、进进出出山羊保罗、温尼，换帽了、卡罗摩王后、雨，雨快离开、跳跳板、蜗牛，蜗牛、闪亮的星光、铁匠，铁匠、二四六八我们在、森林中跳舞	一拍上的一个音或两个音	四分音符和八分音符	学生：当一部分人拍打节奏的出句子时候另一些人拍节奏的图表，使用：①自己的身体②乐器。 学生：在唱已知歌曲的同时在黑板上演奏已知歌曲并让个别学生在黑板上写出节拍。 老师：在黑板上画学生：把心形节拍标注在句子下方。 老师：歌唱或在演奏已知歌曲的不同部位即兴根据老师的变奏指示在身体的不同部位拍打节奏。 学生：当其他拍节奏的同时轮流放在拍子上即兴创作。	老师或学生：当其他学生在乐器上表现节拍的同时用以下的方式唱已知歌曲：①小组②个人 学生：在身体的不同部位即兴拍打节奏。 学生：歌唱的同时拍节拍。 学生：合声（多声部）歌唱。	学生们在头脑中同时歌唱歌曲的同时用不同的曲式来标示并相同的形状在黑板上或用变奏指示在练习本上来敲打心跳脉搏。 学生：在黑板上为已知歌曲上画出相同或不相同的曲式。 老师：用"loo"歌唱歌曲的同时让学生们或乐器上敲打的下拍并确认是什么节拍。 学生：确认并用歌曲的下句子在每个句子的下方写出正确的数字。	
十一月	小狗，小狗、晚安，睡个好觉进、进进出出、柠檬汁、雨，雨快离开、跳跳板、蜗牛，蜗牛、这个主人、铁匠，铁匠、森林中跳舞	so - mi	so - mi	一个四分音符和两个八分音符 学生：从①辅助工具①抽认卡②黑板②黑板上③练习本①练习本③在练习本上认读4拍的节①老师所（听写）的节奏中写出奏型②老师的敲打/拍打节奏（所写）中用符干记谱法和传统节奏记谱法写出4拍的节奏型	学生：从①辅助工具②黑板上③练习本上 学生：在学习曲式的过程中即兴拍打节奏的同时另一半学生拍打节奏形式 个别学生在演唱的同时拍打节奏和名称跟着拍打节奏。	学生：根据黑板上的节奏模式认一首歌曲的曲式。 学生：确认并用同及不同的地方。 学生：确认重复的地方。	学生：在学习曲式的过程中找出错误的节奏模式。 老师：唱一首即将要在教授一个新的概念时使用的歌，比如做操《Do Do Pity my Case》不好 老师：给全班上唱一首大家喜欢的歌。

月份	曲目			
	爱国歌曲:汤姆小调 星条旗永不落 天佑美国 这是你们的国家	学生：从 ①辅助工具 ②黑纸上 ③练习本上 ④老师的藏打/拍打 节奏所写中 用符干谱记法和传 统节奏记谱法写出 已知歌曲的节奏。	学生：互相听 应树和来重复前 4拍的节奏热后 创作下一个4拍 的节奏	学生：根据老师 拍打的节奏演唱 一首歌曲。	学生歌唱并： ①用胸膛拍手/ 拍脚来拍打节拍 ②用拍手/拍脚来 打节奏。
			学生：创作一 个8拍或16拍的 模式并和另一个 学生以卡农的形 式演唱。	老师和学生演唱 一个节奏卡农。	学生：听一个（用 夹子）的演奏并 且确认以下段落 的曲式： ①俄罗斯舞曲 ②中国舞曲 ③进行曲
			合声演唱已知曲 目。		
十二月	**复习并准备期末音乐会**				
一月	**复习并教授新的曲目**				
二月	图看金凤花 汪汪汪 来了不高贵的女 土 热十字包 皮肤的热棉 草地里的青桂 拍手歌 一只手箱	四分休止符 so - mi 四分休止 符，即1个 拍子上一个 音都没有	学生：在 ①黑板上旋律谱 的图片卡 ②以唱名音节所 标识的符干谱和传 统的符干谱和传统 节奏谱上 ③五线谱上 ④符干谱和五线 谱上演奏或敲击 以唱名音节和手 势语识读s-m模式	学生：在一首已知 （有音高的）歌曲的 短缺的唱名音节。	老师把学生唱的 首即将要学习的已 知歌曲的旋律轮廓 图标写在黑板 上，让学生用内 心听力辨别这首 曲。	学生：纠正黑 板上错误的已 知旋律的轮廓 图表。

			学生：在一个 s-m旋律 （有音高的）打 击乐器上即兴一 个s-m旋律	一部分学生在用 唱名唱出一个A乐句 时，另一部分 级让个别学生即 兴B乐句。	老师把一首已知的 s-m模式写在黑板 上，让学生即兴 并拍打节奏的同时 学生拍节拍， 然后互换。	老师给学生唱一 首即将要学习的已 知歌曲。比如： ①《汪汪汪》 ②《妈妈给我买 了一个中国娃娃》
				老师：播放一 首已知歌曲或唱 歌曲并让出小节 几个小节的节奏 并让学生的即兴 新的节奏	学生：当一半学生唱 歌曲中的音乐/拍节奏 节奏的同时，另 一半学生： ①用唱名音节唱 语或歌词说s-m模式 ②在木乐器上演 奏s-m模式	③《皮肤与骨头》 ④《奶奶的呼唤 声》 ⑤《美丽的亚美 利加》
				老师：在钢琴或五 线谱和五线 谱上让个别学生 以唱名音节和手 势语识读s-m模 式。	学生通过分辨练 式中记忆 一首歌曲。	老师把不同的 s-m模式写在黑 板上，让学生唱出 不一样的组合模 式。 讨论其不同曲 式。

时间	新内容		根据	学生/老师活动		曲目举例	辨别活动
			①黑板上旋律轮廓的图标 ②符干谱 ③传统节奏谱上	学生：写出s-m模式，在打拍的同时演示出其旋律轮廓。 学生：在一首歌曲的歌词下方写出缺的音名音节，学生以唱名音节识读s-m模式。	老师在黑板上写将级分成两个出拍认卡上的各部分，让学生们种s-m模式并在打节奏时同时演示出两个不同的模式组合。的s-m歌曲。 学生演唱一个双声部的练习。	学生根据老师的歌唱辨别s-m歌曲式。	利奥波德·莫扎特《玩具交响曲》；莫扎特《第一交响乐》
			①五线谱 拍打节奏的同时，学生以唱名音节识读s-m模式。				学生：辨别老师在s-m模式中哪里唱得不对。
	La：一个比so高一级的音						
三月	晚霞高、晚霞低 露得西的钱袋 雨、雨快离开 跳跳板 蜗牛、蜗牛 闪亮的星光	四分休止符 从	①黑板上 ②辨认卡片中 ③练习本中 ④图表上 用符干谱在黑板上写出4拍模式 识读4拍子的节奏模式。 同时用手势语练习音程。	学生：在学习式的过程中即兴一个4拍的模式 学生：创作一首歌曲中十六分音符的模式并和另一个学生用卡农的方式演唱它	学生：在学习一首歌曲的过程中即时记忆歌曲的节奏	学生：辨认一首歌曲的曲式	莫扎特小步舞曲与作品315A
				学生：写出已知歌曲的节奏 学生：互相应酬和来重复前4拍的节奏然后创作下一个4拍的节奏。	学生：分两个小组演唱 ①用节奏相同度的不同歌曲 ②同时演唱节奏 和声 用以下的固定音型作为一首歌曲伴奏：	老师和学生演唱一首歌曲卡农。	学生：根据黑板上的节奏型模式辨认一首歌曲 贝多芬第七交响曲乐：小快板
						老师：唱一首大家喜欢并且即将要数授的歌曲个动机变换节奏。 老师：唱一首歌曲，为每首帕特里克兰找出一首多彩的歌曲。	学生：学习发展不同的节奏模式创作不同曲式的反复练习 莫扎特"小星星"变奏曲

月份	歌曲	概念	学生从	学生用	学生在有音高的打击乐器上	用s-s-m模式	学生记忆黑板上	学生：辨认及	学生：唱一首歌	老师哼唱一首知名的音乐选段	学生：找出老师
四月	跳得高、跳得低 纽扣，你一定在想 山羊保姆 跳跳板闪亮的星光 这个老人	两拍的拍号 La 两拍的拍号带有反复记号的脚踬prise及跳跃的两拍模式 6/8 强拍与弱拍 的符及脚踬prise的两拍子的歌曲	①抽认卡 ②老师的手势语 ③作业 ④黑板 ⑤练习本 学生从图表中识读在标有唱名音符的干谱、音节的符干谱和传统节奏谱和五线谱上的各种4到8拍子的 m-s-l 模式。	①标有唱名音符的符干谱和传统节奏谱 ②五线谱 写出歌曲的选段 学生把歌曲动机从干谱转换到五线谱上。	的打击乐器上即兴演出 ①4 拍 ②8 拍 的 s-t-s-m 模式。	在 ①符干谱 ②五线谱上 进行两声部的练习。 用唱名音节练习 m-s-l 模式的旋律卡农。	的一首歌曲，然后背对黑板唱这首歌曲，同时以两首歌曲选段绘成图表。	在五线谱上把两首不同的 m-s-l 拍的同时拍打 B 乐句的节奏。 学生 - 分析不同歌曲的各种曲式。	在拍打 A 乐句的节奏后背对黑板唱这首歌，同时以两歌曲选段拍的方式指挥。	的音乐选段让学生试着记忆。 老师·介绍交响乐中的乐器种类。	的演奏段中的竖笛的错音。
五月六月	拍手歌 鞋匠，鞋匠 强尼，换你了 露西和吉尔的钱袋 泰迪熊 6/8 拍子的歌曲 杰克和吉尔 皮肤与骨头 燕麦、豌豆、豆类 再见，宝贝 小茉莉水 燕麦、豌豆、豆类和大麦		①抽认卡 ②老师的手势语 ③作业 ④黑板 ⑤练习本 学习在标有唱名音符的干谱、传统节奏谱和五线谱上的已知与未知的 m-s-l 模式。	根据老师的用 m-s-l 模式的： ①竖笛演奏 ②钢琴演奏 ③中性音节唱歌 在五线谱上写音乐模式。	用 m-s-m 模式的 进行： ①4 拍 ②8 拍 的向问答练习。	把班级分成两组，在以唱名音节唱歌已知歌曲的一半人打节奏，另一半人用脚打或成脚踏节拍。让一个学生指挥并随时更换两组的角色。		学生：辨认、比较，及标示： ①乐句的升号 ②每个乐句的节奏 ③歌曲的唱名		老师：给班级上。 学生唱他们即将要学习的歌曲 ①知更鸟来了 ②如更鸟来了 ③纽扣，你一定在想 ④鼓锤 ⑤爬墙花	老师：找出老师用中性音节歌唱的首音。 学生：找出老师歌唱的错音。

复习并准备春季期末音乐会。教授新的曲目。

二年级月计划

月份	歌曲目录	准备	呈现	练习	识读	写作	即兴创作	合作训练	记忆	内心听觉	曲式	听力	检测错误
九月	复习一年级时学过的概念和元素，并学习新的曲目。												
十月	汪汪汪 殿钹 苏塞山脉 老妇 妈妈，妈妈 爬墙花 国王的土地 草地里 两个翻滚的石头 围着玫瑰转啊转 找牛 奶奶的呼噜声 跷跷板 是谁在敲窗 桑德 麦克划船上上岸 节日歌曲： 巫婆亚婆 南瓜南瓜 鸡、鹌与乌鸦	d	d	多拍子	从 ①符干谱 ②老师的手势语 ③音级阶梯 ④五线谱 复习已知歌曲。学生：在符干谱和五线谱上识读已知和未知的素材。学生：用 m-l 音程识读模式。从 ①符干谱 ②老师的手势语 ③音级阶梯 ④五线谱 学习未知歌曲。	从 ①符干谱 ②五线谱 ③符干谱转换为五线谱 为五线谱学习包含 d 音的歌曲。老师：在钢琴上即兴奏一个旋律，然后让学生们辨认并打出节奏。还要让学生们辨认出在什么地方反复并使用反复记号再写一次。学生：在钢琴上即兴奏一个旋律，然后让学生们认识并打出节奏。	练习4拍子的问答练习。用 d 作为答句的手势结尾。学生：在节奏型乐器和打击乐器上即兴打出节奏模式和 m-s-l 模式。固定音型： -l z z l / -l l z l 学生：在两个4拍子节奏模式之间即兴一个句子。学生：在一首已知歌曲中兴一个句子。	使用唱名卡练习。旋律卡片。根据老师的手势练习二声部歌唱。学生：歌唱音谱子上的两拍子的旋律卡片。学生：在老师唱一首歌曲的同时演奏黑板上的一个固定音型，然后互换。用 m-s-l 的音型即兴。固定旋律为伴奏。	用 do 回应歌唱 4拍子的旋律模式。老师用中性音节的演唱。用唱名和手势语回应唱。老师和学生演唱节奏卡片。班上学生互相唱节奏卡次。	4拍子的旋律模式和旋律的听写。①符干谱 ②五线谱 ③老师的手势语 分辨出是什么歌曲。学生：在想着黑板上的一个两拍的节奏模式，然后让其他学生辨别出是什么歌曲。将歌曲的选段和图表中的歌曲轮廓配对。		①英托芬的第一交响乐 ②海顿的"惊愕"交响曲第二乐章 老师唱一首音像《青蛙先生的婚礼》的歌曲并展示这个故事。老师：唱一首歌给全班上。《跟着葫芦》(美国黑人民歌)。老师：给班上学生唱他们即将要学习或是他们喜欢的演唱，比如：①色彩 - 五月五日日节 ②谁在敲窗 ③知更鸟来了 ④纽扣，你一定在想 ⑤跛脚 ⑥爬墙花	学生：找出老师吹奏的竖笛旋律中的错误。老师：写出一个16个小节的节奏模式并画画在不对的地方，然后让学生改正。学生：写出。①黑板上。②老师的演唱 ③老师用演唱中找出错误的节奏、唱名、小节线和反复记号。
十月	你睡着了吗 蓝	二分音符	d		从 ①传统节奏谱 ②符干谱 学习未知歌曲。	给有二分音符的歌曲加上符合的歌曲。	在一首4拍子的问答句子中加入二分音符。	4拍子的固有的固定音型	4拍子节奏模式	用以前学过的节奏元素写8			

月	歌曲	音拍子		二分音符		从①符干谱②五线谱 复习以前学过的歌曲选段中的元素。	小节线	学过的元素		拍子的模式	
	再见，再见宝贝 知更鸟来了 让我们追逐松鼠 谁在敲窗					①五线谱 复习以前学过的已知歌曲中的元素和二分音符。					
						从①符干谱②传统节奏谱③五线谱上 复习以前学过的歌曲选段中的元素。	卡农	以前学过的节奏元素回应唱8拍子的节奏。			
						从①符干谱②传统节奏谱③五线谱上 复习以前学过的未知歌曲中的元素。	包含二分音符的2拍子节奏练习。	以前学过的节奏元素练习的32拍子的节奏模式。 把班级分成两组，让学生根据老师的手势语识读。			
十月	汪汪汪 热十字字包 落基山脉 草地里的青蛙 围着金凤花					从①符干谱②老师的手势语③音级阶梯④五线谱上 包括的m-r-d和d-l-m模式的歌曲选段。	从①符干谱②五线谱 学习未知歌曲。	老师的手势语唱①符干谱②五线谱	用长卡农歌唱已知歌曲根据老师的手势语以两个声部歌唱。	4拍子的旋律模式。	
						从①黑板②抽认卡 学习未知歌曲。	从五线谱上学习未知歌曲。		学生：学习曲式的过程中即兴4拍子的模式。	学生：学习曲式的过程中记忆节奏	
十一月	图普桑树 老罗杰 阿利阿利歌	跳跃的歌曲					在黑板上用符干写作4拍子的模式。	学生：创作一个16拍的模式并和另一个学	学生：根据黑板上的节奏模式确认一首歌	学生：辨别一首歌曲的曲式	学生：在学习曲式的过程中辨别出错误的

模式	曲	生以卡农的形式演唱						
老师：改变一首已知歌曲的动机中的节奏	学生：即兴不同的节奏模式，创作不同的曲式。 反复练习	老师和学生用以下方式分两组演唱：①用以下每4拍子的节奏并创作下一个4拍的相互回应唱。 ②节拍对照节奏长度的不同歌曲 用以下的固定音型为一首歌曲伴奏：—丨丨 —丨z —丄丁	学生：重复之前4拍子的节奏，并的相互回应唱。	学生：写作的节奏。 ①图表中识读4拍子的节奏模式。 同时用手势语练习音程	可以细分为三种			
学生：从老师吹奏的曲子中找出学习的元素的旋律	学生：辨别一首包含了即将要学习的新歌曲模式	学生：在使用曲式的过程中记忆一首歌曲，然后把这首歌曲用唱名和节奏名称再次唱歌曲，拍打 ⅞ 拍子的节奏模式。	学生：在节奏乐器和打击乐器上即兴 m-s-l 模式和 m-d 模式	学生：在一个没有小节线的五线谱上识读一首已知歌曲，然后在五线谱上以两拍子的节拍画出小节线。	学生：辨别细分过之 ♩ 拍子的单拍子、二拍子和复拍子等合拍子	♩ 五声调式		学生：从抽认卡和五线谱上识读已知和未知的素材。
老师：写出一个16拍子的节奏模式并把小节线画在不对的地方，然后让学生改正。	学生：辨别一个黑板上的节奏模式，让班上每个学生都以一个拍子的方式练习。	学生：老师和学生们互相歌唱节奏卡农。	学生：在两个4拍子节奏模式之间即兴一个节奏模式。	学生：为以下歌曲中画出小节线：①8拍子的歌曲 ②16拍子的歌曲	学生：在齐声五线谱和五线谱上识读已知和未知的素材。			汪汪汪 乔西米娜舞 新奥尔良的大房子 艾达蕾德 落基山脉 节日歌曲：摩玉米亚美利加
学生从：①黑板上	老师：把不同节奏模式写 学生：把五线谱上的不同旋律	学生：识读曲认从曲中的节奏 学生：用 m-s-l 旋律固定音型	老师：用竖笛演奏一首带反 学生：在一首歌曲中即兴知歌曲的节奏模式	老师：用竖笛反复演奏一首带反			♩ 五声调式	

月份	曲目	内容	识读		活动	
						②老师的演唱 ③老师用中性音节的演唱中找出错误的节奏，唱名、小节线和反复记号。
				复的旋律然后让学生辨别出节奏。让学生在黑板上写出节奏并且在适当地方加上反复记号。	一个乐句。	在黑板上，然后让学生们将这些模式和所属的曲式配对。
				学生：识读黑板上的一个节奏并在乐器上演奏出来。 学生：用 mH 模式识读模式。	老师：在黑板上写出一曲式然后让学生即兴一个适合这个曲式的节奏。 学生：上完成节奏即兴一个旋律。	为歌曲伴奏。和其所属的歌曲配对。
					学生分成两组，在用唱名音写歌曲的同学打节奏的一组拍打节奏，另一组在拍打脚踏节拍。让一个学生指挥并完成让两组互换。学生们：给以完成的节奏上完成即兴一个旋律。	模式。当他们读出第一个模式后立刻换一个新的卡片，他们必须说出哪张卡片没有节奏模式并记忆出那些有模式的卡片。学生：凭记忆在用唱名音写出歌曲所有已经学过的元素的。
十二月	**复习并准备冬季音乐会**					
一月	**复习并教授新曲目**					
二月	坎伯兰峡口 乔西来跳舞 迪豆、迪豆 瘰瘰 一辆破铜车 晾晾板 上海鸡 俄素欧 沃尔特树过了孤理 在杨树槽眼我的马 菲比的衬裙	一拍上的 4 个音 十六分音符	d 五声音阶	识读五线谱上的音名： ①B, D, E ②D, C, A ③A, G, E 用过去学过的节奏元素和十六分音符写出有四分音符和 4 拍的歌曲曲段。 识读已知的 do 五声音阶声部的歌曲： ①符干谱 ②老师的手势语 ③音级阶梯	在 ①符干谱 ②线性节奏谱 ③五线谱上 问与答	两声部的 do 五声音阶声音练习。 记忆过去学过的节奏元素写出节奏模式。 根据手势语辨认 do 五声音阶的已知歌曲。	在黑板上。然后让学生们将这些模式和所属的曲式配对。 ①莫扎特的《魔笛》中捕鸟人和女王的《土耳其的咏叹调》 ②莫扎特的《土耳其进行曲》 ③维拉·罗伯斯的《第五首巴哈风巴西亚曲》 ④圣桑《动物狂欢节》中的"化石"

| 三月 | 围着金凤花 跷跷板 来了个高贵的女士 知更鸟来了 热十字包 殿铰 | 4拍子的节拍 一个4拍 | 十六分音符 4拍子的模式；在一个小节里有一个强拍和三个弱拍 | ① 五线谱 识读已知的 d 在声部的歌曲：①符干谱 ②老师的手势语 ③音级阶梯 ④五线谱 用过去学过的节奏元素写出4拍子的已知歌曲。 识读歌曲选段：在：①符干谱 ②老师的手势语 ③音级阶梯 ④五线谱 用过去学过的节奏元素写出4拍子的不熟悉的歌曲。 识读不熟悉的 do 的歌曲：在：①符干谱 ②老师的手势语 ③音级阶梯 ④五线谱 写出不熟悉的 d 五声部的歌曲。 | 4拍子的问答句子 在：①符干谱 ②传统节奏谱 ③五线谱上用过去学过的节奏元素即兴8拍子的问答乐句。 在：①符干谱 ②传统节奏谱 ③五线谱上用过去学过的节奏元素和十六分音符写出4拍子的歌曲片段。 在：①符干谱 ②传统节奏谱 | 4拍子的固定节拍模式。 两声部的4拍子的节拍练习。 | 记忆过去学过的节奏元素的8拍子节奏唱。 互相呼应拍打模式。 过去学过的元素的4拍子节奏模式。 过去学过的元素的8拍子的节奏呼应。 二声部4拍子16拍子的记忆节拍练习。 | 用过去学过的节奏元素所写8拍子的模式。 过去学过的节奏元素的8拍子模式的听写。 |

532

四月	全音符：一个延续4拍的音 全休止符	全音符 全休止符	包括3拍子在内的五声阶的旋律	在 ①符干谱 ②传统节奏谱 ③五线谱上 用过去学过的节奏元素识读4拍子的已知歌曲。 在 ①符干谱 ②传统节奏谱 ③五线谱上 用过去学过的节奏元素写出4拍子的不熟悉的歌曲。	①五线谱上用过去学过的节奏元素识读4拍子的已知歌曲。 在 ①符干谱 ②传统节奏谱 ③五线谱上用过去学过的节奏元素识读4拍子的不熟悉的歌曲。	带有过去学过的元素的卡农。 带有过去学过的元素写出4拍子节奏练习。	过去学过的节奏元素的32拍子节奏模式。	
上帝的孩子都有鞋穿 有人在敲门 公鸡母鸡 阿拉巴马女孩 月光			问与答	在 ①符干谱 ②传统节奏谱 ③五线谱上用过去学过的节奏元素写出歌曲片段。	①用拍手、节奏乐器或拍手及说出节奏音乐来即兴4或8拍的节奏模式。 ②用手势语、手谱或身体语言唱兴短小的五声调式的动机。	歌唱一首知名歌曲并以卡以农形式打打其节奏。	默唱已知歌曲的同时拍打节奏。 从五线谱上辨认出歌名、节奏模式或旋律模式。	穆索尔斯基的《图画展览会》中的"基辅大门" 乔莫金的《板球》 威尔第的《打铁合唱》 歌唱以下为下学年准备学习的歌曲 吉米和乔治 来了个高贵的女士 独木舟歌 皮肤与骨头 给我画一桶水
				在 ①符干谱 ②传统节奏谱 ③五线谱上用过去学过的节奏元素写出已知曲。	①用歌声或敲打击的三声部段。 ②乐器即兴简单的4到8拍的五声调式旋律。 ③给一首已知歌曲的一个或数个小节即兴一个新的节奏和旋律。 ④使用已知的节奏或旋律模式即兴问答动机。	歌唱简单的二声部段。 跟着老师的手势语唱歌曲。	跟着老师的手势语记忆短小的旋律。 从五线谱上记忆短小的旋律。 记忆简单的两声部练习。	①辨别从课堂上学的包括丁五声调式的歌曲目，民歌，和古典音乐杰作中的音乐特色。 ②辨别从课堂和全休止符的歌曲目，民歌和古典的歌曲目中的节奏动机。

五月/复习并准备春季音乐会。教授新曲目	在 ①符干谱 ②传统节奏谱 ③五线谱上 用过去学过的节奏元素写出不熟悉的歌曲的不熟悉的歌曲。 绝对音高： $G = do\ m-r-d$ $F = do\ m-r-d$ $C = do\ m-r-d$	在 ①符干谱 ②传统节奏谱 ③五线谱上 用过去学过的节奏元素识谱 4 拍子的不熟悉的歌曲。	①在班上让学生们围成一圈轮流即兴不同的节奏。 ②给一首简单的民歌即兴不同的节奏与曲式。 ③给熟悉的歌曲精选节奏型的伴奏。	③学习发展对各个历史时期的音乐表现手控的认知，包括：强弱、速度、音色和它们的独特风格与个性。 ④辨别课堂上学的歌曲曲目、民歌和古典音乐杰作中的乐句形式等。
六月				

534

三年级月计划

月份	歌曲目录	准备	呈现	练习	识读	写作	即兴创作	合作训练	记忆	内心听觉	曲式	听力	检测错误
					复习二年级学过的概念和元素，并学习新的曲目。								
九月	复习三年级学过的歌曲 坎伯兰峡口 乔西来跳舞				（通过已知歌曲）复习四分音符和八分音符、四分休止符和八分休止符	复习四分音符和八分音符、四分休止符和八分休止符	用 8 拍子的问答即兴：四分音符和八分音符、四分休止符和八分休止符、二分音符。	分两组复习拍子或练习节奏。	辨认和确认一首歌曲或练习中短缺的节奏。	复习：已知歌曲的内心听力。		乐队中的各种乐器。参看本杰明·布里顿的《为年轻人所作的管弦乐队指南》。	
				复习节拍与节奏、四分音符和四分休止符、八分休止符。	复习 2 拍子和 4 拍子的节拍、加小节线。	复习 2 拍子的节拍、加小节线	在空白的小节里即兴填空的游戏		复习四分音符、八分音符和八分休止符。	复习：从节奏的拍打中辨别出已知歌曲。		聆听以民歌为基础的音乐。像是《小礼物》。	
					复习二分音符和 do-re-mi so-la	复习 4 拍子的节拍	用 la, so, mi, re, do 即兴问答		4 拍子的节奏呼应	从符干谱中辨别出 do-re-mi so-la			
					复习二分音符	复习反复记号		用四分音符、八分音符和四分休止符来复习固定音型。	8 拍子的节奏呼应	从五线谱中辨别出 do-re-mi so-la			
					复习以下五声调式： do=C, do=F ①do-re-mi ②do-re-mi so ③do-re-mi so-la				根据老师的中性音节歌唱中用唱名和手势语互相呼应唱 在一个旋律化的乐句上演奏一个旋律呼应				
								用旋律卡农练习 la	4 拍子的节奏呼应 用四分音符、八分音符、八分休止符和八分音符记忆 8 拍子的节奏呼应				
					绝对音高：A, G, E	四分音符、四分休止符、八分休止符			用 4 拍或 8 拍进行十六分音符的拍奏呼应				圣桑的《动物狂欢节》中的

歌曲	节奏	Do 五声调式	4 拍子的固定节拍	8 拍子的听写	教学活动	"化石"
迪豆,迪豆 嚓嚓 一辆破制车 跳跳板 上海鸡 馁莠鸡 沃尔特楼过了狐狸		绝对音高: E、D、B 二分音符 绝对音高: D、C、A 4 拍子的节拍 识读已知歌曲或歌曲片段中的十六分音符、黑板或练习本上的音符。 4 拍子的节拍 识读黑板或练习本上的 4 拍子的歌曲片段中的十六分音符 16 拍子的歌曲 32 拍子的歌曲	两声部的 4 拍子节拍练习 4 拍子的问答乐句 8 拍子的问答乐句 带有十六分音符的 2 拍子和 4 拍子节拍的歌曲加上小节线。 为带有十六分音符的歌曲加上节奏。			舒曼的《少年钢琴曲集》中的"圣诞老人"
十月 契卡哩哩略 酒醉的水手 在场树槽现的马 金成猪 去巴比伦要多远 噢,小宝贝 布什伦尼 妈妈给买了个中 围娃娃 跳绳歌 互换歌 爬墙花	一个八分音符和两个十六分音符	识读在 C、F、和 G 的 do 五声调式的动机。 do 位置 re-so 音程的练习用音名米识读。 在: ①符干谱, ②线谱节奏谱上, ③五线谱上, 用以去学过的元素写作歌曲的元素 识读 4 拍子节拍的歌曲片段。	用 la、so、mi、re、和 do 与写。 在: ①符干谱, ②线谱节奏谱, ③五线谱上,	8 拍子的听写 根据老师的歌唱或钢琴上的弹奏用唱名和手势语呼应唱。 问与答: 用拍手、节奏乐器或节奏音节说出节奏音节即兴 4 拍或 8 拍的节奏模式。 用手势语、手语或身体语言即兴短小的五声调式动机。	歌唱一首已知歌曲并以卡农形式拍打节奏。 歌唱已知歌曲的同时拍打节拍和节奏。 从五线谱上辨认歌名、节奏模式或旋律模式。 默唱已知歌曲的歌名、节奏练习。 跟着老师的手势语读记忆短小的旋律。 在五线谱上记忆短小的旋律。 记忆简单的两声部练习。 歌练简单的两声部	舒曼的《少年钢琴曲集》 集中的"圣诞老人" 巴赫《缪塞特风笛舞曲》 布里顿的《为年轻人所作的管弦乐队指南》中的"赋格" 穆索尔斯基的《图画展览会》中的"基辅大门" 乔塞金的《叛乱》 威尔第的《打铁合唱》 歌唱以下为下学年准备学习的歌曲: 吉米和乔治 来了个胖的女士 独木舟歌 皮肤与骨头 给我画一桶水 辨别从课堂上学的
		在: 	歌唱简单的两声部		用歌声或打击乐器即	

月份	歌曲				
十一月	肥大的饼干 公鸡罗实的女人 磨玉米 肉骨头 催眠曲 吉米和乔青 银梓木的土地 准备好 老房子-老凫先生 菲比的村姑 可怜的小猫罗茜 来爱的罗賓唐 舞姑娘 东族印第安摇篮曲 皮肤与骨头越过 理发店 沃尔特 越过孤弧理扬子 江船歌	一个八分音符 和两个十六分 音符 对音高: ①B、D、E ②D、C、A ③A、G、E 从 ①符干谱 ②老师的手势语 ③五线谱 识读 do 五声调式 的已知歌曲。 从 ①符干谱 ②传统的手势语 ③音阶的阶梯 ④五线谱上 用过去学过的节奏 元素伴奏已知歌曲。	在五线谱上识读单旋 在 ①符干谱 ②传统节奏谱 ③五线谱上 用过去学习的节奏 元素写出歌曲片段。 在 ①符干谱 ②传统节奏谱 ③五线谱上 用过去学过的节奏	两声部的 do 五声 调式练习 问与答 向与答 用拍手、节奏乐器或 拍手及说出节奏音节 即兴 4 或 8 拍的节奏 模式。	根据手势语辨别的已 do 五声调式的 过去学习过的节奏元素 的 4 拍子模式。 用过去学习的节 奏元素听写 8 拍 子模式。	包括了五声调式的 歌曲曲目、民歌和 古典音乐作中的 音乐特色。 辨别从课堂上学的包 括二分音符、全音 符、二分休止符和全 休止符的歌曲曲目、 民歌和古典音乐作中的 节奏特色。 学习发展对各个历 史时期的音乐表现 的认知,包括: 强弱、速度、音色 和它们的独特风格 与个性。 辨别课堂上学的歌 曲曲目、民歌和古 典音乐作中的乐 句形式等。

537

十二月		识读 do 五声调式的已知歌曲。	元素写作 4 拍子节拍的已知歌曲。	用手势语和五线谱即兴短小的五声调式动机。	海顿《交响乐第94号》第二乐章，主题B，变奏3
青萨斯男孩			在	用歌声或打击乐器即兴简单的 4 到 8 拍子节奏	
给我天只猫		从	①符干谱	兴简单的 4 到 8 拍的拍练习	
坎伯兰峡口		①符干谱	②五线谱上	五声调式旋律	柴可夫斯基《第二交响乐》"主题变奏 A-1"
做我不好		②老师的手势语		给一首已知歌曲的	
奶奶地里的呼噜声		③音阶的阶梯		用过去学过的节奏和旋律一首新的节奏或旋律	
玉米地里的猪	1拍上的3个不平均的音；前两个短而第三个长	识读歌曲片段		个新的节奏或旋律	
松鼠				使用已知的节奏式即兴问答动机。	
艾达·蕾蒂		从		律线谱式即兴问答动机。	
吉米和乔治		①符干谱		在班上让学生们围成一圈轮流即兴不同的节奏。	根据老师的手势记忆旋律
青萨斯男孩		②五线谱上			4 拍子的呼应唱
老贝蒂拉金		识读 do 五声调式的未知歌曲。	识读简单的民歌即兴同样与一首简单的民歌即兴不同的歌曲与节奏型的伴奏。		8 拍
老毛莉姆尔				带有旋律固定音型的已知歌曲	16 拍
河对岸的查理		从符干谱和五线谱上识读已知与未知的歌曲。	八分音符和两个十六分音符；综合带有十六分音符及一		4 到 8 拍呼应拍手
瞅达着奔向我的			个八分音符加两个十六分音符的练习及其它练习。	用《歌词和唱名》以卡农演唱已知歌曲	
甜心		识读一首未知歌曲；识读 la, do-re-mi,	练习在五线谱上不同位置的歌曲片段。	多声部演唱	
跳绳歌		识读 la, do-re-mi, so-la 的练习。	将已知歌曲从符干谱转移在五线谱上写出。	二声部练习	
沃尔特越过了狐狸	两个十六分音符加一	Do 五声调式	十六分音符，不看着抽认卡的 8 拍子的问答练习	八分音符和两个十六分音符	
		旋律抽认卡	八分音符和两个十六分音符；综合带有一个八分音符加	用抽认卡进行 8 拍子的问答练习	

	个八分音符	两个十六分音符的歌曲及其它练习				柴可夫斯基《第二交响乐》的末乐章；西贝柳斯《小提琴协奏曲》的第 3 乐章
					从谱子上辨别歌名	
				用音符名称认曲式（ABC，AA'）	为歌曲名配对	
十二月	复习并准备冬季音乐会					
一月	复习并教授新的曲目					
二月						
唐金奇	s,	一个八分音符和两个十六分音符	16 拍和和 32 拍的歌曲中的（黑板上或作业纸上的）4 到 8 拍的动机	（黑板上或作业纸上的）抽认卡中的 4 到 8 拍的动机	（跟着图表、练习）进行二声部的节奏练习	用未知素材记游戏本和作业纸
诺凡·月格舞			抽认卡中中 4 拍子相连合梯式的动机	用身体作为打击乐器即兴 8 拍子的问答	用没有离音的打击乐曲元素和练习 4 拍的节奏曲	
天使乐团			渐进式的练习和难 2 拍和 4 拍的节合元素的歌曲	把十六分音符的歌曲和其它练习结合起来	为已知歌曲添加固定节奏型	16 拍子的呼应
海狮姑娘			识读一首末知歌曲	用歌曲对话来即兴 8 拍子的问答	（跟着图表、练习）进行二声部的节奏练习	4 到 8 拍子的呼应相应拍
航海的查理			两个十六分音符和一个八分音符：16 拍和 32 拍的歌曲	用歌名和手势语即兴 8 拍子的问答		
与天使交谈			拍和其它练习以下的动机	即兴 8 拍子的问答		
棉眼乔			认曲中的 4 拍的动机			根据音级阶横和手势语辨别已知歌曲
乔西来跳舞			从手势语识读以下的音型：la, - re	使用抽认卡即兴 8 拍子的问答	8 拍子的呼应	跟着老师的手势标记忆 4 到 8 拍式的模式听写
柯尤教托			la, - mi la, - mi so - re	不用抽认卡即兴 8 拍子的问答	节奏的填充无游戏 16 拍子的呼应	用符干谱的 4 拍模式听写
象牙雕像						莫扎特《A 大调奏鸣曲》《土耳其进行曲》
老麦马去麦当劳						巴赫《G 小调小赋格》
老德克 萨斯	隐性弱起拍（八分音符起拍）	在符干课和五线谱上识读已知歌曲和歌曲片段	在符干课和五线谱上识读已知歌曲和歌曲片段			巴赫《缕萨特风笛舞曲》
河对岸的查理			旋律抽认卡			拉赫玛尼诺夫《G 小调前奏曲》
骑山羊		隐性弱起拍（八分音符起拍）	用 la, do-re-mi 的识读练习			
圣多明哥			用 la, do-re-mi so 的识读练习			
圣塞拉芬山			单独一个八分音符认八（黑板上和练习本上）识读歌曲和	为歌曲乐句写作伴奏		
航牛						
苏格兰在燃烧						
老母猪						
把眼镜翻过来						
再见，宝贝						
做不好						
在杨树栅栏现我的马						
国王的土地						
老兔先生						
河对岸的查理						

		歌曲片段					格罗菲的《大峡谷组曲》中的在火车上；莫扎特的《A大调乡村舞曲》
		隐性弱起拍	用 *la*、*do-re-mi*、*so-la* 的识读练习单独一个四分音符；在未知歌曲中辨别单独的 *ta*	五线谱上的绝对音高：①D、B、E ②D、C、A ③A、G、E	在有音高的打击乐器上即兴 8 拍子的问答。	在有音高的打击乐器上即兴 8 拍子的问答，忆 4 到 8 拍子的模式。跟着老师的手势语记忆。	
				在①对干谱②传统节奏谱③五线谱上用过去学过的节奏元素写作 4 拍子节拍的歌曲片段。	用过去学过的节奏元素即兴 8 拍子的问答。	十六分音符的：①节奏卡名②两声部的节奏练习③以对歌的形式即兴练习歌曲音程的同时练习手势语	用过去学过的节奏元素素记忆 4 拍子的节奏听写 8 拍子的模式。
				在①对干谱②传统节奏谱③五线谱上用过去学过的元素和十六分音符识读已知歌曲片段	用过去学过的节奏元素和十六分音符写作 4 拍子节拍的歌曲片段。	①使用四分音符、八分音符、四分休止符、十六分音符加一个八分音符（两个十六分音符和两个八分音符加一个八分音符）等为一首歌曲伴奏。	用过去学过的节奏元素和十六分音符记忆 8 拍子的节奏模式。
				在①对干谱②传统节奏谱③五线谱上用过去学过的元素识读已知歌曲。		①拍子的固定节拍两声部间的 4 拍子节拍练习	用过去学过的节奏元素记忆 32 拍子的节奏模式。
				在①对干谱②传统节奏谱③五线谱上用过去学过的元素识读未知歌曲。	用过去写作 4 拍子节元素写作 4 拍子的拍的未知歌曲。		4 拍子和 8 拍子的所写
三月	*do'*						

图着数字字转圈
玉米地里的猪
我丢了个牛圈的钥匙
约翰卡纳卡
丽莎和丽
为什么
乘马车
饶春歌
我们能对这个小
宝贝我怎么样

月份	歌曲			视唱	即兴创作	听觉训练	音乐欣赏
四月	平原上 天使乐团 比利小子 大风吹 我要买了我的帽子 乔李米勒	显性的 弱起拍	显性的 弱起拍延伸的五声调式	do'	两声部视唱（上至32拍子的练习） 在 G=do, F=do 和 C=do 的五线谱上的旋律练习下方写出绝对音名。	用已知的音乐元素为诗歌或童谣即兴创作一个节奏型或固定音型的伴奏。在 G=do, F=do, 和 C=do 的五线谱上写出已知歌曲。	用 *la, so, mi, re, do'*（*do-la, so,* 和 *do'*）作为固定伴奏即兴为短小乐曲创作一首简单的旋律。在简单的歌曲式上用连续节奏型的伴奏。歌唱从熟悉的歌曲中得来的简单节奏或用已知的旋律音节（*so, la, do-re-mi so-la* 或 *do* 和 *do*）即兴旋律。	记忆一个32拍的谱子上的节奏模式。默写出一个16拍的单节奏或旋律。	辨别简单的歌曲式（ABAC, AABC, AABC）学习识读谱有在聆听所学谱例和熟悉的歌曲中辨认五声第一结尾和第二结尾的音乐。音阶和音调。	辨别不同的乐器、不同的声部和不同强弱的区别。
	划啊划、划啊划、划大船	6/8 拍 号（辨别 1拍上的3个音）	*do* 显性弱起拍		两声部的视唱（上至32拍子的练习） 在 G=do, F=do 和 C=do 的五线谱上的旋律练习下方写出绝对音名。	用熟悉的童谣即兴能够表现出歌曲和即兴演奏上曲式的动作。写出一个简单的旋律并且创作一个节奏型或固定音型的伴奏。	用熟悉的童谣进行为一个节奏练习上二声部节奏练习的绝对音名演唱。为表现歌曲中的不同元素，比如曲式、歌词、旋律或节奏，即兴创造一个听力练习，从音乐曲目中记忆主旋律。	根据手势标语、符干谱或五线谱用唱名去音记忆简单的曲两声部练习。在较有听到音高的情况下，在老师的帮助下，另一个学生之后唱出下一个已知唱名中的正确的音名。	辨别节奏和旋律的变奏创作简单的曲式展示简单的节奏变奏，比如 AABA, AAAA, ABA'C 等等	学生们相互演唱学生们聆听其他学生的演唱（其他学生、老师或家长、老师或艺术家）学生们聆听和表演三年级所学的概念和元素的民歌、歌曲和器乐作品，比如 骑士希尔和古力 阿拉巴马女孩 被虫吹过的麦子
五月六月	复习并准备春季音乐会。教授新的曲目							下一年要学习的歌曲： 快些穿过 独木舟歌 丽萨和简

四年级月计划

月份	歌曲目录	准备	呈现	练习	识读	写作	即兴创作	合作训练	记忆	内心听觉	曲式	听力	检测错误
九月	复习三年级时学过的曲目				识读包括以下元素的已知歌曲和新学习的曲目。练习：①2拍子和4拍子的十六分音符的组合：一个八分音符加两个十六分音符；两个十六分音符加一个八分音符 ②单独的八分音符 ③do 五声调式 ④延伸的 do 五声调式。在黑板、拍认卡和五线谱上的 do。五线谱的旋律曲认卡：①do 五声调式	在①符干谱 ②传统节奏谱 ③五线谱上：复习过去学过的节奏符号，及2拍子和4拍子的十六分音符的组合：一个八分音符加两个十六分音符；两个十六分音符加一个八分音符。	问与答式的复习：①十六分音符模式 ②延伸的 do 五声调式模式	在①符干谱 ②传统节奏谱 ③五线谱上：复习过去学过的节奏符号，特别强调2拍子和4拍子的十六分音符的组合：一个八分音符加两个十六分音符；和两个十六分音符加一个八分音符。	复习上至 8 拍的节奏填充	复习：8拍子模式的节奏听写。复习：从节奏中打中辨别已知歌曲 do-re-mi so-la：从符干谱中辨别简单的歌曲 do-re-mi so-la：从五线谱中辨别歌曲 do-re-mi so-la：根据老师的手势辨别歌曲	①识别简单的歌曲曲式（ABAC, AABC, AABC）②学习识读带有第一结尾和第二结尾的曲子。①识别节奏和从五线谱中辨别旋律的变化 ②用以下例子创作简单的曲式来表现乐句的变化：AABA, AAAA, ABAC, 等		

复习三年级时学过的概念和元素，并学习新的曲目。

542

月份	节奏	调式						
十月	切分	la 五声调式	划独木舟 快些穿过 汤姆杜茵 被虫咬过的麦子 你是我的爱 上帝的孩子都有鞋穿 丽莎和简 乘马车 骑士希古尔和古力	do'	上至 32 拍子的两声部视唱练习 在 G=do, F=do 和 C=do 的五线谱上读出简单旋律练习的绝对音名。	在 G=do, F=do 和 C=do 的五线谱上写出简单旋律练习的绝对音名	即兴可可表现出歌曲式与动作: 转左为 A; 转右为 B; 大家围成圆圈走向中心为 C 写出一个简单旋律并创作一个节奏型的伴奏或固定音型。	表演基于已知歌曲的节奏的二声部节奏练习。
							为一个节奏练习加上绝对音名。 即兴动作表现歌曲的某个元素, 比如曲式、歌词、旋律或节奏。 建立一个听力练习, 记忆音乐曲目中的主题。	从手势语、符干识别节奏和以五线谱或音节记忆的变奏音名或节奏简单的二声部练习。 在没有音高的辅助下歌唱一首已知简单歌曲, 知歌曲时接老师的音或另一个学生唱的音下一个正确的音名或唱名音节。 用以下的例子助学生们自己创作简单乐句来表现曲式的变化: AABA AAA'A ABAC 等	学生们聆听并且表演识别节奏和旋律的变奏。 学生们聆听其他人的表演 (其他学生、老师、艺术家、家长等)。 学生们聆听并且表演民歌、经典作品、歌曲或器乐曲。
十一月	切分	la 五声调式	海边的女人 公鸡罗宾救架 银桦木的土地 沃尔特穿过了孤寂	la 五声调式	从符干和五线谱上识读已知歌曲和歌曲片段。 旋律型的抽认卡 用已知旋律进行识读练习, 符合旋律的音: ti 用已知旋律进行识读练习: 识读单独的 ti; 黑板练习本上的旋律和歌曲唱名片段。 用已知旋律进行识读练习: 单独的 ta; 辨别未知歌曲中。	为歌曲的乐句出节奏	用抽认卡即兴 8 拍子的问答 不用抽认卡即兴 8 拍子的问答 不用抽认卡即兴 8 拍子的问答 16 拍子即兴填充练习 在符合角色的打击乐器上即兴 8 拍子的问答	do 和 la 五声调式的二声部歌曲
							8 拍子的呼应 节奏填充游戏 16 拍子的呼应 根据老师的手势语记 4 到 8 拍子的模式。 根据音阶级模式:	根据音阶级模和使用已知的节奏手势辨别已知音: AB, ABC 歌曲 用符干谱记 4 拍子听写。 用已知的旋律音符合节奏的旋律听写。	莫扎特《A 大调奏鸣曲》《土耳其进行曲》 巴赫《g 小调小赋格》 《缫丝赛特风笛》 巴赫《拉赫玛尼诺夫舞曲》尼诺前奏曲《g 小调前奏曲》

			2拍上的2个不平均的音，第一个音有1拍半长	符点四分音符后跟着一个八分音符	la 五声调式	的 ta	用唱名进行旋律转换	4拍子的问与答唱两声部的歌曲跟着自己知节奏	用唱名逆行旋律卡农 创作固定旋律型	4拍子的旋律呼卡4拍子的旋律呼卡 应 式和旋律听写
十一月	平稳上 肥大的饼干 再见 约翰·卡纳卡 丽莎和卡简					写出歌曲片段。 从 ①符干谱 ②老师的手势语 ③音阶的阶梯 识读已知歌曲。 从 ①符干谱 ②老师的手势语 ③音阶的阶梯 ④五线谱 识读未知歌段。	换声部都包含自己知节奏 模式的节奏卡农。使用 ①黑板 ②图表 练习本运用所给始曲式 即兴几个小乐句。 用链接的方式开头 一个旋律卡每个乐句要用上一 个学生的最后 一个音节。	农创作旋律听写。 写出已知歌曲。 使用： ①符干谱 ②五线谱 写出未知歌曲。 使用： ①符干谱 ②五线谱	以对歌的形式歌唱 习手势语	跟着老师用中性 音节的歌唱以唱 名和手势语呼应 唱。 从谱子上记忆上 至32拍的歌曲的图标配 练习。 歌写出上至16拍 的节奏和旋律。	辨别歌曲。 使用： ①符干谱 ②五线谱 ③老师的手势 语 为歌曲片段和表 现歌曲的图标标 对。 用旋律音节或音 名默唱歌曲。 在改有听到有音 的情况下从手势 语、符干谱、和 五线谱上记忆的 单的两声部旋律。	莫扎特G大调弦乐 小夜曲 巴赫D大调组曲 中的古格舞曲 理查德·施特劳斯的 死与净化 识别包括有五声调 式、五音音阶、和六 音音阶的课堂曲目、 民歌、和经典作品 识别包括有切分音、符 点四分音符和八 音分音符的组合将 符点的组合 八分音符和十六分 音符的组合在课堂 曲目、民歌、和经典 作品。
十二月	**复习及准备冬季音乐会**									
一月	**复习及教授新的曲目**									
二月	啊！妈妈，我要告 诉你、鹌鹑 鹈鹕图 匈牙利卡农 驼王妈妈 红鸟与黑鸟	fa	符点四分音 符跟着一个 八分音符	fa	fo	从 ①符干谱 ②传统节奏谱 ③五线谱对应过 去学过的元素来写作过的主奏模式的节奏卡在 已知歌曲。	即兴过去学过的元素 的四分音乐句和从信号 两声部歌曲跟从信号 的8拍节奏谱包含自己知节 奏模式的奏模式的节奏卡农在 ①黑板上 ②图表中	4拍子的固定节奏型 以对歌唱唱歌练 习手势语	4拍子的旋律呼卡模 式 练习过程的同时练 习手势语	包括过去学过的 节奏元素的8拍 子听写模式记 忆一个简单的两 声部练习中每个 声部、并没有两 声部旋律。	巴尔托克的歌曲回 旋律 帕赫贝尔的快乐颂 农贝多芬的快乐颂 莫扎特的唱！妈妈、 我要对你诉 发展对各个历史时

			从 ①符干谱 ②传统节奏谱 ③五线谱上 识读过去学过的写作过去学过的元素的未知歌曲。元素的未知歌曲。	⑤练习本中的二声部节奏练习 用包括四分音符、八分音符的曲式即兴一个乐句。 用链接的方式即兴一个旋律链接：每个乐句的开始音要用上一个学生的乐句的最后一个音。	节奏卡农 用包括四分音符、八分音符、四分休止符、八分音符加两个十六分音符的组合、两个十六分音符加一个八分音符的组合、两个十六分音符加一个十六分音符、切分节奏、符点四分音符、符点八分音符跟着一个十六分音符、八分音符跟着一个十六分音符、符点节奏等固定节奏型为一首歌曲伴奏。	包括过去学过的元素的8拍节奏多声部	听到音高的情况，下转换这两个声部。 当老师在唱一首歌并突然将停止演唱时，用正确的音高名或音名接下来唱的那个音。 跟着音乐的音乐特征做等的动作。	期的音乐表现掌控的认知，包括：速度、强弱、音色、和它们的独特风格上学的个性辨别课堂上学的歌曲曲目、民歌和古典音乐杰作中的乐句形式等。
女儿，女儿 吹口哨你睡着了吗 船摇头 我弄丢了手指 灌木丛 洋娃娃 下雨 维拉巴不卡 我的煤油灯 为了擦油 妖艳的女孩 阿柔柔，我的孩子 小鸡 多伦多哥尔 老毛莉海布 当我初次踏上这片土地	三拍子的节拍	3/4拍号	从 ①符干谱 ②传统节奏谱 ③五线谱上 识读带有降B的降B、F=do的 do五音音阶		二声部的节奏练习 用包括 la, so, mi, re, do la, so, 和 do' 的固定旋律型为一首歌曲伴奏。	过去学过的节奏元素的32拍子的节奏模式		
三月		Fa, F调中的降 B	从 ①符干谱 ②传统节奏谱 ③五线谱上 识读带有降B的降歌曲	过去学过的元素即兴用8拍子间乐句	4拍子的固定旋律型	4拍子的节奏横式	包括过去学过的节奏元素这8拍	识别主、属及下属等功能
美丽的夜晚 一切都消灭亡 图绕着绿砰右 咖啡赐我们平安 山谷下夜晚依旧 阿里郎的山丘 船摇头 唯有音乐永存 升起的火焰			从 ①符干谱 ②传统节奏谱 ③五线谱上 识读过去学过的写作过去学过的元素的已知歌曲。元素的已知歌曲。	歌唱二声部歌曲 跟从信号转换声部	以同声模式歌唱 练习多声部的同时练习势语		子听写模式。 用内心听力默唱子听写模式。 板指出的小节。 在有音高的打击古乐器上演奏乐句 刚刚唱过的乐句根据老师的吟唱或在乐器上的演奏	

| 四月 | 拉雷多的街道
没有忧伤
早睡 | 6/8 拍号
节拍的不平均分配 | fa,
F 调中的降 B | 从
①符干谱上
②传统节奏谱
③五线谱上
识读过去学过的歌曲片段。

从
①符干谱上
②传统节奏谱
③五线谱
识读带有降 B 的谱例和未知歌曲 | 识读过去学过的元素的未知歌曲片段。

识读过去学过的写作过的元素的未知歌曲，和识读二声部歌曲 | 包含已知节奏模式的节奏卡农

①识读一个练习且用以下两个数要求的地方②演唱 4 和 8 拍子的问答乐句③为一个空白小节即兴一个 4 小节的乐句④用给予曲白的部分即兴创作一首歌曲中空白的部分为一关或即兴创作⑤用二声部的手势语即兴创作⑥一个 8 拍子和 16 拍子的问答模式 | 节奏卡农
歌唱从熟悉的歌曲中截取的简单节奏或旋律卡农

二声部的节奏练习。演唱基于已知旋律中的节奏的二声部节奏练习演唱并识读二声部歌曲 | 过去学过的节奏元素的 8 拍子的即节奏呼应唱

过去学过的节奏元素的 32 拍子的节奏模式
从歌曲目中记忆二声部旋律主题
记忆二声部歌曲和练习 | 中识别一个 do
五音音阶或一个 do 六音音阶 | 下一年的歌曲：
戴布塞拉
钻洞
带我们回去
秋天的卡农
等等 |

五月六月 复习并准备春季音乐会·教授新的曲目

546

五年级月计划

单元	歌曲目录	准备	呈现	练习	识读	写作	即兴	合作训练	记忆	内心听觉	曲式	听力	检测错误
1	**复习四年级时学过的概念和元素，并学习新的曲目。**												
	桦树 天堂之门 当现初次路上这片 土地 秋天的卡农 大风吹 乐土 戴布卡塔拉 贴洞 酒醉的水手 格陵兰岛渔业 找牛 嘿，再见 酸葡萄 音乐万岁 当娜当娜 汤姆的魂 黑，没人在家 带我们回去 互换歌 扬基小调 钟点（小时） 老毛利海尔 魏路板 摘播花	在 do 和 la 之间并且 比 do 低一 个半音的 音		$\frac{6}{8}$ 拍号	F 大调 识读已知歌曲和 谱例							柴可夫斯基的《D第 四交响乐《第四乐 章－"小桦树"》	
2	转椅 阅青数字字转圈 航海的女士	1 拍上的 2 个不平均 的音	符点八分音符 跟着一个十六 分音符和十六 分音符跟着一	低音 b 2/4 拍号	F 大调 在 ①符干谱 ②传统节奏谱 ③五线谱上	从 ①符干谱 ②传统节奏谱 ③五线谱	4 拍子的问与答	用唱名的旋律卡农 创作固定旋律型	4 拍子的旋律卡农	4 拍子的旋律呼应 4 拍子的旋律 模式和旋律听 写		海顿《D大调大提 琴协奏曲》，作品 101，第三乐章， 快板（回旋曲）	

		个符点八分音符	识读过去学过的元素的已知歌曲。素的已知歌曲片段。写作过去学过的元素的歌曲片段。 在 ①符干谱 ②传统节奏谱 ③五线谱上		跟着老师中性音节辨别歌曲，使的歌唱以唱名和手势语唱名应唱。 ①符干谱 ②五线谱 ③老师的手势语
			在 ①符干谱 ②传统节奏谱 ③五线谱上 写作学过的元素的歌曲片段 已知歌曲。 在 ①符干谱 ②传统节奏谱 ③五线谱上 识读学过的元素的未知歌曲。 的未知歌曲。		
	大调音阶 ti	复习四年级的歌曲			巴尔托克的歌曲《回旋曲》帕赫贝尔的《卡农》贝多芬的《欢乐颂》的莫扎特的"啊！妈妈，我要告诉你"历史发展对各个时期的音乐表现要素的认知，包括：强弱、速度、音色和它们的独特风格与上学的歌曲曲目、民歌和古典音乐杰作中的乐句形式等
		符点八分音符和十六分音符	用以下元素识读练习： ①2拍和4拍的十六分音符，两个十六分音符和八分音符 八分音符 ④do五声调式 ④延伸的do五声调式 单独八分音 在 ①符干谱 ②传统节奏谱 ③五线谱上 复习2拍及4拍的学过的节奏符号。	为一个旋律加一个do-so，或do-fa-so，伴奏。	包括学过的节奏即兴奏元素的8拍子即写模式记忆一个单简的二声部。练习每个单声部，并没有声音听到两个高的情况下转换这两个声部。当老师奏符突然有一首歌名唱接下来的部分再唱。
		2拍号	在 ①符干谱 ②传统节奏谱 ③五线谱上 识读过去学过的元素的已知歌曲。	用学过的元素即兴8拍子问答句去学过元素的乐句	4拍子的节奏模式正确的唱名唱时，或音名唱接下来的部分再唱。
3	大调音阶 ti 酒醉的水手 我们的老母鸡 水木返回的船 迈克来的甜甜贝西 鲤鱼路亚 哈里路亚		在 ①符干谱 ②传统节奏谱 ③五线谱上 写作过去学过的元素的已知歌曲。	以对歌曲的形式唱练习音程的同时练习手势语	

548

序号	歌曲	新元素	识读方式	歌唱二声部歌曲	节奏卡农	其他
4	伊利运河 大狗 我的好朋友 上海鸡 去吧，摩西 慢慢走起来 亲爱的马车 夏洛特镇 当我初次踏上这片土地	2拍上的2个不平均的音：第一个音是半拍，第二个音是一拍半 八分音符后跟着一个符点四分音符 大调音阶 B	用以下方式识读8拍子间乐句： 在 ①符干谱 ②五线谱上 抽认卡 ①五声调式 do 五声调式 ②延伸到 la 式的 la 声调式 G = do D = do	歌唱二声部歌曲 跟从信号转换声部 包含已知节奏模式的二声部节奏卡农。 在 ①黑板上 ②图表中 ③练习本中 的二声部节奏练习。	节奏卡农 用包括四分音符、八分音符、四分休止符、八分音符、八分音符加四分音符的组合、两个十六分音符的组合、两个八分音符加一个十六分音符、音符的组合、切分节奏、符点四分音符跟着一个八分音符、符点八分音符跟着一个十六分音符等的固定节奏型为一首歌曲伴奏。	包括学过的节奏元素的8拍子呼应唱。 即兴一些合曲式、旋律、歌调词或节奏等音乐特征的动作。
			在 ①符干谱 ②传统节奏谱 ③五线谱上 识读学过的元素的未知歌曲。	用所给的曲式即兴几个乐句。	二声部的节奏练习	学过的节奏元素的32拍子的节奏模式。
			在 ①符干谱 ②传统节奏谱 ③五线谱 识读学过的元素的未知歌曲片段。	用链接的方式即兴一个旋律：每个旋律的开始音都要用上一个学生的乐句的最后一个音。	用包括 la，so，mi，re，do 和 do' 的固定旋律即兴一首歌曲。	
			在 ①符干谱 ②五线谱上 复习已知 do 五声调式的歌曲。	用学过的元素即兴8拍子问答乐句 歌唱二声部歌曲	用学过的元素即兴一首歌曲。	
			在 ①符干谱 ②传统节奏谱 ③五线谱上 识读学过的元素的已知歌曲。	在 ①黑板上 ②图表中 练习本中即兴一个练习并即兴一个练习模式： 不同的模式。	4拍子的固定节奏型 以歌曲形式歌唱 练习本中的二声部识读——部节奏练习手势语	4拍子的节奏模式
						包括学过的节奏模式的8拍子换写模式 用内心听力默唱指定的小节。 在有音唱奏中打 古乐器上演奏老师刚刚唱过的乐句。 从老师演奏中或乐器演奏的同时识别一个 do 五音音阶。
						识别主、属及下属等功能

549

①符干谱 ②传统节奏谱 ③五线谱上识读学过的元素的未知歌曲。	在	①识读一个练习曲组即相关的最后一个乐句，用小调练习中的大调旋律。	学过的节奏元素的或一个do六声音音列。	
①符干谱 ②传统节奏谱 ③五线谱上写作学过的元素的歌曲片段。	在	即相关从熟悉的歌曲中选出的地方。	演唱从熟悉的歌曲中选出的简单的旋律或作品。	辨别课堂上学的歌曲目、民歌。 ②传统节奏谱和经典古典音乐杰作中包括五拍子节奏谱 ③五线谱上识读学过的元素的已知歌曲。
①符干谱 ②传统节奏谱 ③五线谱上识读学过的元素的已知歌曲。	在	演唱 4 和 8 拍子的问答乐句。		
①符干谱 ②传统节奏谱 ③五线谱上识读学过的元素的歌曲片段。	在	为一个空白小节即兴唱 4 小节的乐句。	学过的节奏元素的32 拍子的节奏练习。	拍和和简单复节拍等作为伴奏的，学习发展对各个历史时期的音乐表现手段的认知，包括强弱、速度、音色和它们的独特风格与才的特性。辨别课堂上学的歌曲目、民歌和经典古典音乐作中包括复三段曲式，复三段曲式和快板奏鸡曲等曲式。
①符干谱 ②传统节奏谱 ③五线谱上写作学过的元素的歌曲片段。	在	用给予的曲式即兴为一首歌曲创作伴奏模式。	二声部的节奏练习	
		二声部的节奏练习	从歌曲曲中记忆二声部旋律主题。记忆二声部歌曲和练习。	
		用二声部的手势语即兴创作		
		一个 8 拍子和 16 拍子的问答模式。		
①符干谱 ②传统节奏谱 ③五线谱上识读学过的元素的未知歌曲。	在	用包括八分音符跟着十六分音符等音符的组合、十六分音符跟着一个八分音符音符跟着一个八分音符等等的固定的音符点四分音符型为一首歌曲伴奏。	4 拍子的节奏模式包含学过的元素的 8 拍子的节奏呼应唱于听写模式	
①符干谱 ②传统节奏谱 ③五线谱上识读学过的元素的已知歌曲。	在	节奏卡农	包含学过的节奏元素的 8 拍子呼应唱	
①符干谱 ②传统节奏谱 ③五线谱上写作学过的元素的歌曲片段。	在	演唱基于已知歌曲的简单的歌曲的二声部呼应唱伴奏的二声部呼应唱	包含学过的节奏元素的 32 拍子节奏模式。	

八分音符和符点四分音符

小调音阶

小调音阶

飞飞飞

5

	音高概念	节奏概念	识读	即兴与演唱	演唱	4拍子节奏	听写	辨别
6	哦，小巷 奥利弗·克伦威尔的皮肤和骨头	复节拍中1拍上的一个音、两个音和三个音	含拍名音节 小调音阶	在 ①符干谱 ②传统节奏谱 ③五线谱上识读学过的元素的已知歌曲、未知歌曲。	用学过的元素即兴8拍子问答乐句 用给予的曲式即兴几个乐句。 用链接的方式即兴一个旋律链接：每个乐句的开始节奏为一音乐句的固定节奏。	演唱并识读两部歌曲。	4拍子的节奏模式	包括学过的节奏元素的8拍子听写模式。	辨别课堂上学的歌曲、民歌和经典古典音乐杰作中包括五声音阶、三拍子节拍和简单复节拍等的乐句形式。学习发展对各个历史时期的音乐表现要控的认知。
		唱名音节 - fa		在 ①符干谱 ②传统节奏谱 ③五线谱上识读学过的元素的歌曲片段。	要用上一个乐句的最后一个音乐识读简单的大调旋律 用细分拍子的复节拍为一首歌曲伴奏	包括学过的节奏元素的8拍子呼应唱。			
					用包括la-so-mi-re-do-la、-so、和do-la-d'以及sl的旋律型旋律从熟悉的歌曲伴奏歌曲中选出简单的节奏或旋律卡农。	节奏卡农			
		复节拍中多里安调式的号模式	复习五声调式	二声部的节奏练习 演唱着于已知旋律中的二声部节奏练习		二声部识读两部歌曲。	包括学过的节奏元素的32拍子练习。		
7	斯卡布罗集市 衣树林 酒醉的水手 贝琳达号	♪音节 - 一个比fa高半音的音	多里安调式	在 ①符干谱 ②传统节奏谱 ③五线谱上识读学过的元素的已知歌曲。	用学过的元素即兴8拍子问答乐句 用给予的曲式即兴几个乐句。 用链接的方式即兴一个旋律链接：每个乐句的开始节奏为音乐句的最后一个音乐识读简单的小调歌唱简单的小调歌曲。	演唱并识读两部歌曲。	4拍子的节奏模式	包括过去的节奏元素的所学的8拍子听写模式。	辨别课堂上学的歌曲、民歌和经典古典音乐杰作中包括五声音阶、三拍子节拍和简单复节拍等的乐句形式。学习发展对各个历史时期的音乐表现要控的认知。
	划啊划、划船划 划我们回去 带我们回去 艾格拉夷士 好好看着 好朋友，小狗狗	复节拍中更多模式的呈现 复节拍中不平均的细分呈现				节奏卡农	包括学过的节奏元素的8拍子呼应唱。		

551

							表现潜数的认知，包括强弱、速度、音色，和它们的独特风格与个性。辨别课堂上学的歌曲曲目、民歌、和经典古典音乐杰作中包括复二段曲式、复三段曲式和回旋板腔曲式等曲式。
	亲吻你的怀子把美丽的夜晚 哎，可怜的姑娘 舞动铃鼓 去吧，摩西 伊妮丝 东方来的国王们 繁壮加舞		写作过去学过的元素的歌曲片段。	识读一个不同结尾即读一个练习，即两两个重要求的地方。	大调旋律。	包括学过的节奏元素的32拍子节奏模式	
8	和声小调	在①符干谱②传统节奏谱③五线谱上识读学过的元素的已知歌曲。	在①符干谱②传统节奏谱③五线谱上写作学过的元素写作学过的元素的歌曲片段。	用学过的元素即兴8拍子问答乐句	4拍子的固定节拍 节奏卡农	4拍子的固定节拍	包括学过的节奏元素的8拍子写听模式
		在①符干谱②传统节奏谱③五线谱上识读学过的元素的已知歌曲。	在①符干谱②传统节奏谱③五线谱上写作学过的元素的歌曲片段。	用学过的元素即兴8拍子问答乐句	二声部的节奏练习	用学过的元素即兴8拍子问答乐句	
		在①符干谱②传统节奏谱③五线谱上识读学过的元素的未知歌曲。	在①符干谱②传统节奏谱③五线谱上写作学过的元素选自学过的歌曲。	二声部的节奏练习	包括学过的节奏元素的32拍子节奏模式	
9			写作音阶	用学过的元素即兴8拍子问答乐句，用给予的曲式即兴几个乐句，用链接的方式即兴一个旋律链：每个旋律的固定节奏型为一	用包括八分音符跟着十六分音符的组合，十六分音符跟着一个符点八分音符，八分音符跟着符点的固定节奏型为		辨别课堂上学的歌曲曲目、民歌和经典古典音乐杰作中包括五声音阶、三拍子节拍和和声的单复节拍

			复习 do-re-mi-so-la do'，so，la， do-re-mi-so-la， Do 五声调式， La 五声调式。 练习歌曲和练习中的第一和第二结尾。	用节奏音节复习学过的元素并即兴乐句的8拍子间奏3拍子的节拍中添加小节线。 用链接的方式即兴几小乐句。 用链接的方式即兴一个旋律链：每个乐句的开始音都要用上一个学生的乐句的最后一个音。	4拍子的固定节拍 用包括八分音符跟着十六分音符的组合、十六分音符跟着一个点八分音符、八分音符跟着附点四分音符等的固定节奏音节等作为首歌的固定节奏。	乐句的开始音节都要用上一个学生的乐句的最后一个复习节拍为一个小调歌唱简单的大调旋律。 识读一个练习并即兴一个不同的结尾。 识读一个练习并即兴两个不同要求的地方。
10	游吟诗人的歌（如《夜莺》用带着实声和歌唱）	复节拍	音拍号	自然和声小调		用细分拍子的复节拍为一首歌曲伴奏。 用包括la-so-mi-re-do-la，-so，和do'-fa-d'以及si'的小调旋律。 识读一个练习并即兴一个不同的结尾。 识读一个练习并即兴两个不同要求的地方。 二声部的节奏练习 演唱基于已知旋律中的节奏的二声部节奏练习。 演唱并识读二声部歌曲的旋律卡农。
		旋律小调	旋律小调音阶	复节拍		辨别课堂上学的歌曲曲目、民歌和经典古典音乐杰作中包括五声音阶、三拍子节拍和和声单音复节拍等的乐句形式。 学习发展对各个历史时期的音乐的认知、速度、表现要素的音乐，包括强弱、音色，和它们的独特风格与个性。 辨别曲目、民歌，和歌曲中包括上学的经典古典音乐杰作中包括二段曲式、复三段曲式和快板奏鸣曲式等曲式。
						节奏卡农 用细分拍子的复节拍为一首歌曲伴奏。 用包括la-so-mi-re-do-la，-so，和do'-fa-d'以及si'的小调旋律。

女儿，你愿意嫁给吗？ 每晚日落时 美丽的霍特拉诺 拉比沃拉德马尔 抄莉绕着太阳走	三连音	三连音	旋律小调音阶		演唱基于已知旋律中的节奏的二声部节奏练习。 演唱并识读二声部歌曲	4 拍子的节奏模式 包括学过的节奏元素的 8 拍子听写模式
11 我四处游荡 埃文代尔不矿难 垂死的牛仔 好好活着，小狗狗 乘云回家 塞在杰里的石头里 老乔·克拉克	ta唱名音节 一个比大调音阶中的第七级低半音的音 混合利底亚调式 唱名音节 ta		三连音	用学过的元素即兴 8 拍子问答乐句。	4 拍子的固定节拍	用学过的元素即兴 8 拍子问答乐句
				在 ①符干谱 ②传统节奏谱 ③五线谱上 识读学过的元素 的已知歌曲	节奏卡农	
				在 ①符干谱 ②传统节奏谱 ③五线谱上 写作学过的元素的已知歌曲		
				在 ①符干谱 ②传统节奏谱 ③五线谱上 识读学过的元素 的歌曲片段。	二声部节奏练习	包括学过的节奏元素的 32 拍子节奏模式
				在 ①符干谱 ②传统节奏谱 ③五线谱上 写作学过的元素 的歌曲片段。		
				在 ①符干谱 ②传统节奏谱 ③五线谱上 识读学过的元素 选自歌曲的未知歌曲。		